"十三五"职业教育国家规划教材
普通高等教育"十一五"国家级规划教材
高职高专系列教材
国家精品课程配套教材

修订版

# 管理学基础

第2版

主 编 王 龙 李爱卿
副主编 刘 曦 薛成英 王 芳
参 编 王 伟 黄海兰

机 械 工 业 出 版 社

本书是根据高等职业教育的特点，融合作者多年的教学经验和研究成果推出的一本管理学教材。全书分为6大模块11个章节，以培养基层管理岗位综合管理技能为主线，构建了“一条主线”“两大基础”“四大关键能力”的“124”模块化内容体系。本书践行“学习者为中心”的编写理念，各章节均采用导入案例，中间穿插小案例、管理故事、阅读材料，章末附有本章小结、复习思考题、案例分析题、讨论题、管理技能训练、大学生模拟公司系列实训、管理技能自我测试等。

以本书的框架结构为基础，本书作者开发出了配套“管理学基础”在线开放课程、二维码资源，为教师与学员提供了丰富的课程教学资源、自主学习资源和在线学习沟通平台。本书可作为高职高专管理类、财经类各专业教材，也可作为企业和政府部门管理知识的培训教材，还可供管理工作人员学习参考。

**图书在版编目（CIP）数据**

管理学基础/王龙，李爱卿主编. —2版. —北京：机械工业出版社，2019.9
（2024.9重印）
高职高专系列教材
ISBN 978-7-111-63946-6

Ⅰ.①管…　Ⅱ.①王…　②李…　Ⅲ.①管理学—高等职业教育—教材
Ⅳ.①C93

中国版本图书馆CIP数据核字（2019）第214781号

机械工业出版社（北京市百万庄大街22号　邮政编码100037）
策划编辑：孔文梅　责任编辑：孔文梅　董宇佳
责任校对：闫玥红　封面设计：鞠　杨
责任印制：常天培
北京机工印刷厂有限公司印刷
2024年9月第2版第20次印刷
184mm×260mm · 19印张 · 440千字
标准书号：ISBN 978-7-111-63946-6
定价：49.00元

电话服务　　　　网络服务
客服电话：010-88361066　机　工　官　网：www.cmpbook.com
010-88379833　机　工　官　博：weibo.com/cmp1952
010-68326294　金　书　网：www.golden-book.com

机工教育服务网：www.cmpedu.com

# 关于“十三五”职业教育国家规划教材的出版说明

2019年10月，教育部职业教育与成人教育司颁布了《关于组织开展“十三五”职业教育国家规划教材建设工作的通知》（教职成司函〔2019〕94号），正式启动“十三五”职业教育国家规划教材遴选、建设工作。我社按照通知要求，积极认真组织相关申报工作，对照申报原则和条件，组织专门力量对教材的思想性、科学性、适宜性进行全面审核把关，遴选了一批突出职业教育特色、反映新技术发展、满足行业需求的教材进行申报。经单位申报、形式审查、专家评审、面向社会公示等严格程序，2020年12月教育部办公厅正式公布了“十三五”职业教育国家规划教材（以下简称“十三五”国规教材）书目，同时要求各教材编写单位、主编和出版单位要注重吸收产业升级和行业发展的新知识、新技术、新工艺、新方法，对入选的“十三五”国规教材内容进行每年动态更新完善，并不断丰富相应数字化教学资源，提供优质服务。

经过严格的遴选程序，机械工业出版社共有227种教材获评为“十三五”国规教材。按照教育部相关要求，机械工业出版社将坚持以习近平新时代中国特色社会主义思想为指导，积极贯彻党中央、国务院关于加强和改进新形势下大中小学教材建设的意见，严格落实《国家职业教育改革实施方案》《职业院校教材管理办法》的具体要求，秉承机械工业出版社传播工业技术、工匠技能、工业文化的使命担当，配备业务水平过硬的编审力量，加强与编写团队的沟通，持续加强“十三五”国规教材的建设工作，扎实推进习近平新时代中国特色社会主义思想进课程教材，全面落实立德树人根本任务。同时突显职业教育类型特征，遵循技术技能人才成长规律和学生身心发展规律，落实根据行业发展和教学需求及时对教材内容进行更新的要求；充分发挥信息技术的作用，不断丰富完善数字化教学资源，不断提升教材质量，确保优质教材进课堂；通过线上线下多种方式组织教师培训，为广大专业教师提供教材及教学资源的使用方法培训及交流平台。

教材建设需要各方面的共同努力，也欢迎相关使用院校的师生反馈教材使用意见和建议，我们将组织力量进行认真研究，在后续重印及再版时吸收改进，联系电话：010-88379375，联系邮箱：cmpgaozhi@sina.com。

机械工业出版社

# 前　　言

管理学是人类近代史上发展最为迅速，对社会经济发展影响最为深远和重大的学科之一。管理是一门科学性与艺术性有机结合的实用性很强的学问，对这门学问的掌握，将使一个人受益无穷。

## 一、本书的编写原则与特色

1.“能力为本、终身发展”的教材编写理念

贯彻国务院《国家职业教育改革实施方案》的精神，落实高职职业教育“能力为本、就业导向、终身发展”的教学理念和“产教融合、工学结合”复合型技术技能人才培养模式，以市场对人才的需求为导向，在教材设计中体现职业性、实践性、开放性和创新性的要求，突出基层管理岗位综合管理技能的培养，融合思政教育、职业关键能力培养、创新创业能力培养，为学生可持续发展奠定良好的基础。

2.体现职业教育特色的“124”模块化教材内容体系设计

以培养基层管理岗位综合管理技能为主线，构建了“一条主线、两大基础、四大关键能力”的模块化内容体系。教材内容以“必需、够用”为原则，注重体现管理领域里前沿管理理论与实践，在四大关键能力的学习模块中将管理学经典教学内容与最新的管理理论和实践相融合；融合物流管理 1+X 证书、双创能力培养与竞赛指导。

3.践行“以学习者为中心”，力求生活化、简单化、生动化

各章在编写体例上均由案例导入，中间穿插小案例、管理故事、阅读材料，章末附有章节知识结构图、复习思考题、案例分析题、讨论题、管理技能训练、大学生模拟公司系列实训、管理技能自我测试等。在编写时，尽可能多地采用图示法和具有典型意义的本土案例，以使概念、原理、方法变得生动、易于接受，将理论知识生活化，复杂问题简单化，以激发学生的学习与探究的兴趣，突出实践能力培养。

4.注重融媒体教材开发，建设丰富数字化教学资源

建设了互联网+新形态教材，在教材中配备了 31 个教学重点、难点微课及阅读材料二维码。建设了数字化教学平台，以教材的框架结构为基础，编者开发了“管理学基础”超星泛雅在线开放课程（网址：http://www.gdcp.cn/jpkc/glxjc/），整合慕课、微课、讨论、课后自测、技能测试、管理电子书、参考文献链接等优质资源，可以满足教师翻转课堂、混合式教学，以及学生移动、泛在、碎片化学习等信息时代的教学新需求，实现了信息技术与教材出版的充分融合。

## 二、本书的目标定位与内容选取

1.培养目标定位

根据教育部职业教育国家教学标准体系中经管类专业教学标准，管理学基础是高等职业院校经济管理类专业的专业基础课，是一门“管理基本技能平台”课程。教材以培养学

生的创新创业精神为灵魂，以培养基层管理岗位综合管理技能为根本，融合基层管理者的管理道德、职业精神和职业素养的培养。

2.内容选取理念与思路

①落实立德树人的根本任务。寓价值观引导于知识传授和能力培养之中，培养学生具备基层综合管理岗位应具备的良好职业道德、职业精神和职业素养；培养学生具备现代管理理念和竞争意识，具有创新创业精神和可持续发展能力。主要通过积极、正面案例，尤其是本土优秀管理案例、体现中华民族传统管理智慧案例的选择，强化学生的政治认同、家国情怀和“四个自信”。

②“124”模块化的教材内容体系。以培养基层管理岗位综合管理技能为主线，构建了“一条主线、两大基础、四大关键能力”的模块化内容体系。“两大基础”是指管理基础知识、管理思想和理论，这是培养管理技能的基础与前提。“四大关键能力”即计划与决策的能力、组织与人事的能力、领导与沟通的能力、控制与执行的能力。这是教材的主体与重心。“四大关键能力”按管理工作过程“计划—组织—领导—控制”的顺序排序。

③注重体现管理领域里前沿管理理论与实践。在“四大关键能力”的学习模块中将管理学经典教学内容与最新的管理理论和实践相融合。

④融合物流管理 1+X 证书和双创能力培养。将物流管理 1+X 证书中“基本管理技能应用”模块的学习内容融入教学内容体系；通过大学生模拟公司系列实训项目的设计与实施，培养学生的创新创业能力，为学生参加“挑战杯”“互联网+创新创业大赛”等打下基础。

本书由王龙、李爱卿任主编，刘曦、薛成英、王芳任副主编，由王龙统稿。编写人员的分工情况如下：第一、二、三章由王龙编写，第四章由刘曦编写，第五、六章由薛成英编写，第七章由李爱卿编写，第八、九章由王龙编写，第十章由王伟、黄海兰编写，第十一章由王芳、黄海兰编写。

在本书编写过程中，我们参阅了有关的管理学教材，吸收、借鉴并引用了国内外学者的理论成果、相关资料、案例等，在此一并表示诚挚的感谢。由于编者的水平有限，加之管理科学在不断发展，书中难免存在不完善之处，敬请读者批评指正。

本教材配有精美 PPT 课件、教案、实训指导书等教师用配套教学资源，凡使用教材的教师可登录机械工业出版社教育服务网 www.cmpedu.com 下载。咨询可致电：010-88379375，服务 QQ：945379158。

编 者

# 二维码索引

（续）

| 序号 | 名称 | 图形 | 页码 | 序号 | 名称 | 图形 | 页码 |
|---|---|---|---|---|---|---|---|
| 19 | 微课：领导特质理论 | | 158 | 26 | 微课：挫折理论 | | 195 |
| 20 | 微课：勒温的领导方式理论 | | 163 | 27 | 微课：沟通概述 | | 208 |
| 21 | 微课：领导生命周期理论 | | 168 | 28 | 微课：人际沟通的基本方式 | | 212 |
| 22 | 微课：猎狗的故事 | | 180 | 29 | 微课：聆听的技术 | | 223 |
| 23 | 微课：需要层次理论 | | 183 | 30 | 微课：控制基础知识 | | 241 |
| 24 | 微课：期望理论 | | 188 | 31 | 微课:PDCA 循环管理办法 | | 262 |
| 25 | 微课：强化理论 | | 192 | | | | |

# 目　　录

## 模块五 控制工作



## 模块六 创新工作

# 模块一　管理基础知识

# 第一章　管理与管理学

## 知识目标

- 掌握管理的含义和管理的四大职能
- 掌握管理者的分类、角色与技能
- 了解管理的基本原理与方法

## 能力目标

- 理解并能解释说明管理的概念、四大职能
- 理解并能初步运用管理原理分析与解决实际问题

## 素养目标

- 具备良好的管理岗位职业道德与职业素养
- 培养团队合作意识、创新精神和创业能力

## 第一节　管 理 概 述

**导入案例 1-1：源远流长的管理**

随着人类社会的进步和生产力水平的提高，人类协作劳动的规模、范围越来越大，管理活动日益发展，各种朴素的管理思想也随之诞生。在工业文明之前，中外都有迄今看来非常宏大的工程。

国外有古埃及的金字塔，其中最大的一座由230万块石头组成，每块石头平均重达2.5吨，最重的达15吨。当时的统治者动用10万人、花了20年时间才建成。

中国有春秋战国时始建的万里长城、隋朝开挖的大运河等。所有这些巨大的工程都需要大规模的协作劳动，因而也体现了管理的发展。另外，在中国历史上，还有不少体现科学管理思想的例子，如唐代刘晏的漕运改革就颇有创举。他实行有偿劳动，并将漕运分为几段，按各段水情招聘船工，使用船只。并将大米由散装改为袋装，既方便搬运，又便于失事后打捞。这项改革使当时南方大米运进京都西安的时间由原来的八九个月缩短到40天左右。又如“一举而三役济”，说的是宋朝当朝宰相丁谓受命重建被焚的宫殿，采取了挖街取土烧砖、将沟引水用于船运，完工后又用废旧砖、土填沟以恢复原街道的方式，可谓“一举多得”。

尽管古代社会没有管理理论，但仍不乏具有真知灼见的管理思想。如春秋时越国大夫

范蠡曾运用“货不停滞，币不息流”和“水则资车，旱则资舟”的待乏原则三致千金。司马迁曾提出“善者因之，其次顺之，其次利导之，其次整齐之，最下者与之争”的经济管理思想。《孙子兵法》中体现的管理思想更为人们所乐道，在日本甚至成为管理者的必读之书，“知己知彼，百战不殆”“知可以战与不可以战者胜，识众寡之用者胜”等至理名言，仍不失为竞争取胜的优秀管理思想。

## 一、管理的概念

“管理”，自古有之。可以说，凡是有人群的地方，就有管理。然而，由于管理的广泛性和复杂性及研究的侧重点不同，对于什么是管理，迄今为止，人们的理解并不完全一致。具有代表性的观点有以下几种。

泰勒认为：“管理就是要确切地知道要别人干什么，并设法使他们用最好、最经济的方法去干。”

亨利·法约尔认为：“管理就是实行计划、组织、指挥、协调和控制。”

赫伯特·A. 西蒙认为：“管理就是决策。”

玛丽·帕克·福莱特认为：“管理是通过其他人来完成工作的艺术。”

斯蒂芬·P. 罗宾斯和玛丽·库尔塔认为：“管理这一术语指的是和其他人一起并且通过其他人来切实有效地完成活动的过程。”

孔茨和韦里克认为：“管理就是设计和保持一种良好的环境，使人们在群体里高效地完成既定目标。”

帕梅拉·S. 路易斯等认为：“管理应定义为切实有效地支配和协调资源，并努力达到组织目标的过程。”

归纳各种论述我们认为，管理就是在一定的环境下，对组织所拥有的资源进行有效的计划、组织、领导和控制，通过组织资源的优化配置，以有效实现组织目标的活动。这一表述包含了以下几个观点。

（1）管理的目的是为了实现组织的目标。

（2）管理工作要通过综合运用组织中的各种资源来实现组织目标。

（3）管理工作的过程是由一系列相互关联、连续进行的活动所构成的，这些活动包括计划、组织、领导、控制等，它们成为管理的基本职能。

（4）管理的本质是协调。协调就是使个人的努力与组织的预期目标相一致。每一项管理的职能、每一次管理的决策都要进行协调。

（5）管理工作是在一定的环境条件下进行的，有效的管理必须充分考虑组织内外的特定环境条件。组织中的作业与管理活动如图 1-1 所示。

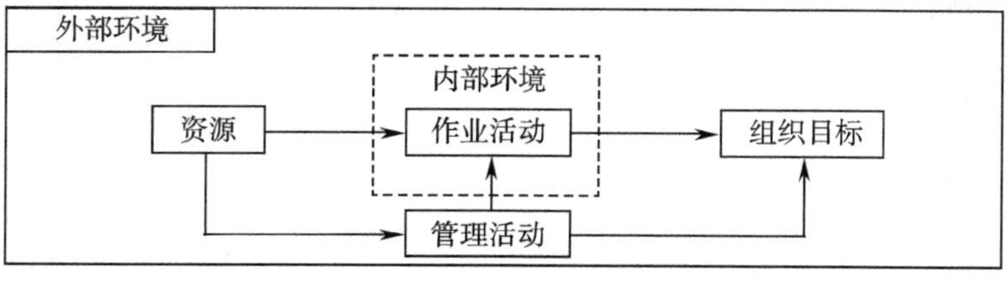


图 1-1　组织中的作业与管理活动

## 二、管理的性质

1. 管理的科学性

管理作为一个实践活动过程，其间存在着一系列的客观规律。人们通过长期的管理实践，不断地收集、归纳、整理经验，提出一些管理思想，并抽象总结出一系列反映管理活动过程中客观规律的管理理论和一般方法。人们利用这些理论和方法指导自己的管理实践，又用管理活动的结果验证管理过程中使用的管理理论和方法的准确性，从而使管理的理论得到丰富。因此，管理是一门科学，它能以反映管理过程的客观规律和方法为指导，分析、解决管理中的问题。

2. 管理的艺术性

管理的艺术性就是强调其实践性，没有实践就无所谓艺术。管理的艺术性是指在掌握一定理论和方法的基础上，灵活运用这些知识和技能。管理的艺术性强调的是管理人员只有在管理实践中发挥积极性、主动性和创造性，因地制宜地将管理知识与具体的管理活动相结合，才能进行有效的管理。管理的艺术性还意味着仅仅学习书本上的管理理论、仅仅能熟记管理的原理和原则，是不可能成为成功的管理者的。成功的管理者必须学会熟练地掌握实际情况，学会因势利导，学会总结经验，学会理论联系实际。

从管理的科学性与艺术性可知，有效的管理艺术是以对它所依据的管理理论的理解为基础的。因此，二者之间不是互相排斥，而是互相补充的。管理既是一门科学，又是一门艺术，是科学与艺术的有机结合体。在当代，既注重管理基本理论的学习，又不忽视在实践中因地制宜地灵活运用，是每一个管理者走向卓越的重要保证。

3. 管理的创新性

管理的创新性是指管理本身是一种不断变革、不断创新的社会活动。我国古代杰出的思想家管子非常强调管理的创新精神，“不慕古、不留今，与时变、与俗化”是对其创新思想的高度概括。通过管理的变革，推动社会和经济的发展。在一定条件下，管理还可以创造新的生产力。

## 三、管理的职能

管理的职能也就是管理的职责和权限，就是管理者为了有效地管理必须具备的功能，或者说是管理者在执行其职务时应该做的工作。考察管理职能，要回答两个问题：一要回答管理是要干什么的，二要回答管理的既定目标是如何达到的。

管理活动具有哪些最基本的职能？至今仍有许多观点。最早系统地提出管理各种具体职能的是法国的亨利·法约尔。他认为管理具有计划、组织、指挥、协调和控制五种职能。他为后人的研究奠定了基础。之后，又有“三职能派”“四职能派”或“七职能派”等（见表 1-1）。

**表 1-1　西方管理学者对管理职能划分的各种说法**

| 年份 | 人名＼职能划分 | 计划 | 组织 | 指挥 | 协调 | 控制 | 激励 | 人事 | 调集资源 | 沟通 | 决策 | 创新 |
|---|---|---|---|---|---|---|---|---|---|---|---|---|
| 1916 | 法约尔 | △ | △ | △ | △ | △ | | | | | | |
| 1934 | 戴维斯 | △ | △ | | | △ | | | | | | |
| 1937 | 古利克 | △ | △ | △ | △ | △ | | △ | | △ | | |
| 1947 | 布　朗 | △ | △ | △ | | △ | △ | | △ | | | |
| 1947 | 布雷克 | △ | | | △ | △ | △ | | | | | |
| 1949 | 厄威克 | △ | △ | | | △ | | | | | | |
| 1951 | 纽曼 | △ | △ | △ | | △ | | | △ | | | |
| 1955 | 孔茨和奥唐奈 | △ | △ | △ | | △ | | △ | | | | |
| 1964 | 艾伦 | △ | △ | | | △ | | | | | | |
| 1964 | 梅西 | △ | △ | | | △ | | △ | | | △ | |
| 1966 | 希克斯 | △ | △ | | | △ | △ | | | △ | | △ |
| 1970 | 海曼和斯科特 | △ | △ | | | △ | △ | △ | | | | |
| 1972 | 特里 | △ | △ | | | △ | △ | | | | | |

注：1. △表示各学者主张的管理职能的划分。

2. 计划包括预测，指挥包括命令、指导，控制包括预算，激励包括鼓励、促进，沟通包括报告。

我国管理学者对管理职能的划分也很不一致，有人赞同法约尔的五职能，有人主张计划、组织、控制三职能，还有人认为可概括为组织一职能。本书划分的管理职能是：计划、组织、领导、控制，如图 1-2 所示。

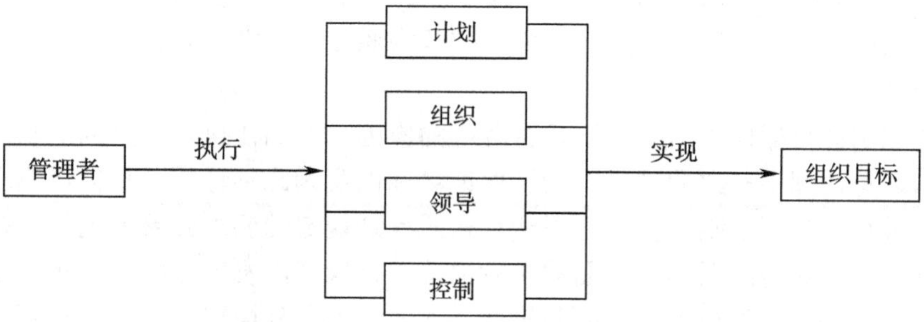


图 1-2　管理的四项基本职能

1. 计划

计划是未来行动的方案，包括未来行动所要达到的目标及相应的措施。管理的计划职能是决定实现组织总体目标、各部门目标、各阶段性目标的行动方案，通过优化资源配置、制定政策程序等为管理活动提供基本依据。

孟子说："凡事预则立，不预则废。"这反映了古人对计划重要性的认识。管理是人们有意识的活动，表现为在活动之前人们的头脑中已对该行动进行规划和安排。计划是人类行为特有的职能，正如马克思所说："最蹩脚的建筑师从一开始就比最灵巧的蜜蜂高明的地方，是他在用蜂蜡建筑蜂房以前，已经在他自己的头脑中把它建成了。”建筑师在头脑中建筑房屋的过程就是一个计划过程。

2. 组织

组织一词最直观的意思就是机构或企业的代名词。从管理活动实践的角度看，作为管理的一项基本职能，它的含义是指静态的人的集合组成的机构和动态的组织活动过程的统一。具体来说，动态的组织活动过程是通过分工与合作，设置相应的职位机构，使每一个职位的权利与责任相结合，以达到某种特定的目标。因此，管理的组织职能实质上就是要设计和维持一整套职位系统，使人们在从事集体活动中合理分工合作，以完成共同目标。

组织是管理的一项重要职能，其主要内容是：根据组织目标，在任务分工的基础上设置组织部门；根据各部门的任务性质和管理要求，确定各部门的工作标准、职权、职责；制定各部门之间的关系、联系方式和规范等。组织还是管理的基础性工作。任何部门、任何层次的管理者都首先表现为组织中各部门的人员构成部分；管理者进行管理的信息指令都要借助于组织各部门按特定次序传递；管理的目标要通过合理的组织设计和有效的组织行为来实现。可见，组织不仅是管理的职能，而且是管理的基础。

3. 领导

领导是指挥、带领和感召部下去实现目标的过程。配备在组织机构中各个岗位上的人员，由于各自的个人目标、需求、偏好、性格、素质、价值观及工作职责等方面存在很大差异，在相互合作中必然会产生各种矛盾和冲突，因此就需要有权威的领导者指导人们的行为，沟通人们之间的信息，增强相互的理解，统一人们的思想和行动，激励每个成员自觉地为实现组织目标共同努力。所以，领导的实质体现在感召力和追随上，人们愿意追随那些能够满足他们需要和要求的人，有效的领导是管理成功的关键。

管理的领导职能是一门艺术，它贯穿于整个管理活动中。管理者必须懂得如何调动和保护人的积极性，了解个体和群体的行为规律和沟通方式，掌握有关的领导理论和模式。

4. 控制

无论计划制订得如何周密，由于各种各样的原因，人们在执行计划的活动中总是会或多或少地出现与计划不一致的现象。为了保证目标以及为此制订的计划得以实现，就需要对组织活动进行控制。控制是促使组织活动按照计划规定的要求开展的过程。控制职能用一定的计划、标准对组织活动各方面的实际情况进行检查，发现差距，分析原因，采取措施，予以纠正，保证工作按原计划顺利进行；或者根据实际情况变化，对计划做出适当调整，使其更符合实际。控制职能和计划职能密不可分，计划是控制的前提，为控制提供目标和标准，控制是实现计划的手段，一个有效的控制系统可以保证各项行动完成的方向是朝着达到组织目标方向进行的。控制系统越完善，管理者实现组织的目标就越容易。

以上管理的各项职能，构成了管理者要发挥作用的四项基本工作。这些工作或职能，从理论上讲，是按一定的顺序发生的。简言之，对管理人员来说，合乎常理的第一步工作是制订计划，然后是建立组织结构、配备人员，接着是指导和指挥员工付诸行动，最后是控制整个局面，使之朝着既定的目标前进。计划、组织、领导、控制这四个步骤构成了管理工作的循环过程，如图 1-3 所示。

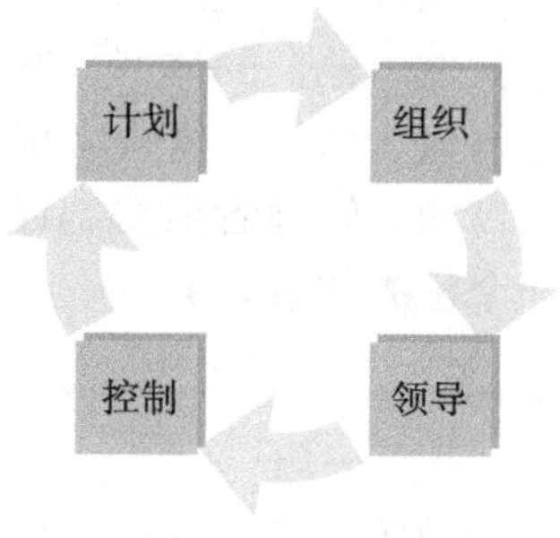


图 1-3 管理职能的循环过程

## 第二节 管理者与管理技能

**导入案例 1-2：优秀管理者吴敏求**

在美国麻省理工学院和斯坦福大学学成之后，吴敏求进入位于加利福尼亚州著名的英特尔（Intel）公司，开始了他的职业生涯之路。在这家巨型高科技公司工作了几年之后，他萌生了一种进一步发展的愿望，这种愿望就是：怎样才能制造出更好的计算机芯片？他觉得要想把这种愿望变成现实，就得有一家属于自己的公司。1989 年，他在中国台湾新竹科技园创建了旺宏电子公司，他的愿望也开始付诸实现了。

创业初始，吴敏求就已经知道有效管理的价值所在。作为公司的创始人，他还知道，公司需要有一批高素质的人才与他共同努力，才能实现自己的愿望。为了吸引在美国的几位同事返乡加盟自己在中国台湾开设的公司，吴敏求向他们许诺将给予一定的公司股份。果然，许多人为此放弃了在美国舒适而稳定的工作。

吴敏求意识到，在竞争激烈和变化多端的计算机芯片市场上，没有哪一个企业能够安安稳稳地生存与发展。他同样知道，公司长期的成功来自对市场机会的准确辨识和对成长计划的合理规划。为此，吴敏求寻求与其他公司结盟，并且加大了对技术研究与开发方面的投资力度，公司近 16%的销售收入都用在了产品的开发上。

在把握公司的发展方向和有效使用资金等方面，吴敏求从不忽视人的作用。他不断地寻找方法进行组织再造，以使员工能够更加协调和更为有效地开展工作。他努力创造一种理想的工作氛围，在这种氛围中，员工能够始终满怀激情地工作。同时他也意识到，要想使公司内部的员工能在组织中进一步成长，就必须给予他们充分发展的机会，也只有这样，公司才能在变革来临时保持清醒的头脑并适应变革。

吴敏求的努力促成了旺宏电子公司的成功。1998 年，公司的销售额已经超过了 3.2 亿美元，在亚洲计算机芯片市场的份额几乎翻了一倍，即从 2.8%提高到了 5.4%。在接下来的几年，公司销售额更是达到了 10 亿美元，显赫的经营成果也使旺宏电子公司被评选为中国台湾最有活力的高科技公司之一。

在当今激烈的市场竞争中，一个组织随时都有可能遭遇失败。组织成败的成因何在？

在于有没有优秀的管理者。当今的管理者，可能是 18 岁以下的小青年，也可能是 80 岁以上的老人；可能是男性，也可能是女性。他们的体型、肤色、年龄和性别可能不同，但其工作目的都是创造收益或获取社会价值。然而，管理者仅仅凭借自己的力量还不够，只有通过与他人共同努力才能达到这些目的。管理者需要制订计划、控制经营活动，并创造良好的工作环境。吴敏求就是这样一个优秀的管理者。

## 一、管理者的概念

管理者是组织的心脏，其工作绩效的好坏直接关系到组织的兴衰成败。所以，美国管理大师德鲁克曾这样说："如果一个企业运转不动了，我们当然是要去找一个新的总经理，而不是另雇一批工人。"管理者对组织的生存发展起着至关重要的作用。

根据我们对管理含义的理解，管理者是指通过协调他人的活动以达到实现组织目标的人。虽然这些人有时也要完成一些具体工作，但是他们的主要职责是制定整个组织或分支机构的目标，并创造出一种能诱导其他人参与工作的良好环境，有效率地实现组织目标。

## 二、管理者的分类

### （一）管理者的层次分类

1. 高层管理者

高层管理者是指负责制定组织的发展战略和行动计划，有权分配组织拥有的一切资源的管理人员。西方企业中的 CEO（首席执行官）、COO（首席运营官）、CFO（首席财务官），我国工商组织中的经理、厂长等，都属于高层管理者。组织的兴衰存亡取决于高层管理者对环境的分析判断、目标的选择和资源运用的决策。高层管理者还代表组织协调与其他组织的关系，并对组织所造成的社会影响负责。

2. 中层管理者

中层管理者是指负责制定具体的计划以及有关细节和程序，贯彻执行高层管理者做出的决策和计划的管理人员。大型组织的地区经理、分部负责人、生产主管等，都属于中层管理者。中层管理者不直接指挥、协调第一线人员的活动，他们主要是将高层管理者的决策和指示传达给基层管理者，同时将基层的意见和要求反馈到高层管理部门，是联系高层管理者和基层管理者的桥梁和纽带。中层管理者还负责协调和控制基层生产活动，保证完成各项任务，实现组织目标。

3. 基层管理者

基层管理者即一线管理人员，他们的主要职责是传达上级的计划、指示，直接分配每一个成员的工作任务，随时协调下属的活动，控制工作进度，解答下属提出的问题，反映下属的要求。工厂的班组长就属于基层管理者。基层管理者工作的好坏直接关系到组织计划能否落实、目标能否实现，所以他们在组织中起着十分重要的作用。管理者层次分类图如图 1-4 所示。

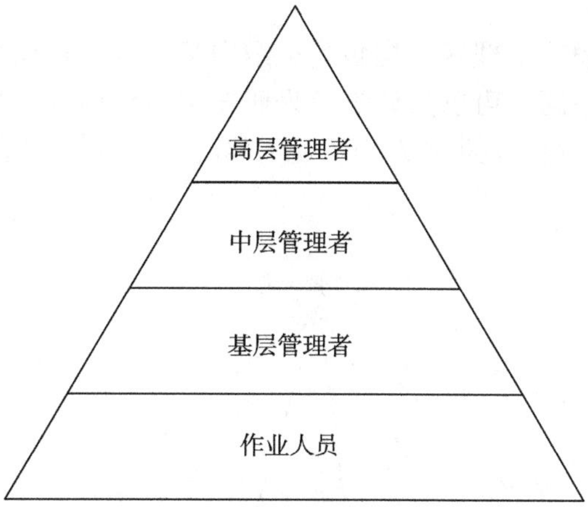


图 1-4　管理者层次分类图

在一个组织当中，管理者的层级越高，他们所做的计划工作就越多，而管理其他人的工作就越少。组织层级上职能活动的时间分配如图 1-5 所示。所有的管理者，无论其层级高低，都要制定决策。他们都在执行计划、组织、领导和控制这四项基本活动，但是，他们用在这四方面的活动时间却有所不同。另外，管理活动的内容将随着管理者层级的改变而改变。例如，高层管理者所关注的是整个组织的结构设计活动，而基层管理者所关注的则是个体和小组的工作活动。

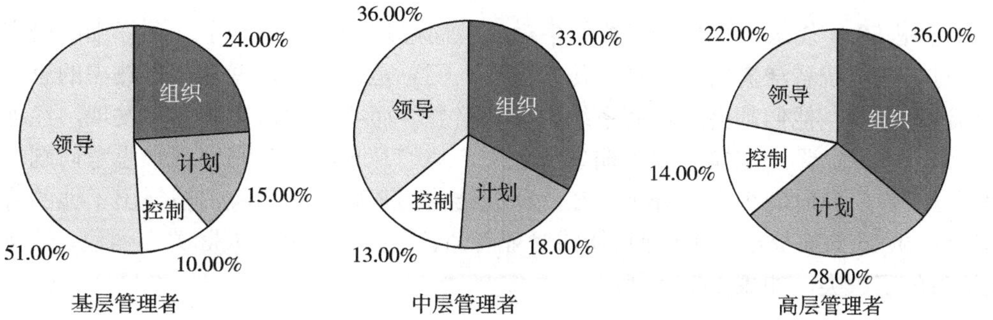


图 1-5　组织层级上职能活动的时间分配

### （二）管理者的领域分类

按其所从事管理工作的领域，管理者可以分为综合管理者和专业管理者两大类。

#### 1. 综合管理者

综合管理者是指负责管理整个组织或组织中某个事业部全部活动的管理者。对于一个小型组织来说，企业的总经理就是综合管理者，他要统管该组织生产、经营、人事、财务等主要业务活动。但对于大型组织而言，组织多是按事业部设立的，组织的权力层层下授，高层管理者无法统管组织的各个层面和环节。此时，该组织的综合管理者的范围就大大拓宽，既包括企业的总经理，也包括组织中各分公司经理或事业部经理等。

2. 专业管理者

专业管理者也称为职能管理者，指负责组织中某一专门管理职能的管理者。根据这些管理者专业领域性质的不同，可以具体划分为研发部门管理者、生产部门管理者、营销部门管理者、财务部门管理者、人事（人力资源）部门管理者等。管理者的领域分类如图 1-6 所示。

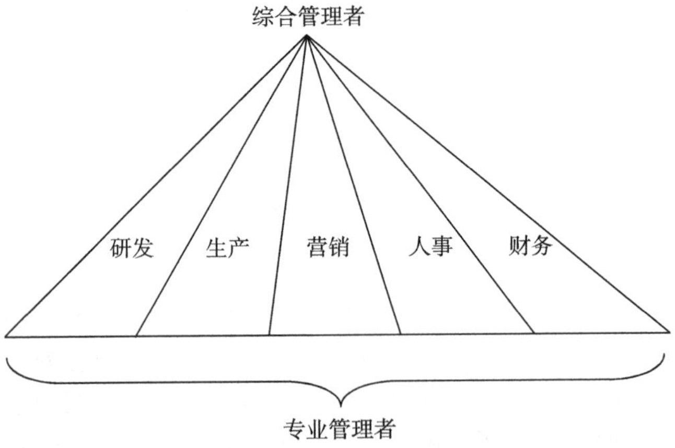


图 1-6 管理者的领域分类

## 三、管理者的角色

20 世纪 60 年代末，亨利·明茨伯格对 5 位总经理的工作进行了一项仔细的研究，他的结论对一些传统看法提出了质疑。传统上，人们总是认为管理者是深思熟虑的思考者，在做出决策之前，他们都会细致而系统地处理信息。而明茨伯格在研究中发现，经理们大都陷入繁杂多变、无一定模式的短期事务之中，他们几乎没有时间停下来思考问题，有半数的管理工作所花时间少于 9 分钟。在此研究结论的基础上，明茨伯格提出了他的管理者角色理论。明茨伯格提出了 10 种具体的管理者角色，并将其分为人际关系角色、信息角色和决策角色三大类，如表 1-2 所示。

**表 1-2 管理者的角色**

| 类别 | 角色 | 工作内容 |
| --- | --- | --- |
| 人际关系类 | 挂名首脑 | 执行仪式或象征性的工作 |
| | 联络者 | 建立内部和外部的信息网络 |
| | 领导者 | 指挥、激励、协调群体的工作 |
| 信息类 | 监听者 | 搜寻、接收和筛选信息 |
| | 传播者 | 传递信息给他人 |
| | 发言人 | 通过演讲、报告、电视、广播等向外部提供信息 |
| 决策类 | 企业家 | 制订计划、建立秩序 |
| | 混乱驾驭者 | 危机处理、解决内部冲突 |
| | 资源分配者 | 决定资源分配的对象和数量等 |
| | 谈判者 | 在谈判中代表部门或公司 |

明茨伯格的角色划分理论得到了后继研究者的有力支持。一般来说，不论是在何种类型的组织中，还是在组织的哪个层次上，管理者都可能扮演或履行不同的角色。但研究发现，管理者角色强调的重点会随组织的层次不同而变化，如信息传播者、挂名首脑、谈判者、联络者和发言人的角色主要表现在组织的高层，而领导者的角色在低层管理者身上表现得更加显著。

## 四、管理者的技能

从管理者的职能和角色可以看出，管理者所承担的任务是多方面的、复杂的，因而管理者需要掌握许多方面的技能。

1. 概念技能

概念技能是指管理者对事物的洞察、判断、抽象和概括的能力。管理者应看到组织的全貌和整体，了解组织与外部环境是怎样互动的，了解组织内部各部分是怎样相互作用的，能预见组织在社会上所起的作用。判断和概括问题的能力是概念技能的重要表现之一。

2. 技术技能

技术技能是指管理者从事自己管理范围内的工作所需的技术和方法。如果是生产车间主任，就要熟悉各种设备的性能、使用方法、操作程序，各种材料的用途、加工工序，各种成品或半成品的指标要求等。如果是办公室管理人员，就要熟悉组织中的有关规章、制度及相关法规，熟悉公文收发程序、公文种类及写作要求等。如果是财务科长，就要熟悉相应的财务制度、政策、记账方法、预算和决算的编制方法等。技术技能对基层管理者来说尤为重要，因为他们大部分时间都是从事训练下属的工作或回答下属有关具体工作方面的问题，因而必须知道如何去做下属所做的各种工作。

微课：技术技能

3. 人际技能

人际技能是指管理者与上下、左右的人打交道的能力，包括联络、处理和协调组织内外人际关系的能力，激励和诱导组织内人员的积极性和创造性的能力，正确地指导和指挥组织成员开展工作的能力。首先，人际技能要求管理者能了解别人的信念、思考方式、感情、个性以及每个人对自己、对工作、对集体的态度，并且认识到别人的信念、态度、观点与自己的不一样是很正常的，承认和接受不同的观点和信念。

其次，人际技能要求管理者能够敏锐地察觉别人的需要和动机，并判断组织成员的可能行为及其后果，以便采取一定的措施，使组织成员的个人目标与组织目标最大程度地保持一致。再次，人际技能要求管理者掌握评价、奖励员工的一些技术和方法，最大限度地调动员工的积极性和创造性。许多研究表明，人际技能是一种重要技能，对各层管理者都具有同等重要的意义。在同等条件下，人际技能可以有效地帮助管理者在管理工作中取得更大的成效。

4. 政治技能

政治技能是指管理者提高个体在组织中职位、建立权力基础并维系社会关系方面的能力。组织是人们争夺资源的政治舞台，拥有较高政治技能的管理者可以为其所在的团队争得更多的资源，而那些政治技能较差的管理者为其所在的团队争得的资源就较少。政治技能可以使管理者得到更快和更高的提升。

总之，一个成功的管理者必须具有上述四种技能。但是，不同层次的管理者在技能的掌握上并不完全相同。例如，对高层管理者的技术技能要求就要比基层管理者低一些，而概念技能要求对高层管理者来说要求会更高。

### 五、管理者的挑战

在今天动态的工作环境中，作为一名管理者，要面临许多挑战。管理者要从事困难的工作，这些工作可能是艰苦的和不引人注意的；管理者可能需要与各种类型的、具有各种性格的人打交道；管理者要履行职责而手中通常又没有足够的资源；管理者要激励他的员工，特别是当他们面对不确定性或混乱时，要有效地融合多样化小组中每个人的知识、技能、抱负和经验，这是一件困难的工作。而且，作为一个管理者，他的成功通常取决于其他人的工作绩效。

尽管这些挑战看上去很困难，但作为一个管理者也是极富报偿性的。一个组织最重要的工作是创造一种工作环境，在这种环境中，组织的成员能够充分发挥自己的能力，最有效地从事工作和实现组织的目标，这恰恰是管理者要做的事情。不仅如此，作为一个管理者，你通常有机会创造性地思考或运用你的想象力，你可以帮助他人发现工作的意义和完成他们的工作，你会以支持、教导和培养的方式帮助组织成员做出正确的决策。此外，作为一个管理者，你有机会和各种人打交道，包括组织内部和外部的人员。作为一个管理者的回报还包括得到承认和获得组织中的地位，以及在社区中的地位，发挥影响组织产出的作用，以及获得适当的工资、奖金、股票期权等形式的报酬。上述这些回报不是单独发生的，而是在激励和鼓舞员工共同实现组织目标的努力中发生的。作为一个管理者，你会从你所增长的技能、能力和你所做的努力中获得一种满足感。

## 第三节　管理的基本原理与方法

**导入案例 1-3：阿斯旺水坝的灾难**

20 世纪 70 年代初竣工的埃及阿斯旺水坝，规模宏大，在世界上都是数一数二的。表面上看，这座水坝给埃及人民带来了廉价的电力，控制了水旱灾害，灌溉了农田。实际上，这座水坝的修建却破坏了尼罗河流域的生态平衡，造成了一系列灾难：由于尼罗河的泥沙和有机物沉积到水库底部，使尼罗河两岸的绿洲失去肥源——淤泥，土壤日益盐渍化；由于尼罗河河口供沙不足，河口三角洲平原向内陆收缩，使工厂、港口、国防工事有跌入地中海的危险；由于缺乏来自内陆地的盐分和有机物，致使沙丁鱼的年收获量减少 1.8 万吨；由于大坝阻隔，使尼罗河下游的活水变成相对静止的“湖泊”，为血吸虫和疟蚊的繁殖提供了条件，致使水库一带血吸虫病流行。埃及造此大坝所带来的灾难性后果，使人们深深地感叹：任何决策都是牵一发而动全身！

## 一、管理的基本原理

管理原理是对管理工作的实质内容进行科学分析、总结而形成的基本真理，它是对现实管理现象的抽象和概括，是客观规律的体现和管理实践经验的总结，因而对一切管理活动都具有普遍的指导意义。

### （一）系统原理

所谓系统，是指由若干相互联系、相互作用的要素组成，并在一定环境中具有特定功能的有机整体。人造系统具有以下特征：①集合性，即系统是由相互区别的各个要素所组成的集合；②相关性，即各要素相互联系、相互作用；③目的性，即系统都具有明确的目的；④整体性，即一个系统是由若干从属于它的子系统所构成的有机整体；⑤层次性，即指由系统、子系统等构成的多层次的阶层结构；⑥环境适应性，即任何系统都存在于更大的系统（环境）之中，要适应环境的变化。

微课：系统原理

管理的系统原理是把管理组织或管理过程视为一个系统，进行系统分析和系统优化，实现优化组织设计和优化管理的理论。管理的系统原理主要包括整体性原理、动态性原理和开放性原理。

*1. 整体性原理*

整体性原理是指系统要素之间及要素与系统之间的关系以整体为主进行协调、局部服从整体，使整体效果最优。从系统功能的整体性来说，系统的功能不等于要素功能的简单相加，而是往往要大于各个部分功能的总和，即 1+1≥2。因此，系统要素的功能必须服从系统整体的功能，否则就要削弱整体功能，从而也就失去了系统功能。

掌握系统整体性原理，实际上就是要求我们从整体着眼，从部分着手，统筹考虑，各方协调，达到整体的最优化。

*2. 动态性原理*

系统作为一个运动着的有机体，其稳定状态是相对的，运动状态则是绝对的。系统不仅作为一个功能实体而存在，而且作为一种运动而存在。系统内部的联系是一种运动，系统与环境的相互作用也是一种运动。

掌握系统动态性原理，研究系统的动态规律，可以使我们预见系统的发展趋势，树立超前的观念，减少偏差，掌握主动，使系统向所期望的目标顺利发展。

*3. 开放性原理*

严格地说，完全封闭的系统是不存在的。任何有机系统都是耗散结构系统，系统只有与外界不断交流物质、能量和信息，才能维持其生命。并且，只有当系统从外部获得的能量大于系统内部消耗散失的能量时，系统才能克服熵而不断壮大。所以，对外开放是系统的生命。

在管理工作中，从开放性原理出发，要求我们充分估计外部对本系统的种种影响，努力从开放中扩大本系统从外部吸收的物质、能量和信息。

### （二）人本原理

一切社会经济系统的运行都离不开人的服务、人的劳动与人的管理，人本原理就是以人为中心的管理思想。西方管理学曾把人本原理表述为“3P”理论，即企业是以人为主体

微课：人本管理原理

组成的（of the people）、企业是依靠人进行生产经营活动的（by the people）、企业是为人的需要而进行生产的（for the people）。根据这一观点，现代企业管理中，员工是企业的主体，而非客体；企业管理既是对人的管理，也是为人的管理；企业经营的目的绝不是单纯的商品生产，而是为包括企业员工在内的人的社会发展而服务的。人本原理就是管理应“以人为中心”，尊重人、依靠人、为了人、发展人，这是做好管理工作的根本。从“物本管理”到“人本管理”，是20世纪末管理理论发展的主要特点。人本原理的要点有：员工是企业的主体、管理者应重视满足员工的合理需要、管理就是为人服务。

1. 员工是企业的主体

管理者一定要正确地认识人、尊重人、依靠人，要坚决摒弃传统管理中把人视为机器附属物的错误思想，树立“贵人贱物”的理念。在这种理念的指导下，强调企业应适度分权，员工参与管理，发挥职工代表大会及其他各种委员会的作用，激发主人翁精神，使企业员工为了共同的目标而自觉地努力奋斗，从而实现较高的工作效率。国外一些企业实行股权分散化和大众化，吸引更多的员工关心和参与企业的管理工作，这就是人本原理的具体应用。

2. 管理者应重视满足员工的合理需要

组织行为学认为：需要是人的行为动力的源泉。人的需要可以分为生理需要、安全需要、社交需要、尊重需要、自我实现需要等多方面，满足员工的这些合理需要，将会极大地调动人的积极性，同时也有助于人的良好个性的形成，最终实现人性最完美的发展。

3. 管理就是为人服务

这里的“人”既包括企业内部参与企业生产经营活动的员工，也包括企业外部消费企业产品与服务的顾客。海尔集团的张瑞敏曾提出一个“三只眼理论”：第一只眼盯着企业内部员工，关心员工的生活与事业，使员工的满意度最大化；第二只眼盯着外部顾客，为顾客创造价值，使顾客的满意度最大化。这充分体现了海尔“以人为本”的企业文化与管理思想。为人服务就是要树立“管理就是服务”的理念，重视建立和谐的组织内部人际关系和良好的组织公共关系。

**（三）责任原理**

责任原理是指管理工作必须在合理分工的基础上，明确规定组织各级部门和个人必须完成的工作任务和承担的相应责任。只有职责明确，才能对组织中的部门和每一位员工的工作绩效做出正确的考评，有利于调动人的积极性，保障组织目标的实现。责任原理的要点有：分工明确，职责分明；责、权、力、利相一致；奖罚严明，公正及时。

1. 分工明确，职责分明

分工是生产力发展的必然要求，在合理分工的基础上确定每个人的职位与任务，就是职责。一般来讲，分工明确，职责也会明确，但两者的对应关系并不那么简单。因为分工一般只是对“做什么”做出形式上的划分，至于工作的数量、质量、速度、效益等要求，分工本身还难以完全体现出来，而职责正是对这些内容的规定。职责明确应包括：界限清楚、内容具体、落实到人等。

2. 责、权、力、利相一致

管理工作中，要强调职责、权力、能力与利益的协调和统一。责任原理的核心是职责，必须在数量、质量、速度、效益上有明确规定，并通过一定的条例、规定等形式表现出来。明确了每个人的职责，就要授予其相应的权力并通过相应的利益来体现人们完成职责、创造业绩的报酬，即责、权、利相一致。最后，完成职责要以人的能力为基础，能力由实践经验、科学知识、管理技巧等方面构成，人的能力有大小，因此能承担的职责也不应相同。一般情况下，赋予的职责可略高于其能力，使工作具有压力和挑战性，这会迫使管理者自觉学习、不断上进。

3. 奖罚严明，公正及时

奖罚是对人的工作职责及其业绩客观公正的评价与报答。公正及时的奖罚，有助于提高人的积极性，挖掘人的潜力，提高管理绩效。首先，奖罚要以科学准确的考评为前提，使人产生公平感；其次，奖罚工作要及时，立竿见影，这对于强化（正强化或负强化）人的行为有着十分重要的作用；再次，奖与罚都是不可或缺的，“胡萝卜加大棒”就是经验的总结。惩罚的意义在于杀一儆百，利用人们畏惧惩罚的心理，通过惩罚少数来教育多数，从而强化管理权威。但是，惩罚可能导致人的挫折感，处理不当可能产生消极行为等负面效应，应慎重使用。

**（四）效益原理**

效益是管理永恒的主题。任何组织的管理都是为了获得某种效益，效益的高低直接影响着组织的生存与发展。效益原理要求一切管理活动都要以追求效益为根本目的，即用尽可能少的劳动占有或劳动消耗取得尽可能多的劳动成果。

1. 确立以效益为中心的管理理念

管理活动应以效益作为第一行为准则和一切工作的出发点，要克服传统体制下“以生产为中心”的管理思想，因为这种管理思想必然导致片面追求产值、盲目增加产量的倾向，从而可能造成产品大量积压、效益普遍低下的状况。

2. 经济效益与社会效益并重

效益可以从社会和经济两个不同的角度来考察，即社会效益和经济效益。一方面，经济效益是效益表现的最直接形态。任何一个企业都是为了追求赢利才进行投入产出活动的。所以，追求利润是企业天经地义的使命。另一方面，我们也不能无视社会效益，不能为赢利而忽视环境保护，要积极地、义不容辞地处理“三废”，保护环境。

3. 追求短期效益不能无视长期效益

信息时代的企业每时每刻都面临着激烈的竞争。如果企业只满足于眼前的经济效益水平，而忽视技术开发和人员的培训等企业创新所必要的条件，就会随时面临被淘汰的危险。所以企业经营者必须有远见卓识，用可持续发展的观念来经营企业，使得新产品的开发和所在领域的探索能够不断创新，从而才能保证企业有长期稳定的高效益，才能使企业得到长足的发展。

## 二、管理的基本方法

管理方法是行使管理职能、贯彻管理原则、实现管理目标的手段，管理原理必须通过管理方法才能在管理实践中发挥作用。所以，管理方法是管理和指导管理活动的必要中介和桥梁，是实现管理目标的途径和手段，它的作用是一切管理理论和原理本身所无法替代的。

1. *法律方法*

法律方法是管理者运用立法和司法的手段行使管理职能的管理方法。法律方法中的“法”，不仅指国家制定的法律、法令，而且泛指各种组织、团体制定的条例、守则、规章制度等。在经济管理中运用法律方法，可以保证必要的管理秩序，协调管理中各利益群体的关系，促进管理的科学化、法制化。但是，我们也要看到，采用法律方法由于缺少灵活性和弹性，有时不利于基层单位发挥其主动性和创造性。在法律范围之外，还有各种大量的经济关系、社会关系需要采用其他方法来调整。因此，法律方法的有效性还有赖于同管理的其他方法紧密结合起来，综合使用。

2. *行政方法*

行政方法是管理者依靠领导者的权威，运用命令、指令、指示、监督等行政手段，按照管理层次，行使管理职能的管理方法。在经济管理中运用行政方法，便于统一领导和指挥，做到令行禁止，便于处理特殊问题。但行政方法也有它的局限性，如管理效果受管理水平的影响，易产生官僚主义、以权谋私等行为。要正确运用行政方法，必须与管理的其他方法特别是经济方法有机地结合起来。

3. *经济方法*

经济方法是管理者运用经济杠杆和其他经济手段调节人们之间的物质利益关系从而行使管理职能的管理方法。用经济方法管理经济，是通过各种经济手段和经济方式的运用来实现的。经济手段是指费用、成本、利润、税收、信贷、工资、奖金、罚款等价值工具。经济方式是指经济合同、经济责任制、经济核算等经济管理方式。管理的经济方法的实质是围绕物质利益，运用各种经济手段，正确处理好国家、集体与劳动者个人之间的经济关系，最大限度地调动各方面的积极性、主动性、创造性和责任感。经济方法运用时要注意与其他方法的配合使用，要强调经济方法的综合运用，只有这样，才能正确发挥它的功能。

4. *教育方法*

教育方法是管理者利用一定的培训、教育等方式，全面提高人的素质，以影响和调节人们的经济行为，达到行使管理职能的管理方法。教育方法的实质就是激发劳动者的主动精神，变管理者的意图为劳动者的自觉行为，把潜在生产力变成现实生产力。教育的内容包括人生观及道德教育、爱国主义和集体主义教育、民主教育、法制教育、纪律教育、科学文化教育、组织文化建设和创新意识的培养等。

管理的教育方法在运用时要注意教育方法的灵活性、实效性。对于思想性质的问题，必须采取讨论的方法、说理的方法、批评和自我批评的方法进行疏导；对于传授知识和技能方面的教育，应较多地采取有目的、有指导的小组讨论、现场实习和体验学习等方法，让受教育者按他们自己创造的学习方法去学习，这样才会取得较好的效果。

5. 技术方法

技术方法是指组织中各个层次的管理者（包括高层管理者、中层管理者和基层管理者）根据管理活动的需要，自觉运用自己或他人所掌握的各类技术，以提高管理的效率和效果的管理方法。这里所说的各类技术主要包括信息技术、决策技术、计划技术、组织技术和控制技术等。技术方法的实质就是用技术来进行管理，与其他管理方法相比，它有以下一些特点：①客观性，即技术是客观存在的，技术方法产生的结果也是客观的；②规律性，即技术源自现实世界中普遍存在的客观规律，技术的每种方法都是有规律可循的；③精确性，即只要基础数据是正确无误的，由技术方法产生的结果就是精确的。

技术方法的运用，对于提高信息获取的速度与信息的质量、提高决策的速度和质量、保证组织的有效运行有着十分重要的作用。但是，我们必须清醒地认识到，技术并不是万能的，不可能解决所有问题。管理者在解决管理问题时，只有把各种管理方法综合起来使用，“多管齐下”，才能收到较好的效果。

## 第四节　管理学的研究对象与方法

**导入案例 1-4：田忌赛马**

齐威王喜欢赛马，田忌马力不及，屡次败而失金。一次，田忌引谋士孙膑同观赛马，孙膑见双方马力相差不大，而田忌三场皆负，就私下告诉田忌说：明日再赛，我可以让你获胜。田忌信孙膑定有办法，于是请示齐威王说：“臣之比赛屡屡失败。明日再赛愿倾家荡产，每棚以千金为赌注，一决输赢。” 齐威王笑而应允。次日赛场，田忌问孙膑：先生有什么制胜诀窍？孙膑回答说：“齐国的好马，均在齐王的马厩里，而你想与他依次比赛取胜是很困难的。而我能以战术取胜之。比赛三次有上、中、下之别。若以你之下等马，对他的上等马；以你之上等马，对他的中等马；以你之中等马，对他的下等马。这样虽输一场，但可赢两场。” 田忌依计，果然赢得千金。

“田忌赛马”的典故可谓妇孺皆知，人们在赞叹孙膑智慧的同时却很少去探究深层次的东西。而其中蕴涵的古代管理思想、技巧和组织方法等，恰恰是管理学关注和研究的问题。

### 一、管理学的概念

管理学是一门系统地研究人类管理活动的普遍规律、基本原理和一般方法的科学。由于管理领域的不同，人们研究管理内容的侧重点也不同，在此基础上形成了许许多多专门的管理学科，如国民经济管理、企业管理、工商行政管理、农业管理、旅游管理、教育管理、医院管理、军队管理等。现在，越来越多的人已经或正在认识到，各个领域、各类组织的管理活动尽管各有其特殊性，但这些特殊的管理活动中却都蕴涵着一些共同的东西，即无论在社会的什么领域或什么类型的组织中，管理活动都是按照一定的规律进行的，而且这些规律不会因组织的性质或类别的不同而不同。因此，从社会普遍存在的管理活动中概括、总结出来的基本规律（包括一般的原理、理论、方法和技术），就构成了一般管理学的内容。

## 二、管理学的研究对象

管理学的研究对象是管理工作的客观规律性，即如何遵循客观规律的要求来建立一定的理论、原则、组织形式、方法和制度，指导管理的实践，实现管理的预期目标。管理学是一门综合运用现代社会科学、自然科学和技术科学的理论和方法，研究现代社会条件下管理活动的基本规律和一般方法的综合性学科。它是管理实践在理论上的概括和反映，是人类长期从事管理实践及其经验的科学总结。它来源于管理实践，接受管理实践的检验，反过来又指导管理实践。

管理学的研究对象有广义和狭义之分。广义的研究对象包括生产力、生产关系和上层建筑三方面的问题。在生产力方面主要是研究生产力的合理组织问题；在生产关系方面主要是研究如何正确处理国家与企业之间，国家与部门、地区之间，各个部门之间，各个地区之间，各部门、各地区与企业之间，以及各个企业之间和企业内部的经济关系、协作关系和分配关系，建立和完善管理体制；在上层建筑方面主要是研究如何结合本部门实际贯彻执行国家政策、法令、法规，健全规章制度等。上述三个方面是紧密结合、不可分割的。例如，合理组织生产力，既是生产力问题，又涉及生产关系问题。所以，在研究管理学的广义对象时必须对上述三个方面同时进行研究。狭义的研究对象主要包括管理原理、管理职能、管理方法、管理者和管理历史等。

1. 管理的基本原理

现代管理学首先研究管理的基本规律，即研究适用于一切社会和个别社会形态的各种基本规律，如管理的对象、过程、核心、目的以及管理的实质与内容等。

2. 管理的职能

管理的各种职能既体现管理的基本任务，又反映了管理的全过程。而且，管理的原理、原则都要通过管理的功能才能发挥作用。

3. 管理的方法、技术和手段

管理功能的执行和完成是靠管理方法、技术和手段来实现的。管理方法、技术和手段的研究是管理学的重要内容，体现了管理学的较强的应用性。

4. 管理者

管理者是管理活动的主体。能否实施有效的管理，管理者起着关键作用。所以，管理者的个体素质、管理者的群体结构以及它们之间的关系和联系，都是管理学研究的重要课题。

5. 管理环境

任何组织都是在特定的外部环境下运行的，都要与外部环境进行物质、能量和信息的交流。管理要达到自己的目标，就必须对组织环境进行研究，把握组织与外部环境之间的联系方式和途径，最有效地从外部获取所需资源和最大限度地进行功能输出。

6. 管理思想及实践的发展历史

管理学应着重从历史的角度研究管理实践以及管理思想、管理理论的形成、演变、发展。

7. 管理效果

良好的管理应该是既有效率、又有效益的，既能达到组织的目标、又充分利用了组织的资源。理想的管理效果是管理的意义所在，管理活动效果的分析和评价是管理学研究的又一重要内容。

## 三、管理学的研究方法

1. 历史研究法

历史研究法是指运用有关管理理论与实践的历史文献，全面考察管理的历史演变、重要的管理思想和流派、重要的管理案例，从中找出规律性的东西，寻求对现在仍有重要意义的管理原则、方式和方法。无论是中国的历史，还是外国的历史，都有大量的关于管理思想的记载，有许多值得研究的管理案例。用历史的方法研究管理学，要求我们全面、发展地看待一切管理思想、管理理论，在深入研究前人留下的管理精华的基础上，有所创新和发展。

2. 案例分析法

案例分析法是指在学习研究管理学的过程中，通过对典型案例的分析讨论，总结出管理的经验、方法和原则。案例分析法对于管理学的研究是行之有效的，许多已被实践证明的科学管理原理都是从大量的案例分析中得出的。例如，泰勒所提出的定额管理原理、计件工资原理、操作标准化和工具标准化原理，都是来自他对米德维尔钢铁厂大量实际案例和试验案例的潜心研究。研究管理学必须掌握案例分析法，将自己置身于模拟的管理情境之中，运用所学的原则、原理和方法去指导实践。

3. 比较研究法

比较研究法是指把不同或相类似的事物加以比较、对照，从而确定它们之间的相同点和差异点的一种研究方法。20 世纪 50 年代，由于比较研究法在管理理论研究中的广泛运用，形成了管理科学的一门新学科——比较管理学。到了 20 世纪 80 年代，由于在比较管理学的深入研究中，人们发现企业文化在经济管理中的极端重要性，从而开辟了管理科学研究中的新领域，为提高管理水平提供了新途径。由此可以看出比较研究法在管理理论研究中所发挥的重要作用。借鉴、应用他国的管理理论与方法不能简单地照搬，这就要求我们必须学会用比较研究的方法，分辨出一般性的东西和特殊性的东西，分辨出哪些是可借鉴的东西、哪些是不可借鉴的东西，真正做到博采众长，丰富我国管理学的内容。

4. 归纳演绎法

归纳和演绎是两种不同的推理和认识事物的科学方法。归纳是指由个别到一般、由事实到概括的推理方法；演绎是指由一般到个别、由一般原理到个别结论的推理方法。在实际管理理论的研究中，特别是在一般管理原理的研究中，都要通过归纳推理和演绎推理的过程进行反复论证，只有这样，才能使所得结论是全面的、可靠的，并能经得住实践的检验。否则，如果只有归纳没有演绎，那么所得的结论就可能是片面的或不具有一般性；如果只有演绎没有归纳，演绎就既没有前提、也不会得出正确的结论。

# 本章小结

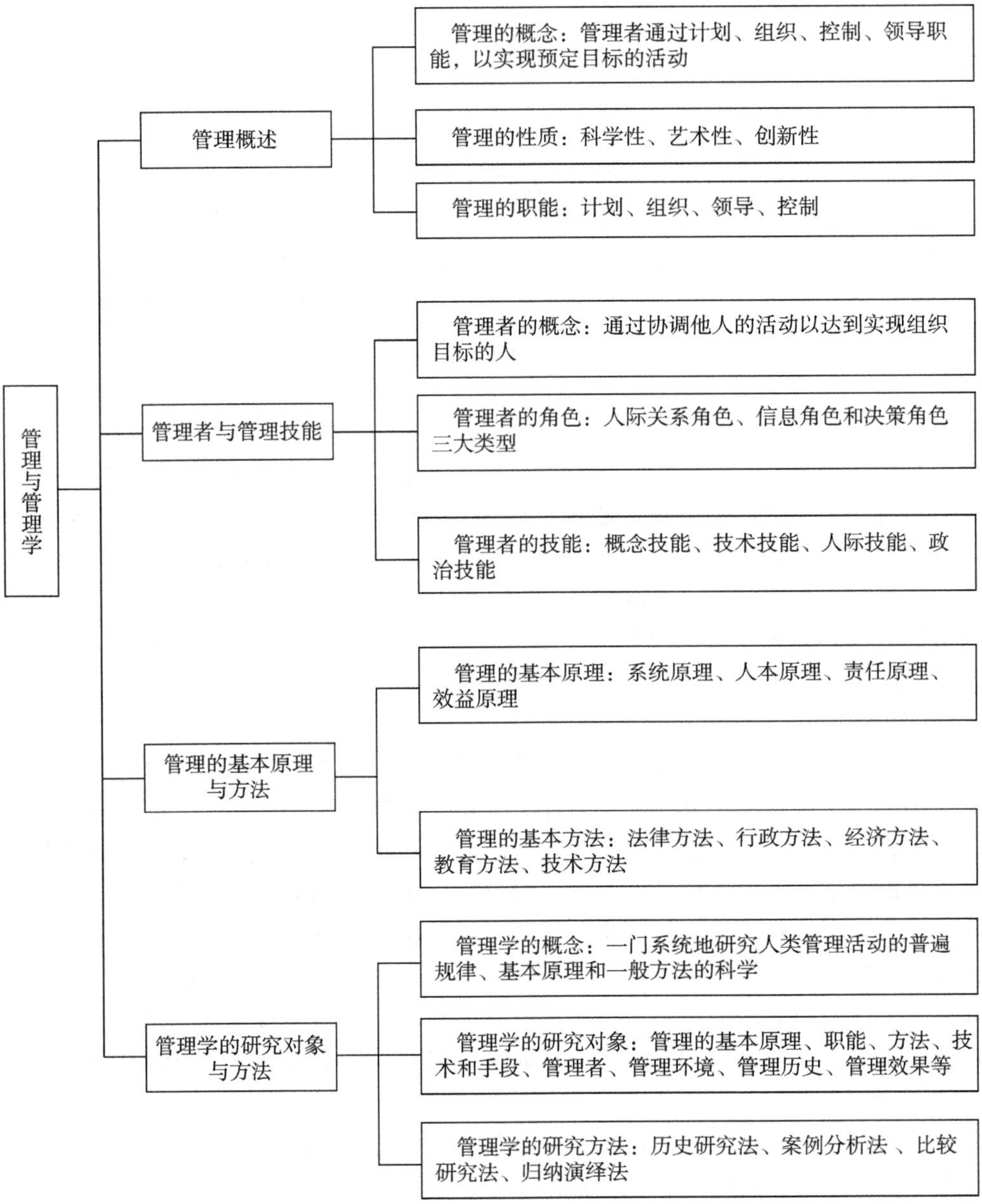
管理与管理学
管理概述
管理的概念：管理者通过计划、组织、控制、领导职能，以实现预定目标的活动
管理的性质：科学性、艺术性、创新性
管理的职能：计划、组织、领导、控制
管理者与管理技能
管理者的概念：通过协调他人的活动以达到实现组织目标的人
管理者的角色：人际关系角色、信息角色和决策角色三大类型
管理者的技能：概念技能、技术技能、人际技能、政治技能
管理的基本原理与方法
管理的基本原理：系统原理、人本原理、责任原理、效益原理
管理的基本方法：法律方法、行政方法、经济方法、教育方法、技术方法
管理学的研究对象与方法
管理学的概念：一门系统地研究人类管理活动的普遍规律、基本原理和一般方法的科学
管理学的研究对象：管理的基本原理、职能、方法、技术和手段、管理者、管理环境、管理历史、管理效果等
管理学的研究方法：历史研究法、案例分析法 、比较研究法、归纳演绎法

# 思考与练习

## 一、复习思考题

1. 什么是管理？其性质有哪些？
2. 谈谈你对管理职能的认识。
3. 实践中的管理者具体表现为哪些角色？
4. 作为一名管理者，应具备哪些基本技能才能胜任管理工作？

## 二、案例分析题

**案例 1–1：节约后的致歉**

如果有人能给公司带来 1 000 万美元的节约，大多数的管理人员会对此给予赞赏的，除非这意味着要砍掉一个他们所喜爱的项目。但是，一位刚走出校门的年轻人却从此举中得到了深刻的教训。

从表面上看，情况似乎一清二楚。这家拥有 700 个床位的美国中西部医院门前有一个停车场，在高峰期间常常拥挤不堪，给病人及其家属带来了诸多不便。即使医院管理人员并没有那么强的道德感，只从财务方面考虑，鉴于最近有越来越多的患者另寻他处就医，从而给医院带来了很大的损失，这一点也迫使医院的院长助理查尔斯想办法解决问题。

查尔斯吩咐刚从大学拿到工商管理硕士学位的莫里对这种情况作一调查，并提出改进意见。他解释说，要是问题尚不严重，医院可能会设法将楼前的一块地方腾做停车场用。要是问题非常严重，就要考虑建一个新的多层停车场，为此得投资 1 000 万美元。查尔斯在对莫里做了交代以后，便到外地休假三个星期。

希望自己能一显身手的这位年轻人，在接受任务后进行了两周的调查，分析了停车场发出的印有停车时间标记的票据，最后发现一个不曾预料到的事实：停车场之所以拥挤，完全是因为医院的职工不顾院规将车停放在这里，而不是停在靠近高速公路的一个较不方便的宽敞的停车场。医院并不需要做 1 000 万美元的投资，需要的只是强化已颁布的职工停车条例。

因为院长助理仍在休假中，这位年轻人便把他的发现直接在一次大型的会议上报告给了医院高层管理人员。听到这条令人振奋的消息后，这些高层管理人员对莫里说了一番鼓励和感谢的话，然后要求他的部门做进一步的研究。

在院长助理返回前，一切都进展顺利。可是，这天查尔斯回来了，听说他提议的 1 000 万美元的投资项目被取消了——这使他看起来像个低能者。而且更令他难受的是，在院白领职工中很少得到遵守的停车条例，现在得到了三令五申。不幸的莫里，在他的上司的责备下，不得不向院长助理道歉，并且又承担了寻找落实停车条例最有效方式的任务！

在思量了各种方案之后，莫里最后向一个副总裁和几位部门负责人提议，下午 5 点钟在门前停车场会合，准备当面逮住那些违规停车的职工，并要求他们缴纳停车时间内的所有停车费。如此进行了连续两天后，医院门前的停车场在高峰期间也有一半是空的。

年轻的莫里，不久就离开了医院，在一家私人公司找到了新的工作。他离开时对曾经同窗过的一些朋友说，自己得到了一次深刻的教训，现在明白了过度的坦诚与精明为人之间有何等的区别。

根据案例所提供的情况，请回答下列问题：

1. 莫里成功地发现解决问题的办法，这是归功于他（ ）。
   A. 所学的科学管理知识　B. 高度的工作热情
   C. 学以致用的工作方法　D. 管理者的基本素质
2. 莫里向查尔斯道歉的主要原因是什么？（ ）
   A. 莫里的报告使查尔斯提议的 1 000 万美元投资项目取消了
   B. 莫里的报告使医院停车条例得到了重视和执行
   C. 莫里越过查尔斯向高层管理人员汇报
   D. 莫里的报告使问题的解决复杂化了
3. 这位年轻的毕业生不久就离开了这家医院，其最有可能的原因是什么？（ ）
   A. 莫里的工作能力不够
   B. 医院里的人际关系复杂
   C. 医院不注重经济效益，用不上所学的管理知识
   D. 医院的人事管理存在严重问题
4. 莫里在这家医院的经历无疑使他得到了一次深刻的教训。这次教训（ ）。
   A. 使他认识到坦诚待人的重要性，从而对他以后的工作会产生积极的影响
   B. 使他意识到要精明为人，这点对他以后的工作会产生消极的影响
   C. 使他认识到了管理理论与管理实践的关系
   D. 使他认识到管理者需要具备哪些技能
5. 这个案例表明，管理工作内容与管理工作效果的关系是（ ）。
   A. 管理工作的效果取决于管理工作内容
   B. 管理工作的效果不取决于你做什么，而取决于你怎么做
   C. 实际中管理工作的内容往往比书本上介绍的要简单许多，但简单的工作并不一定能取得如期效果
   D. 只有既研究工作内容，又注意处理工作关系，才能取得好的管理工作效果

**案例 1–2：忙碌的生产部长**

金星公司是一家专门生产住宅建筑上用的特殊制品的合资企业。王雷是该厂的生产部长，他的直接上级是公司总经理。张立是装配车间的主任，归王雷领导。张立手下有 7 名工人负责装配住房中的各种用锁。

夏季的一天上午，公司总经理打来电话对王雷说："我们收到好几次客户投诉，说我们的锁装配得不好。"王雷对此事很快做了调查，然后来到总经理办公室向上司汇报说："我可以放心地跟您说，对那些蹩脚的锁的装配，没有我的责任。那是装配车间主任张立的失

职，他没有去检查手下的工人是否按正确的装配程序工作。”

王雷同时向总经理汇报了他在这个星期所做的几件重要的工作：①对工厂的下半年生产进度与人员使用做了初步安排；②在装卸码头指导搬运工人们使用一台新买的起重机；③对一位求职者进行面试，填补厂里质量管理职位的空缺；④包装生产线上一位操作工去看病，他顶班在生产线上干了大半天；⑤将生产系统中有关人员间的关系做了一些调整，让工程师们以后直接向工厂的总监汇报工作，不必再通过总工程师；⑥与总会计师一起查阅报表，检查厂里上半年的经费开支和生产情况。

王雷向总经理出示了他摘录的以下几项数字记录：

| | 上半年实际 | 下半年计划 |
|---|---|---|
| 1. 经费开支 | | |
| 设备维修与折旧 | 1 000 万元 | |
| 水电等公用事业费 | 100 万元 | |
| 电脑使用与信息费 | 300 万元 | |
| 原材料 | 10 000 万元 | ? |
| 其他生产用品 | 500 万元 | |
| 工资 | 6 000 万元 | 6 100 万元 |
| 现金开支 | 100 万元 | |
| 总支出 | 18 000 万元 | |
| 2. 生产结果 | | |
| 总产量 | 2 000 万件 | 1 900 万件 |
| 其中：报废品 | 200 万件 | 50 万件 |
| 合格品售价 | 10 元/件 | 10 元/件 |
| 3. 利润额 | ? | ? |

王雷还向总经理说明了他个人对企业赢利情况的分析。他认为目前的形势已不容乐观，所以他计划下半年要在监督和激励工人方面再下点功夫，宁可多花点钱，也要确保将废品控制在 50 万件以内，不过总产量也许会跌到 1 900 件。他估算了一下，劳动力成本会从 6 000 万元上升到 6 100 万元，但原材料耗费自然会随着报废品的减少而降低，其他开支保持不变。王雷认为，采取这一措施是明智的，因为它在预期的开支与看来可能达到的成果之间是均衡的，因此，此举将使企业的赢利情况得到改善。王雷将自己的计划意见交给了总经理，由他定夺是否采取新的方案。

那天从总经理那里汇报回来，王雷抓紧时间办妥了几件事：①与工会处理了一桩劳资纠纷；②向厂里的基层管理人员解释了在工伤赔偿政策上打算做哪些改动；③同销售部经理讨论了产品的更新换代问题；④打电话给一家供应厂商，告诉他们有一台关键的加工机器坏了，无法修理，请他们速来换一台；⑤考虑了如何改进厂里的制造工艺。待办完这些事，他一看表才知早已过了下班时间。

根据案例所提供的情况，请回答下列问题：

1. 王雷和张立分别是这家企业哪一层次的管理人员？（　）

　A. 高层和中层的　　　　B. 中层和基层的

C. 高层和基层的　　　　　D. 都是中层的

2. 关于锁装配不善问题，公司总经理应该首先责成谁负起最终责任？这依据的是什么原则？（　）

A. 装配车间主任，监督职责明确原则

B. 装配车间的工人们，执行职责明确原则

C. 生产部长，责任的不可下授原则

D. 依据责权对等原则，没人该对此负责

3. 王雷向总经理汇报说他这星期做了几件重要的工作，请在下列空格里依次写下这些工作所体现的活动或职能性质：

① ________ ② ________ ③ ________

④ ________ ⑤ ________ ⑥ ________

4. 依据王雷所提供的资料分析，金星公司上半年的赢利情况如何？如果按照王雷的方案对生产活动进行调整，下半年的赢利将会如何？（　）

A. 上半年获得利润 ____万元，下半年利润将增加到 ____万元

B. 上半年发生亏损 ____万元，下半年亏损额将增大到 _____万元

C. 上半年有微利，下半年将发生亏损

D. 上半年不盈也不亏，下半年将发生亏损

5. 劳资纠纷的处理和工伤赔偿政策的解释都共同需要何种管理技能？（　）

A. 人际技能　　　　　B. 技术技能

C. 概念技能　　　　　D. 根本不需要管理方面的技能

6. 产品更新换代和制造工艺改进都对管理工作的职能和技能有些什么要求？（　）

A. 它们都是技术方面的问题，与管理工作无关

B. 它们都涉及管理中的决策职能，所以只要具备概念技能就可做好该类工作

C. 它们是纯粹技术领域内的业务决策，做好该项决策需要有一定的管理技能，但主要限于技术技能方面

D. 技术领域的决策是一项富有挑战性的管理工作，要求同时具备概念技能和技术技能，甚至有时还需要人际技能

7. 打电话请供应厂商来换一台同目前用坏的机器一样的设备，这是设备简单替换问题，需要的管理技能主要是（　）。

A. 概念技能和技术技能　　　　　B. 人际技能和技术技能

C. 技术技能　　　　　D. 人际技能和概念技能

**案例 1–3：升任公司总裁后的思考**

郭宁最近被所在的生产机电产品的公司聘为总裁。在准备接任这一职位的前一天晚上，他浮想联翩，回想起他在该公司工作 20 多年的情况。

他在大学时学的是工业管理，大学毕业后就到该公司工作，最初担任液压装配单位的助理监督。他当时感到真不知道如何工作，因为他对液压装配所知甚少，在管理工作上也没有实际经验。他感到几乎每天都手忙脚乱，可是他非常认真好学。一方面他仔细参阅该

单位所订的工作手册，努力学习有关的技术知识；另一方面监督长也对他主动指点，使他渐渐摆脱了困境，胜任了工作。经过半年多的努力，他已经有能力独担液压装配的监督长工作了。可是，当时公司并没有提升他为监督长，而是直接提升他为装配部经理，负责包括液压装配在内的四个装配单位的领导工作。

在他当助理监督时，他主要关心的是每日的作业管理，技术性很强。而当他担任装配部经理时，他发现自己不能只关心当天的装配工作状况。他还得做出此后数周乃至数月的规划，还要完成许多报告和参加许多会议，他没有多少时间去从事他过去喜欢的技术工作。当上装配部经理不久，他就发现原有的装配工作手册已基本过时，因为公司已安装了许多新的设备，引入了一些新的技术。这令他花了整整一年的时间去修订工作手册，使之切合实际。在修订手册的过程中，他发现要让装配工作与整个公司的生产作业协调起来是有很多讲究的。他还主动到几个工厂去访问，学到了许多新的工作方法，他也把这些吸收到修订的工作手册中去。由于该公司的生产工艺频繁发生变化，工作手册也不得不经常修订，郭宁对此都完成得很出色。他工作了几年后，不但自己学会了这些工作，而且还学会了如何把这些工作交给助手去做，教他们如何做好。这样，他可以腾出更多时间用于规划工作和帮助他的下属工作得更好，可以花更多的时间去参加会议、批阅报告和完成自己向上级的工作汇报。

在他担任装配部经理 6 年之后，正好该公司负责规划工作的副总裁辞职应聘于其他公司，郭宁便主动申请担任这一职务。在同另外 5 名竞争者较量之后，郭宁被正式提升为规划工作副总裁。他自信拥有担任此一新职位的能力，但由于此高级职务工作的复杂性，仍使他在刚接任时碰到了不少麻烦。例如，他感到很难预测一年之后的产品需求情况。可是一个新工厂的开工，乃至一个新产品的投入生产，一般都需要在数年前做准备。而且，在新的岗位上他还要不断协调市场营销、财务、人事、生产等部门之间的关系，这些他过去都不熟悉。他在新岗位上越来越感到：越是职位上升，越难于仅仅按标准的工作程序去进行工作。但是，他还是渐渐适应了，做出了成绩，以后又被提升为负责生产工作的副总裁，而这一职位通常是由该公司资历最深的、辈分最高的副总裁担任的。到了现在，郭宁又被提升为总裁。他知道，一个人当上公司最高主管职位之时，他应该自信自己有处理可能出现的任何情况的才能，但他也明白自己尚未达到这样的水平。因此，他不禁想到自己明天就要上任了，今后数月的情况会是怎样?他不免为此而担忧!

问题：

1. 郭宁担任助理监督、装配部经理、规划工作副总裁和总裁这四个职务，其管理职责各有何不同？能概括其变化的趋势吗？请结合基层、中层、高层管理者的职能进行分析。

2. 你认为郭宁要成功地胜任公司总裁的工作，哪些管理技能是最重要的?你觉得他具有这些技能吗?试加以分析。

3. 如果你是郭宁，你认为当上公司总裁后自己应该补上哪些欠缺才能使公司取得更好的绩效?

## 三、管理技能训练

*1. 调查与访问——了解管理者的职责与素质*

以 3～5 人为一组，访问某个企业或某位管理者，了解该企业中主要有哪些管理工作，属于哪种管理层次？这些管理工作的职责和权利是什么？做好这些管理工作都需要哪些素质？如何培养？

调查访问结束后，写出访问报告或小结，在全班交流与讨论。

2. 组建模拟公司系列实训——组建模拟公司

（1）以自愿为原则，6～8人为一组，组建“××大学生模拟公司”，自定公司名称与业务领域。

（2）进行总经理竞聘，每个人以“我要做一个什么样的管理者”为题，发表竞聘讲演（要有发言提纲）。

## 四、管理技能自我测试

### 管理动机强烈程度自我评估

要求：每一个问题，在最能反映你的动机强烈程度的数字上画圈，然后加总你的分数。

1. 我希望与我的上级建立积极的关系。
2. 我希望与我同等地位的人在游戏中和体育中比赛。
3. 我希望与我同等地位的人在工作有关的活动中竞争。
4. 我希望以主动和果断的方式行事。
5. 我希望吩咐别人做什么和用法令对别人施加影响。
6. 我希望在群体中以独特的和引人注目的方式出人头地。
7. 我希望完成通常与工作有关的例行职责。

弱 1 2 3 4 5 6 7 强

**【结论检测】**

你的得分将落在7～49分的区间内。评分标准为：

7～12分：较低的管理动机

13～34分：中等的管理动机

35～49分：较高的管理动机

# 第二章　管理思想与管理理论的发展

## 知识目标

- 了解管理学的发展演变的历史
- 了解管理学界主流的管理理论学派与思想内容

## 能力目标

- 具有初步应用现代管理思想和理论分析与处理实际管理问题的能力
- 能够从管理思想的高度认识与分析我国的经济改革

## 素养目标

- 认可、热爱中国古代管理思想，坚定文化自信
- 培养团队合作意识、创新精神和创业能力

管理思想和理论发展成为比较完整的学科体系，经历了一个漫长的过程，出现了许多思想学派，对人类社会的进步和经济的发展发挥了巨大的作用。我们在惊叹人类智慧的同时，也由衷地感谢那些为管理科学的发展做出杰出贡献的管理工作者和学者。因此，学习管理思想和理论的形成发展过程，是我们掌握与应用先进管理思想理论，并不断进行创新的基础。

## 第一节　西方早期的管理实践与管理思想

**导入案例 2-1：亨氏公司**

如果你向美国人问起亨氏公司的产品，他一定会如数家珍：番茄沙司、罐装金枪鱼、泡菜、婴儿营养粉等。因为亨氏公司的产品已经渗透到美国人的每一间厨房、每一张餐桌，成为美国人生活的组成部分。

1869 年，亨氏公司的创始人亨利·约翰·海因茨 25 岁的时候与 L.C.诺贝尔合资创办了海因茨·诺贝尔公司，他们把海因茨菜地里的辣椒加工成瓶装出售，后来又增加了泡菜和酱菜的销售。1875 年，海因茨又与他的一个弟弟合资开办了 F&J 海因茨公司继续从事加工食品的业务。到 1888 年，海因茨已被人们誉为酱菜大王，公司也更名为 H.J 亨氏公司。

海因茨迅速崛起的秘诀之一在于他善于把握市场趋势，善于进行打动顾客的广告宣传。

他提出了一个非常简短而具有诱惑力的广告“57 变”，意思是说亨氏公司在一年 52 周及 5 个重要节日内，可为顾客提供不同的佐餐食品，并把“57 变”的广告牌竖立在纽约繁华的大街上。海因茨另一个经营秘诀是融洽劳资关系。他善于体贴和关心工人，经常来往于工人之间，与他们谈笑风生，用自己的热情打动别人，极好地振奋了他人的精神。亨氏公司的劳资关系被认为是全美工业的楷模，赢得了许多褒奖。

从亨氏公司早期成功的做法中不难看出，当时先进的市场运作和融洽劳资双方关系的管理思想，对企业的发展起到非常积极的作用。而西方关于管理理论的研究也从那个时期进入盛期。

管理思想来源于人类社会的管理实践。在长期的管理实践中，由于社会化生产的发展需要，管理思想逐渐形成系统的管理理论。十四五世纪，欧洲就产生了资本主义萌芽。到 18 世纪末期，英国及其他资本主义国家相继发生了产业革命。产业革命是以机器大工业代替工场手工业的革命。1769 年，机械师瓦特发明的蒸汽机得到广泛的采用，手工业的生产转变为机器的生产，工厂这一新的组织形式代替了以家庭为单位的手工作坊。工厂制度的出现，要求机器大工业的管理必须采用新的科学的方法，那种依靠个人的主观经验和臆断行事的做法，显然已经不适应工业革命后工厂制度所代表的生产力的要求了，工厂制度的发展引起人们对管理的关注。英国产业革命时期的理查德 • 阿克莱特于 1769 年和 1771 年设立毛纺织厂时，就连续生产、厂址选择、工厂纪律、劳动分工、机器、材料、人员和资本之间如何协调方面都有创造；1800 年，英国的索霍制造厂开始有了工作设计，按充分利用机器的要求进行了劳动分工和专业化，完善了工资支付办法，完善了记录和成本核算制等管理工作。这一时期，尽管管理思想不够系统、全面，也没有形成专门的管理理论和学派，但由于工厂管理实践的结果，管理思想已经得到相应的发展，在西方特别在欧洲出现了一些早期管理思想家，具有代表性的有罗伯特 • 欧文、亚当 • 斯密和查理 • 巴贝奇等。

## 一、罗伯特 · 欧文的管理思想

罗伯特 • 欧文是空想社会主义者，他是 19 世纪初期最有成就的实业家之一，他最早注意到了企业内部人力资源的重要性。欧文认为，重视人的因素、尊重人的地位，可以使工厂获得更多的利润。欧文在人力资源管理方面的开拓性实践，成了行为科学管理理论的先导。

## 二、亚当 · 斯密的管理思想

亚当 • 斯密是资产阶级经济学古典学派的主要奠基人之一，是从工厂手工业到机器大工业过渡时期的经济学家。他的代表著作《国民财富的性质和原因的研究》(简称《国富论》)不仅是经济学史上的不朽巨著，而且是管理学宝贵的思想遗产。斯密注意到：在制针行业中，10 个工人每人从事一项专门的工作，每天能生产 4 800 枚针。但是，如果每个工人独立完成所有的制针工作，这 10 个工人最快也不过每天生产 200 枚针。为什么同样数量的劳动者因为有了分工就能完成更多的工作？他认为，分工能提高劳动生产率、降低产品成本、促进财富的增加。斯密的分工理论适应了当时生产发展的需要，也成为企业管理理论的一条重要原理。此外，他还提出了生产合理化概念、“经济人”观点和经济效果概念等。

### 三、查理·巴贝奇的管理思想

查理·巴贝奇是英国的数学家和机械学家，他一生都对经济问题和管理问题十分关注。他在亚当·斯密劳动分工理论的基础上，对专业化的有关问题进行了系统研究。1832 年，查理·巴贝奇发表了《论机器与制造业经济学》一书，在书中着重论述了专业分工与机器、工具的使用、时间研究、批量生产、均衡生产、成本记录等。他还在书中提出了以专业技能作为工资与奖金的基础，主张实行有益的建议制度，并对有益的建议给予不同的奖励。该书是管理史上的一部重要文献。

上述各种管理思想是随着生产力的发展，为适应资本主义工厂制度发展的需要而产生的。这些管理思想虽然不系统、不完善，也没有形成专门的管理理论和学派，但对于促进生产的发展和科学管理理论的产生和发展，都产生了积极影响。

阅读材料：中国古代管理思想

## 第二节 西方古典管理理论

**导入案例 2-2：泰勒的管理思想**

泰勒自己把科学管理称作是一场思想革命，这一思想革命最根本的东西就是用劳资双方的合作取代对抗。泰勒所说的思想革命，就是要使管理人员认识到，管理者与工人之间的关系不是对立关系而是合作关系，没有管理者与工人同心协力的合作，也就没有科学管理。

泰勒著名的搬运钢铁实验不仅说明了标准化的动作管理，也体现了劳资双方的合作。当时，泰勒所在的钢铁公司有一个生铁搬运小组，每人每天装货约 12.5 吨。泰勒通过对工时和动作的研究，把工作分成若干基本动作逐项研究后，对工人的负荷、时间、动作等进行精密设计，以科学的方法合理安排工作程序、技术办法和劳动速度，减少不必要的消耗，省略多余的动作，节约工人的劳动，最后计算出每个搬运工每天能够搬运的定额是 47～48 吨。然后，他挑选了一名叫斯密特的工人，让他严格按照管理人员的指示工作，由一名拿着秒表的管理者掌握斯密特工作中的动作、程序和间隔休息时间。这样，斯密特在一天之内完成了 47.5 吨的生铁搬运，其工资也由过去的 1.15 美元增加到 1.85 美元。泰勒强调，工时研究和工作分析绝对不是让工人拼命，而是要找到一个工人正常工作时的标准定额。

当时，一个名叫厄普顿·辛克莱的年轻人对泰勒提出抗议说："泰勒把工资提高了 61%，而工作量却增加了 362%。" 辛克莱认为，这就是剥削。泰勒则指出，在他的管理办法下，斯密特挣到了更多的钱，但是力气花得并不比过去大。这里面的关键在于：斯密特被教会了如何干活，这个方法提高了劳动生产率，使工人省去了无用的劳动。更重要的是，过去是斯密特干活、工头监督，现在是取代了旧式工头的新式管理人员与斯密特一起干活、过去工头的作用仅仅是防止工人偷懒，劳资双方是对立的；现在管理人员的脑力劳动，已经渗透到斯密特的体力劳动中，劳资双方是合作的。

泰勒一生致力于寻找降低生产成本、提高生产率的方法，他的主要贡献有两点：一是管理要走向科学，二是劳资双方的精神革命。在学习泰勒科学管理思想时，重点不是他的具体做法，而是其思想层面的内容。

## 一、泰勒的科学管理理论

微课：泰勒与科学管理理论

科学管理理论的创始人是美国的弗雷德里克·温斯洛·泰勒（1856—1915 年）。泰勒出生在美国费城一个富裕的律师家庭，接受过良好的早期教育，幼年就爱好科学研究和实验。1874 年，他考入美国哈佛大学，但因眼疾不得不辍学。1878 年，他进入费城米德维尔钢铁厂工作，先后当过技工、工长、车间主任、总机械师、总工程师等，期间开始进行劳动时间和工作方法的研究，总共获得 100 多项专利，相继发表了《计件工资制度》（1895 年）、《车间管理》（1903 年）等论著。1883 年，他通过函授学习和自学，获得了斯蒂芬工艺学院机械工程学位。泰勒长期从事企业管理工作，具有丰富的实践经验，为试验和推广科学管理，他为许多著名的公司当管理咨询顾问，醉心于科学管理原理的研究，并于 1911 年出版了《科学管理原理》一书，这是企业管理从经验向科学过渡的标志。由于泰勒在管理发展史上的特殊地位，他被后人称为“科学管理之父”。

### （一）泰勒科学管理理论的主要观点

1. *科学管理的根本目的是提高劳动生产率*

泰勒认为，管理的真正目的是使劳资双方都得到最大限度的利益，最高的工作效率是工厂主和工人共同达到富裕的基础。科学管理是建立在劳资双方利益一致的基础上的，它能使较高的工资和较低的劳动成本结合起来，从而使工厂主得到最大的利润、工人得到最高的工资，进一步提高他们对扩大再生产的兴趣，促进生产的继续发展。因此，提高劳动生产率，是泰勒创建科学管理理论的基本出发点，是确定各种科学管理原理、方法的基础。

2. *科学的管理方法是实现最高工作效率的重要手段*

泰勒认为管理是一门科学，应该用科学的管理方法代替旧的经验管理。在管理实践中，建立各种明确的规定、条例、标准，使一切工作科学化、制度化是提高工作效能、达到最高效率的关键。

3. *实施科学管理的核心是要求管理人员和工人双方在精神和思想上来一次彻底的变革*

1912 年，泰勒在美国众议院特别委员会所做的证词中强调指出：科学管理是一场重大的精神变革。他要求工厂的工人树立对工作、对同事、对雇主负责任的观点；同时，也要求管理人员——领工、监工、企业主、董事会改变对同事、对工人以及对一切日常问题的态度，增强责任观念。通过这种重大的精神变革，可使管理人员和工人双方都把注意力从赢利的分配转到增加赢利数量上来。当他们用友好合作和互相帮助代替对抗和斗争时，他们就能够创造出比过去更加多的赢利，从而使工人的工资大大增加。

### （二）泰勒科学管理的基本原则

1. *提出科学的劳动方法*

对工人劳动的每种要素都要制定科学的工作方法，并以此取代陈旧的凭经验的工作方法，选用最合适的劳动工具，集中先进、合理的操作动作，制定出各种工作的标准操作规程。

2. 科学利用工时

通过对工人工时消耗的研究，规定完成合理操作的标准时间，制定各工种的劳动时间定额。

3. 科学挑选工人

用科学的挑选、训练和教育来取代工人的自选工作和摸索自学，使工人的能力与工作的需要相配合而成为“第一流的工人”，以便提高工人的工作技能。

4. 实行差别计件工资制度

为了鼓励工人努力工作，泰勒提出了差别计件工资制度，即根据工人完成定额的不同而采取不同的工资率，而不是根据工作类别来支付工资。这样通过工人工资上的差别，让工人在竞争中自发地提高劳动强度、提高劳动生产率。

5. 实行职能工长制度

泰勒在工厂的基层管理阶层设立了各种各样的工长，如生产工长、质量工长等，实现管理工作专业化，以加强对工人劳动的管理。这些工长的任务是负责把科学的工作方法教给工人，保证工人按科学的工作方法进行劳动。工长担负的更重要的工作是监督和敦促工人劳动，防止工人偷懒和磨洋工。这种思想为以后的职能部门的设立和管理专业化提供了基础。

6. 实行“例外管理原则”

把企业日常管理事务授权给下级管理人员处理，高层领导人员拥有对重大事情的决策权和监督权，保证高层领导能够集中精力抓大事。

泰勒的科学管理理论影响是广泛而深远的。科学管理促进了当时工厂管理的普遍改革，科学管理方法逐步代替了单凭经验的方法，并形成一套管理制度，使得美国一些主要企业长期得以发展。科学管理理论对以后的管理理论的发展也产生了深远的影响。

## 二、法约尔的一般管理理论

亨利·法约尔（1841—1925年）是西方古典管理理论在法国的杰出代表，他不仅是一般管理理论的创始人，而且是现代管理过程学派的开山鼻祖。法约尔出生在法国一个小资产者家庭，1860年从圣艾蒂安高等矿业学院毕业后进入康门塔里-福尔香堡采矿冶金公司，由一名工程技术人员逐渐成为专业管理者，长期担任公司总经理，有丰富的管理大企业的经验。与此同时，他还担任过法国陆军大学和海军学校的管理学教授，并对法国的许多公共机构（如邮政、烟草等部门）的管理做过调查和研究。法约尔认为，管理理论是“指有关管理的、得到普遍承认的理论，是经过普遍检验并得到论证的一套有关原则、标准、方法、程序等内容的完整体系”，有关管理的理论和方法不仅适用于公私企业，也适用于军政机关和社会团体，这正是一般管理理论的基石。1916年，法约尔出版了他的代表作《工业管理和一般管理》，该书成为一般管理理论的最早的全面论述，对西方管理理论的发展有重大的影响，法约尔由此被誉为“经营管理理论之父”。

1. 经营与管理是不同的概念

法约尔认为，经营活动可分为六大类，管理只是经营活动中的一种。企业经营的六大类活动是：①技术活动，指生产、制造、加工等；②商业活动，指购买、销售、交换等；

③财务活动，指资金的筹集和运用；④安全活动，指维护设备与保护职工安全；⑤会计活动，包括存货盘点，资产负债表的制作、核算、统计等；⑥管理活动，包括计划、组织、指挥、协调和控制等。在企业的经营活动中，法约尔认为管理处于核心地位。

2. 管理的职能

法约尔首次提出管理的五大基本职能，认为这是管理人员应有的活动。①计划，它是管理的首要职能；②组织，包括有关组织结构、活动和相互关系的规章制度以及职工的招募、评价和训练；③指挥，是对下属活动的指导，其目的是根据企业的利益，使本单位中所有职工能做出最大贡献；④协调，是指企业的一切工作都要和谐地配合，以便使企业的经营顺利进行；⑤控制，是为达到既定目标而完成的监督、考核、纠偏等活动。这五大基本职能形成了一个完整的管理过程，因此又被称为管理过程理论。

3. 管理的原则

法约尔十分重视管理原则的系统化。他努力探求确立企业良好的工作秩序的管理原则，并根据自己长期的管理经验，提出了著名的“十四项管理原则”。

（1）分工。法约尔认为，劳动专业化是各种机构、团体、组织前进和发展的必要手段。借助于分工，可以减少每个人所需掌握的工作项目，提高工作效率。

（2）权力与责任。权力是发布命令和强迫别人服从的力量。责任和权力是互为因果的，责任是权力的必然结果和重要的对等物。行使权力就必然产生责任，委以责任而不授以相应的权力就是组织的缺陷。

（3）纪律。纪律的实质是遵守公司各方达成的协议。管理必须有纪律，没有纪律任何组织都难以发展，纪律应尽可能严明、公正。

（4）统一指挥。组织中的人只应接受一个领导者的命令，双重指挥经常是混乱和冲突的根源。

（5）统一领导。统一领导是指对于同一目标的集体活动，只能在一个领导和一项计划下进行。

（6）个人利益服从整体利益。法约尔认为，整体利益大于个人利益的总和，一个人或一个部门的利益不能置于整个企业利益之上。它有赖于领导层的坚定性和良好的榜样以及签订公平的协定和经常的监督。

（7）人员报酬。报酬与支付方式要公平合理，尽可能使职工和组织都获得最大程度的满足。

（8）集权。任何组织权力的集中与分散的程度都不是千篇一律、固定不变的。应根据组织的规模、条件和管理者的性格、道德、品质以及下级人员的素质等因素来确定。

（9）等级链。等级链是从最上级到最下级的各层权力联成的等级结构。它是一条权力线，用以贯彻执行统一的命令和保证信息传递的秩序。一般情况下，不要轻易违犯这个链条，但在特殊情况下应该适当变动（即跳板形式，又称法约尔桥）。

（10）秩序。这里的秩序是指人与物各得其所。要做到有秩序，必须做到职位要适合于职工，职工要适合于职位。每个职工都必须处在他能做出最大贡献的岗位上。同时，还要有条不紊地精心安排物资、设备的合适位置。

（11）平等。组织应以同样的原则和态度对待每一个成员，人们会因受到公平的对待而以忠诚和献身的精神来完成他们的任务。

（12）人员的稳定。如果人员变动频繁，将影响工作的成效。一般来说，成功企业的管理人员和职工队伍是相对稳定的。

（13）首创精神。法约尔认为，首创性是事业发展壮大的巨大源泉，必须大力提倡，充分鼓励首创精神。

（14）集体精神。集体精神就是努力在企业内部建立起和谐与团结的气氛，这是企业发展的重要保证。

法约尔还认为管理能力可以通过教育来获得，他大力提倡在大学和专科学校中讲授管理理论，这就是他把管理视为一门科学的思想。法约尔关于管理职能、原则和过程等方面的研究，从较高层次上弥补了泰勒科学管理思想的不足，为形成一般管理学做出了巨大贡献。

## 三、韦伯的行政组织理论

马克斯·韦伯（1864—1920年）是德国社会学家、经济学家和德国古典管理理论的代表人物。韦伯出生于德国图林根的一个富有的中产阶级家庭，1882年就读于德国海德堡大学法学院并获得法学博士学位，先后在柏林大学、弗里堡大学和海德堡大学担任教授。韦伯毕生从事学术研究，在社会学、政治学、经济学、法学、哲学、历史学和宗教学等领域都有较深的造诣。他在管理理论上的研究主要集中在组织理论方面，主要贡献是提出了“官僚组织结构理论”，或称“理想的行政组织体系理论”，这集中反映在他的代表作《社会和经济组织的理论》一书中。所谓理想的行政组织体系理论，就是指通过职务或职位而不是通过个人或世袭地位来管理。他所讲的“理想的”并不是指最合乎需要的，而是指现代社会最有效和合理的组织形式。由于韦伯是最早提出一套比较完整的行政组织体系理论的人，因此被称为“组织理论之父”。

韦伯指出，任何组织都必须以某种形式的权力作为基础，才能实现目标。只有权力，才能变混乱为秩序。韦伯认为，存在三种纯粹形态的权力：合法的权力、传统的权力和超凡的权力。在这三种纯粹形态的权力中，传统权力是世袭得来而不是按能力挑选的，其管理单纯是为了保存过去的传统，传统权力的效率较差。超凡的权力则过于带有感情色彩，并且是非理性的，不是依据规章制度而是依据神秘或神圣的启示。只有理性——合法的权力才宜于作为理想组织体系的基础，才是最符合理性原则、高效率的一种组织结构形式。韦伯的理想行政组织体系理论的主要内容包括以下几项。

（1）实行职责分工。实行职责分工即组织内每个职位的权力和责任都应有明确的规定。

（2）自上而下的等级系统。组织内的各个职位按等级原则进行法定安排，形成自上而下的等级安排。

（3）人员的使用。组织中人员的使用，完全根据职务上的要求，通过正式考试或教育训练来实现。

（4）职业管理人员。管理人员有固定的薪金和明文规定的升迁制度，是一种职业管理人员。

（5）遵守规则和纪律。管理人员必须严格遵守组织中的规则和纪律。组织要明确规定每个成员的职权范围和协作形式，避免感情用事、滥用职权，以便正确行使职权，减少摩擦和冲突。

（6）组织中人与人之间的关系。组织中人与人之间的关系完全以理性准则为指导，不受个人情感的影响。这种关系不仅适用于组织内部，而且也适用于组织同外界的关系。

韦伯认为，理性的行政组织体系最符合理性原则，是达到目标、提高劳动生产率的最有效的形式，在精确性、稳定性、纪律性和可靠性等方面都优于其他组织。所以，它适用于各种管理工作和各种大型组织，如教会、国家机构、军队和各种团体。韦伯对完善古典管理理论做出了重要贡献。

## 第三节　西方行为科学管理理论

20 世纪 20 年代，美国的工人和工会力量增强，普遍要求调节劳资和管理关系，人们不愿意接受传统组织理论的那种权威——服从的领导与被领导关系。而且，尽管科学管理思想在提高劳动生产率方面取得了显著成效，但由于它片面强调对工人的严格控制和动作的规范化，忽视了工人的社会需求和感情需求，从而引起了工人的不满和社会的责难。行为科学管理理论正是在这种背景下应运而生的。

行为科学管理理论始于 20 世纪 20 年代，早期被称为人际关系学说，后来发展成为行为科学，即组织行为理论。一般认为，行为科学管理理论产生的标志是著名的霍桑试验以及梅奥的人际关系理论。

### 一、早期的行为科学管理学家

1. 雨果·芒斯特伯格

雨果•芒斯特伯格（1863—1916 年）是德国人，工业心理学创始人之一。1892 年，他在哈佛大学创办了一个心理学实验室。通过实验，他发现对经理人员来说，运用心理学去挑选和激励雇员是重要的。1913 年，他的重要著作《心理学与工业效率》被译成英文。

2. 玛丽·福莱特

玛丽•福莱特（1868—1933 年）虽属于古典管理理论时代的人，但她很早就开始了行为科学管理理论的研究，在古典管理理论和行为科学理论之间架起了一座桥梁。她在哈佛大学学过教育学。她特别注意研究对成年人的教育和业余指导，她认为一个组织应该给职工和管理人员以更多的民主。她的主要著作有《作为一种职业的管理》和《创造性的经验》等。

3. 莉莲·吉尔布雷斯

莉莲•吉尔布雷斯（1878—1972 年）是动作研究之父弗兰克•吉尔布雷斯的妻子，她结婚后开始把学术兴趣转向心理学。在莉莲之前，许多心理学家研究的是群体行为，而她则注重研究个体行为。她的另一重要贡献是把管理风格划分为三种类型（传统的管理风格、过渡的管理风格和科学的管理风格），并仔细研究了每种类型。

## 二、霍桑试验与人际关系理论

### （一）霍桑试验

乔治·埃尔顿·梅奥是人际关系理论的主要创始人。梅奥出生在澳大利亚，是美国哈佛大学教授。梅奥受过心理学和社会学方面的系统训练，这使他有可能在管理的社会因素和人际关系领域做出贡献，主要著作有《工业文明的人类问题》《工业文明的社会问题》等。从1927年开始，他负责美国国家研究委员会和西方电气公司合作进行的有关工作条件、社会因素与生产效率之间关系的试验。由于该项研究是在西方电气公司的霍桑工厂进行的，因此，后人称之为霍桑试验。

微课：霍桑试验与人际关系理论

1. 工厂照明试验

工厂照明试验旨在证明工作环境与生产率之间有无直接的关系。研究人员将接受试验的工人分为两组：一组采用固定照明，称为控制组；另一组采用变化照明，称为试验组。研究人员原以为试验组的产量会由于照明的变化而发生变化。但结果是，两组的产量都大为增加，而且增加数量几乎相等。由此得出结论，照明度与生产率之间并无直接关系，工厂照明灯光只是影响员工产量的因素之一。两组产量都得到提高的原因，是被测试人员对测试发生了兴趣。

2. 继电器装配试验

继电器装配试验的目的是企图发现各种工作条件变动对生产率的影响。研究人员将装配继电器的6名女工从原来的集体中分离出来，成立单独小组，同时改变原来的工资支付办法，以小组为单位计酬；撤销工头监督；工作休息时间免费供应咖啡；缩短工作时间，实行每周5日工作制等。结果发现工人产量增加了。接着，又逐渐取消这些待遇，恢复原来的工作条件，但生产率并没有因此而下降，反而仍在上升。据此梅奥推测，由于督导方法的改变，使员工的态度改善，产量提高。

3. 谈话研究

在上述试验的基础上，梅奥用两年多的时间对公司两万多名员工进行了调查。被访问者可以就自己感兴趣的问题自由发表意见。研究者由此得出结论：任何一位员工的工作成绩都会受到周围环境的影响，即个人成绩不仅仅取决于个人自身，还取决于群体成员。

4. 观察试验

为了搞清楚社会因素对激发工人积极性的影响，研究人员选择了一个由14名工人组成的生产小组进行观察试验。这个小组以集体产量计算工资，根据组内人员的情况，完全有可能超过他们原来的实际产量。可是，进行了5个月的统计，小组产量仍维持在一定水平上。经过观察，发现组内存在着一种默契：往往不到下班时间，大家已经歇手；当有人超过日产量时，别人就会暗示他停止工作或放慢工作进度；不向上司告密等。大家都按照这个集体的平均标准进行工作，谁也不做超额生产的拔尖人物，谁也不偷懒，他们当中还存在着自然领袖人物。这就证实非正式组织是存在的，而这个组织对工人的行为有着较强的约束力，这种约束力甚至超过经济上的刺激。

梅奥等人通过上述试验得出的结论是：人们的生产效率不仅受到物理、生理因素的影响，而且还受到社会环境、社会心理因素的影响。相对于科学管理只重视物质条件，忽视社会环境、心理因素对工人生产效率影响的观点，这是一个很大的进步。

### （二）人际关系理论

在霍桑试验的基础上，梅奥创立了人际关系学说，提出了与古典管理理论不同的新观点、新思想。人际关系学说的主要内容有三点：职工是社会人；满足工人的社会欲望、提高工人的士气是提高生产效率的关键；企业存在着非正式组织。

1. 职工是社会人

从亚当·斯密到古典管理学派，都把人看作是追求最大经济利益而进行活动的经济人。梅奥等人则提出了与经济人不同的社会人观点，强调金钱并非是刺激职工积极性的唯一动力，人与人之间的友情、安全感、归属感等社会、心理欲望的满足，也是非常重要的因素。

2. 满足工人的社会欲望、提高工人的士气是提高生产效率的关键

所谓士气，就是指工作积极性、主动性、协作精神等结合成一体的精神状态。传统的科学管理理论认为，生产效率与作业方法、工作条件之间存在着单纯的因果关系，只要正确地确定工作任务、采取恰当的刺激制度、改善工作条件，就可以提高生产效率。可是，霍桑试验表明，这两者之间并没有必然的直接联系。生产效率的提高，关键在于工人的工作态度，即工作士气的提高。而士气的高低则主要取决于职工的满足度，这种满足度首先体现为人际关系，如职工在企业中的地位是否被上司、同事和社会所承认等；其次才是金钱的刺激。职工的满足度越高，士气也越高，生产效率也就越高。

3. 企业存在着非正式组织

人的组织可分为正式组织和非正式组织两种。正式组织对个人具有强制性，这是古典组织理论所研究和强调的。梅奥认为，在共同的工作过程中，人们相互之间必然发生联系，产生共同的情感，自然形成一种行为准则或惯例，要求个人服从，这就构成了非正式组织。非正式组织与正式组织有很大的区别，在正式组织中以效率的逻辑为重要标准，而在非正式组织中则以情感的逻辑为重要标准。非正式组织与正式组织相互依存，对生产效率的提高有很大的影响。

人际关系学说的出现，开辟了管理理论研究的新领域，纠正了古典管理理论忽视人的因素的不足。同时，人际关系学说也为以后的行为科学的发展奠定了基础。

## 三、马斯洛的需要层次理论

马斯洛于1943年提出了著名的需要层次理论，他把人类的各种需要做了高度的概括，提出了最为基本的五种需要，即生理需要、安全需要、社交需要、尊重需要和自我实现需要。需要层次理论认为，人们一般是按照这个阶梯从低级向高级来追求各项需要的满足的，在一定的时期总有某一层次的需要在发挥主要的作用。只有在较低层次的需要得到合理满足后，较高层次的需要才会发展并起激励作用。

## 四、麦克雷戈的人性假设理论

1957年，美国社会心理学家麦克雷戈发表了《企业的人性面》一文，文中提出了著名

的 X-Y 理论，围绕人的本性来论述人类行为规律及其对管理的影响。

麦克雷戈将传统的管理观点称为 X 理论，在这种观点下，对人性往往做出如下假设：

（1）人生而好逸恶劳，所以常常逃避工作。

（2）人生而不求进取，不愿负责，宁愿听命于人。

（3）人生而以我为中心，漠视组织需要。

（4）人习惯于保守，反对改革，把个人安全看得高于一切。

（5）只有少数人才具有解决组织问题所需的想象力和创造力。

（6）缺乏理性，易于受骗，随时被煽动者当作挑拨是非的对象，做出一些不适宜的行为。

X 理论由于这样的人性假设，便强调外因与客观因素，把工人放在被动的位置上进行严密控制，认为管得严才能出效益。麦克雷戈认为在物质条件已经改善、人们的基本生理需求已获得满足、工作环境已有较大改进的现代社会中，采用 X 理论指导下的激励方法，显然是难于收到预期效果的。因此，这就得出了与 X 理论相对立的新观点，即 Y 理论。这一观点对人性做出了以下的假设：

（1）人并非生性懒惰，要求工作是人的本能；人们从事体力和脑力工作如同游戏和休息一样自然。

（2）一般人在适当状况的鼓励下，不但能接受，而且追求担负责任。

（3）外力的控制与处罚，并不是唯一使人朝向组织目标而努力的方法，只要管理适当，人们就会把个人目标与组织目标统一起来。

（4）个人目标与组织目标的统一。当人们对组织目标有了承诺，他就能运用自我指导和自我控制来使个人目标和组织目标有机地统一起来。

（5）所谓承诺，与达到目标后获得的报酬直接相关，它是实现目标的报酬的函数。

（6）一般人都具有相当高度的解决各项组织问题的想象力和创造力，只是一般人的智力潜能往往只有部分发挥，没有得到充分利用。

Y 理论强调的是内因与主观因素，注意发挥人的主观能动作用，认为动机诱导与统一目标是管理的正确对策。长期以来的实践表明，Y 理论有着良好的发展前景。因为它建立在正确认识人们本性与人类行为关系的基础上，能适应工业化社会经济发展的需要。所以麦克雷戈主张，企业管理的指导思想应变 X 理论为 Y 理论。

需要指出的是，无论 X 理论还是 Y 理论都只是看问题的一个角度，都有其看到问题的本质的一个方面。美国的乔伊·洛尔施和约翰·莫尔斯在麦克雷戈的理论基础上，通过对比实验，提出了超 Y 理论。他们选了两个工厂和两个研究所作为试验对象，其中一个工厂（亚克龙工厂）和一个研究所（卡美研究所）按照 X 理论实施严密的组织和督促管理，另一个工厂（哈特福工厂）和另一个研究所（史托克顿研究所）则按照 Y 理论，实施松弛的组织和参与管理，并以诱导和鼓励为主。实验结果如表 2-1 所示。

**表 2-1　X 理论和 Y 理论试验结果表**

| 管 理 思 想 | 任务容易测定的工厂 | 任务不易测定的研究所 |
|---|---|---|
| X 理论 | 效率高（亚克龙工厂） | 效率低（卡美研究所） |
| Y 理论 | 效率低（哈特福工厂） | 效率高（史托克顿研究所） |

实验结果表明，采用X理论和Y理论的效果，并没有绝对的好坏之分，都有其合理及不合理之处。Y理论并不一定比X理论好。

那么，到底应在什么情况下选用哪种理论呢？洛尔施等人认为，管理方式要由工作性质、成员素质等来决定，并据此提出了超Y理论。其主要观点是：不同的人对管理方式的要求不同，有人希望有正规化组织与规章条例来要求自己的工作，而不愿意参与问题的决策去承担责任，这种人欢迎以X理论为指导的管理方式。有的人却需要更多的自治责任和发挥个人创造性的机会，这种人则欢迎以Y理论为指导的管理方式。此外，工作性质、员工的素质也影响到管理理论的选择，不同的情况应采取不同的管理方式。这实际上就提出了权变的观点，也就是说，管理理论是否有效取决于管理的对象、环境和管理者自身的条件。

### 五、赫茨伯格的双因素理论

美国心理学家弗雷德里克·赫茨伯格于 1959 年提出双因素理论，双因素是指保健因素和激励因素。保健因素与工作的外部环境有关，其对员工行为的影响类似于卫生保健对人们身体的影响。当卫生保健工作达到一定水平时，可以预防疾病，但不能治病。同样，当保健因素低于一定水平时，员工会产生不满；当这类因素得到改善时，员工的不满就会消除。但是，保健因素对员工起不到激励作用，激励因素则以工作为中心。激励因素具备时，会对员工起到激励作用；激励因素不具备时，也不会造成员工的极大不满。

### 六、弗鲁姆的期望理论

美国心理学家维克托·H.弗鲁姆在1964年出版的《工作与激励》一书中提出了期望理论。该理论的核心是，只有当一个人预期某行为会给他带来有吸引力的结果时，他才会采取该行为。根据弗鲁姆的研究，一个人对待工作的态度取决于对以下三种关系的判断：①努力和绩效的关系。需要付出多大努力才能达到某一绩效水平？本人是否真能达到这一绩效水平？概率有多大？②绩效和奖赏的关系。当本人达到这一绩效水平时，会得到什么奖赏？③奖赏和个人目标的关系。这一奖赏能否满足个人目标？吸引力有多大？

### 七、麦克莱兰的成就需要理论

美国心理学家戴维·麦克莱兰提出了成就需要理论。他认为，个人和环境之间存在某种关系从而产生需要。个人在环境因素的影响下产生三种基本需要：成就需要、权力需要和社交需要。

## 第四节　西方现代管理理论

**导入案例 2-3：新达批发公司**

新达批发公司的产品销往6个省市中的500多个零售商，批发业务的一个主要赢利因素就是尽快满足用户的订单。零售商一旦发出订单，就希望能尽快到货。假如在交货中有任何耽搁，他们就会寻找其他批发商购货。

新达公司的经理黄胜最近刚完成了对公司的整改。第一，他对所有货品做了新的安排，以便使那些需要快递的物品尽可能地安置在最靠近装货码头的那些仓库中。第二，他引入了新的库存控制制度，所有重要的原始记录都由计算机储存。第三，一些办公室做了新的安排，并配备了新的办公设施。此外，在工作场所还播放些轻松悦耳的乐曲。

自从做了这些改变之后，黄经理对公司的营运绩效十分关注。记录显示公司的交货期由原先的 4 天减少到 3 天，赢利也增加了 1/3。当然，这种变革后的成效是暂时的还是长期的，目前还很难断言。但黄经理相信，绝大部分效率的提高应直接归功于他在工作环境中引入的变革。

## 一、现代管理理论丛林

在古典管理理论和行为管理理论出现以后，特别在第二次世界大战以后，西方又出现了很多新的管理理论，形成许多学派。这些理论与学派在历史渊源与理论内容上互相影响、互相联系，美国管理学家哈罗德·孔茨形象地将其描述为“管理理论的丛林”。其中，主要的管理学派与理论有：以巴纳德为代表的社会系统学派、以卡斯特和罗森茨维奇为代表的系统管理学派、以西蒙为代表的决策管理学派、以德鲁克和戴尔为代表的经验管理学派、以伯法为代表的管理科学学派和以卢桑斯为代表的权变管理学派等。

### （一）社会系统学派

社会系统学派的代表人物是巴纳德，其主要观点体现在《经理的职能》一书中。其主要观点可归纳如下：

（1）组织是一个社会协作系统。组织是“两个或两个以上的人有意识协调的活动或效力的系统”，组织的产生是人们协作愿望的结果。

（2）组织存在要有三个基本条件。①明确的目标。组织必须有明确的目标，否则成员不会产生协作意愿。②协作意愿。成员必须有对组织目标做出贡献的意愿。③意见交流（信息联系）。组织必须通过意见交流将目标和意愿联系起来，统一行动，了解并满足需要。

（3）提出了组织效力与组织效率原则。

（4）管理人员的权威来自下级的认可。

（5）分析了经理人员的作用。经理人员是信息联系系统中相互联系的中心，并对成员的协作活动进行协调，使组织正常运转，以实现其目标。

### （二）系统管理学派

系统管理学派的代表人物是卡斯特和罗森茨维奇，代表作是《系统理论与管理》。他们继承了系统论的思想方法，从系统的概念出发，建立起了企业管理的系统模式。他们认为：系统观点、系统分析、系统管理都是以系统理论为指导的，三者之间既有区别又有联系。其主要观点有：

（1）组织管理系统是由若干基本要素构成的，它们在一定目标下组成一体化系统。其中人是管理系统中的主体，其他各项要素在一定程度上均受人的控制与协调。

（2）企业管理系统是一个为环境所影响，又反过来影响环境的开放的社会技术系统。

（3）企业管理系统内部主要有运行、控制、支持、信息四个基本子系统。

（4）企业管理分为作业、协调、战略三个层次。

（5）运用系统观点来考察管理的基本职能，可以提高组织的整体效率。

### （三）决策管理学派

决策管理学派的代表人物是西蒙，代表作有《管理决策的新科学》《管理行为》等。由于对决策理论研究的贡献，西蒙 1978 年获得了诺贝尔经济学奖。其主要观点有：

（1）管理就是决策。计划、组织、领导、控制等管理职能都需要决策。

（2）以“满意标准”代替传统的“最优标准”。

（3）决策是一个复杂的过程，而不是“拍板”的一瞬间。

（4）决策可分为程序化和非程序化决策。

决策管理学派是在社会系统学派的基础上吸收了行为科学、运筹学、计算机科学等学科的内容，既重视了先进的理论和手段的应用，又重视了人的积极作用。

### （四）经验管理学派

经验管理学派又称为案例学派，其代表人物主要有德鲁克和戴尔。德鲁克的代表作是《管理的实践》，戴尔的代表作是《伟大的组织者》。他们认为，有关企业管理的科学应该从企业管理的实际出发，以大企业的管理经验为主要研究对象，以便在一定的情况下把这些经验加以概括和理论化。但在更多的情况下，只是把这些经验传授给企业实际管理工作者，提出些实际的建议。其主要观点有：

（1）管理有三项基本任务：第一项是作为经济机构的企业，有提供利润的责任；第二项是使工作具有生产性，并使工作人员有成就；第三项是承担企业对社会的责任。

（2）提倡实行目标管理。

（3）对高层管理问题给予了高度重视。

该学派主张通过分析经验（即案例）来研究管理学问题，就可以抽象出某些一般性的管理结论或原理，以有助于学生或从事实际工作的管理人员来学习和理解管理学理论，使他们更有效地从事管理工作。

### （五）管理科学学派

管理科学学派又叫管理中的数量学派，其代表人物是美国的伯法，代表作是《现代生产管理》。该学派的特点是：

（1）为管理决策服务，运用数学模型增加决策的科学性。他们力求减少决策的个人艺术成分，依靠建立一套决策程序与数学模型以增加决策的科学性。他们将众多方案中的各种变量或因素加以数量化，利用数学工具建立数学模型，研究各种变量与因素之间的相互关系，寻求一个用数量表示的最优化答案。决策的过程就是建立和运用数学模型的过程。

（2）各种可行的方案均是以经济效果作为评价的依据，如成本、总收入和投资利润率等。

（3）广泛地使用电子计算机。电子计算机的运用大大提高了运算的速度，使数学模型运用于企业和组织成为可能。

管理科学学派认为，在研究和解决管理问题时，要着重强调合理性，进行定量分析。

### （六）权变管理学派

权变管理学派诞生于20世纪70年代，代表人物主要有卢桑斯、菲德勒和豪斯，代表作是卢桑斯的《管理导论——一种权变学说》。该学派认为，在企业管理中要根据企业所处的内外条件随机应变，没有什么一成不变、普遍适用的“最好的”管理理论与方法。该学派的基础是超Y理论。在《管理导论——一种权变学说》一书中，卢桑斯将过去的管理理论划分为四种学说：过程学说、计量学说、行为学说和系统学说。他认为这几种学说都没有把管理与环境妥善地联系起来；同时，这些学说的代表人物都强调他们的学说具有普遍的适用性。在管理中必须重视环境对管理的作用。实际上，在环境与管理之间存在着一种函数关系，可以解释为“如果——就要”的关系。即“如果”发生或存在某种环境情况，“就要”采用某种管理思想、管理方式来更好地达到组织目标。

权变主要体现在计划、组织与领导方式等方面：①计划要有弹性；②组织结构要有弹性；③领导方式应权宜应变。

权变管理理论强调随机应变，主张灵活应用各学派的观点；但其过于强调管理的特殊性，忽视了管理的普遍原则与规律。

## 二、现代管理理论的新发展

自20世纪80年代起，信息技术发展迅速，经济一体化程度逐步提高，市场竞争更加激烈，这些变化触及管理学的一些问题，西方管理学界出现了许多新的管理理论，例如企业战略、企业文化、学习型组织、企业再造、精益管理等。进入21世纪，知识经济时代的来临、经济全球化的扩大、信息技术的应用、顾客的市场主体化和企业的社会责任要求等，使企业面临更加复杂的经营环境。在管理实践的推动下，21世纪出现多样化的管理理论和研究，知识管理、学习型组织研究和创新管理得到进一步发展，能本管理、弹性管理、跨文化管理和企业社会责任研究成为新的管理研究重点，这些理论思潮代表了管理理论发展的新趋势。

阅读材料：现代管理理论的新发展

# 本章小结

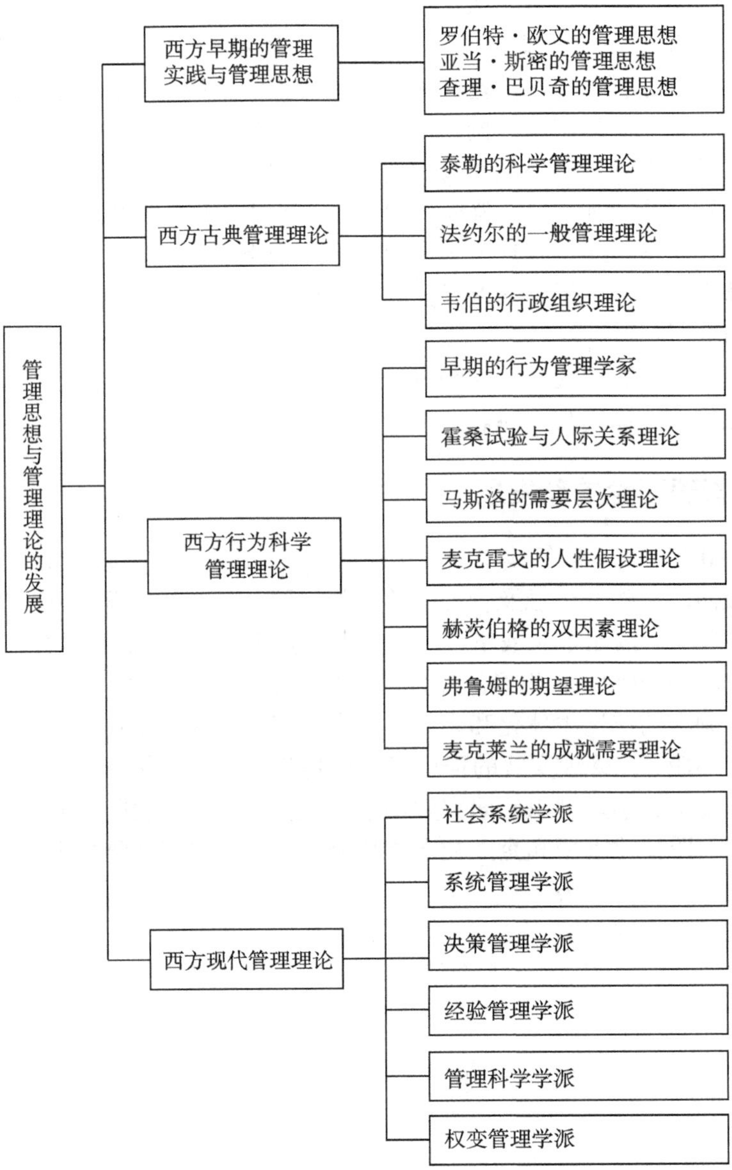
管理思想与管理理论的发展
西方早期的管理实践与管理思想
罗伯特·欧文的管理思想
亚当·斯密的管理思想
查理·巴贝奇的管理思想
西方古典管理理论
泰勒的科学管理理论
法约尔的一般管理理论
韦伯的行政组织理论
西方行为科学管理理论
早期的行为管理学家
霍桑试验与人际关系理论
马斯洛的需要层次理论
麦克雷戈的人性假设理论
赫茨伯格的双因素理论
弗鲁姆的期望理论
麦克莱兰的成就需要理论
西方现代管理理论
社会系统学派
系统管理学派
决策管理学派
经验管理学派
管理科学学派
权变管理学派

# 思考与练习

## 一、复习思考题

1. 谈谈你对泰勒、法约尔和韦伯的认识。
2. 人际关系学说是谁创立的，主要内容有哪些？
3. 简述西方现代管理理论主要流派的主要观点和代表人物。
4. 社会人是人际关系学说的一个重要概念，试谈谈你对这一概念的理解。
5. 学习西方管理思想史，你得到的最大启示或收获是什么？

## 二、案例分析题

**案例 2-1：回到管理学的第一个原则**

纽曼公司的利润在过去的一年来一直在下降，尽管在同一时期，同行们的利润在不断上升。公司总裁杰克先生非常关注这一问题。为了找出产生利润下降的原因，他花了几周的时间考察公司的各个方面。接着，他决定召开各部门经理人员会议，把自己的调查结果和得出的结论连同一些可能的解决方案告诉他们。

杰克说：“我们的利润一直在下降，我们正在进行的工作大多数看来也都是正确的。比方说，推销策略帮助公司保持住了在同行中应有的份额。我们的产品和竞争对手的一样好，我们的价格也不高，公司的推销工作看来是有成效的，我认为还没必要改进什么。”他继续评论道：“公司有健全的组织结构、良好的产品研究和发展规划，公司的生产工艺在同行中也占领先地位。可以说，我们的处境良好。然而，我们的公司却面临这样的严重问题。”

室内的每一个人都有所期待地倾听着。杰克开始讲到了劳工关系：“像你们所知道的那样，几年前，在全国劳工关系局选举中工会没有取得谈判的权利。一个重要的原因是，我们支付的工资一直至少和工会提出的工资率一样高。从那以后，我们继续给员工提高工资。问题在于，没有维持相应的生产率。车间工人一直没有能生产足够的产量，可以把利润维持在原有的水平上。”杰克喝了点水，继续说道：“我的意见是要回到第一个原则。近几年来，我们对工人的需求注意太多，而对生产率的需要却注意不够。我们的公司是为股东创造财富的，不是工人的俱乐部。公司要生存下去，就必须要创造利润。我在上大学时，管理学教授们十分注意科学管理先驱们为获得更高的生产率所使用的方法，这就是为了提高生产率广泛地采用了刺激性工资制度。在我看来，我们可以回到管理学的第一原则去，如果我们的工人的工资取决于他们的生产率，那么工人就会生产更多。管理学先辈们的理论在今天一样地在指导我们。”

问题：

1. 你认为杰克的解决方案怎么样？
2. 生产率低的原因还可能有哪些？

3. 你认为科学管理理论在当今的管理实践中应当怎样应用?

**案例 2-2: H公司的行为科学应用**

H公司是一家电器生产企业,多年来在市场上有不俗的表现,消费者也颇为认可。

某年,公司张总经理因年龄已大,身体也不够好,提出了辞职退休的要求。董事会再三挽留不住,只得另外聘任年轻有为的李志强先生为公司的新总经理。临别时,张总告诉他的后任李志强先生:"我公司过去之所以取得良好的业绩,在市场的竞争中保持了相当大的优势和市场份额,全依赖公司员工上下一条心,有很强的凝聚力;只要万众一心,就没有战胜不了的困难。希望李总千万不要忘了这一点。"对于张总的一番话李志强颇为赞同,深感自己的责任重大,因为自己过去虽然也做过一些高级管理工作,但大都与业务有关,如何激励员工保持凝聚力的确未曾很好实践过,也缺乏经验。

李志强走马上任后对公司各方面做了调查研究,召开了一些各职能部门管理人员、公司一般员工的座谈会,了解情况。一个月后,一个增强企业内部和谐氛围、增强员工协作与努力的方案在李志强的脑海中形成了。于是,他召开了总经理办公会议,与副总们、部门经理们一起讨论他的方案。

"各位同事,经过一个月的了解,我感到H公司的确是在各方面都有骄人业绩的公司,管理方面尤其突出,这些成绩的取得的确应归功于全体员工上下一条心,把公司看作是自己的家,把公司的事业看作是自己的事业来努力。这方面我们应该继续下去,即过去各种好的做法可以不变,大家可以大胆地照原来的惯例进行工作。

我也注意到在成绩的背后、经验的背后,还有一些问题尚未解决。例如,员工间、部门间因工作产生的纠纷近来时有出现,出现纠纷是正常的,问题是解决的方法。我们原来采用的方法是由上级或上级部门裁决,尽管裁决后纠纷各方面都服从了,但我知道其中一定有一方心中不痛快或不服帖,如果长此以往,必定会使我们公司凝聚力强、上下一条心的集体精神遭到破坏。把青蛙扔进开水锅里它倒死不了,因为它能马上跳出来;而把青蛙放进温水里慢慢加热就会使它在不知不觉中送了命。为此,我们提出一个解决员工间、部门间工作纠纷的新方案。具体地说,就是纠纷双方自己坐下来协商解决,即自我管理。"

望着下属们不解的眼光,李志强清了一下喉咙,继续说:"公司专门设一个大房间,注意,这房间我特别请心理学家和行为科学家来布置。凡发生工作纠纷的各方请自动一起到那个房间坐一坐,我相信,最终一定是各方心情愉快、纠纷圆满解决。"

李志强的话刚结束,下面就像开了锅,大家议论纷纷,这段话好像天方夜谭一般,充满了迷惑。"这样吧,我先带大家参观一下这个房间,然后我们再接着开会。"李志强笑嘻嘻地说着,便起身招呼大家跟他走。大家来到了那间神秘的大房间,有一位工作人员打开了门,让大家进去。

原来这间大房间被分隔成四小间,一间套一间。进入这大房间先得进第一小间,第一小间迎面立着的一个屏风上装有一大块玻璃镜,绕过镜子几步就进入第二小间;第二小间的门口挂着一个大沙袋,非得推着它人才能进去;第三小间的墙上挂满公司历年所获各种奖状,公司优秀员工的事迹与照片,公司各年业绩的图示等;第四小间就是几个沙发和小桌椅,旁边还有可自取的咖啡、茶、饮料等,似乎就是一个小会议室,另外还有一扇门可供外出。

李志强带着他们回到会议室，这下可好了，大家议论开来……

问题：

1. 李志强总经理上任后应该先做什么工作？
2. 李志强总经理的新方案是基于什么理论，为什么这么做？
3. 有没有更好的方法来解决员工与部门间因工作产生的矛盾冲突？
4. 行为学家把房间布置成那个样子，其目的、功效究竟是什么？

**案例 2–3：LMT 公司**

弗兰克·W.贝茨是 LMT 公司的总裁。LMT 公司是一家规模很大的公司，生产的产品有飞轮、制动器、弹簧、无线电和其他与汽车制造公司配套的零部件。另外，LMT 公司还有一个分部，从事开发和制造宇航计划的零部件。LMT 宇航计划活动是由一位总经理朱莉娅·桑德斯担任领导的。她的人事经理刘易期·莱姆基向她提出建议，为使这个分部中的各级主管人员得到发展，应该让他们在心理学和人际关系方面进行学习并给予训练。他提出这点，归根到底是因为，管理工作是"人"的问题，而要使人们能成为一个好的主管人员的唯一办法，就是要完全理解他们自己，并且理解同他们在一起工作的主管人员和职工。

桑德斯小姐为这种思想所感动，她告诉莱姆基先生，同意他的计划并要他立即实行。这位人事经理于是尽力而认真地贯彻执行。几年以后，这个分部从最高层到基层的全部主管人员，都通过了一系列课程的学习和训练，理解了自己和别人，也理解了人际关系的所有方面。

然而，桑德斯小姐发现，纵然清楚地表明人们之间有了更好的了解，而这个分部的管理质量并没有因此而有所改进。事实很明显，LMT 公司的其他部门的成绩要比宇航分部好得多。贝茨总裁对此也很在意，并且要求桑德斯小姐解释她的部门是怎样培训主管人员的。贝茨先生在听完该计划的内容后说："我怀疑，他们是否走在正确的轨道上？"

问题：

1. 你认为这个宇航分部的训练方法是否抓住了管理学的实质？
2. 如果你是贝茨先生，你是否会向桑德斯小姐建议应该做什么？

## 三、管理技能训练

1. *管理思想分析*

利用课余时间在实际企业中或网上、报刊中，搜集一个我国改革开放后的有关管理的案例或资料（最好是一事一议的简短事例），应用所学管理理论，分析其管理思想。

要求：写成简要书面分析报告，在班级或部门组织一次交流与讨论。

2. *大学生模拟公司系列实训——模拟公司的管理思想*

根据所学知识以及对实际企业所获得的信息资料，研讨并确定模拟公司的管理理念。

（1）结合模拟公司的实际，论证应以何种理论作为管理的理论依据。

（2）模拟公司应树立哪些先进的管理理念。

要求：

（1）每个人写出一份论证应以何种理论作为管理的理论依据的简要材料。

（2）每个公司提交所拟订的"管理理念"。

（3）在班级组织一次交流，每个公司推荐两名成员谈管理理念及其理论依据。

## 四、管理技能自我测试

### 自我管理能力自我评估

自我管理能力直接影响到管理者的工作效益。自我管理能力差的人既得不到上司的赏识，也得不到下属的尊敬。

管理别人者首先必先管理自己，请思考下列问题，回答“是”或“不”。

1．你能正确区分各种事情的轻重缓急吗？（ ）

2．你能在收到函电当日即处理吗？（ ）

3．你知道自己一天中什么时间效率最高，从而将最重要的事情安排在这个时间处理吗？（ ）

4．你能保持桌面整洁，不乱放文件吗？（ ）

5．你是否每天在固定的时间与外界进行电话联络？（ ）

6．你每天上班时即有清晰的全天工作安排吗？（ ）

7．你有将重要事情写在记事簿上的习惯吗？（ ）

8．你有加速处理日常工作的小窍门吗？（ ）

9．你如果有急事外出，记得给秘书留下联络电话吗？（ ）

10．你召开重要会议时，吩咐秘书切断电话吗？（ ）

11．你有一套严谨的归档方法吗？（ ）

12．你能充分利用日记本来记录日期、时间、地点、人名及电话号码吗？（ ）

13．你在打电话之前，是否先将谈话要点写出来？（ ）

14．你每天在固定的时间处理函电吗？（ ）

15．你知道自己办公桌每个抽屉里装着什么吗？（ ）

**【结论检测】**

回答“是”得5分，回答“不”得0分。

60～75分

你深深懂得良好的工作习惯可以节省时间，提高效率，是一位组织能力极强的经营管理者。

35～55分

你的粗心大意虽不至于招灾引祸，但仍然害人害己。严谨的工作作风才是成功的保证。

30分或以下

你由于工作作风涣散而浪费了大量宝贵时间，也失去了大家的尊敬。如此下去实在危险。

# 模块二　计划工作

- ☞ 第三章　组织环境与组织文化
- ☞ 第四章　决策
- ☞ 第五章　计划

# 第三章　组织环境与组织文化

## 知识目标

- 掌握组织环境的概念和构成、组织环境的适应与控制
- 了解组织文化的构成、功能与类型
- 掌握组织文化建设的原则、步骤与方法

## 能力目标

- 能够分析和界定组织环境存在的问题
- 能够进行组织文化分析与设计

## 素养目标

- 强化政治认同、家国情怀
- 培养团队合作意识、创新精神和创业能力

对于任何一个组织而言，管理都具有极其重要的现实意义。因此，管理者对于组织运作通常都具有决定性的影响力。但管理者也并非是无所不能的，许多存在于管理部门控制之外的约束力量也同样影响着组织的生存和发展。外部的约束力量来源于组织所处的外部环境，它约束着管理当局斟酌决定的权限；而内部的约束力量则来源于组织的文化，它存在于所有组织之中，约束着管理人员的决策选择。

## 第一节　组 织 环 境

**导入案例 3-1：美国强生公司**

1982 年秋，8 位芝加哥地区的居民服用了含氰化污染物的增效泰诺胶囊后死亡。1986 年冬，类似的事件再次发生，纽约市的一位妇女也因服用了这种含氰化污染物的胶囊而身亡。在两次事件中，生产增效泰诺胶囊的美国强生公司的麦克尼尔消费产品分部一再声称对这两次事件没有任何责任，全面的调查也证实了这一点。这两起中毒事件明显是粗心大意者的不慎行为。然而，事实并没有减轻中毒事件对泰诺胶囊销售额及强生公司利润的破坏性影响。

1982 年的事件后，强生公司收回并销毁了 3 100 万瓶胶囊，致使税后销账 5 000 万美

元。而后，该公司又花了3亿多美元的资金来推销其重新包装的“三层密封抗损坏”胶囊，从而成功地恢复了公众对产品的信任，并重新确立了自己的市场地位。但是1986年中毒事件发生后，强生公司管理当局决定，对其柜台上出售的所有药品不再使用胶囊包装，而采用塑料封装的片剂形式。这样做的成本是很高的，大约耗费了1.5亿美元用于回收胶囊，重新组织生产过程及新包装药片的促销。

强生公司的例子是否是独一无二的呢？如果只考虑泰诺产品的破坏性，那么你可以这样认为。但如果你将它看成这样一种情况，即管理当局受到了并非自己造成的，也不是自身所能控制的某些事件的广泛冲击，那么这样的例子就不是偶然的了。有一个较近的事实可以证实这一点。1992年9月，一项对芬兰人的公开研究表明，人体内铁含量的高水平与心脏病有着明显的强相关关系，这一研究结果一下子使生产补铁元素产品的企业陷入困境。对于生产杰特林及其他补铁产品的史密斯克林–比彻姆公司（PLC）的管理当局而言，无疑是一个沉重的打击。面对突然下降的销售额，管理当局不得不重新安排公司的资源以支撑它的补铁产品生产。

强生公司和PLC公司的窘境，并不是自己一手造成的。可见，一个组织的成败与组织所处的外部环境息息相关。

任何组织都不可能脱离其所处的环境而封闭、孤立地存在，组织的生存和发展必然会与环境发生千丝万缕的联系。从购进原材料到售出产品以及最终的售后服务，组织不断地在与环境进行着输入输出的转换。因此，组织的管理活动必然会受到与之息息相关的环境的影响。环境是组织中管理者管理行为的一个重要限制因素。

## 一、组织环境的概念

组织环境是指一切存在于组织内外并对组织有现实和潜在影响力的因素。总的来说，组织环境可分为内部环境和外部环境两大部分。组织的内部环境主要是指组织的文化，它由组织内部所共享的价值观、规章制度、规范条例、风格特征等内容构成。而组织的外部环境则是指存在于组织之外，对组织产生影响的所有因素。它包括两个不同层次的环境领域：宏观环境和行业环境（又称具体环境）（见图3-1）。本节的组织环境是指组织的外部环境。

微课：组织环境分析

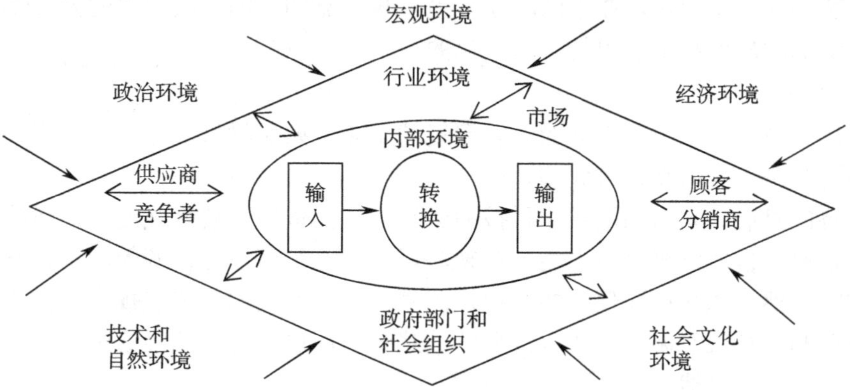


图3-1　组织环境

## 二、宏观环境

组织的宏观环境是指组织之外的对组织可能产生影响的非特定因素，它通常包括经济环境、技术环境、社会文化环境、政治环境、自然环境、国际环境等。宏观环境影响组织及其行业环境。对于管理者个人而言，产生于宏观环境变化中的机会和威胁比产生于行业环境中的机会和威胁更难辨识、更难做出适当的反应。但是，这些因素的变化对管理者和他们的组织有很大的冲击。

1. 经济环境

经济环境是指组织所处国家或地区的整体经济发展状况，它包括经济发展趋势、国家经济体制、物价水平、劳动力情况以及政府的财政金融政策等内容。一般而言，如果经济发展良好，那么组织就会处于较为有利的地位；反之，如果经济萧条、市场不景气，组织可能就会缺乏生机。社会物价水平和通货膨胀程度对组织管理也有很大的影响。在劳动力、原材料价格不断增长，商品价格却不能同步增长的情况下，组织管理者就必须千方百计地降低消耗，提高劳动生产率，以保证赢利。此外，财政金融方面的政策也是不可忽视的因素，银行贷款利率降低往往会促进分期付款商品，如房屋、汽车等的销售；反之，则会降低人们对这类商品的购买力。

2. 技术环境

技术环境除了要考察与企业所处领域的活动直接相关的生产技术手段的发展变化外，还应及时了解：①国家对科技开发的投资和支持重点；②该领域技术的发展动态和研究开发的费用总额；③技术转移和技术商品化速度；④专利及其保护情况等。

3. 社会文化环境

社会文化环境包括一个国家或地区的居民教育程度和文化水平、宗教信仰、风俗习惯、审美观点、价值观念等。文化水平会影响居民的需求层次；宗教信仰和风俗习惯会禁止或抵制某些活动的进行；价值观念会影响居民对组织目标、组织活动以及组织存在本身的认可与否；审美观点则会影响人们对组织活动内容、活动方式以及活动成果的态度。

4. 政治环境

政治环境包括一个国家的社会制度，执政党的性质，政府的方针、政策、法令等。不同的国家有着不同的社会性质，不同的社会制度对组织活动有着不同的限制和要求。即使社会制度不变的同一个国家，在不同时期，由于执政党的不同，其政府的方针特点、政策倾向对组织活动的态度和影响也是不断变化的。

5. 自然环境

自然环境是影响组织经营活动的物质因素的总和，如原材料、土地、山川、森林、矿山、江河湖海、空气、阳光、气候等。

随着经济的发展、人口的增长和科技的进步，自然资源日益呈现出它的稀缺性，即相对于人类的需要，自然资源显得不足、短缺，再加上人类对自然资源的污染、破坏，引起了世界各国对自然资源和环境保护的重视，国家通过一系列的法律法规来保护自然资源和环境，走绿色和可持续发展道路成为世界的大趋势。而这一切必然会给组织的生存与发展带来一系列的机会与挑战。

6. 国际环境

“地球村”时代的到来，给众多组织的海外发展创造了机遇，像波音、IBM、百事可乐等世界知名的公司现在都已经成了足迹遍布全球的大型跨国公司。这些公司充分利用全球资源最优化配置的益处，形成了当地生产、当地销售或当地生产、异地销售等多种经营形式，有的甚至跨越国界、跨越地域在异国设立了科研基地或销售办事处。它们在国际环境中求发展，所以它们也必然会受到国际条件和国际市场情况的影响和制约。即便是那些未走出国门或非营利性的组织，事实上，也正受到大量国际事务的影响，如国际医疗救援、国际文化交流与沟通以及来自其他各个方面的互相协作等。在今天的社会里，地球上已经没有任何一块土地能完全地独立于世界之外了，而国际因素也将不可避免地影响到世界每个角落中的每个组织。

## 三、行业环境

行业环境指的是与实现组织目标直接相关的那部分环境。虽然不同的组织所面临的行业环境会因组织自身的性质而有很大的差异，但对所有企业而言，构成行业环境的几个主要团体成分总是非常类似的。它包括供应商、分销商、顾客、竞争者、有关政府部门和社会组织等。管理者通常将大量注意力集中于组织的行业环境与宏观环境相比，行业环境能给组织产生直接的影响，更易为企业管理者所识别，并且宏观环境的改变对组织的影响往往要通过行业环境表现出来。

1. 供应商

供应商是提供组织所需资源（如原材料、零部件、资金或雇员等）的个人或公司。管理者工作的一个重要职责就是保证投入资源的可靠供应。

供应商的性质、数量或类型的变化，都可能会给组织的生产经营带来重大影响。例如，当所需的物资只有一家供应商可以提供，并且这种物资对组织至关重要时，供应商的讨价还价能力则相当强，管理者就会面临来自供应商的严重威胁。相反，当一个组织在某一特定的投入需求上拥有许多供应商时，该组织则对供应商拥有相对有利的地位，能够从供应商那里得到价低质优的资源。

2. 分销商

分销商是帮助其他组织向客户推销产品或服务的组织。分销商和分销方式的变化也给管理者带来了机会和挑战。如果分销商规模大且很有影响力，能够控制顾客获得特定组织商品的渠道，他们就能够通过要求该组织降低其产品或服务的价格从而对这个组织构成威胁。例如，巨型零售分销商沃尔玛控制着它的供应商与大量顾客之间的渠道，因此经常要求它的供应商降低价格。假如像宝洁这样的公司拒绝了其要求，作为回应，沃尔玛就可能只从宝洁公司的竞争对手那里进货。相反，假如一个组织拥有众多可供选择的分销商，那么一家分销商对该组织的影响力就不大了。

3. 顾客

顾客是指购买组织的产品与服务的个人和群体。例如，戴尔公司的顾客可以细分为：购买家用计算机的个人、小公司、大公司、政府部门和教育机构等。顾客数量和类型的变化或顾客的兴趣和需要的变化，都会给企业带来机会和威胁。组织能否成功，其关键就在于能否满足顾客的需求，使顾客满意甚至惊喜。但是，顾客的口味和需求是不断发生变化的，这意味着组织存在着潜在的不确定性。因此，如果组织要在激烈的市场竞争中立足，就必须培养和巩固顾客的忠诚度；如果组织希望能不断提高自身的市场占有率，就必须进行市场研究、做好广告宣传，并且不断地改善服务，树立顾客至上的经营观念。

4. 竞争者

组织在行业环境中所面对的一个最主要的因素就是竞争者。所谓竞争者，是指那些生产或提供与某一特定组织产品和服务类似的产品或服务的组织，也就是说，争夺同一类客户的那些组织互为竞争者。

5. 有关政府部门和社会组织

我国除了拥有所有权的主管部门（部、局、公司）外，还有为国家和社会利益而监督企业经营的各有关部、局，如财政局、税务局、劳动局、质检局等。西方国家的主管部门为了社会利益，也在若干方面对企业实行严格监督。例如，航空局对飞机是否合格、能否安全飞行等实行严格监督；有关食品与药物的生产也受到食品药物管理局的严格监督，未获批准发证不准进行生产。在社会上，为了公众利益，也有很多组织（如消费者协会等）对工商企业进行监督。因此，组织的管理者必须理顺同这些部门、组织之间的关系，在他们的监督约束下进行管理活动。

## 第二节 组织环境的适应与控制

**导入案例 3–2：快乐的城堡**

一个家庭主妇因丈夫奉命到沙漠里去演习，只能一个人留在沙漠深处的一间小小铁皮房里。更要命的是，她的身边只有语言不通的印第安人，她无法想象和他们在一起的情景。她感到非常难过，于是就写信给父母，说无论如何都要抛开一切回家去。

父亲的回信只有两行，但这短短的两行字却从此完全改变了她的生活。信中这样写道：两个犯人都从牢里的铁窗望出去，一个看到的是肮脏的泥土，一个却看到繁星满天。反复地看这封信，她幡然醒悟，决心要在沙漠里找到自己的星空。她开始尝试和当地人交朋友。一开始，他们的反应就使她非常吃惊——当她对他们的纺织品、陶器感兴趣时，他们就把自己最喜欢的、从不卖给游客的纺织品和陶器送给她。她研究那些使人着迷的仙人掌和各种沙漠植物，又从土著人那里学习有关土拨鼠的知识……就这样，原来使人难以忍受的环境终于变成了使人流连忘返的仙境。一念之差，她把在恶劣环境中生活看成是一生中最有意义的冒险。她为发现新世界而兴奋不已，为此著书，取名《快乐的城堡》。

沙漠没有改变，印第安人也没有改变，她却适应了环境。那么，企业又如何面对复杂多变的环境呢？

### 一、外部环境的特点

管理的外部环境具有不稳定性并对管理工作产生复杂的影响，这就给管理者认知、适应和改变外部环境带来困难。所以，管理者不仅要了解外部环境的内容，还要了解外部环境的性质和特点。

1. 综合性

管理的外部环境包括很多环境因素，各环境因素之间具有一定的独立性，但它们是作为一个整体对管理工作起作用的，这种作用具有综合性质。在某一特定的时期内，不同的外部环境因素对组织的影响程度可能不同，管理者很难准确地区分开来自外部环境的影响到底是哪种因素所致。因此，管理者必须把外部环境作为一个整体，考虑其综合影响。

2. 复杂性

管理的外部环境是一个多种环境因素的组合体，具有明显的复杂性。一方面，外部环境对组织及其管理活动的影响是复杂的、多方面的。其中，有些影响是积极的，有些影响是消极的，甚至是相互矛盾和冲突的；同样的外部环境对某个企业来说可能是机会，而对另一个企业来说可能是威胁。另一方面，在外部环境中，其他环境因素相对于某一特定环境因素来说又是环境，各环境因素之间又相互影响、作用和制约，这些进一步加大了外部环境的复杂性。

3. 不确定性

外部环境的不确定性包括三层含义：第一，外部环境的变化速度。由于社会生产力的发展和生产关系的变革，外部环境总是处于不断发展变化之中。当然，伴随着外部环境的变化，各种环境因素不可能同步、同程度变化。一般来说，技术、经济环境，尤其是市场环境属于巨变环境，它们无时无刻不在发生变化；社会环境变化较慢，而自然环境则可能长期保持基本不变。第二，有关环境的信息和情报的不确定性。人们对外部环境的了解可以是直接的，但更多是间接的。如借助新闻媒介、对特殊现象进行分析预测等。信息情报本身的不准确和信息传递中的失真都会使信息接收者无法准确了解外部环境的变化。第三，管理者制订计划决策时所规定的时间期限。期限越长，对环境的了解就越不准确。

## 二、组织环境的分析

组织的外部环境变动是组织决策者事先难以准确预料的，也是组织自身不可控制的。一个组织只有认识周围的环境，了解它们的发展变化，才能较好地适应它们，为组织求得生存和发展的机会。组织要想选择甚至改变和创造环境，必须加强对环境的管理。分析环境是对环境进行管理的第一步。

1. 识别环境的不确定性程度（环境的不确定性分析矩阵）

对环境进行管理的核心是环境中蕴含的不确定性，分析环境首先要识别环境的不确定性程度。美国学者邓肯提出从两个不同的环境层面来确定组织所面临的不确定性程度：一是环境变化的程度，即静态（稳定）——动态（不稳定）层面；二是环境复杂性程度，即简单——复杂层面。进而得出一个评估环境不确定性程度的模型。

如果组织面对常规的需求环境（如为相同的或极其相似的顾客服务的环境），组织面对的是静态的、稳定的环境，如公用事业行业。反之，如果企业面对变化极其快速的环境，而且不同的环境要素都在发生变化，组织面对的是动态的、不稳定的环境，如计算机行业。

如果一个组织只与很少的外界部门相关，其面临的环境属于简单类型；如果组织必须面对许多外界部门，其面临的环境属于复杂环境。一般而言，组织规模越大，面临的环境越复杂。环境不确定性的影响如图 3-2 所示。

| | |
|---|---|
| **简单+稳定=低不确定性**<br>●因素少并且这些因素是类似的<br>●因素保持相同或变化缓慢<br>举例：<br>软饮料瓶<br>啤酒分销<br>容器制造<br>食品加工 | **复杂+稳定=中低不确定性**<br>●大量外部因素，并且这些因素不相似<br>●因素保持相同或变化缓慢<br>举例：<br>大学<br>用具制造<br>化学公司<br>保险公司 |
| **简单+多变=中高度不确定性**<br>●外部因素少并且是类似的<br>●因素变化频繁并且不可预期<br>举例：<br>化妆品<br>流行服装<br>音乐行业 | **复杂+多变=高度不确定性**<br>●大量外部因素并且这些因素不相似<br>●因素变化频繁并且不可预期<br>举例：<br>计算机企业<br>航空企业<br>电讯企业 |

图 3-2　环境不确定性的影响

2. 时刻关注组织的具体环境（五力模型）

具体环境对组织的影响更直接、更频繁，所以它是组织分析外部环境的焦点。在这方面，迈克尔·波特教授提出的五力模型是一种特别有效的工具。迈克尔·波特教授发现，在企业经营环境中，能够经常为企业提供机会或产生威胁的因素主要有五种，即本行业中现有的其他企业、供应商、顾客、其他行业之中的潜在进入者和替代产品及其生产企业组织，如图 3-3 所示。

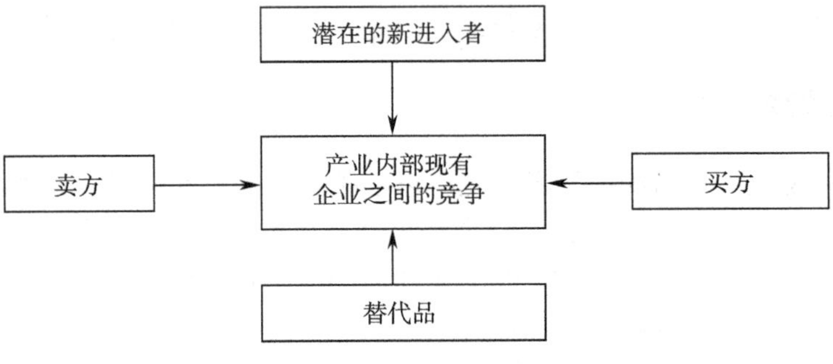


图 3-3　迈克尔·波特教授的五力模型

迈克尔·波特教授的五力模型适用于企业，也适用于其他类别的组织。五力模型帮助人们深入分析行业竞争压力的来源，使人们更清楚地认识到组织的优势和劣势以及组织所处的行业发展趋势中的机会和威胁。

3. 内、外部环境综合分析（SWOT 分析矩阵）

管理要通过组织内部的各种资源和条件来实现，因此，组织在分析外部环境的同时，必须分析其内部环境，即分析组织自身的能力和限制，找出组织所特有的优势和存在的劣势。

任何组织的经营过程，实际上是不断在其内部环境、外部环境及其经营目标三者之间寻求动态平衡的过程。组织的内外部环境绝对不能割裂开来。如果一个企业能力很强，竞争优势十分明显，那么外部环境中的不确定性对该企业就不会构成太大的威胁。相反，不具有任何经营特色的企业，无论外部环境多么有利，也不会有快速的发展。因此，应对比分析外部环境中存在的机会和威胁与组织内部的优势和劣势，以便充分发挥组织的优势，把握住外部的机会，避开内部的劣势和外部的威胁。

SWOT 分析是最常用的内外部环境综合分析技术。SWOT 分析是优势（Strengths）、劣势（Weakness）、机会（Opportunities）、威胁（Threats）分析法的简称。企业按照这种方法分析自身的优势与劣势、长处与短处，分析外界的机会和威胁，考虑自己的生存机遇。把环境分析结果归纳为机会、威胁、优势、劣势四部分，形成环境分析矩阵，如图 3-4 所示。

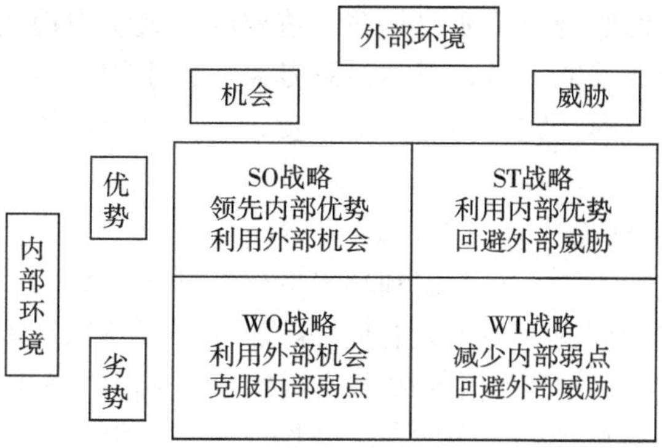


图 3-4　SWOT 分析矩阵

SWOT 分析之所以能广泛应用在各行各业的管理实践中，成为最常用的工具之一，原因在于：①它把内外部环境有机地结合起来，进而帮助人们认识和把握内外部环境之间的动态关系，及时地调整组织的经营策略，谋求更好的发展机会。②它把错综复杂的内外部环境关系用一个二维平面矩阵反映出来，直观而且简单。③它促使人们辩证地思考问题。优势与劣势、机会和威胁都是相对的，只有对比分析才能识别。例如，从一般意义上讲，耐磨程度是衡量鞋的质量的重要指标，所以鞋商会因自己生产的鞋经久耐用而骄傲，并将此看作自身的优势。然而随着收入水平的提高，顾客已不关心鞋的耐用性，而是关心款式，在这样的环境下，这家鞋原有的优势便不再是优势了。目前，许多企业的管理人员都陷入“高质量的产品”没有人买的困境。其实，他们所谓的“高质量”大多是企业自我的感觉和判断。④SWOT 分析可以组成多种行动方案供人们选择，加上这些方案又是在认真对比的基础上产生的，因此可以提高决策的质量。

## 三、组织环境的适应与控制的措施

人类认识世界的目的是改造世界。任何一个组织认识环境的目的，都不仅仅是为了认识，更主要的是为了适应环境、改变环境，以达到控制环境，求得组织生存和发展的目的。一般来说，组织可以通过下列措施影响环境的变化，使之有利于自己的发展。

1. 选择适当的经营领域

每年都有很多企业倒闭或产生，也有很多企业进入或退出。如果能够选择，企业当然应该放弃不利的经营领域，根据自身的情况选择环境不确定性较小的经营领域，更好地控制环境。对于某些一时难以退出正在经营的领域的企业来说，他们也可以选择多样化的策略以便减少对单一产品的依赖性。当然，多样化在减少企业对环境的依赖性的同时，也会给企业带来经营成本和经营难度的增加。这是管理上的一种“两难选择”，需要企业管理层从长远的角度做出决策。

2. 密切监视环境变化

环境的任何变化都需要一个过程，但能够做到先知先觉的企业却少之又少。这是因为，发现环境变化的早期信号和界定正在发生的变化程度都不是轻而易举的事情。为了使企业更好地适应环境变化，密切监视环境变化是非常重要的。组织中担任这一责任的人员应当是销售代表、市场调查员、采购人员、公共关系专家、人事招聘经理等，因为他们经常从事企业与外部环境进行人、财、物、信息等生产要素和产品服务的交流工作，更便于更多地了解外部环境。

3. 采取措施减少环境波动

环境的不确定性决定了企业必然会遭到环境变化的冲击。如果企业没有任何缓冲压力的保护性措施，很容易在短期内受到巨大的损失。企业一般可以从投入和产出两方面采取缓冲措施，如加强原材料库存控制、内部成本控制、内部管理的强化、适当的成品库存等。

对一些企业来说，需求总是有时间性、季节性要求的。例如，对电话的使用，上班期间是高峰，电信部门就通过高峰期收正常价，夜间及公休日等使用低谷期收取半价或优惠价来进行调控。还有在旅游旺季，游客的大量增加使得旅游企业无力满足市场需求，只能根据客人预订的先后次序安排房间和床位。通过采取相应的手段，使企业不至于在环境波动时茫然失措，而是仍可以有条不紊地进行活动。

4. 通过广告来影响环境

企业发布广告是有选择、有目的地向目标市场传播信息的过程。广告有利于消费者建立和巩固品牌信任和顾客忠诚度。尤其对于产品和服务差别较小的企业来说，顾客的信任可以极大地改善竞争地位。例如，广告让消费者了解企业，了解企业对消费者做出的承诺，这对消费者的购买决策有重大影响。未来生产相同产品的企业越来越多，消费者的选择余地也就越来越大。拥有品牌和良好声誉的企业，从某种程度上减少了对消费者的依赖，甚至可以在交易中占据优势。

5. 签订有利的长期合约

企业可以通过与有良好声誉的供应商、销售商们签订长期合约，在供应数量和价格方面做出规定。这样，在一定时期内企业与供应商、销售商之间稳定的合作关系会直接影响企业与环境的关系，降低不确定性，减少波动。

6. 兼并、收买和建立战略联盟

在竞争与合作并存的外部环境中，企业兼并、收买那些对其经营造成威胁的企业和个人，可以减少竞争压力。企业对相关产业中企业的并购则是企业实现多样化或一体化经营的重要途径，这也会改变企业在行业中的竞争地位，改变其与上下游企业竞价的实力。在彼此势均力敌的竞争对手间建立战略联盟，在某些重要的经营活动中取长补短，既可以加强合作、减少竞争，又可以降低双方面临的不确定性。

7. 影响政府和权力机关的决策

国家和政府是市场经济规则的制定者，是企业组织经营活动的“裁判”。国家和政府的有关决策对企业有强制性的约束力，对企业的生存发展至关重要。由于企业是现代社会的重要单元，是市场经济的微观主体，企业特别是明星企业或联合起来的企业对政府决策有相当的影响力。

## 第三节　组 织 文 化

**导入案例 3–3：小米公司**

小米公司成立于 2010 年，是一家以智能手机、智能硬件和物联网平台为核心的消费电子及智能制造公司，通过独特的“生态链模式”，建成了连接超过 1.3 亿台智能设备的物联网平台。创业仅 7 年时间，小米的年收入就突破了千亿元人民币。2018 年 7 月 9 日，小米成功在香港主板上市，成为了港交所首个同股不同权上市公司。目前，小米是全球第四大智能手机制造商，在 30 余个国家和地区的手机市场进入了前五名，其优秀企业文化已成为小米公司的核心竞争力。

小米的使命：始终坚持做“感动人心、价格厚道”的好产品，让全球每个人都能享受科技带来的美好生活。小米公司成立时就有一个宏大的理想，那就是改变商业世界中普遍低下的运作效率。小米坚持把每一份精力都专心投入做好产品，让用户付出的每一分钱都确有所值。在众多领域小米都以品质和紧贴成本的定价改变了行业面貌，加速了产品普及。

小米的愿景：和用户交朋友，做用户心中最酷的公司。小米认为，用户非上帝，用户应是朋友。小米将 4 月 6 日这一天定为“米粉节”，每年 4 月初都会举办盛大活动与米粉狂欢。小米的很多产品设计都有“米粉”的参与。通过强调用户参与感，提高了用户黏度和用户交流频度，让用户变为朋友，增强了品牌知名度。

小米的核心价值观：真诚热爱，小米公司主张建立自由、平等、轻松伙伴式的工作方式，以用户驱动员工进步，而不是 KPI 指标。这样的方式有利于降低沟通成本，提高员工的创造性，同时有利于增强员工的归属感和成就感。

### 一、组织文化的兴起

组织文化的实践活动源远流长，它是伴随着组织的出现而产生的，即自从有了组织（尤其是企业）就有了组织文化这一客观现象。但是，自有企业以来一直到 20 世纪上半期，组织文化在整个企业发展过程中的作用并不明显。20 世纪 80 年代以后，人们才开始认识和研究组织文化，并形成理论探索和实践的高潮。组织文化理论最早始于美国的管理学者对日本企业管理实践的总结和研究，并通过对美日两国的企业管理模式进行比较，得出了一系

微课：组织文化

列有关组织文化理论和实践的研究成果。由此可以说，组织文化的理论诞生于美国，而在日本企业管理实践中得到最大的体现。虽然“组织文化”这个概念中的“组织”包含了企业以外的其他所有组织，但在大多数情况下，组织文化指的是“公司文化”或“企业文化”。

1979年，美国学者沃尔格出版了《日本名列第一》一书，回答了为什么自然资源如此贫乏的日本，却能巧妙地解决美国人认为非常棘手的问题。这本书一出版就在国际上引起了轰动，开创了组织文化研究的先河。进入20世纪80年代，美国连续出了四本管理畅销书：《Z理论——美国企业界怎样迎接日本的挑战》《日本企业管理艺术》《企业文化——现代企业的精神支柱》《寻求卓越——美国最成功公司的管理经验》。这四本著作被誉为组织文化的四重奏，从不同的层面描述了组织文化。

在组织文化的四重奏之后，20世纪80年代中后期以来，一些学者陆续发表一些心得著作，对组织文化进行更深入的探讨，组织文化研究进入到一个新的阶段。

## 二、组织文化的概念

组织文化是指处于一定社会经济文化环境中的组织在长期发展过程中形成和发展起来的共有的、独特的价值观、制度形式和行为方式的总和。组织文化是组织内部所有成员共同认可与遵守的价值观念和行为模式，它决定了组织成员的行为方式。组织文化是组织成员在解决组织内、外部问题过程中不断学习形成的。组织文化形成后会产生传导作用，由老成员传递给新成员，使之能像老成员一样地观察、思考和感受事物。

## 三、组织文化的内容

从组织文化的形式来看，其内容可以分为显性和隐性两大类。组织文化的显性内容就是指那些以精神的物化产品和精神性行为为表示形式的，通过直观的视听器官能感受到的，又符合组织文化实质的内容，它包括组织标志、工作环境、规章制度和经营管理行为等方面。组织文化的隐性内容是组织文化的根本，是最重要的组成部分，直接表现为精神活动，直接具有文化的特质。组织文化的隐性内容大致包括组织哲学、价值观念、道德规范、组织精神等方面。为了更好地理解组织文化的整体内容，我们将组织文化具体分为三个层次进行分析研究，即表层、中介层和核心层，如图3-5所示。根据这三个层次的基本内容，我们将它们分别称为物质层、制度层和精神层。

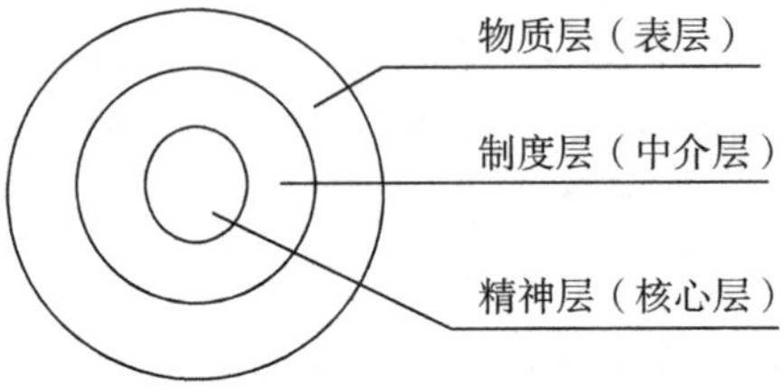


图3-5 组织文化的层次

1. *物质层*

物质层文化是组织文化中最直观、最表象的部分，它包括组织标志、工作环境、企业的产品、企业广告等可以被人们直接看到、感受到的物化部分。

组织标志是指以标志性的外化形态来表示本组织的组织文化特色并和其他组织明显区别开来的内容，包括厂牌、厂服、厂徽、厂旗、厂歌、商标、标志性建筑等。组织标志有助于组织形象的塑造，有助于激发员工的自豪感和责任感。工作环境是指员工在组织中办公、生产、休息的场所。良好的工作环境一方面是领导爱护员工、保障员工权利的表现，另一方面又能激发员工热爱组织、积极工作的自觉性。因此，以改善工作环境为主要内容的环境建设是组织文化的一个组成部分。企业的产品包括有形产品和无形服务。有形产品包括产品实体及其品质、特色、品牌和包装；无形服务包括给买主带来附加利益和心理上的满足感及信任感的售后服务、保障、销售声誉等。

2. 制度层

制度层文化是指具有本组织文化特色的各种规章制度、道德规范和员工行为准则等的总和。它是组织文化的中介层，表现在它是精神与物质的中介，是组织文化中人与物、人与企业运营制度的结合，它既是适应组织文化物质层的固定形式，又是塑造组织文化精神层主要机制的载体。组织文化的制度层是实现组织目标的有力措施和手段，它成为约束组织和员工的行为规范的模式，使员工个人的活动得以合理进行，使组织在竞争激烈的环境中处于良好的状态，从而保证组织目标的实现。脱离了制度层的组织文化将是空中楼阁，失去了实际作用。组织文化的制度层构成了各个组织在管理制度上的不同文化特征。例如，经营管理行为中如以“质量第一”为核心的生产活动、以“顾客至上”为宗旨的营销活动、以“建立良好人际关系”为目标的公共关系活动等，都是组织哲学、价值观念、道德规范等的具体实施和直接体现。

3. 精神层

精神层文化是指组织员工长期形成并共同接受的思想意识活动，包括组织精神、组织哲学、价值观念、道德规范、管理思维方式等。精神层是组织文化的源泉，在整个组织文化的框架中，它处于最深层次，是组织文化的核心部分。

组织哲学是组织理论化、系统化的世界观和方法论，是一个组织全体成员所共有的对事物的最一般的看法，用于指导组织的生产、经营、管理等活动。从一定意义上讲，组织哲学是组织最高层次的文化，主导、制约着组织文化其他内容的发展方向。

价值观念是指组织的管理人员和全体员工对组织的生产经营活动和组织中人的行为是否有价值以及价值大小的总的看法和根本作用。它包括组织存在的意义和目的、组织各项规章制度的价值和作用、组织中人的各种行为与组织利益的关系等。价值观念是组织文化的重要组成部分，为组织的生存和发展提供了基本的方法和行动指南，为组织成员形成共同的行为准则奠定了基础。几大著名公司的价值观如表 3-1 所示。

**表 3-1 著名公司的价值观**

| 公司名称 | 公司价值观 |
|---|---|
| 惠普 | 信任和尊重个人；追求卓越成就和贡献；在经营活动中坚持诚实与正直；靠团队精神达到我们的目标；鼓励灵活性和创造性 |
| 百事可乐 | 顺利是最重要的 |
| 三菱公司 | 顾客第一 |
| IBM | 尊重个人；向顾客提供最佳产品和解决方案；追求卓越 |
| 海尔 | “真诚到永远”，创新是海尔文化的灵魂 |
| 同仁堂 | 同修仁德，济世养生 |

道德规范是所有组织成员自觉遵守的行为准则和道德风气、习俗，它包括是非界限、善恶标准和荣辱观念等。它是从伦理关系的角度，以善与恶、公与私、荣与辱、诚实与虚伪等道德范畴为标准来评价和规范企业，以社会舆论、传统习惯和内心信念来维持。组织道德水平的高低直接反映着组织文化水平的高低。组织经营者的人格、组织价值观、组织精神、营销服务理念、员工行为规范等无不与组织道德的形成有着紧密的关系。很多组织都提出了“小胜靠智，大胜靠德”，这说明了道德在组织中的重要性，道德是组织经营的底线，是不能破坏的。

组织精神是指组织群体的共同心理定式和价值取向，是组织哲学、价值观念和道德规范的综合体现和高度概括，反映了全体组织成员的共同认识和追求。组织精神一般用高度概括的语言精练而成，如海尔公司的“敬业报国，追求卓越”、IBM 公司的“IBM 就是服务”等。

## 四、组织文化三个层次之间的关系

组织文化的三个层次的内容相互依存、相互作用并且不断发展，形成了形形色色的组织文化。

1. 组织精神层的内容决定了物质层和制度层的内容，精神层是组织文化的核心

相对于其他两个层次的内容来说，精神层的内容较为稳定，它受社会、政治、文化传统、企业经营实践的影响较大，一旦形成就难以改变。正是由于这个原因，精神层的内容在组织文化中起着决定性的作用，从而在很大程度上决定了物质层和制度层文化的产生。

2. 制度层是精神层和物质层的中介

精神层的内容几乎是直接决定了制度层的内容，并且通过制度层而影响物质层。制度层文化对精神层文化的内容起到正强化或负强化的作用。没有制度层的支持，精神层的内容就有可能成为空谈。同时，这些制度、准则的推行和实施又需要组织创建一定的工作环境、文化设施等来配合，即建立一定的物质层文化。这个过程表明了制度层的中介属性。

3. 物质层和制度层是精神层的直观体现

组织的工作环境、文化设施、规章制度等是最能直接体现组织文化的，即物质层和制度层以其外在的形式体现了组织文化精神层次的价值观念、经营哲学和道德规范等内容。因此，许多成功的组织都非常重视物质层和制度层的建设，明确组织的特征和标志，完善组织的制度和规范，使得组织文化的精神内涵得以很好地体现。

## 五、组织文化的类型

**【阅读材料】**

1. 不同类型组织的文化比较

美国埃克森石油公司的价值观是：高度尊重个人的创造性，绝对相信个人的责任感，但同时默认在做出重要决定前要达成一致。这就决定在制度层方面表现为随便的衣着和沟通方式，没有等级标志等。

而另外一家总部在欧洲的麦迪公司，它的价值观是尊重资历、学识和经验，注重通过

服务时间的长短，整体工作情况和个人的教育背景来评价职员。因此，麦迪公司的价值观在物质层和制度层就表现为：一切都是规范化和正式化的，大楼中的办公室都有正式标志，大厅中的静默气氛，人们在大厅中见面时周全的礼节，专门的高级经理人员餐厅，文件中使用正式的术语等。

精神层内容的差异使以上两个公司的物质层和制度层的内容表现完全不一样。

2. 美国、日本同类组织文化的比较

（1）自我和他人。美国人认为应该表现个性，有明确、独立的自我意识；日本人则让自己成为群体中的一员。美国人强调与他人分离，努力保持自己的身份；日本人则强调与他人的联系和互惠。美国人认为自我是可依赖的一个支撑力量；日本人则认为自我并不是可依赖的一个支撑力量，而是应该依赖朋友、同事和亲属。

（2）相互依存。美国人相信重视独立、自主，常导致独立和敌意现象；日本人认为独立具有消极意义，而强调依赖、耐心、小心、判断、注意细节。美国管理人员如果与别人相互依存，即可能被认为是“过分依赖”。日本人则往往因为一个管理人员太不合群，“过于独立”而受到非难。

（3）人和群体。日本人关心群体，工作群体是企业的基石。这种关系不仅出于角色和职务，而且出于道德与感情，乐于承担义务。美国人则崇尚正直品质，常常轻视参加群体活动，认为这是应别人的要求去做令人厌烦的工作。

（4）前辈和晚辈。日本的前辈和晚辈关系是一种感情的和工作的关系，一种结合的关系。美国企业中较少有这种前辈和晚辈之间的关系，只重视上下级关系与工作有关的事项，而不重视人事和情感关系。

组织文化在不同的外部环境和内部条件下，以及从不同的角度来看，会呈现出不同类型。

### （一）权力导向型、角色导向型、任务导向型和个人导向型

查尔斯·汉迪对组织文化进行了深入的研究，提出将组织文化划分为四种主要类型：权力导向型、角色导向型、任务导向型和个人导向型。

1. 权力导向型

权力导向型组织文化的主要特征是：在组织中强调以权力为中心，强调个人的力量，组织的发展取决于处于中心地位的人物。这种组织有很少的规则和工作程序，且规章制度较模糊含蓄，不大讲究规范化形式。控制是由中心挑选的主要人物来实施的，员工对上级十分忠诚，员工努力工作是基于对工作的胜任和兴趣。决策的制定很大程度上是取决于影响的平衡而不是基于程序的或逻辑的原因。这类文化常常可以在小企业组织中见到。

2. 角色导向型

角色导向型组织文化注重组织中的官阶和等级。这种组织文化的着重点在于程序、条例和规章，对角色的要求十分明确。在角色文化中，角色或职务表述通常要比担任职务的人更为重要，个人由于完满地执行角色的任务而被选中。角色文化中的主要权力来源是职位权力。个人魅力带来的权力不被赞许，专长权只在适当的地方应用。规章制度是主要发挥影响作用的手段。角色文化的效率取决于工作和责任分配的合理性，而不是依赖于人的个性。

3. 任务导向型

任务导向型的组织强调团体的责任，有很大程度上的灵活性和自主权，其工作环境有利于发挥创造力。

4. 个人导向型

个人导向型组织文化往往适用于培养个人的能力、加速个人的成长和满足个人的需要。

### （二）强文化型和弱文化型

虽然所有的组织中都有组织文化，但并不是所有的组织文化都对员工具有同等程度的影响力。强文化指一个组织强烈拥有并广泛共享基本价值观，而弱文化则指一个组织对什么是重要的和什么是不重要的不能达成共识，对基本价值观认识模糊。因此，强文化比弱文化对员工的影响更大，更能产生号召力和凝聚力，组织文化对管理的影响也就越大。员工对组织基本价值观的接受程度和承诺越大，组织中的组织文化就越强。一个组织具有强或弱的组织文化主要取决于组织的规模、历史、员工的流动程度及文化起源的强烈程度。

在拥有强文化的企业当中，名声最为显赫的当属 IBM 公司了。20 世纪 30 年代中期，IBM 公司全体员工在生产与经营上有着很高的一致性，具体表现在：①公司每一位成员的尊严和权利都得到重视；②为本公司产品在世界各地的客户提供最好的服务；③为达到公司目标，运用最佳经营方式来进行每一项业务活动。

### （三）学院型、俱乐部型、棒球队型和堡垒型

美国艾莫瑞大学的杰弗里·桑南菲尔德具体提出了四种组织文化类型：学院型、俱乐部型、棒球队型和堡垒型。

1. 学院型

学院型公司最适合于那些想全面掌握每一种新工作的人，在这样的组织中他们能不断地成长、进步。这种公司喜欢雇用年轻的大学毕业生，公司为他们提供大量的专门培训，然后指导他们在特定的职能领域内从事各种专业化工作。桑南菲尔德认为，IBM 公司、可口可乐公司、宝洁公司和通用汽车公司都属于这种类型。

2. 俱乐部型

桑南菲尔德认为，俱乐部型公司非常重视适应、忠诚感和承诺。在俱乐部型公司中，资历是关键因素，年龄和经验都至关重要。与学院型公司相反，这种公司把管理人员培养成通才。典型的拥有俱乐部型组织文化的公司有：联合包裹服务公司、德尔塔航空公司和贝尔公司等。

3. 棒球队型

棒球队型公司是冒险家和革新家的天堂。这种公司从不同年龄和经验的人中寻求有才能的人，公司根据员工产出状况付给他们报酬。由于公司对工作出色的员工给予巨额奖酬和较大的自由度，员工一般都会拼命工作。在会计、法律、投资银行、咨询、广告、软件开发、生物研究等领域，这种组织文化比较普遍。

4. 堡垒型

棒球队型公司重视创造发明，而堡垒型公司则着眼于公司的生存。许多堡垒型公司以前是学院型、俱乐部型或棒球队型的，但在困难时期衰落了，现在尽力来保存自己尚未被

销蚀的财产。这类公司工作安全保障不足，但对于喜欢流动性挑战的人来说，它不失为一个好的选择。桑南菲尔德认为，通常堡垒型组织包括传统的大型零售店、林业产品公司等。

桑南菲尔德发现许多组织不能单纯地被划分为具有某种组织文化类型，因为它们在不同时期和阶段具有不同类型的组织文化，或者同时兼有以上四种混合型的组织文化。例如，人们发现，通用电气公司中不同的部门拥有迥然不同的组织文化；而苹果电脑公司从棒球队型组织起家，现在已成长为学院型组织。

另外，桑南菲尔德指出，这四种不同的文化类型能够吸引不同个性的人。员工个性与组织文化的匹配影响着一个人在管理层次上升迁的高度和难度。例如，一个爱冒险的人在棒球队型组织中会很活跃，但在学院型组织中会感到无所适从。

## 六、 组织文化的作用

组织文化对企业产生的价值是难以以量化来确定的。也许正是因为这种不确定性造成了部分企业轻视组织文化建设，错误地认为组织文化没有用。但事实上市场竞争的一个基本规律是：知识重于资本，文化重于物质，品牌重于产品。无形的东西往往可能是竞争中起决定作用的要素，是企业长期生存和发展的关键所在。

1. 导向作用

组织文化决定着企业的价值取向，规定着企业所追求的目标，对员工及其行为起着导航的作用。优秀的组织文化规定着企业具有崇高的理想和追求，引导着员工规范自己的行为，使之朝着组织的目标方向发展。

2. 凝聚作用

组织文化的凝聚功能在于它可以增强组织的凝聚力，这种凝聚力的产生来源于组织文化的同化、规范和融合作用。组织文化通过建立共享的价值观把员工的个人目标同化于企业目标，对员工的理想和追求进行引导，改变了企业员工以自我为中心的个人价值体系，使他们产生强烈的集体意识。这种将个体力量聚合成统一意志下的整体力量的同化作用使组织形成强烈的整体意识，员工对本组织产生认同感和归属感，从而根据这种认可的整体意识自觉地进行自我约束和规范。

3. 激励作用

组织文化不仅具有导向作用和凝聚作用，而且具有激励作用。所谓激励作用，就是组织文化通过满足员工的需要，引导员工产生强大的内在动力，起到激发、调动员工积极性的作用，使之为实现组织的目标而努力奋斗。在一个组织中，积极的组织文化，在满足员工工资、福利、职业保障、组织的认同等基本需求的基础上，更加尊重和信任员工。以员工的共同价值观为核心，激发员工的积极性、创造性，使每个员工从内心深处自觉产生为组织拼搏的献身精神，自觉为组织多做贡献。通过分享组织的荣誉和成果，员工的自我价值也得以实现，个人需求得到满足，并因此进一步受到激励。这样的良性循环，使员工的积极性长期处于最佳状态。

4. 约束作用

组织文化的约束作用不仅仅表现在通过其物质层和制度层的各种物质形式和规章制度来约束员工的行为，更主要的是通过组织文化对员工的行为形成一种无形的群体压力。由于组织文化使得组织的价值观念与员工的个人价值观得到统一，员工对组织的理念、行为标准等产生共鸣，继而产生行为的自我控制、自我约束的意向。

# 第四节　组织文化建设

**导入案例 3-4：春兰集团公司**

春兰集团公司（以下简称“春兰”）的前身是江苏泰州冷气设备厂。1985 年，这家小型国有企业仅有固定资产 280 万元，净资产 46.5 万元。自 1985 年 10 月调整企业领导班子以后，经过 12 年的高速发展，使企业的总资产扩大 1 000 倍，利润增长 2 084 倍。春兰的快速发展得益于能及时地抓住有利的发展机遇，较早建立了适应市场经济的企业运行机制。同时，春兰人的企业文化也起到了不可低估的重要作用。

春兰在创业伊始就旗帜鲜明地提出了八个字的企业精神：“团结、奉献、务实、拼搏”。并在多年实践的基础上，建构了自己的企业理念：“三个在于一个必须”，即春兰的生存空间在于整个世界；生命在于适应市场；企业管理的精髓在于不断地挖掘潜力；企业必须竭诚地为社会提供优良的服务，促使资本增值，造福于人类。

春兰精神和春兰理念构成“春兰文化”的核心内容，被作为警句贴在公司的厂房车间内。企业领导首先身体力行，践约春兰精神，并以自身的人格力量激励公司员工实现“高层次的追求”，经常提醒自己及部下要有全球意识和未来意识。

组织文化的建设是一项复杂的系统工程。组织文化的普遍性在于组织文化的建设可以归纳出一定的原则和步骤，而组织文化的特殊性在于社会制度不同、民族不同、组织性质不同，组织文化的特点也就存在很大差异。因此，组织文化的建设要在借鉴一些优秀组织文化的基础上，根据自己组织的实际情况，遵循一定的基本原则，按照具体的步骤来进行。

微课：组织文化建设

## 一、组织文化建设的原则

1. 立足民族传统文化、注重吸收外来先进文化
2. 全员与专家参与相结合的原则
3. 普遍性与特殊性相结合的原则
4. 形式与内容相结合的原则

## 二、组织文化建设的步骤

1. 组织环境分析

对于组织文化的塑造，首先要进行环境分析，掌握组织的经营状况，对组织中已有的组织价值观、组织精神、道德风尚、组织形象等因素进行评价，判断出哪些是恰当的、哪些是不恰当的、哪些是符合时代要求的、哪些是将为时代所淘汰的等。在进行环境分析时，先要运用 PEST（政治的、经济的、社会的和技术环境）方法分析组织经营的外部宏观环境。对于组织的内部经营环境，要分析组织同顾客、员工、供应商、金融机构、政府机构、

竞争者的关系，最后运用 SWOT 法进行分析。

2. 定位

在经过以上的分析后，组织基本了解了组织的优势和劣势。这时，组织就要确立组织价值观及整个组织文化体系。通过分析，可以确立组织价值观，并围绕所确立的价值观建立相应的组织目标、组织制度、组织道德、组织文化礼仪等，从而将组织文化的整个体系构建出来。为了便于广大员工记忆、流传和推广，我们还应该把组织价值观及组织精神用简明扼要、精炼确切的语言表述出来。

3. 提炼组织的核心价值观

在公司十几年甚至几十年的发展中，一定会沉淀一些支撑员工思想的理念和精神。这些理念和精神包含在公司创业和发展的过程之中，隐藏在一些关键事件之中。把隐藏在这些事件中的精神和理念提炼出来，并进行加工整理，就会发现真正支撑公司发展的深层次的精神和理念，这就是公司的核心价值观。

对核心价值观的陈述可以用不同的方法，但必须简单、清晰、直接而有力。通过自上而下和自下而上地反复沟通，最后确定 3~6 条（不要超过 6 条）。

4. 企业形象设计

组织的核心价值观确立后，就开始具体地设计 CIS 系统。组织 CIS（Corporate Identity System）即企业形象设计，是指组织为了给社会公众的统一形象体现而使组织自身在其各个领域内实现统一形象的表达。它包含三个部分，即 MI、BI 和 VI。

MI（Mind Identity）即理念识别，主要指组织哲学、组织精神、组织道德等，是 CIS 的核心理念，是组织的精髓所在，处于最里层的位置。没有 MI，组织就没有生命、没有活力。

BI（Behavior Identity）即行为识别，它要求组织在经营运作中以全体员工统一的行为要求和行为准则（包括应用统一的语言、统一的行动）来给公众展示组织的形象。

VI（Visible Identity）即视觉识别，是以企业标志、标准字体、标准色彩、象征图形为核心展开静态的完整的视觉传达体系，是将组织理念、文化特质、服务内容、组织规范等抽象语意转换为具体符号的概念，塑造出独特的企业视觉形象。VI 处于 CIS 系统的最外层，是外部顾客最容易见到的部分，企业的核心理念要通过 VI 系统表现出来。一些企业的 VI 标志如图 3-6 所示。

图 3-6　一些企业的 VI 标志

CIS 的三个基本构成要素（MI、BI、VI）相互推动、协调运作，这样才能为企业塑造独特的形象，带动组织经营的发展。因此，CIS 中的三大构成要素既具有很强的层次性，又具有紧密的关联性。

5. 执行

组织形象设计完成后就要执行，领导要身体力行、率先垂范，员工要努力实践。组织文化在演变为全体员工的习惯行为之前，要使每一位成员都能自觉、主动地按照组织文化和组织精神的标准去行事几乎是不可能的。因此，在这一阶段，组织应通过各种途径充分利用一切宣传工具和手段，利用各种方式宣传和强化员工的组织文化意识，并建立一定的奖励与惩罚制度，力求使组织新文化、新观念家喻户晓、深入人心，创造浓厚的组织文化氛围。

组织文化建设步骤如图 3-7 所示。

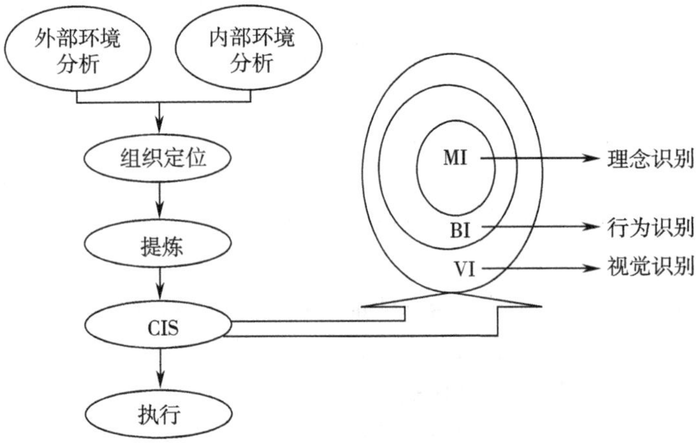


图 3-7 组织文化建设步骤

## 三、组织文化建设的方法

可以用两种主要形式将组织文化传递给员工：一是采用系统的教育方法，如教育培训；二是运用非系统方法，如英雄故事、仪式、主题活动和语言等。

1. 员工的选聘和教育

首先，企业在员工招聘过程中，通过选择与本企业的价值观相符合的人员，使得新员工能融合到企业中来。其次，员工在企业中的晋升和奖励也受到企业价值观的暗示，并使企业价值观不断得到强化和巩固。第三，对员工的有意识宣传和教育也是建设组织文化的有效手段，并且经常性地将其渗透于日常行为来强化员工的组织文化价值观。

2. 英雄人物的榜样作用

英雄人物是组织文化价值观的人格化体现，他们是强文化中的中枢形象。英雄人物可以是企业的创业者，也可以是企业中德高望重、有影响力的人物，或者是劳模、标兵等。他们是振奋人心、鼓舞士气的因素，他们的一言一行、一举一动都体现了企业的价值观。企业可以通过树立英雄人物向员工传达组织文化价值观念，英雄人物通过自己的行为为企业员工提供样板，告诉大家成功是可以学习的。这样，通过树立体现着企业价值观念的典型，宣传他们的事迹，可以取得建设和强化组织文化的效果。

3. 礼节和仪式的安排和设计

礼节和仪式是企业将一定的活动内容和形式作为一种载体来表现和说明组织文化的核

心内容。它们对组织文化价值观的宣传具有潜移默化的作用。抽象的组织文化价值观往往要通过具体的礼节和仪式变为有影响的、可见的、可遵循的东西。例如，有些企业要求其员工每天唱自己的公司之歌或朗诵企业精神，通过这种仪式来展示企业价值观和企业精神。因此，要建立强组织文化，管理者就应对企业的各种仪式进行和谐的安排与设计，让员工从具体的事情和行为方式中对组织文化有更深层次的理解。

4. 组织宣传口号的设计传播

口号是表达组织核心价值观的一些简洁的句子或短语，组织可以利用口号向员工灌输组织的文化。例如，美国电子数据系统公司的洛斯曾经建立了雇用最优秀人才的基本准则并说明了寻找优秀人才的困难性，他的格言是："雄鹰从来不结队飞行，你只能一只一只的来捕获它们。"

5. 主题活动

在组织文化塑造方面，可以经常开展一些主题活动，如演讲会、联谊会、卡拉 OK、歌咏比赛、文艺会演、摄影展、征文比赛、知识竞赛、体育运动、跳舞、文化沙龙等活动，在活动中潜移默化地培养员工的组织价值观。

6. 物质象征

办公室的大小，公司信纸、标志装潢设计，员工服饰的穿着，主管的坐车姿态，这些都是物质象征并将其传递给员工，让员工知道谁是重要人物、行为标准是什么。

## 四、组织文化建设的误区

在实际操作中，组织文化的建设存在不少误区，主要表现在以下几点。

1. 组织文化建设的非系统性和盲目性

组织文化塑造是一项系统工程，必须经过仔细地研究、论证及系统规划。但是，有些组织并没有从组织经营发展的角度来考虑导入适当的价值观体系，或者有些组织干脆由领导者心血来潮随口决定组织精神口号，或者是为了赶时髦而拼凑形式上的组织文化，搞形式主义。这些做法对组织是很不利的。

2. 组织文化"高、大、空"

也许是受中国传统思想的影响，部分组织的文化价值观念口号总有一种"高、大、空"的倾向，似乎要"放之四海而皆准"。各种类型的组织有着极为相似的文化面孔。许多组织都提出："团结、奋斗、拼搏、创新、争创一流""以人为本，追求卓越""厂兴我荣，厂衰我耻""今天不努力工作，明天努力找工作"等千篇一律的口号。组织文化塑造必须遵循从实际出发的原则和激励性的原则，以组织的历史、现状和经营特色为基础，以力求使员工感到自豪和乐意为这个信念努力工作为目的，坚决克服"高、大、空"的思想。

3. 组织行为与公开宣扬的价值观念不一致

有些组织的实际行动往往会与口头宣扬的价值观不一致。这种行为的危害是十分明显的，它往往会直接危及公众对组织的信任感和员工对组织的忠诚度，令员工无所适从，使组织文化塑造的作用适得其反。在这种氛围下，良好的组织文化就很难确立。

4. 不能持之以恒

很多组织往往是在走投无路的情况下才打着变革与创新的旗号，希望加快组织的变化。但通过变革和创新，不但没有令公司得益，反而加速了公司的衰亡。例如，有些组织说今年我们要“以人为本”；到了明年又说我们要“科技领先”；后年又“绿色环保”；再变成要“服务第一”；再后来又可能是“质量第一”。他们没有意识到一个根本的文化内涵问题以及文化的持续性问题。

# 本章小结

- 组织环境与组织文化
  - 组织环境
    - 组织环境的概念：是指一切存在于组织内外并对组织有现实和潜在影响力的因素。本节的组织环境是指组织的外部环境
    - 宏观环境：经济环境、技术环境、社会文化环境、政治环境、自然环境、国际环境
    - 行业环境：供应商、分销商、顾客、竞争者、有关政府部门和社会组织
  - 组织环境的适应与控制
    - 外部环境的特点：综合性、复杂性、不确定性
    - 组织环境的分析：环境的不确定性分析矩阵、五力模型、SWOT分析矩阵
    - 组织环境的适应与控制的措施：选择适当的经营领域，密切监视环境变化，采取措施减少环境波动，通过广告来影响环境，签订有利的长期合约，兼并、收买和建立战略联盟、影响政府和权力机关的决策
  - 组织文化
    - 组织文化的概念：是指处于一定社会经济文化环境中的组织在长期发展过程中形成和发展起来的共有的、独特的价值观、制度形式和行为方式的总和
    - 组织文化的内容：可以分为显性和隐性两大类。还可分为三个层次进行分析研究，即物质层、制度层、精神层
    - 组织文化的类型：权力导向型、角色导向型、任务导向型和个人导向型；强文化型和弱文化型；学院型、俱乐部型、棒球队型和堡垒型
  - 组织文化建设
    - 组织文化建设的步骤：组织环境分析—定位—提炼组织的核心价值观—企业形象设计—执行
    - 组织文化建设的方法：员工的选聘和教育、英雄人物的榜样作用、礼节和仪式的安排和设计、组织宣传口号的设计传播、主题活动、物质象征等

# 思考与练习

## 一、复习思考题

1. 你认为宏观环境和行业环境哪个更为重要，为什么？
2. 试分析组织与环境的关系，两者哪一方的影响力更大些？请举例说明。
3. 组织文化在西方是如何兴起的？
4. 什么是组织文化？其主要内容有哪些？
5. 组织文化的物质层、制度层和精神层之间的关系是什么？
6. 你认为组织文化的作用是什么？
7. 组织文化建设应遵循哪些基本原则和步骤？
8. 组织文化建设的基本方法是什么？

## 二、案例分析题

**案例 3–1：国际商用机器公司**

20 世纪 60 年代的大学毕业生把进入国际商用机器公司（IBM）视为最好不过的就业机会，IBM 在增长机会和工作保障之间求得了极好的平衡。它领导着计算机产业的发展，并且从未解雇过一位员工。

今天，IBM 已成为美国的第四大工业企业，它的产品范围从 800 美元的打字机到一亿多美元的数据处理系统，每年可创造 640 多亿美元的销售额。但今天，IBM 向雇员提供的不再是 30 年前那种高增长、高职业保障的机会了，因为今天的 IBM 正承受着文化的压力，这种文化更适合于 IBM 几乎垄断计算机工业的时期。

近年来，IBM 面临着严峻的挑战。由于越来越多的企业已转向购买高性能和高灵活性的个人计算机，使得对高利润率的大型计算机的需求减少了。对 IBM 而言，不幸的是，PC 机已成为可互换的大众化的商品，而且在几家主要的制造商之间展开了激烈的价格竞争。PC 机带来的利润流向了像苹果计算机公司那样的公司，它们不断开发创新产品满足日益增长的顾客需求。如今，IBM 只占有约 25%的 PC 机市场，与 20 年前 50%的份额形成了鲜明的对比。1991 年，IBM 遭受了 80 年来第一次亏损：令人震惊的 28 亿美元亏损。

看一下曾经有助于公司成功的因素，可以使我们更好地了解 IBM 的问题：一种受到规则高度束缚的保守文化，以及对顾客服务的永恒承诺。

IBM 的创始人托马斯•沃森几乎为每一件事情都制定了规则。深色西装、白衬衫、条纹领带是 IBM 的“制服”；喝酒，甚至下班后喝酒也被禁止；雇员们被要求接受频繁的职位调换。今天，虽然规章制度的严厉性减少了一些，但保守形象还是一如既往。具有讽刺意味的是，这种适用于 IBM 成长及温和竞争时期的保守文化，在现在动态的环境中已成为发展的主要障碍。20 世纪六七十年代，由于 IBM 提供了可预见的成长及就业保障而被吸引到公司来的一批人，现在也成为公司的负担，因为他们与当前所需的变革和创新的文化不再相适应。

公司的销售人员仍然是公司的骄傲，他们经过全面培训并掌握了丰富的知识。大部分雇员在进入公司的头6周里都要接受公司的培训；每年，管理者至少要花40个小时的额外时间参加研修。尽管公司遇到财政困难，IBM仍坚持每年投入几亿美元资金用于教育和培训。如果顾客购买的IBM的设备出现了问题，他们相信公司的销售和服务人员有能力解决。但是，强调服务却成了产品创新的代价。尽管IBM的许多竞争者几乎每月都推出新产品，而IBM仍将“筹码”压在服务上。这并不是说服务不重要，而是当市场不断要求创新并对创新给予很高的酬报时，IBM的文化仍集中在服务上就有些跟不上市场变化了。

IBM对其自身问题的反应是进行大规模的重组。1991年，IBM公司解雇了两万人；1992年又解雇了相同数量的员工。这种剧烈的重组已经司空见惯。在所有这些场合，雇员的职务比先前降低了2~3个等级。可以想象，这些变化对IBM雇员所产生的影响。公司原来享有工作保障的美誉，在那里从来没有人被解雇，突然这一切已成为过去。如果你是一位年薪60 000美元的市场研究员，虽然你的薪水没有受到影响，但你发觉自己是在传达室工作时，你的感觉如何呢？这样的事情就发生在IBM公司，而且是在1992年。

问题：

1. 在20世纪90年代，IBM公司的具体环境发生了哪些变化？
2. IBM的历史文化及环境中的改变是如何制约公司的高层管理层的？
3. 你如何运用管理象征论来描述IBM的成功和困境？

**案例3-2：快乐的美国西南航空公司**

美国西南航空公司创建于1971年，当时只有少量顾客、几只包袋和一小群焦急不安的员工。现在已成为美国第六大航空公司，拥有1.8万名员工，服务范围已横跨美国22个州的45个大城市。

**（一）总裁用爱心管理公司**

现任公司总裁和董事长赫伯·凯勒是一位传奇式的创办人，他用爱心（Luv）建立了这家公司。Luv说明了公司总部设在达拉斯的友爱机场，Luv也是他们在纽约上市股票的标志，又是西南航空公司的精神。这种精神从公司总部一直感染到公司的门卫、地勤人员。

当踏进西南航空公司总部大门时，你就会感受到一种特殊的气氛。一个巨大的、敞顶的三层楼高的门厅内，展示着公司历史上值得纪念的事件。当你穿越欢迎区域进入把办公室分列两侧的长走廊时，你就会沉浸在公司为员工举行庆祝活动的气氛中。长走廊的两侧令人激动地布置着数百幅配有镜框的图案，镶嵌着成千上万张员工的照片，歌颂内容有公司主办的晚会和集体活动、垒球队、社区节目以及万圣节、复活节。早期员工的一些艺术品，把墙面及油画都巧妙地穿插在无数图案中。

**（二）公司处处是欢乐和奖品**

在美国西南航空公司里，你到处可以看到奖品。饰板上用签条标明心中的英雄奖、基蒂霍克奖、精神胜利奖、总统奖和幽默奖（这张奖状当然是倒挂着的），并写上了受奖人的名字。你甚至还可以看到“当月顾客奖”。

当员工们轻松地迈步穿越大厅过道前往自己的工作岗位时，个个脸上洋溢着微笑和欢乐，谈论着“好得不能再好的服务”“男女英雄”和“爱心”等。公司制定的“三句话训示”挂满了整个建筑物，最后一行写着：“总之，员工们在公司内部将得到同样的关心、尊敬和爱护，也正是公司盼望他们能和外面的每一顾客共同分享。”好讲挖苦话的人也许会想：是不是走进了好莱坞摄影棚里？不！不！这是西南航空公司。

这里有西南航空公司保持热火朝天的爱心精神的具体事例：在总部办公室内，每月做一次100%的空气过滤，饮用水不断循环流动，纯净得和瓶装水一样。

节日比赛丰富多彩。情人节那天，有最高级的服装；复活节有装饰考究的节日彩蛋，还有女帽竞赛，当然还有万圣节竞赛。每年一度规模盛大的万圣节到来时，他们把总部大楼全部开放，让员工们的家属及附近的小学生都参加“恶作剧或给点心”的游戏。

公司专为后勤人员设立“心中的英雄”奖，其获得者可以把本部门的名称油漆在指定的飞机上作为荣誉，为期一年。

**（三）透明式的管理**

如果你要见总裁，只要他在办公室，你可以直接进去，不用通报，也没有人会对你说：“不，你不能见他。”

每年举行两次“新员工午餐会”，领导们和新员工们直接见面，保持公开联系。领导向新员工们提些问题，如“你认为公司应该为你做的事情都做到了吗？”“我们怎样才能做得更好些？”“我们怎样才能把西南航空公司办得更好些？”新员工们的每项建议，在30天内必能得到答复。一些关键的数据，包括每月载客人数、公司季度财务报表等员工们都能知道。

“一线座谈会”是一个全日性的会议，是专为那些在公司里已工作了10年以上的员工而设的。会上，副总裁们对自己管辖的部门先做概括介绍，然后公开讨论。题目有：“你对西南航空公司感觉怎样？”“我们应该怎样使你不断前进并保持动力和热情？”“我能回答你一些什么问题？”

**（四）领导是朋友又是亲人**

当你看到赫伯和员工们一起拍的照片时，你就会注意到，他从不站在主要地方，总是在群众当中。赫伯要每个员工知道他不过是众员工之一，是企业合伙人之一。

上层经理们每季度必须有一天参加第一线的实际工作，担任订票员、售票员或行李搬运工等。“行走一英里计划”安排员工们每年有一天去其他营业区工作，以了解不同营业区的情况。

为了让员工们对学习公司财务情况更感兴趣，西南航空公司每12周给每位员工寄去一份测验卡，其中有一系列财务上的问题。答案可在同一周的员工手册上找到。凡填写测验卡并寄回全部答案的员工都登记在册，有可能得到免费旅游。旅游鼓励了所有员工参加这项活动。

这种爱心精神在西南航空公司内部闪闪发光，正是依靠这种爱心精神，当整个行业在赤字中跋涉时，他们连续22年有利润，创造了全行业个人生产率的最高纪录。1999年有16万人前来西南航空公司申请工作，人员调动率低得令人难以置信，连续三年获得国家运输部的“三皇冠”奖，表彰他们在航行准时、处理行李无误和客户意见最少三方面取得的最佳成绩。

问题：

1. 西南航空公司的企业文化是什么？他们采取了哪些手段去贯彻？
2. 赫伯在创建西南航空公司的企业文化中起到了什么作用？
3. 哪些事实说明了西南航空公司的“爱心管理”是成功的？

**案例 3–3：西安杨森的企业文化**

**（一）杨森文化的精髓：建造学习型组织，止于至善**

在西安杨森公司，你所接触的每一个人，无论是高级职员还是普通员工，从他们身上你都能感受到仿佛有一种无形的物质在流动，一种蓬勃向上、生生不息的精神在感染着你，这就是我们所称的“西安杨森的企业文化”。

1992 年，针对当时西安杨森产品的销售状况，公司开始培养和建立自己的销售队伍。对于销售人员，只有两个标准：一是敢冒风险，二是好胜。这支全部由医科和药科大学毕业生组成的销售队伍，从接货、送货到为医生们做药品的讲解及演示，全部由一个人完成。渐渐地，公司领导人发现，用孤傲、强悍的雄鹰来形容这些销售人员是再合适不过了。每一个销售人员都像一只鹰。鹰是很骄傲的，它的能力很强，什么都可以做。

对于“鹰文化”，西安杨森的销售人员是这样理解的：争做雄鹰，因为鹰有一双坚实的翅膀，高高翱翔于蓝天，主宰着自己的命运，顽强积极地进取。他好强、好胜，抓住每一个得胜的机会。正是这支人人争做“雄鹰”的销售队伍在公司领导人的带领下，创造了一个又一个销售奇迹，西安杨森的年销售额也从当初 1 000 多万元渐升到 1996 年的 12 亿元。

然而，鹰有一个最大的缺点。那就是，你看不到一群鹰在飞，它们是单独飞行的。在开拓市场的初期，单兵作战既可以充分调动销售人员的积极性，又可以减少一些不必要的摩擦。但是，随着西安杨森的声誉日隆、产品市场占有率的增长，这种强调销售人员个人英雄主义的“鹰文化”也需要做出相应的调整。

1996 年，公司领导层开始考虑如何使很多雄鹰很好地合作，提出向大雁飞行的方式学习。雁飞的时候是一群，前面领飞的雁累了，后面的一个就会赶上去，互相照顾。“雁文化”还象征着一条原则：“双赢”原则，即两个部门主动配合，两个部门的业绩及报酬都会提高。所以，西安杨森的员工一个人是一只雄鹰，几个人是一群大雁，全公司是一条巨龙。

**（二）杨森文化的实质：信条为本**

西安杨森的外方合资方是成立于 1953 年、1961 年加入美国强生公司的比利时杨森公司。西安杨森的信条，有一个选择的过程，起初他们照搬了比利时母公司的宗旨：“忠实于科学，献身于健康！”后来他们借用中国古书《大学》中的“止于至善”。现在又引进了品位更高、跨国界的强生信条，即“德信至上，四个负责”。确立西安杨森的信条为“客户第一，员工第二，社会第三，股东第四”。杨森特别强调信条为本，而不是笼统地讲以人为本，立志将公司建成一个“客户信任，员工爱戴，同行尊敬，社会推崇”的公司。西安杨森每年都有“信条日”和“信条周”活动。对信条加以重申和强化，公司投产以来，从未发生过质量信誉问题，他们为陕西、江西、北京及全国公益事业的捐赠已达 2 000 万元。

在西安杨森，每年都会有一定比例的员工被选送去国外或在国内培训，这就是今日杨森引以为豪的“西安杨森的 MBA”——Many Business Action learning。杨森可以保证每年每个员工有 100 个小时的培训，最多的可达到 200 个小时，而工商管理硕士的课程时间是

600 个小时。这样，一个人如果能在西安杨森工作五六年，也就等于获得了 MBA 学位。

**（三）杨森文化的实现：知行合一**

文化是行动的积累，文化的第一步是行动，行动在同一个环境下不断重复，习惯了，继续下去就变成文化。

一个好的领导者，必定是一个好的跟随者。因为如果不会服从别人的命令，就无法下命令给别人。

以下两点基本认识是企业文化贯彻过程中的重要因素：第一，每个人的行为形成大家的习惯，然后再形成企业文化；第二，管理人员的以身作则。企业文化中较为成熟的伦理观念，应当及时转化为制度和行动，西安杨森在自己短短的 14 年历史上开展了多次贯彻企业文化的活动。

1992 年“丈八沟管理营”培训，在公司高级管理人员中掀起了一场观念革命，确立了“世界上没有免费的午餐”和强化领导作用的思想；1994 年北京香山的“雄鹰培训团”极大地调动了销售队伍个人勇往直前的精神；1995 年天安门广场的“我爱中国”晨跑活动，又让员工深深地懂得了“爱国才能爱企业，做事先做人”的道理。

1996 年，96 名杨森高级管理人员和销售骨干参加了“96 西安杨森领导健康新长征”活动，他们组成七路纵队由宁冈县茅坪镇向井冈山所在地茨坪镇挺进。在这段全长 30.8 公里的蜿蜒山路上，长征者每走完 3.08 公里，公司就拿出 308 元作为长征者个人捐献给井冈山地区人民的费用，每位长征者人均背负着约重 6 公斤的背囊，里面是杨森向井冈山地区医院捐献的总价值为 10 万元的杨森公司专利药品。新长征的目的是要让公司未来的领导者拥有一段共同的经历，产生更强的向心力和凝聚力。这次长征 30.8 公里的路程，就是杨森力争 2000 年完成销售 30.8 亿元的奠基石。

许多企业前来西安杨森取经，有的还搬去了杨森的制度，但却未能创出同样的奇迹。为什么呢？原因就在于：杨森制度可以搬、人才可以挖，但杨森的企业文化是搬不走的；而企业文化的形成，又并非一日之功。

多数国有企业尚无真正意义上的现代企业文化，在很大程度上，也是因为早已公认正确的新观念没有及时转化为现实的制度和行动。企业文化是可以用来净化职工的灵魂、转变职工的观念的，但必须有相应的制度与之配套，并认真执行，只有这样企业文化才能最终形成。

**（四）杨森人的梦想**

2000 年，杨森的奋斗目标是：在 2000 年完成销售 30.8 亿元，夺取 SOQ 银奖。当时，可以让人们共同分享的杨森人的梦想有：

与最生机勃勃、最具进取及首创精神的仁人志士携手并进，建设中国最神奇和最激动人心的公司！

培训一支不分国籍的成功和强有力的队伍，使之成为一群最自信、最能自我激励、极其努力进取和奋斗的高标准人才精英。

杨森人依然在为其梦想而努力，杨森的企业文化也还会存在并不断地赋予其新意。

搞活大中型企业、发展经济是我们这个时代的主旋律。无论是现代企业的经营管理，还是市场经济的运行机制，乃至建立强力型的企业文化，对大多数人而言都是新的课题。

缺少现成的路可走，但又没有退路。解决的办法只有两个：一个是学习借鉴，另一个是创新提高。而西安杨森的企业文化正是值得学习和借鉴的。

问题：

1. 西安杨森的企业文化是如何建立起来的？
2. 西安杨森的企业文化在建立过程中采取了哪些措施来保证实施？

## 三、管理技能训练

*大学生模拟公司系列实训——为模拟公司设计组织文化*

1. 根据所学知识，研讨并确定模拟公司的组织文化并制定建设方案。
2. 要求每个公司提交一份组织文化建设方案。
3. 班级组织一次交流，每个公司推荐一名成员谈谈公司的文化建设方案及其理论依据。

## 四、管理技能自我测试

### 哪一种组织文化最适合你？

对下列陈述，根据你自己的感觉，在相应的同意或不同意的等级上画圈：SA=非常同意；A＝同意；U＝不肯定；D＝不同意；SD＝非常不同意。

1. 我喜欢成为团队的一员并根据我对团队的贡献来评价我的绩效。

SA　A　U　D　SD

2. 个人的需要不应当为实现部门的目标做出妥协。

SA　A　U　D　SD

3. 我喜欢老板让我自由处置我的工作。

SA　A　U　D　SD

4. 我喜欢冒风险的激动和刺激的体验。

SA　A　U　D　SD

5. 人们不应违反规则。

SA　A　U　D　SD

6. 资历在组织中应得到高度的酬报。

SA　A　U　D　SD

7. 我崇尚权利。

SA　A　U　D　SD

8. 一个人工作绩效差与他的努力程度无关。

SA　A　U　D　SD

9. 我喜欢可预测的事情。

SA　A　U　D　SD

10. 我宁愿自己的身份和地位来源于自己的职业专长，而不是来源于雇用我的组织。

SA　A　U　D　SD

**参考答案：**

对于项目 5、6、7 和 9，分数如下：

强烈赞同　= ＋2

赞同　= ＋1

不肯定　=　0

不赞同　= －1

强烈不赞同　= －2

对于项目 1、2、3、4、8 和 10，分数与此恰好相反（如强烈赞同＝－2 等）。加总你的全部得分，你的得分将落入＋20～－20 的区间。

你的得分意味着什么？你的得分越高（正），你越是对正规的、稳定的、规则导向的和结构化的文化感觉良好，这对应着处于稳定环境中的大公司和政府机构。负的得分表明你更喜欢那种小型、创新、灵活、团队导向的文化，这种文化常见于研究单位和小型企业。

# 第四章　决　　策

## 知识目标

- 掌握决策的概念与类型，熟悉制定决策的基本步骤
- 掌握决策的基本方法

## 能力目标

- 能运用确定型决策方法、风险型决策方法、不确定性决策方法等进行决策
- 能运用头脑风暴法等群体决策方法进行决策

## 素养目标

- 养成果断、谨慎、团队合作的决策素养
- 培养创新精神和创业能力

## 第一节　决策的概念与类型

**导入案例 4-1：李・艾柯卡**

1960 年，李・艾柯卡升为美国福特公司副总裁兼总经理，他观察到 20 世纪 60 年代一股以青年人为代表的社会革新力量正式形成，这将对美国社会、经济产生难以估量的影响。李・艾柯卡认为，设计新车型时，应该把青年人的需求放在第一位。而这一代人对车的要求与其父母大相径庭，他们想张扬自己的个性。在李・艾柯卡的精心组织下，经过多次改进，1962 年底新车最后定型。它看起来像一部运动车，鼻子长、尾部短，满足了青年人喜欢运动和刺激的心理。更重要的是，这款车的售价相当便宜，只有 2 500 美元左右，一般青年人都能买得起。最后，李・艾柯卡还给这款车取了一个令青年人遐想的名字——“野马（Mustang）”。

李・艾柯卡将野马（Mustang）首次亮相的舞台选在了 1964 年 4 月的纽约世界博览会。在此之前，福特公司还为此大造了一番舆论，掀起了一股“野马”热。全球的观众目睹了这次汽车革命的来临。福特的时间把握得非常准，此时正值战后生育高峰期的一代刚刚进入购车的年龄。在头一年的销售活动中，顾客买走了 41.9 万辆“野马”，创下全美汽车制造业的最高纪录。“野马”的问世和巨大成功显示了李・艾柯卡杰出的经营决策才能。

微课：决策基础知识

## 一、决策的定义

诺贝尔经济学奖得主西蒙认为，管理就是决策。管理的整个过程中，计划、组织、领导、控制等职能的实现都是围绕着决策的制定和组织实施而展开的，如表 4-1 所示。

表 4-1 管理职能中的决策问题

| 项 目 | 决 策 问 题 |
|---|---|
| 计划（Planning） | 组织发展的长期目标是什么、组织要达到的短期目标是什么、制定的目标要采取什么策略来实现 |
| 组织（Organizing） | 员工需求如何，员工的责、权、利如何分配，采用何种组织形式 |
| 领导（Leading） | 如何激发员工的积极性、如何解决员工之间的冲突、如何在组织内部推行某项新措施 |
| 控制（Controlling） | 组织中哪些活动需要控制、什么情况下要采取纠正措施、对突发事件的准备措施如何 |

无论是何种性质的组织或是在组织的哪个领域之中，总是会发生这样一个过程——从众多的可行方案中经过评估、选优，决定一个最佳方案而后发展成一份完整的未来行动计划。这一步骤中最关键的工作是决策。简而言之，决策就是针对某一问题，制定解决问题的方案并从中挑选出最佳方案的过程。好的决策带来的是合适的目标和行动方案，有利于组织绩效的提高；反之，不好的决策则导致低水平的组织绩效。

对于管理者来说，决策是头等大事。只要管理者着手计划、组织、领导和控制上的工作，他们就得不断地做出决策。为了提高组织绩效，管理者总是在寻找提高决策水平的方法。同时，他们会尽量避免在决策上犯错误。

决策涉及企业的运作与管理的各个领域，员工个人、团队和整个组织的各种行动都受决策的支配，它指导着人们的行动朝向预定的目标。因此决策定义的内涵包括：①决策是为了解决某一问题而做出的决定；②决策是为了达到确定的目标；③决策是为了正确地行动；④决策是从多种方案中做出的选择；⑤要做出正确的决策，必须对未来进行科学的预测。

## 二、决策的基本原则

决策的基本原则主要有整体性原则、民主集中制原则、经济性原则、分级原则、满意原则等。它们是决策必须遵循的指导原理和行为准则，是科学决策指导思想的反映，也是决策实践经验的概括。

1. 整体性原则

组织作为独立个体，内部有许多单元，这些单元同组织之间存在着局部和整体的关系。组织作为社会的一环，又是社会的一个单元，同社会存在着局部与整体的关系。局部与整体，无论在组织内部，还是社会内部，利益是不一致的。因此，决策者在做决策时，应正确处理组织内部各个单元之间、组织与社会、组织与其他组织之间的关系，在充分考虑局部利益的基础上，把提高整体效用放在首位，实现决策方案的整体满意性。

2. 民主集中制原则

决策作为决策者的意志反映，由少数人进行，意见最易统一；而决策要得到顺利实施，就需要有较多的人参与。因此，组织在建立决策体系时，要吸引各方面的人士参加，把不同看法、意见、分歧解决融入决策过程之中，应注意发挥个人和集体的智慧，把决策的制定和执行紧密地衔接起来。决策要有效地进行，必须做到科学化和民主化、实事求是、按客观规律办事。无论是集体决策，还是个人决策，都要建立在广泛的民主基础之上。在民主的基础上实行集中，这是提高决策质量的保证。从这一意义上讲，决策的集体与个人相结合的原则，反映了决策科学化和民主化的客观要求。

3. 经济性原则

经济性原则就是指决策必须把经济效益同社会效益结合起来，以较小的劳动消耗和物资消耗取得最大的成果。如果一项决策所花的代价大于所得，那么这项决策就是不经济、不科学的。将定性分析与定量分析相结合，是进行决策的基本原则和基本思路。科学的决策要求把以经验判断为主的定性分析与以现代科学方法为主的定量论证结合起来。

4. 分级原则

决策在组织内部分级进行，在每一级中只能有一个决策机构，实行层级决策，既有利于组织高层决策者集中精力抓好战略决策、例外决策，又可增强下级单位和领导者的主动性和责任心。这是因为，组织需要的决策一般都非常广泛、复杂，是高层管理者难以全部胜任的，必须按其难度和重要程度分级进行。此外，组织管理的重要原则是权责对等、分权管理。实现分级决策，把部分重复进行的、程序化的决策权下放给下属，有利于分权管理。所以，分级决策也是分权管理的核心。

5. 满意原则

决策遵循的原则是满意原则，而不是最优原则。所谓“满意”，是指找到满足最小需求的方案（即“足够好”的方案）即可。组织内、外存在的一切对组织的现在和未来都会直接或间接地产生某种程度的影响，但决策者很难收集到反映这一切情况的信息。对于收集到的有限信息，决策者的利用能力也是有限的，从而决策者只能制定数量有限的方案。任何方案都要在未来实施，而人们对未来的认识是不全面的，对未来的影响也是有限的，决策时所预测的未来状况可能会与实际的未来状况有出入。上述状况的存在，决定了决策者难以做出最优决策，而只能做出满意的决策，也就是能够满足目标要求的决策。

## 三、决策的类型

企业经营管理决策涉及的范围广泛、各有特点、种类繁多，并且有多种不同的划分方法。常见的划分方法有如下几种。

1. 按照决策的性质划分

按照决策的性质划分，决策可以分为战略性决策、战术性决策和业务性决策。

战略性决策关系到组织的生存与发展，它是企业与外部环境保持适应性，关于组织全局性、长期性的目标和方针等方面重大问题的决策。就企业而言，这类决策包括企业的经营目标、发展方向、主要产品的更新换代、企业发展规模、厂址选择等。这类决策多是非程序化、带有风险性的决策，对组织的影响时间长，决策者的责任也很大。因此，战略性决策主要由组织的高层领导来做。

战术性决策又称策略决策或管理决策，是指为了执行和实施战略性决策，合理而有效地处理企业内部的一些重大问题而做出的决策，其主要内容为组织内部人、财、物的分配、协调和控制等，如财务决策、销售计划决策、产品开发方案决策等。战术性决策对组织的效益有直接影响，但决策的影响时间和决策者所承担的责任都比战略性决策小一些。因此，战术性决策主要由中层或高层管理人员制定。

业务性决策又称日常管理决策，是指为了执行战略性决策和战术性决策，对日常生产经营活动中有关提高效率和效益、合理组织业务活动等方面进行的决策。例如，企业中的生产任务的分配、物资采购，产品的包装装潢、运输、库存、广告选择等都属于这类决策。业务性决策涉及的范围较小，决策的影响时间和决策者所承担的责任也都比较小。因此，业务性决策主要由企业基层管理人员负责制定。

2. 按照管理的职能划分

按照管理的职能划分，决策可以分为生产决策、营销决策、财务决策、人事决策和研究与开发决策。

生产决策贯穿于企业生产的全过程，它包括生产计划、生产组织、生产指挥与调度、生产控制，甚至还包括环境保护、能源节约等。

营销决策包括产品的定位、营销计划的制订、产品价格的制定、产品的包装装潢、广告等。

财务决策主要包括资金的筹集和使用、目标利润、目标成本和利润分配等。

人事决策主要包括管理人员和一般员工的招聘和挑选、工作任务的分配、培训、绩效考核和报酬的确定等。

研究与开发决策主要包括确定研究与开发的方向、研究与开发的集中或分散程度、研究与开发资金的投入、研究与开发的组织等。

3. 按照决策的条件划分

按照决策的条件划分，决策可以分为确定型决策、风险型决策和非确定型决策。

确定型决策指的是各备选方案都只有一种确定无疑的结果的决策。

风险型决策指的是各备选方案的自然状态有若干种，但每种自然状态发生的概率都可做出客观估计的决策。风险型决策亦称随机型决策或统计型决策。

非确定型决策指的是各备选方案可能会面临的自然状态或者所带来的后果都不能做出预计的决策。

4. 按照决策因素的性质划分

按照决策因素的性质划分，决策可以分为定量分析决策和定性分析决策。

定量分析决策指的是借助一定的工具和数学模型，对决策因素进行定量分析的决策。

定性分析决策指的是对一些决策因素不能进行定量分析，只能借助于决策者的知识、经验、分析和判断能力进行的决策。

5. 按照目标的多少划分

按照目标的多少划分，决策可以分为单目标决策和多目标决策。

单目标决策指的是在判断某一决策方案的优劣时，只需考虑某个重要指标就可以确定的决策。

多目标决策指的是在判断某一决策方案的优劣时，需要考虑多个指标才能加以确定的决策。

### 6. 按照决策的重复性划分

按照决策的重复性划分，决策可以分为程序化决策和非程序化决策，二者的区别如表 4-2 所示。

**表 4-2　程序化决策与非程序化决策的区别**

| 程序化决策 | 非程序化决策 |
|---|---|
| 重复发生 | 偶然发生 |
| 程序标准 | 突发事件 |
| 风险度低 | 风险度高 |
| 组织环境相对稳定 | 组织环境经常变动 |

程序化决策又称常规决策或重复决策，指的是经常重复发生，能按已规定的程序、处理方法和标准进行的决策，其决策步骤和方法可以程序化、标准化，重复使用。例如，办公室主任会根据办公用品的存量水平决定是否进行采购、生产主管会根据工人加班时间超出正常上班时间的比率决定是否雇用新工人来补充劳动力。

非程序化决策又称非常规决策或例外决策，指的是具有极大偶然性、随机性，又无先例可循且有大量不确定性的决策。这类决策往往是独一无二的，通常用于对新出现的、不确定性的机会或威胁做出应对，因此，在很大程度上依赖于决策者的知识、经验、洞察力及胆识来进行。例如，是否对一项新技术进行投资、是否开发一项新产品、是否执行新的营销方案、是否进行新市场开发、是否开展多元化经营，诸如此类的决策都是非程序化决策。

### 7. 按照决策主体划分

按照决策主体划分，决策可以分为群体决策和个人决策。

综上所示，决策的所有类型可以用表 4-3 表述。

**表 4-3　决策的类型**

<table>
<tr><th>分类标准</th><th>类　　型</th><th>分类标准</th><th>类　　型</th></tr>
<tr><td rowspan="3">决策的性质</td><td>战略性决策</td><td rowspan="2">决策因素的性质</td><td>定量分析决策</td></tr>
<tr><td>战术性决策</td><td>定性分析决策</td></tr>
<tr><td>业务性决策</td><td rowspan="2">目标的多少</td><td>单目标决策</td></tr>
<tr><td rowspan="5">管理的职能</td><td>生产决策</td><td>多目标决策</td></tr>
<tr><td>营销决策</td><td rowspan="2">决策的重复性</td><td>程序化决策</td></tr>
<tr><td>财务决策</td><td>非程序化决策</td></tr>
<tr><td>人事决策</td><td rowspan="4">决策的条件</td><td>确定型决策</td></tr>
<tr><td>研究与开发决策</td><td>风险型决策</td></tr>
<tr><td rowspan="2">决策主体</td><td>群体决策</td><td rowspan="2">非确定型决策</td></tr>
<tr><td>个人决策</td></tr>
</table>

# 第二节　制定决策的基本步骤

决策作为一个过程，要为取得预期的结果，从各种可行方案中有意识地选定一种行动方案。这包括了许多阶段性的工作，简而言之，我们可以总结为一套系统的“四步法”，它包括识别问题、寻求备选方案、确定方案和执行评估方案这样四个步骤，如图 4-1 所示。

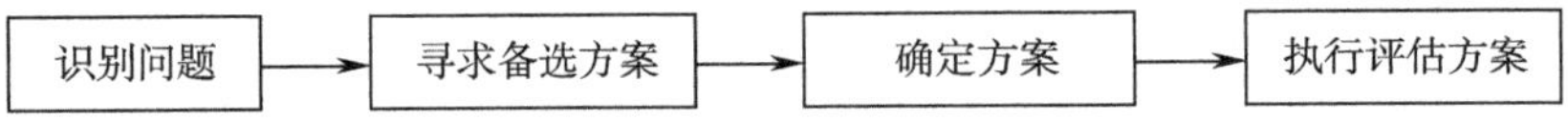


图 4-1　决策制定过程

## 一、识别问题

在企业经营与管理过程中，存在多种因素对识别需要决策的问题、明确是否需要进行决策起着程度不一的影响作用。例如，当组织环境发生变化而带来新的机会和威胁时，这些因素往往就可以看得比较清楚。然而，有的时候却会因为一些不可靠、不准确或者过时的资料做出错误判断。一般来说，管理者可以在管理活动中对现实状况与理想中的状况自觉地进行比较，如果两者存在一定的差距，则可能存在某种问题，并且要以正确的方式及时地做出反应，找出产生问题的原因。

能否找出产生问题的真正原因，固然与管理者自身的管理能力与素质水平密切相关，但同时也可以使用一些方法或技术来区分问题的类型。其中，因果图（又称“鱼骨图”）能帮助我们从诸多原因中查找真正的原因，是有效的工具之一。“鱼骨图”的使用步骤具体有如下几点：

（1）确定问题点，也就是我们所要解决的问题。

（2）召集相关人员，必须使有关的人员都能参加，既能充分听取各方意见、尽快把关键因素顺利找出，还能起到总结经验教训的作用，以防止同样的问题今后再次出现。

（3）准备大幅的纸张与彩色笔，先在纸中央画一条较粗的线，之后在右端画一个指向右方的箭头，并于箭头右侧写上问题点，如图 4-2 所示。

图 4-2　“鱼骨图”的使用步骤

（4）讨论分析，请大家畅所欲言，确定产生问题的各种原因，原因是解决问题的大方向。

（5）将经讨论确定的各种原因，按照其重要程度依次作为“骨干”或“细枝”，注意要将同一因果关系的归于同一分枝，以此绘出“鱼骨图”。

例如，某企业的能源费用近期大幅攀升，管理层需要调查企业的运营成本增加的原因。那么，首先要列出问题点，即企业能源费用增加，接下来集思广益找出各种原因，如空调设备及照明设备的问题等，绘出的“鱼骨图”如图 4-3 所示。

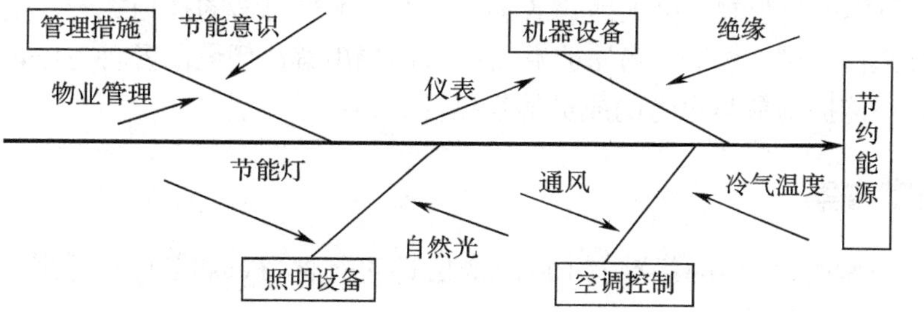


图 4-3 “鱼骨图”

## 二、寻求备选方案

找到产生问题的真正原因之后，则可以根据原因发挥创造力找出解决的方案。例如画出“鱼骨图”、找出例子中某企业能源费用大幅提升的原因之后，就可以提出以节约能源为目的的各种改进方案，如充分运用自然光、使用节能灯、改善通风条件、增设物业管理人员、在全企业开展节能教育等。在寻求备选方案的过程中，可以用到以下技巧。

1. 让员工参与

决策不仅仅只是管理者的分内事，虽然有些事关企业长远发展或是业务重大变化的决策需要高层管理者的“拍板”，但是决策的过程中应该鼓励普通员工的参与。例如，一个从事具体操作的生产工人会对操作过程中出现的问题或是机器设备的保养与维修有深刻的认识，如果现在企业需要对是否引进新的生产设备进行决策，相对来说管理者可能会犯纸上谈兵的错误，一线的生产工人更能提出有分量的建议。

2. 头脑风暴法

头脑风暴法的创始人是英国心理学家奥斯本，一般由管理者牵头召开一个专门会议，并遵照如下议程产生并分析大量各种各样的备选方案，从中做出决策。①由管理者召集有关人员开会；②指定一名人员做会议记录；③确定该次专门会议要解决的问题；④要求所有成员迅速想出办法解决问题；⑤记下成员提出的解决方法，选择其中最有价值的方案。

3. 水平思考法

水平思考法又称侧向思考法或横向思考法，即打破思维定式，通过转换思维角度和方向来重建新概念的思考方法。这种思考方法是一种“非常规”的创造性思维方法，由英国剑桥大学的爱德华·德·波诺教授提出。

例如，开会的时候一般都需要黑板和桌子，传统的黑板是挂起来的，黑板下面的字或画图也不容易看清。据说日新钢铁公司研制了一种活动桌，这种直径一米的圆桌，无论坐到桌子的何处，都不会碰到膝盖，借助一根立柱台面可以旋转。而且可以在上面用万能笔写字、画图，也就是黑板和桌子合为一体的会议桌。成员可以分别坐在桌旁，一边在桌面上写字、画图，一边进行讨论。全体成员还可以围着桌面，聚精会神地交换意见，桌面可以旋转，成员把桌面转动到适当位置，即可写下自己的意见。其更为方便的地方是，水平桌面比立挂的黑板更容易写字、更容易看清楚。书写随便，效率大为提高。如果不打破“黑板立挂”的既定概念，就不可能产生这种设想。“把垂直的东西做成水平的”这种思考，正是“水平思考”的实质。水平思考强调尊重现实基础、注重结果、新颖大胆地考量问题，不受法则性、因果性、合理性、科学性等限制，极大地解放了创造力。水平思考的技巧之一，是把已经成熟的设想方案反过来试一试。水平思考法能够帮助人们想出解决问题的各种方法，也能找出最优的方法，同时还能提高参与思考的成员的积极性。

### 三、确定方案

确定备选方案时，常用的标准有 FSA 标准，即可行性（Feasibility）、适用性（Suitability）、可接受性（Acceptability）。

1. *方案的可行性*

方案的可行性指的是要对备选方案进行系统分析和全面论证，判断该方案是否可行、是否值得投入，要进行反复比较，寻求最佳方案，避免造成人力、物力、财力、信息和时间的浪费。可以使用成本—效益分析法寻求成本和效益的最佳比率，也就是找出实现目标的最小代价的方法，或在既定的费用基础上获得最大的价值。

2. *方案的适用性*

要解决问题，必须设定目标才能知道决策要达到什么样的目的。在决策中要设定适合的标准，以此来判断方案是否合适。如标准可以是质量、价值、时间等。

3. *方案的可接受性*

方案的可接受性指的是决策能否得到利益相关者的支持。利益相关者包括经理、员工、客户、供应商等与决策相关的人员。可以对利益相关者进行分析，以了解他们对方案的可接受程度。我们不可能保证所有的利益相关者都能对方案的支持表达统一的意见，但如果备选取方案有利于组织、团队和企业的利益，就应该被采纳。

### 四、执行评估方案

确定好备选的决策方案后，围绕该方案的实施通常会配合很多的后续决策。在决策方案的实施过程中，需要制定配套的决策方案，但许多管理者做出决策之后并未采取相应的行动，这与不做决策没有什么两样。为了确保一个决策方案得到切实执行，高层管理者必须授予中层管理者应有的职权并提供足够的资源以制定后续决策。

决策制定过程的最后一步是评估决策的结果，存在的问题是否已经解决；选择的方案和实施方案的结果是否达到了期望的效果。如果评估结果表明问题仍然存在、没有得到妥善解决，那么决策者就应该返回到决策过程的某一环节，甚至从第一个步骤开始，重新进行整个决策制定的过程。

## 第三节　决策的基本方法

### 一、决策的理性化

赫伯特·西蒙提出管理的决策过程的“有限理性”和“满意”标准，决策贯穿整个管理过程，决策程序就是整个管理过程。

1. 有限理性

人的理性是介于完全理性和非理性之间的，即人是有限理性的，因为在高度不确定和极其复杂的现实决策环境中，人的知识、想象力和计算力是有限的。特别是在风险型决策中，与经济利益相比，决策者对待风险的态度起着更为重要的作用。决策者往往厌恶风险，倾向于接受风险较小的方案，尽管风险较大的方案可能带来较为可观的收益。

2. 满意原则

在有限理性的假设下，决策者如何决策？决策者往往只求满意的结果，而不愿费力寻求最佳方案。导致这一现象的原因有：决策者不注意发挥自己和别人继续进行研究的积极性，满足于在现有的可行方案中选择；决策者本身缺乏有关能力，有时出于个人某些考虑而做出自己的选择；评估所有的方案并选择其中的最佳方案，需要花费大量的时间和金钱，可能得不偿失。由于上述原因的存在，所以做决策追求的是满意的决策，而不是最优化的决策。

在这两个标准的影响下，决策者在进行决策时通常采用两种决策方法：完全理性决策方法（最优法）和有限理性决策方法（满意法）。事实上，我们通常所进行的决策主要是有限理性决策。完全理性决策主要用于确定型决策和程序化决策有限理性决策主要用于非确定型决策和非程序化决策。确定型决策与非确定型决策还能归类于定量决策方法，它是运用数学知识，把与决策有关的变量与变量之间、变量与目标之间的关系用数学关系式表示，并计算出答案，以供决策选优的方法。与之相对应的是定性决策方法，它是决策者利用专家的知识经验和能力，根据掌握的信息资料，进行决策的方法。这一节里我们重点来讲定量决策方法。

## 二、定量决策方法

定量决策方法尤其适用于比较不同方案能够带来的经济效益。根据决策问题所具备的条件，可将定量决策方法分为三类：确定型、风险型和非确定型。

1. 确定型决策方法

确定型决策方法的特点是在各种决策方案的未来自然状态确定、目标明确的情况下进行决策，决策者只需从备选方案中选择经济效果最好的方案，如量本利分析法、线性规划法、临界收益评价法等。

量本利分析法也叫保本分析法或盈亏平衡分析法，是通过分析生产成本、销售利润和产品数量这三者的关系，掌握盈亏变化的规律，指导企业选择能够以最小的成本生产最多的产品、并可使企业获得最大利润的经营方案。

企业利润是销售收入扣除生产成本以后的剩余。其中，销售收入是产品销售数量及其销售价格的函数，生产成本（包括工厂成本和销售费用）可分为固定成本和变动成本。变动成本是随着产量的增加或减少而提高或降低的费用，而固定成本则在一定时期、一定范围内不随产量而变化。当然，“固定”与“变动”只是相对的概念：从长期来说，由于企业的经营能力和规模是在不断变化的，因此一切费用都是变动的；从短期来看，就单位产品来说，“变动费用”是固定的，而“固定费用”则随产品数量的增加而减小。

图 4-4 描述了特定时期企业利润、销售收入（价格与销售量的乘积）以及生产成本（固定费用和变动费用）之间的关系。

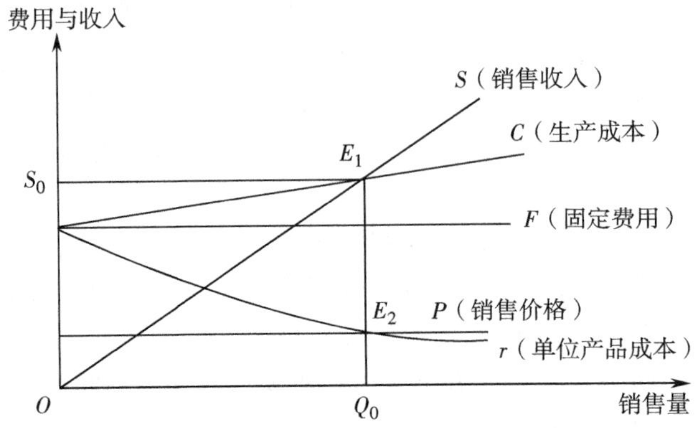


图 4-4　量本利关系图

企业获得利润的前提是生产过程中的各种消耗均能够得到补偿，即销售收入至少等于生产成本。为此，必须确定企业的保本产量和保本收入：当价格、固定费用和变动费用已定的条件下（在我们分析的短期背景中，事实基本如此），企业至少应生产多少数量的产品才能使总收入与总成本平衡；或当产量、价格、费用已定的情况下，企业至少应取得多少销售收入才足以补偿生产过程中的费用。

有两种方法可以帮助管理者确定企业的保本收入和保本产量水平。

（1）图上作业法是根据已知的成本和价格资料，画出如图 5-4 的量本利关系图，图中总收入 $S$ 与总成本曲线 $C$ 的相交点 $E_1$ 或单位成本曲线 $r$ 与单位价格曲线 $P$ 的交点 $E_2$ 即表示企业经营的盈亏平衡点，与 $E_1$、 $E_2$ 相对应的产量 $Q_0$ 即为保本产量，与 $E_1$ 相对应的销售收入 $S_0$ 即为保本收入。

（2）公式计算法是利用公式来计算保本产量和保本销售收入。

根据上面分析的量本利之间的关系，我们知道：

销售收入=产量×单价生产成本

生产成本=固定费用＋变动费用

=固定费用＋产量×单位产品变动费用

用相应的符号来表示盈亏平衡时有下列公式：$Q_0 \times P = F + Q_0 \times C_V$

推出：计算保本产量的基本公式：$Q_0 = F /（P - C_V）$

由于保本收入等于保本产量与销售价格的乘积，因此可推出计算保本收入的基本公式：

$$S_0 = F /（1 - C_V / P）$$

计算保本产量的公式中，$P - C_V$ 表示单位产品得到的销售收入在扣除变动费用后的剩余，叫作边际贡献。计算保本收入的公式中，$1 - C_V/P$ 表示单位销售收入可以帮助企业吸收固定费用并实现企业利润的系数，叫作边际贡献率。要注意的是，如果边际贡献或边际贡献率大于零，则表示企业生产这种产品除可收回变动费用外，还有一部分收入可用以补偿已经支付的固定费用。因此，产品单价即使低于成本，但只要大于变动费用，企业生产该产品还是有意义的。

2. 风险型决策方法

风险型决策也叫随机型决策，它有如下特点：①有一个明确的决策目标，如最大利润、最低成本；②存在着可供决策者选择的两个或两个以上的方案；③每个可行方案在不同自然状态下的损益值可以估算出来；④决策者虽不能肯定未来哪种自然状态出现，但能估计出每种自然状态发生的概率。由于这种决策是在对未来事件的状态不完全了解的情况下做出的，因此具有一定的风险性。风险型决策方法主要有决策表法和决策树法两种。

决策树法是风险型决策的常用方法，适用于未来可能有几种不同情况（自然状态），并且各种情况出现的概率可以根据资料来推断的情况。它用树形图来描述各方案对未来收益的计算、比较及选择。考虑各方案所需的投资，比较不同方案的期望收益值。

决策树法步骤如下：

（1）根据可替换方案的数目和对未来市场状况的了解，绘出决策树形图。

（2）计算各方案的期望值，包括计算各概率分枝的期望值。

（3）将各概率分枝的期望值相加，并将数字记在相应的自然状态点上。

（4）剪去期望收益值较小的方案分枝，将保留下来的方案作为备选实施的方案。

如果是多阶段或多级决策，则需重复（2）、（3）、（4）各项工作。

例：某企业为扩大某产品的生产，拟建设新厂，据市场预测产品销路好的概率为 0.7，销路差的概率为 0.3，有三种方案可供企业选择：

方案 1，新建大厂，需投资 300 万元。据初步估计，销路好时，每年可获利 100 万元；销路差时，每年亏损 20 万元，服务期为 10 年。

方案 2，新建小厂，需投资 140 万元。销路好时，每年可获利 40 万元；销路差时，每年仍可获利 30 万元，服务期为 10 年。

方案 3，选建小厂，3 年后销路好时再扩建，需追加投资 200 万元，服务期为 7 年，估计每年获利 95 万元。

试选择方案。

解：具体分析如图 4-5 所示。

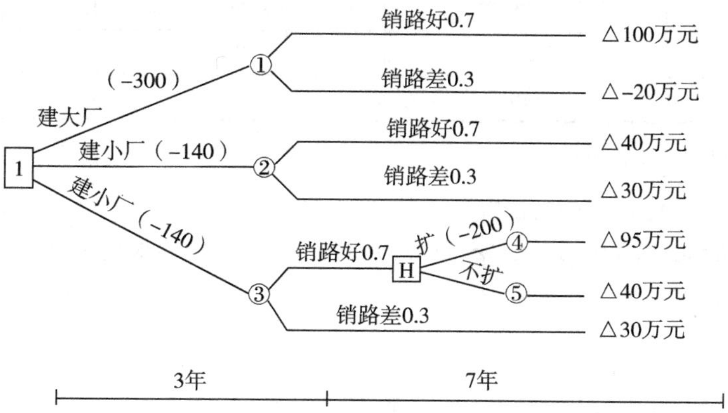


图 4-5 三种方案对比分析图

计算方案点的期望收益值：

$E_1$=[0.7×100+0.3×(−20)]万元×10−300 万元=340 万元

$E_2$=[0.7×40+0.3×30]万元×10−140 万元=230 万元

$E_3$=[0.7×40×3+0.7×(95×7−200)+0.3×30×10]万元−140 万元

=(84+325.5+90)万元−140 万元=359.5 万元

比较 $E_1$、$E_2$、$E_3$，选择方案③为最好。

3. 非确定型决策方法

非确定型决策是当未来事件将会出现哪一种状态尚不清楚，甚至连各自然状态的发生概率也不知道时所进行的决策。虽然这种决策不排除某些数学计算，但在很大程度上它带有主观随意性，决策的质量取决于决策者的个人素质、经验与个性等人为因素。具体有乐观决策法、悲观决策法、等概率决策法、最小最大后悔值决策法等。

（1）乐观决策法也叫最大收益值法，是指选择在最好自然状态下能够带来最大收益的方案作为决策实施方案。

（2）悲观决策法也叫小中取大法，是指选择在最差自然状态下仍能带来最大收益的方案作为实施方案。

（3）等概率决策法是根据决策者的判断，给最好自然状态一个乐观系数，给最差自然状态一个悲观系数，两者之和为 1。然后用各种方案在最好自然状态下的收益值与乐观系数相乘所得的积，加上各方案在最差自然状态下的收益值与悲观系数的积，得出各方案的期望收益值，然后据此比较各方案的经济效果，做出选择。

（4）最小最大后悔值决策法，决策者应先计算出各方案在自然状态下的后悔值（用方案在某自然状态下的收益值与该自然状态下的最大收益值相减所得），然后找出每种方案的最大后悔值，并据此对不同方案进行比较，选择最大后悔值最小的方案作为实施方案。

例：某企业有三种新产品待选，估计销路和损益情况如表 4-4 所示，试分别用乐观决策法、悲观决策法、最小最大后悔值决策法选择最优的产品方案。

**表 4-4 损益表**

（单位：万元）

| 状态 | 甲产品 | 乙产品 | 丙产品 |
|---|---|---|---|
| 销路好 | 40 | 90 | 30 |
| 销路一般 | 20 | 40 | 20 |
| 销路差 | −10 | −50 | −4 |

解：①乐观决策法：（大中取大）

甲产品最大利润 40 万元
乙产品最大利润 90 万元
丙产品最大利润 30 万元
} 90 万元对应的乙产品为最优方案

②悲观决策法：（小中取大）

甲产品最小利润-10 万元
乙产品最小利润-50 万元
丙产品最小利润-4 万元
} -4 万元对应的丙产品为最优方案

③最小最大后悔值决策法：（大中取小）三种产品的后悔值如表 4-5 所示。

表 4-5　后悔值表

（单位：万元）

| 状　态 | 甲 产 品 | 乙 产 品 | 丙 产 品 |
| --- | --- | --- | --- |
| 销 路 好 | 50 | 0 | 60 |
| 销路一般 | 20 | 0 | 20 |
| 销 路 差 | 6 | 46 | 0 |

甲产品最大后悔值 50 万元
乙产品最大后悔值 46 万元 } 46 万元对应的乙产品为最优方案
丙产品最大后悔值 60 万元

# 第四节　群 体 决 策

在解决复杂问题需要良好的决策时，群体解决问题的方法比个人解决问题的方法更加准确。因为，群体的协商、相互交流、沟通合作能提供多方面的知识和方法，从信息与资源方面更有益于问题的解决。

## 一、群体决策的方法

*1. 互动群体法*

互动群体法（Interacting Group Technique）是指通过召开会议的形式，让成员面对面地相互启发，从而获得决策意见和观点的方法。

群体领导人先对问题进行陈述；各成员对问题进行全面讨论或相互启发，以便产生新的思想，集中意见；最后通常就如何解决问题进行表决，按大多数人的表决意见做决策。

*2. 头脑风暴法*

微课：头脑风暴法

头脑风暴法（Brainstorming）是为了克服阻碍产生创造性方案的、遵从压力的一种相对简单的决策方法。头脑风暴法使用于决策过程中产生想法的阶段，其创始人是英国心理学家奥斯本。它是管理者聚在一起，产生并辩论大量各种各样的备选方案，并从中做出决策的一种群体问题解决技巧。一般由若干名管理者召开一个专门会议，并遵照如下议程：①由一位管理者对需要讨论的问题进行大致的描述。②群体成员交流各自的想法，并提出备选行动解决方案。③在所有的备选方案尚未介绍完毕之前，不允许对所交流的任一备选方案进行批评，每一位成员都可保留意见。由一位成员将提出的所有备选方案都记录在一张活动挂板上。④鼓励群体成员尽可能创新和激进。什么样的想法都可以提出来，提出的见解越多越好。另外，还可以在吸收其他群体成员建议的基础上，提出更多的补充性想法。⑤当所有的备选方案都被提出后，群体成员从正、反两个方面对每个备选方案进行讨论，并按优劣对备选方案进行排序。

头脑风暴法的目的在于创造一种畅所欲言、自由思考的氛围，诱发创造性思维的共振和连锁反应，产生创造性思维。这种方法的时间安排应在1～2小时，参加者以5、6人为宜。

3. 名义群体法

名义群体法（Nominal Group Technique）是一种结构化的决策方法，它是通过有组织的面对面的会议，按一定的程序集结成员的意见，以做出群体判断的方法。

名义群体法的步骤为：①由一位管理者对会议将要解决的问题进行简要介绍，所有群体成员独立思考问题，用30～40分钟的时间写下各自的观点和解决方案；②所有成员将想法提交给群体并被公开记录，在所有方案没有介绍完毕之前不允许对备选方案进行批评或评价；③对会上所介绍的备选方案按介绍的先后次序逐一进行讨论；④在所有的备选方案都加以讨论之后，每位群体成员独立地对所有备选方案进行排序，综合排序最高的备选方案就是最终形成的决策方案。

4. 德尔菲法

德尔菲法（Delphi Technique）是20世纪60年代初美国兰德公司的专家们为了避免集体讨论存在的屈从于权威或盲目服从多数的缺陷提出的一种定性预测方法。为了消除成员间的相互影响，参加的专家可以互不了解。它运用匿名方式反复多次征询意见和进行背靠背的交流，以充分发挥专家们的智慧、知识和经验，最后汇总得出一个最能反映群体意志的预测结果。

德尔菲法的一般工作程序为：①确定调查目的，拟订调查提纲。首先必须确定目标，拟订出要求专家回答问题的详细提纲，并同时向专家提供有关背景材料，包括预测目的、期限、调查表填写方法及其他希望要求等说明。②选择一批熟悉本问题的专家，一般至少为20人，包括理论和实践等各方面的专家。③以通信的方式向各位选定专家发出调查表，征询意见。④对返回的意见进行归纳综合、定量统计分析后再寄给有关专家，经过三四轮意见比较集中后进行数据处理并综合得出结果。每一轮时间为7～10天，总共一个月左右即可得到大致结果，时间过短则专家很忙难于反馈，时间过长则外界干扰因素增多，影响结果的客观性。

这种方法的优点主要是简便易行，具有一定的科学性和实用性，可以避免会议讨论时产生的害怕权威随声附和，或固执己见，或因顾虑情面不愿与他人意见冲突等弊病；同时尽快收集各方意见，参加者也易接受结论。但缺点是由于时间紧，专家的回答往往比较草率，同时由于预测主要依靠专家，因此归根到底仍属专家们的集体主观判断。此外，在选择合适的专家方面也较困难，征询意见的时间较长，对于需要快速判断的预测难于使用，难以通过成员之间的相互启迪获得丰富的、具有创造力的设想和方案等。

5. 电子会议法

电子会议法（Electronic Meeting）的主要优势是：匿名、可靠、迅速。与会者可以采取匿名形式把自己想表达的任何想法表达出来，电子会议法可以说是名义群体法与计算机技术的结合。

50人左右围坐在马蹄形的桌子旁，面前摆放计算机终端。问题通过大屏幕呈现给参与者，要求他们把自己的意见输入键盘、显示在计算机终端屏幕上。个人的意见和投票都显示在会议室中的投影屏幕上。参与者一旦把自己的想法输入键盘，所有的人都可以在屏幕上看到。与会者可以自由地表达自己的思想和对其他成员方案的评价，不会遭到群体压力。而且这种决策方法决策迅速，不必担心打断别人的思想和发言、环境宽松；讨论不会离开主题，大家在同一时间可以互不妨碍地相互“交谈”，而不会打断别人。电子会议法还能快速地进行汇总和统计，有较高的效率。专家认为，电子会议法比传统的面对面的会议效率高约55%。

## 二、群体决策的优点与缺点

个人决策与群体决策是按照决策者的人数所进行的决策分类。个人决策是指由个人（决策者）所进行的决策，个人承担决策的责任。群体决策是指由一个团体所进行的决策，是组织中的普遍现象。

1. *群体决策的优点*

群体决策和个人决策各有其优势，但都不是可以适用于任何环境的。个人决策虽然决策速度快、责任明确，但也容易出现因循守旧、先入为主等问题。群体决策是多个人一起做出的决策，相对于个人决策，群体决策有下面一些主要的优点。

（1）能更大范围地汇总信息。通过综合多个个体的资源，可以在决策过程中投入更多的信息。

（2）能拟订更多的备选方案增加观点的多样性。除了更多的投入以外，群体能够给决策过程带来多种不同角度的观点与看法，这就为决策提供了多个备选方案。

（3）能提高决策的可接受性。群体成员参与决策使得决策过程的结果能得到更多的认同，提高满意度，有利于决策的实施。

（4）能使群体成员更好地沟通，充分交流意见从而改善决策的质量等。

2. *群体决策的缺点*

与其他事物一样，群体决策不只是有优点，也有缺点，相对于个人决策，群体决策的主要不足在于：

（1）耗费时间多，成本费用较高。组织一个群体既需要时间又需要费用，决策群体成员都有权陈述自己的观点，让群体讨论和询问以形成一种集体的观点，这是一个很长的过程，需要花费许多时间和费用。

（2）决策速度慢，快速反应差。由于群体决策一般需要其成员充分发表意见，对每一个意见都进行讨论，将不同意见集中后才能形成决策。此过程不仅耗费时间，而且还可能在进行中转移话题、离题太远或不着边际，从而使一项决策议而不决、拖延时间，限制了相关人员在必要时做出快速反应的能力。

（3）从众压力。群体中存在着群体压力，群体压力会迫使个体在群体决策时追求观点的统一。个人的创举往往与众不同，个人在决策时会由于群体的压力而放弃自己的个人意见而去附和主流意见。

（4）少数人控制。在群体决策时，负责人或少数人由于实际的权力、权威、手腕、资源等原因，控制着整个群体或操纵着群体决策过程。群体成员由于惧怕权威或避免冲突而放弃自己的观点、附和专权者，群体讨论可能会被一两个人所控制，如果这种控制是由低水平的成员所致，群体的运行效率就会受到不利影响。

（5）折中性方案。群体决策时，由于各个成员常常对于某些问题有着不同的见解，为了取得集体一致的解决问题的办法和协议，经常需要采用某种妥协或折中性方案来使各方认可并执行。这是从最佳或最合理决策退到一种“退而求其次”“退而求其和”的折中性决策。

（6）责任不清。群体决策常常是集体讨论、集体决定、集体负责。责任分散、个人责任不够明晰的决策则往往导致“有人拍板，无人负责”的后果。个人决策，责任者是很明确的。对于群体决策，任何一个成员的责任却会降低。

# 本章小结

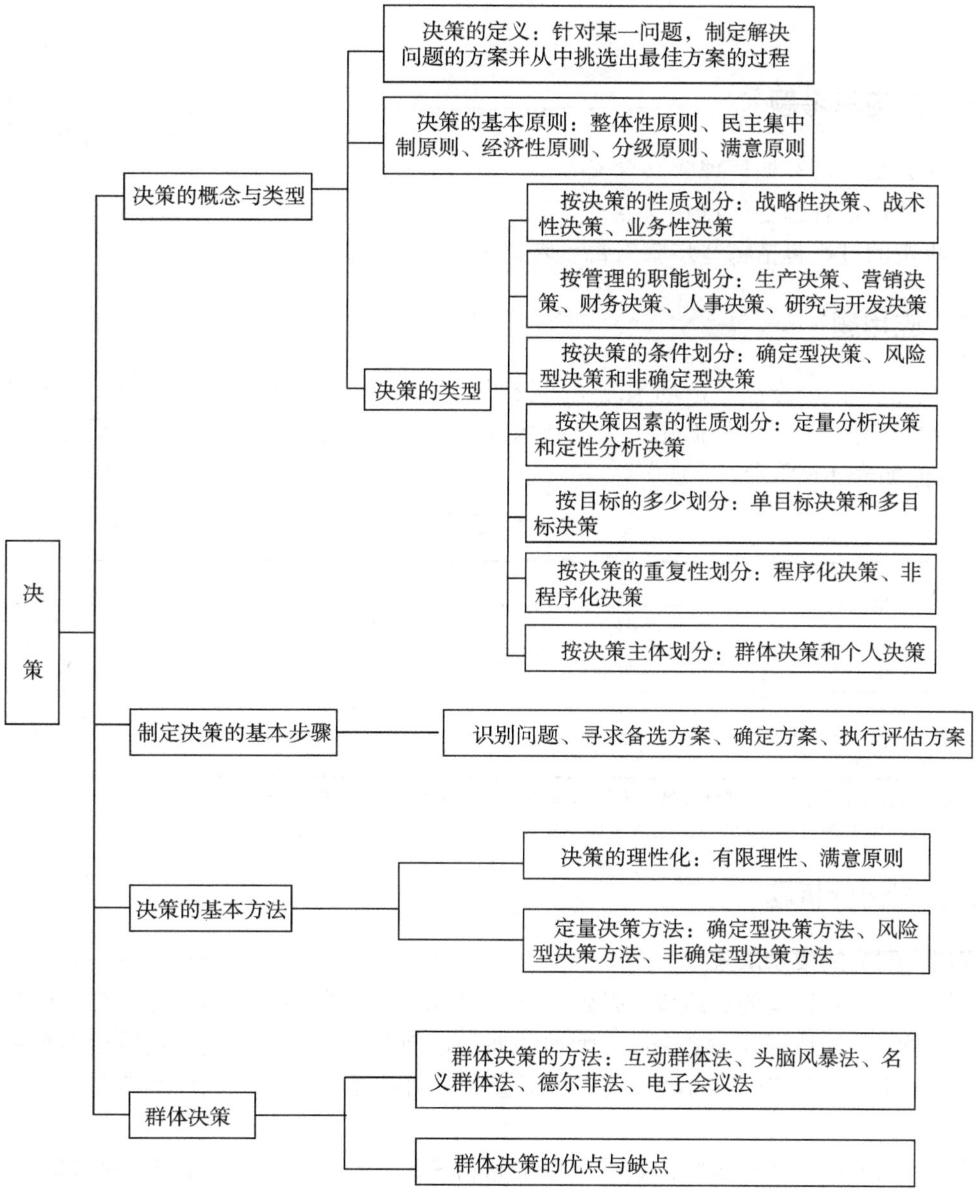
决策
决策的概念与类型
决策的定义：针对某一问题，制定解决问题的方案并从中挑选出最佳方案的过程
决策的基本原则：整体性原则、民主集中制原则、经济性原则、分级原则、满意原则
决策的类型
按决策的性质划分：战略性决策、战术性决策、业务性决策
按管理的职能划分：生产决策、营销决策、财务决策、人事决策、研究与开发决策
按决策的条件划分：确定型决策、风险型决策和非确定型决策
按决策因素的性质划分：定量分析决策和定性分析决策
按目标的多少划分：单目标决策和多目标决策
按决策的重复性划分：程序化决策、非程序化决策
按决策主体划分：群体决策和个人决策
制定决策的基本步骤
识别问题、寻求备选方案、确定方案、执行评估方案
决策的基本方法
决策的理性化：有限理性、满意原则
定量决策方法：确定型决策方法、风险型决策方法、非确定型决策方法
群体决策
群体决策的方法：互动群体法、头脑风暴法、名义群体法、德尔菲法、电子会议法
群体决策的优点与缺点

# 思考与练习

## 一、复习思考题

1．什么是决策？如何理解其含义？

2．群体决策有哪些优点和缺点？

3．决策的过程包括哪些步骤？每一步需要注意哪些问题？

## 二、应用题

某企业生产一种产品，市场预测结果表明有三种可能：销路好、销路一般、销路差。备选取的方案有三个：一是扩建、二是技术改造、三是维持现状。各方案在不同自然状态下的损益值如表 4-6 所示。

**表 4-6 损益表**

| 方 案 | 损 益 值 | | |
|---|---|---|---|
| | 销路好 | 销路一般 | 销路差 |
| A：扩建 | 200 | 90 | −70 |
| B：技术改造 | 150 | 80 | −50 |
| C：维持现状 | 90 | 40 | −20 |

要求：1. 选用乐观决策法、悲观决策法、最小最大后悔值决策法、等概率决策法进行决策。

2. 若已知销路好的概率为 0.5、销路一般为 0.3、销路差为 0.2，试用决策树法决策。

## 三、案例分析题

### 案例：耐克的成功决策

如果你是一名认真的长跑者，那么在 20 世纪 60 年代或 70 年代初，你只有一种合适的鞋可供选择：阿迪达斯 （Adidas）。阿迪达斯是德国的一家公司，是为竞技运动员生产轻型跑鞋的先驱。在 1976 年的蒙特利尔奥运会上，田径赛中有 82%的获奖者穿的是阿迪达斯牌运动鞋。

阿迪达斯的优势在于试验。它使用新的材料和技术来生产更结实和更轻便的鞋。它采用袋鼠皮绷紧鞋边。四钉跑鞋和田径赛鞋采用的是锦纶鞋底和可更换鞋钉。高质量、创新性和产品多样化，使阿迪达斯在 20 世纪 70 年代支配了这一领域的国际竞争。

20 世纪 70 年代，蓬勃兴起的健康运动使阿迪达斯公司感到吃惊。一瞬间数以百万以前不好运动的人们对体育锻炼产生了兴趣。那时，成长最快的健康运动细分市场是慢跑。据估计，到 1980 年有 2 500 万～3 000 万美国人加入了慢跑运动，还有 1 000 万人是为了休闲而穿跑鞋。尽管如此，为了保护其在竞技市场中的统治地位，阿迪达斯并没有大规模地进入慢跑市场。

20 世纪 70 年代出现了一大批竞争者，如美洲狮（Puma）、布鲁克斯（Brooks）、新百伦（New Balance）和虎牌（Tiger）。但有一家公司比它们更富有进取性和创新性，那就是耐克（Nike）。由前俄勒冈大学的一位长跑运动员创办的耐克公司，1972 年在俄勒冈的尤金举行的奥林匹克选拔赛中首次亮相。穿着新耐克鞋的马拉松运动员获得了第四至第七名，而穿阿迪达斯鞋的参赛者在那次比赛中占据了前三名。

耐克的大突破出自 1975 年的“夹心饼干鞋底”方案。它的鞋底上的橡胶钉比市场上出售的其他鞋更富有弹性。夹心饼干鞋底的流行及旅游鞋市场的快速膨胀，使耐克公司 1976 年的销售额达到 1 400 万美元。而在 1972 年仅为 200 万美元，自此耐克公司的销售额飞速上涨。今天，耐克公司的年销售额超过了 35 亿美元，并成为行业的领导者，占有运动鞋市场 26%的份额。

耐克公司的成功源于它强调的两点：研究和技术改进；风格式样的多样化。公司有将近 100 名雇员从事研究和开发工作。它的一些研究和开发活动包括人体运动高速摄影分析、对 300 个运动员进行的试穿测验以及对新的和改进的鞋及材料的不断的试验和研究。

在营销中，耐克公司为消费者提供了最大范围的选择。它吸引了各种各样的运动员，并向消费者传递出最完美的旅游鞋制造商形象。到 20 世纪 80 年代初，慢跑运动达到高峰时，阿迪达斯已经成了市场中的“落伍者”。竞争对手推出了更多的创新产品，更多的品种，并且成功地扩展到了其他运动市场。例如，耐克公司的产品已经统治了篮球和年轻人市场，运动鞋已进入了时装时代。到 20 世纪 90 年代初，阿迪达斯的市场份额降到了可怜的 4%。

问题：

1. 耐克公司制定了什么决策使它如此成功？

2. 到 20 世纪 90 年代初，阿迪达斯的不良决策如何导致了市场份额的极大减少？这些决策怎么使得阿迪达斯的市场份额在 20 世纪 90 年代初降到了如此可怜的地步？

## 四、管理技能训练：制定决策

1. 你是否擅长决策？

（1）列出你最近做出的三个错误决策。

（2）你认为今后为尽量避免做出错误决策，应建立哪些标准？

2. 对决策进行评价。考虑决策给团队管理者以及团队成员造成了哪些正面或负面的影响，并依次填入表 4-7 之中。

**表 4-7　评价结果表**

| 评价对象 | 正面结果 | 负面结果 |
| --- | --- | --- |
| 团队管理者 | | |
| 团队成员 | | |

3. 在决策过程中，你所采用的沟通方式是否合理？请完成表 4-8。

表 4-8　沟通方式表

| 需要与人沟通的决策 | 沟 通 对 象 | 提高沟通效率的方法 |
| --- | --- | --- |
| | | |

以上练习说明在做出决策时，应三思而后行，要制定一些标准，然后对决策进行评估。

# 第五章 计　　划

## 知识目标

- 了解计划的含义、类型与表现形式，以及计划工作的程序
- 掌握目标设定的方法与目标管理的程序
- 掌握编制计划的方法

## 能力目标

- 能运用甘特图法、滚动计划法等计划方法进行活动策划
- 能运用目标管理法编制计划，提高执行力

## 素养目标

- 将自身发展同国家发展、国家命运紧密相连
- 培养编制计划书所需的逻辑思维、环境分析、文字处理等职业素养

计划是管理的首要职能。它是在预见未来的基础上对组织活动的目标和实现目标的途径做出筹划和安排，以保证组织活动有条不紊地进行。

计划工作的内容包括对组织环境的分析预测，组织活动方向、内容和方式的选择或决策，以及将决策落到实处的具体计划方案的编制等有机联系的环节。

## 第一节　计划和计划工作

**导入案例 5-1：万达集团**

万达集团是一家以房地产开发为主的企业集团，集团下设有房地产公司、建筑安装公司、物业管理公司、旅游公司，房地产公司在公司内占显著地位。

万达集团的产生、成长壮大颇有戏剧性。公司创始人最初接触房地产建设是从为本单位的职工建住宿楼开始的。万达公司诞生前，其主要创始人都是机关干部。他们由于工作的需要，比较熟悉工程预算、房屋施工等方面的业务，在为本单位开发的过程中看到了房地产市场的前景。在公司诞生后的三年里，他们开发了三个小区，全部取得了成功。

随着公司的进一步扩大，公司快速进入了建筑安装、物业管理、旅游等行业，但随之

而来的是公司发展速度明显下降。特别在收购西天大酒店后，资金周转困难，曾一度使公司进入衰退期。

公司董事长经过分析，对公司发展速度减缓做出解释：第一，前几年公司业绩基数小，而现在公司已有上亿元的营业额，再要翻几番不是轻而易举就能实现的了；第二，公司发展太快，没有明确的扩展目标和发展计划，降低了企业的核心竞争力；第三，市场前景恶化，随着国家对房地产市场的限制和同行业的竞争，公司没有相应的措施加以应对。

为此，董事长要求公司发展部进行细致的市场调查，制订出相应的发展战略计划，以促进公司的有序发展。

在一个组织中，计划工作是管理职能中首要的和最基本的职能，其他工作都只有在确定了目标、制订了计划以后才能开展，并围绕着计划的变化而变化。在组织中，管理人员最主要的任务就是努力使每个人理解组织的目标以及实现目标的方法，以使每个人有效地完成任务。如果要使群体的努力有成效，其成员一定要明白期望他们完成的是什么。这就是计划工作的职能。

那么，到底什么是计划、计划对组织有什么意义、计划是如何制订的、在制订计划时应注意哪些问题呢？

## 一、计划的含义

微课：计划及其作用

计划通常被定义为“对未来的预想及使其变为现实的有效方法的设计”或“对未来进行考察并制订行动方案”。计划为组织设定目标，并设计实现目标的方法和过程，即事先决定要做什么、怎么做、何时做、由谁来做。可以说，计划是组织行动的指南，而计划的落实则由组织和领导职能来完成。

从管理的角度来说，计划就是在为组织制定目标和构建手段。前者强调“做什么”，即寻找与描绘未来愿景；后者则强调“怎么做”，即设计达到目标的方法。由此观之，计划不是只想“未来”，而是从“未来”想“现在”应该做的事。

## 二、计划的作用

无论是大型组织还是小型组织，都需要计划，这是管理的首要职能。从根本上说，计划的存在是由于外部环境的不确定性；当组织面临的是确定的环境时，计划就完全没有必要了。良好计划的作用主要体现在以下几个方面。

（1）确定方向和任务。计划指明了组织发展的方向，同时也确定了组织各部门各管理层次的目标，从而各部门就有了各个时期的工作任务和重点，避免了工作的盲目性。如企业的生产部门根据计划来安排本年生产的产品的品种、数量、质量等；财务部门根据计划来筹措资金满足生产任务完成、研究开发等需要；人力资源管理部门根据计划来安排人员招聘数量、参加培训人员等项目。

（2）激励员工。组织明确了发展目标，组织及其成员就能够明了行动的方向和成果，就有了行动的动力，也提高了工作的积极性。例如，一家汽车销售代理商年销售额目标为8 000 万元；要求每个销售人员的指标为500 万元，对销售人员的考核以底薪加销售提成的方式来调动他们的工作积极性，激励他们超额完成指标以得到更多的奖金。

（3）协调生产运作。组织的生产和服务过程是一个十分复杂的系统，涉及众多的部门和人员。有了统一的计划指导，各部门、员工之间才能相互协调、密切合作。

（4）合理配置资源。组织的生产经营活动的顺利进行和运营效率的提高，需要对人、财、物、信息等各种资源进行合理配置、有效利用。这些工作都是通过计划来完成的。

（5）提高应变能力。环境的多变给组织带来了不同程度的风险，计划工作需要进行市场预测，并考虑各种可能性因素，做出各种应变计划，使不确定性带来的伤害减到最小。

（6）提供控制标准。控制是指依据既定标准，考核实际效果，比较实际成果与既定标准之间是否存在差异，如有差异则采取措施加以纠正，而标准和程序的制定是计划工作的主要内容。可见，正确、具体的计划是有效控制的前提，没有计划则无法实现控制。同时，计划的实施也需要控制活动给予保证，通过控制发现偏差，帮助管理者修改计划，建立新的目标。

## 三、计划的类型

计划按照其形式可以分为正式计划与非正式计划。非正式计划一般没有形成书面文件，这种情况在许多中小企业中大量存在。非正式计划并不等于没有计划，但它的缺陷显而易见，它不容易在组织中进行交流和扩散，计划内容也往往比较粗略且缺乏连续性。管理规范的组织需要制订正式计划，它包括环境分析、目标确定、方案选择等一系列工作步骤。

由于组织活动的复杂性和多元性，计划的种类也变得十分复杂和多样，人们根据不同的需要制订出各种各样的计划。按照不同的分类标准，计划可以进行如下分类。

### （一）按计划形态分类

计划包括组织未来行动的目标和方式，因此，计划是多层次的，计划从抽象的目标到具体的行动方案构成了一个层次体系，如图 5-1 所示。

图 5-1 计划层次体系

1. 宗旨

宗旨是一个组织的最根本的目标，是组织存在的理由。一个组织的宗旨无非有两类：一是寻求贡献于组织以外的自然、社会；二是寻求贡献于组织内部的成员的生存和发展。这两类宗旨是彼此相连、相辅相成的。组织是为其宗旨而存在，而不是宗旨为组织而存在。

2. 使命

确立了组织的宗旨以后，为了实现它，组织就可以为自己选择一项使命。这项使命的内容就是组织选择的服务领域或事业。例如，一家旅行社和一家化工厂同样为了创造利润，一个选择了提供旅游服务，一个却选择了提供化工产品；一所学校和一家医院同样服务于社会，前者的使命是教书育人，后者的使命是救死扶伤。这里应该强调的是，使命只是组织实现宗旨的手段，而不是组织存在的理由。组织为了自己的宗旨，可以选择这种事业，也可以选择那种事业。

3. 目标

组织的使命说明了组织要从事的事业，而组织的目标则更加具体地说明了组织从事这项事业的预期结果。这个结果可以是量化的、具有挑战性并且是可以实现的，一个工商企业在营业收入、成本、利润、市场份额等方面都有特定的目标。目标是组织宗旨和使命的具体体现，反映了组织对内外部环境的基本认识。对于一家企业，在一定时期的目标通常表现在两个方面，即企业自身价值实现的目标和对社会做出贡献的目标。人们可以把组织目标进一步细化，从而得出多方面的目标，形成一个互相联系的目标体系。

4. 战略

战略是组织为实现长远目标所选择的发展方向、所确定的行动方针，以及相应的资源分配的方针和方案的总纲。战略要指明方向、重点和资源分配的优先次序。它不是要具体地说明组织如何实现目标，这些属于实现目标的具体的、支持性计划的任务。

战略一词来源于军事用语，有“对抗”的含义。组织在制定战略时不可能“闭门造车”，而要仔细研究其他相关组织，特别是竞争对手的情况，以取得优势地位、获得竞争胜利为目标制定出自身的战略。例如，“百年竞争”中的两个主角——可口可乐公司和百事可乐公司，它们在制定各自的战略时必定要研究对方的战略。

5. 政策

政策是管理者决策时考虑问题的指南，它规定了组织成员行动的方向和界限。政策是组织活动中必不可少的，它使各级管理者在决策时有一个明确的思考范围。例如，一个企业的用人政策规定“今后 5 年内企业管理者要求受教育的程度达到大专以上”。企业人事部门就必须据此来培养、选拔和使用组织内的管理人员。政策具有约束力，也给了决策者一定范围的自主权。例如，许多企业在招聘营销人员时都要求“有相关工作经验”，这是一项政策，但该政策没有指明相关工作的具体内涵，因此招聘人员可以在一定范围内自己决策。

6. 程序

程序规定了组织某些经常发生的问题的解决方法和步骤。程序是通过大量经验事实的总结而形成的规范化的日常工作过程和方法，并以此来提高工作的效果和效率，是一种经过优化的计划。程序使组织的各项活动有条不紊地进行，同时减轻了管理人员的工作负担。因此，程序是行动的指南，而政策是思考问题的指南。

组织的各个部门都有程序，如企业的销售、生产、采购和财务部门普遍都有销售程序、生产程序、采购程序、资金审批程序等。管理的程序化水平是管理水平的重要标志。

7. 规则

规则也是一种计划。它是对某种具体情况下，允许或不允许采取某种特定行动的规定。

如“上班不允许迟到”“销售人员在规定范围外的费用开支需由副总经理核准”等。规则和政策不同，政策有回旋的余地，有斟酌的自由，需要进行决策，而规则却正好相反。规则和程序的区别在于规则不规定时间顺序，可以把程序看成一系列规则的总和。规则和程序，就其实质而言，都是抑制思考、指导行动。

8. 规划

组织规划的作用是根据组织总目标或各部门目标来确定组织分阶段目标或组织各部门的分阶段目标，其重点在于划分总目标实现的进度。规划有大有小，为实现我国社会经济发展的大目标，国家制订了一个个“五年规划”；一个大学校园里的小零售店为实现向小型超市发展的目标也可以制订一个改变货架的规划。组织的规划不仅仅包含组织的分阶段目标，还包括实现该目标所需的政策、程序、规则、任务委派，所采取的步骤，所涉及的资源等。组织的规划是一份综合性的，但也是粗线条的、纲要性的计划。

9. 预算

预算是一种“数字化”的计划，把预期的结果用数字化的方式表示出来就形成了预算。一般来说，财务预算是组织最重要的预算，因为组织的各项经营活动几乎都可以用数字化、货币化的方式在财务预算表上体现出来。预算作为一种计划，勾勒出未来一段时期的现金流量、费用收入、资本支出等的具体安排。预算还是一种主要的控制手段，是计划和控制工作的联结点——计划的数字化产生预算，而预算又将作为控制的衡量基准。

### （二）按计划期限分类

按计划期的长短可以把计划分为长期计划、中期计划和短期计划。一般认为，长期计划是确定组织今后发展的方向，一般计划期为 5 年以上；中期计划主要是确定组织具体的目标和战略，介于长期计划与短期计划之间，一般计划期为 3～5 年；短期计划主要是确定组织在短期内要完成的目标和任务，具有比较具体的方法和程序，一般是指两年或两年以下的计划，如年度财务预算。

### （三）按计划的深度和广度分类

按计划的深度和广度可以把计划分为战略计划、战术计划和作业计划。

1. 战略计划

战略计划又称策略计划，一般由高层管理者制订，其内容包括组织的长远目标、政策、策略等，是关系组织发展方向和大局的计划。战略计划具有长期性、弹性大、难以定量化的特点，这些特点决定了它对战术计划和作业计划的指导作用。

2. 战术计划

战术计划又称施政计划，一般由中层管理者制订，其内容包括组织各部门的目标、策略和政策，它把战略计划转化为具体的目标和政策，并且规定了达到各种目标的确切时间。战术计划中的目标和政策要比战略计划具体、详细，并具有相互协调的作用。此外，战略计划是以问题为中心的，而战术计划是以时间为中心的。一般情况下，战术计划按年度分别拟订。

3. 作业计划

作业计划又称业务计划或运营计划，一般由基层管理者制订，其内容包括基层工作人员的具体任务与作业程序等，是战术计划的具体化。也就是说，作业计划根据战术计划确定计划期间预算、利润等具体目标安排工作流程、划分合理的工作单位、分派任务和资源以及确定权力和责任。

**（四）按计划职能分类**

从职能的角度，可以将计划分为业务计划、财务计划、营销计划和人力资源计划等。组织是通过从事一定业务活动而生存和发展的，业务计划是组织的主要计划；而财务计划、营销计划和人力资源计划等则是为业务计划服务的，也是围绕着业务计划而展开的。

**（五）按计划的重复性分类**

组织的计划有的是一次性的，有的则可以重复使用。前者被称为单项计划，如方案、预算等；后者则被称为常规计划或固定计划，有政策、规则、程序等不同形式。每个组织都有常规计划或固定计划，而单项计划往往是为了实现今后不可能再重复的目标。

## 四、计划的过程

不管是配置一家工厂或组装一架喷气式飞机，还是开发一种新产品的规划，虽然计划的具体内容千差万别，但是制订计划却遵循同样的步骤（见图 5-2），区别只是不同的计划花在各个不同步骤的时间比例不尽相同。

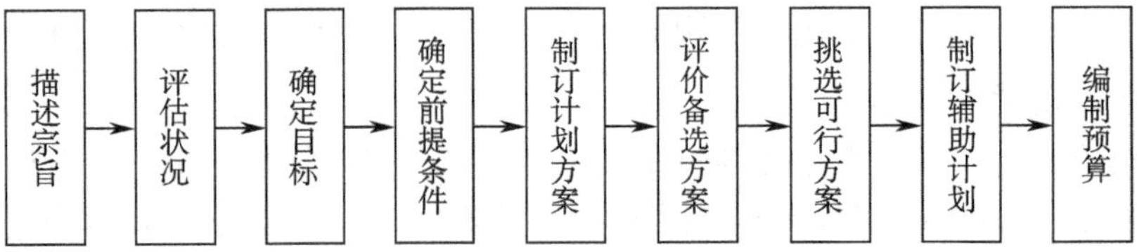


图 5-2 计划工作的步骤

1. 描述宗旨

组织的任何活动都是为了达成组织的宗旨和使命。计划工作首先必须正确理解组织的使命和宗旨，在此基础上把它传播给组织成员、顾客及多种多样的相关利益群体，让与计划的制订和实施工作有关的人们能够了解、接受，这将有利于计划的快速、有效实施。

2. 评估状况

计划工作的一个重要环节是对组织的当前状况做出评估，这是制定和实施计划工作方案的前提。评估主要是对组织自身的优势和劣势、外部环境的机会和威胁进行综合分析，即 SWOT 分析。不过，对于那些局部的作业性质的计划工作，往往并不需要特别复杂和综合的内外部环境分析。但对内部的资源与外部关系要做出基本的判断。

3. 确定目标

在对组织的环境和能力进行分析和评估的基础上，计划工作的重要一步是为组织及其所属的下级单位确定计划工作的目标。在这一步，要说明基本的方针和要达到的目标，说明制定战略、政策、规则、程序、规划和预算的任务，指出工作重点。

4. 确定前提条件

计划的前提也就是计划是以什么环境为前提的，这个环境是指未来计划实施的环境。我们可以通过预测来把握未来环境的变化，减轻将来不确定情况的风险。考虑计划的前提并不是对将来环境的每一细节都要预测，而是仅对那些对计划有重大影响的主要内容做出预测。一般来说，制订企业的生产经营计划要进行的预测有经济形势的预测、政府政策的预测、市场销售的预测和资源的预测等。

5. 制订计划方案

计划方案类似于行动路线图，是指挥和协调组织活动的工作文件，通过它可以清楚地告诉企业管理人员和员工要做什么、何时做、由谁来做、何处做以及如何做等问题。

通常，最显眼的方案不一定是最好的方案，在过去的方案基础上稍加修改和略加推演不见得得到最好的方案，这一步工作需要发挥创造性。此外，方案不是越多越好。编制计划时，更加常见的问题不是寻求过多的可供选择的方案，而是减少可供选择方案的数量，以便可以分析最为合理的方案。

6. 评价备选方案

本步骤是根据前提和目标来权衡各种因素的，比较各方案的利弊，对各个方案进行评价。评价所得出的结论，一方面取决于评价者所采用的标准；另一方面取决于评价者对各个标准所赋予的权数。在多数情况下，有很多可供选择的方案存在，而且有很多可考虑的可变因素和限制条件存在，评估会极其困难。由于存在这些复杂因素，我们将借助于运筹学、数学方法和电子计算技术等手段评价方案，这对于可供选择方案的评估是有帮助的。

7. 挑选可行方案

这是采用计划的关键一步，也是做出决策的紧要环节。有时候，对可供选择方案的分析和评估的结果表明两个或两个以上的方案是合适的。在这种情况下，管理人员在确定首先采取的方案的同时，可以决定把其他几个方案作为后备方案，这样可以加大计划工作的弹性，使之更好地适应未来环境。

8. 制订辅助计划

辅助计划就是总计划下的分计划。例如，一个企业组织发展战略中的投资计划、生产计划、采购计划、培训计划等。总计划要靠辅助计划来支持，而辅助计划又是总计划的基础。

9. 编制预算

这是计划工作的最后一步，即把计划转变成预算，使之数字化。企业的全面预算体现收入和支出的总额、所获得的利润或者盈余以及主要资产负债项目的预算。如果预算编制得好，则可以成为汇总各种计划的一种手段，也可以成为衡量计划完成进度的重要标准。

## 五、计划工作中容易出现的问题

大量的实践证明，企业在进行计划工作时，存在着许多不足之处，特别是我国企业的管理者更是相信“计划没有变化快”，于是，导致计划职能执行不到位。

1. 缺乏系统规划

有的企业没有计划，也没有计划部门，或者是计划部门形同虚设。不少管理者一方面抱怨自己太忙，并将此作为没有做计划的理由；另一方面又将计划部门制订的计划束之高阁，并认为计划都是脱离实际的，不可用。另外，组织内部的计划责任制度不健全，各个组织部门不清楚自己的计划任务、责任以及权限，计划考核与评价制度缺乏或者不健全，这些也是计划工作中经常出现的问题。

2. 计划不当

有些公司虽然制订了完整的计划，但是由于不能反映实际情况，因此计划无效或者失败。由于环境的多变性，组织不能确定合适的前提条件，制订的计划与现实情况不符合而导致计划的失败。也有些公司的计划不当，是由于没有具体目标、目标的实现没有时间限制等情况。

3. 计划不能实施

有的计划在编制过程中没有得到基层员工的参与，不能准确了解组织的情况，或者计划实施过程中不能得到所有组织成员的理解，从而导致计划不能有效实施；有的计划很好，但是组织缺乏足够或者合适的资源执行这个计划，从而导致计划不能有效实施；有的计划缺乏良好的控制技术，使得组织在运行过程中逐渐偏离计划的方向，无法实现计划应达到的效果。

## 第二节 目标和目标管理

**导入案例 5-2：“李开复给中国大学生的第三封信”节选**

成功的第三步：针对兴趣，定阶段性目标，一步步迈进。

找到了你的兴趣，下一步该做的就是制定具体的阶段性目标，一步步向自己的理想迈进。

首先，你应客观地评估距离自己的兴趣和理想还差些什么？是需要学习一门课、读一本书、做一个更合群的人、控制自己的脾气还是成为更好的演讲者？15 年后达到的完美的自己和今天的自己会有什么差别？你应尽力弥补这些差距。例如，当我决定我一生的目的是要让我的影响力最大化时，我发现我最欠缺的是演讲和沟通能力。我以前是一个和人交谈都会脸红，上台演讲就会恐惧的学生。我做助教时表现特别差，学生甚至给我取了个“开复剧场”的绰号。因此，为了实现我的理想，我给自己设定了多个提高演讲和沟通技巧的具体目标。

其次，你应确定阶段性的、具体的目标，再充分发挥中国人的传统美德——勤奋、向上和毅力，努力完成目标。例如，我要求自己每个月做两次演讲，而且每次都要我的同学或朋友去旁听，给我反馈意见。我对自己承诺，不排练三次，决不上台演讲。我要求自己每个月去听演讲，并向优秀的演讲者求教。有一个演讲者教了我克服恐惧的几种方法，他说，如果你看着观众的眼睛会紧张，那你可以看观众的头顶，而观众会依然认为你在看他们的脸。此外，手中最好不要拿纸而要握起拳来，那样，颤抖的手就不会引起观众的注意。当我反复练习演讲技巧后，我自己又发现了许多秘诀，比如，不用讲稿，通过讲故事的方式来表达时，我会表现得更好，于是，我仍准备讲稿但只在排练时使用；我发现我回答问题的能力超过了我演讲的能力，于是，我一般要求多留时间回答问题；我发现自己不感兴趣的东西就无法讲好，于是，我就不再答应讲那些我没有兴趣的题目。几年后，我周围的人都夸我演讲得好，甚至有人认为我是个天生的好演说家，其实，我只是实践了中国人勤奋、向上和毅力等传统美德而已。

任何目标都必须是实际的、可衡量的目标，不能只是停留在思想上的口号或空话。制定目标的目的是为了进步，不去衡量你就无法知道自己是否取得了进步。所以，你必须把抽象的、无法实施的、不可衡量的大目标简化成为实际的、可衡量的小目标。举例来说，几年前，我有一个目标是扩大我在公司里的人际关系网，但“多认识人”或“增加影响力”的目标是无法衡量和实施的，我需要找一个实际的、可衡量的目标。于是，我要求自己“每周和一位有影响力的人吃饭，在吃饭的过程中，要这个人再介绍一个有影响力的人给我”。衡量这个目标的标准是“每周与一人一餐、餐后再认识一人”。当然，我不会满足于这些基本的“指标”，扩大人际关系网的目的是使工作更成功，所以，我还会衡量“每周一餐”中得到了多少信息，有多少我的部门雇用的人是在这样的人际网中认识的。一年后，我的确从这些衡量标准中，看到了自己的关系网有了显著的扩大。

制定具体目标时必须了解自己的能力。目标设定过高固然不切实际，但目标也不可定得太低。对目标还要做及时的调整：如果超出自己的期望，可以把期望提高；如果未达到自己的期望，可以把期望调低。达到了一个目标后，可以再制定更有挑战性的目标；失败时要坦然接受，认真总结教训。

最后，再一次提醒同学们，目标都是属于你的，只有你知道自己需要什么。制定最合适的目标，主动提升自己，并在提升过程中客观地衡量进度，这样才能获得成功，才能成为更好的你自己。

如前所述，计划为组织设定目标，并设计实现目标的方法和过程，所以确定目标是计划的首要问题。什么是目标呢？目标就是组织和个人活动所指向的终点或一定时期内所寻求的最终成果。目标为组织成员指明了方向，为管理人员提供了衡量成就、评估绩效的标准，并且它也是调动职工积极性的一种激励因素。因而，目标是一种管理基础，特别是计划工作的基础。

## 一、目标的特性

1. 目标的多元性

企业在经营过程中要涉及各种不同的机构和人员，如政府、消费者、竞争对手、员工、股东、社会公众等，这些机构和人员对企业的经营活动产生影响，同时也受企业经营活动的影响，通常被称为利益相关者。为了满足不同利益相关者的要求，企业仅仅设定利润目标是不够的，企业的目标已经呈现出多元性的特点。一般来说，每个企业都必须考虑到股东利润最大化的要求、满足顾客的需求、保证债权人的债务安全性、与竞争对手进行公平竞争，同时，遵纪守法，促进社会进步，提高社会公众的生活水平。

著名管理学者彼得·德鲁克曾提出，一个成功的企业应该确定 8 个方面的目标：市场地位、创新性、生产率、物质资源和财务资源、利润率、管理者的绩效与发展状况、态度与工作表现、社会责任等。

我国管理学界结合我国社会主义企业根本目的和两个文明建设的基本任务，提出了企业必须确定的 4 个方面的具体目标：社会贡献目标、市场目标、利润目标、自身发展目标等。

2. 目标的层次性

企业除了要考虑不同利益相关者的要求、设计多元化的目标以外，还要针对内部不同层次来设计不同层次的目标，表 5-1 所示为高层与中基层目标的比较。

**表 5-1　高层与中基层目标的比较**

| 高　层 | 中　基　层 |
| --- | --- |
| 战略目标 | 战术目标 |
| 组织整体目标 | 个别功能目标 |
| 长期目标 | 短期目标 |
| 对外目标 | 对内目标 |

上述不同层次之间的目标相互影响、相互制约、有机联系。组织目标的确定通常由最高层开始，然后将高层目标进行分解，形成下一层次的目标；下一层次目标进一步分解，直至确定每个人员的个人目标。为了保证组织目标的实现，首先必须保证其下一层次目标的实现，由此类推，只有下一层次目标的实现，上一层次目标的实现才有可能，因此，下一层次的目标可以称为上一层次目标实现的手段。经过层层分解后，在组织中形成一个不中断的“目标——手段链”，如图 5-3 所示。

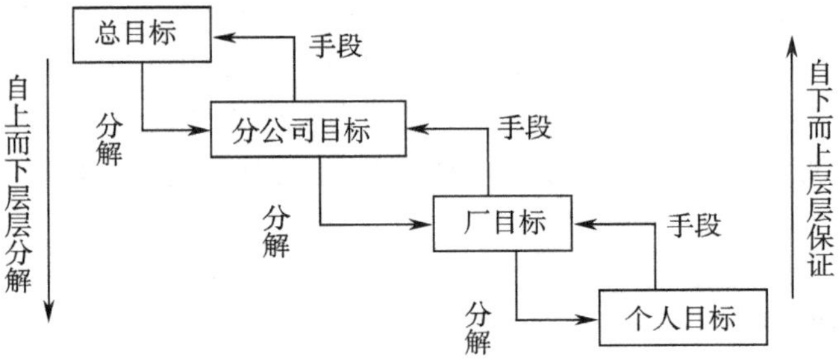


图 5-3　目标——手段链

3. 目标的时间性

从目标的定义可以看出，目标的实现有一定的时间限制，因此，企业在制定目标的过程中还必须考虑到不同时间限制的目标内容。通常，可以根据目标实现所需要的时间将企业目标划分为短期目标、中期目标和长期目标。

4. 目标的差异性

不同类型的组织，由于组织的基本宗旨不同，组织目标也大不相同。同一类型的组织，尽管组织宗旨基本相同，但由于受其所处的具体环境、所拥有的组织资源及价值观念等的制约和影响，即使组织目标指标体系可能相同，其目标的具体数值也常表现出很大的差异性。

## 二、良好目标的特征

管理者可以根据组织的需要来设置目标，但一个好的目标通常具备 5 项基本特征：具体明确、可考核、可实现、结果导向、有时间限制，通常称为 SMART（Specific、Measurable、Attainable、Results oriented、Timetable）目标。

1. 具体明确

含糊不清的目标不仅不利于下级人员执行任务，而且激励作用效果也不好，所以目标应该明确说明，不能含糊其辞。

2. 可考核

只要可能，目标就要可以考核或者可以进行量化，也就是说应该有方法可以度量目标达到的程度。具体例子如表 5-2 所示。

表 5-2　可考核与不可考核目标举例

| 不可考核目标 | 可考核目标 |
| --- | --- |
| 获取合理利润 | 本会计年度终了实现投资收益率 12% |
| 加强信息沟通 | 自 2020 年 7 月 1 日开始发行两页的新闻月刊 |
| 提高生产部门的生产率 | 到 2020 年 12 月 31 日为止，增加产品的产出量 5%，不增加成本，并保持现有的质量水平 |
| 培养更好的管理人员 | 设计并开办一个“管理学基础”班，室内课程 40 小时，在 2020 年 10 月 1 日之前完成，包括不多于 200 个工作小时的管理开发人员配备，并至少有 90% 的管理人员通过考试 |
| 安装一个计算机控制系统 | 在 2020 年 12 月 31 日之前，生产部门安装一个计算机控制系统，要求不多于 500 个工作小时的系统分析，在投入运行的最初 3 个月内，停机时间不超过 10% |

3. 可实现

目标需要具有挑战性，但是，目标也不能让人难以企及。一旦员工通过努力而不能实现组织的目标，那么，员工的积极性会受到挫伤。但是，如果目标太容易达到，员工又感觉不到激励的效果。

4. 结果导向

选择一定数量的目标是重要的，但是这些目标应该是结果导向的，并且它们应该支持组织的愿景。设定目标时应该用“完成、获得、增加”这样的字眼而不是“发展、管理、执行”这样的字眼。

5. 有时间限定

没有时间限定的目标就失去了其存在意义。一般来说，当高层管理者制定战略目标的时间限定为 3 年，那么，各个分公司、各个部门就相应地确定了自己的时间界限，也便于确定具体的行动方案。

## 三、目标管理

根据组织的宗旨与使命确定了组织的总目标之后，如何使之进一步转换成各个部门、

微课：目标管理

各个单位以及各个人的分目标呢？这涉及由谁确定、如何确定等问题。传统的方法是由上级给下级指定目标，并交代如何去做。这种方法虽然也可以使目标层层分解、落实到个人，但由于目标缺乏下属的参与，也会带来许多弊端，如执行者的主动性和积极性不高、目标扭曲等，解决这个问题的一种有效的方法就是目标管理。

### （一）目标管理的含义

目标管理又称成果管理或标的管理，是由美国管理学者彼得·德鲁克在 1954 年倡导的一种管理哲学。它是采用行为科学理论以及人性的参与管理的方法，使各级主管和部属会集协商，制定共同目标，确定彼此的成果责任，并自我控制、自我评核，借以激励组织成员责任心与荣誉感，发挥工作潜能。

目标管理是一个全面的管理系统。它用系统的方法，使许多关键管理活动结合起来，将组织的整体目标转换为组织单位和成员的目标，通过层层落实和采取保证措施高效地实现组织目标。

### （二）目标管理的过程

目标管理的过程如图 5-4 所示。

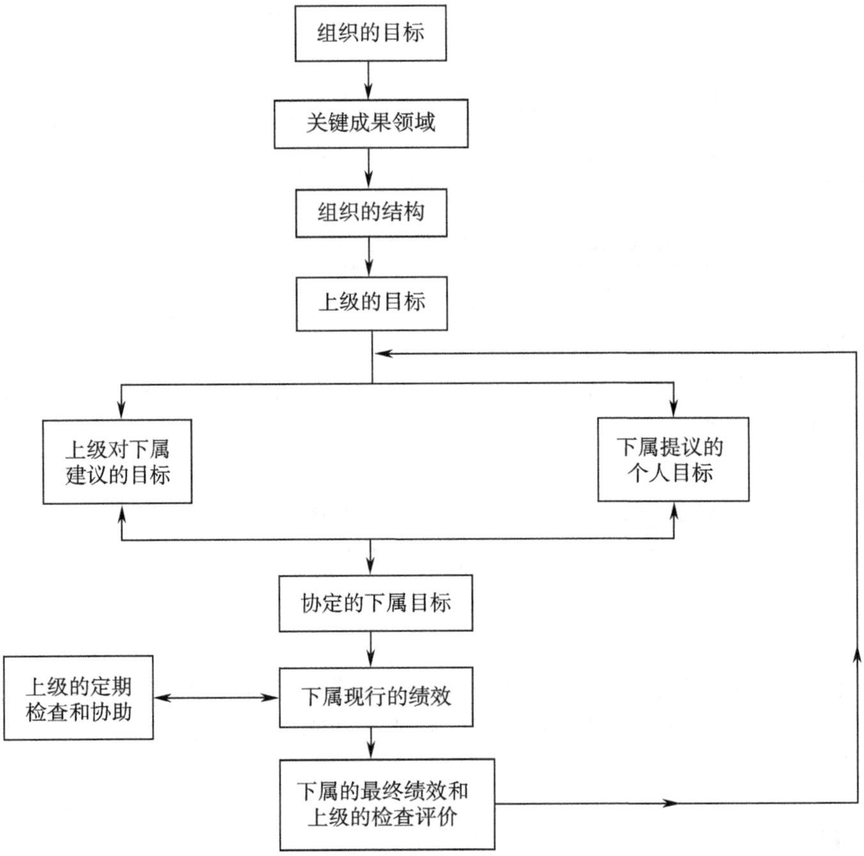


图 5-4　目标管理的过程

目标管理的过程可以分为建立目标体系、目标分解、组织实施、考评和反馈四个步骤。

1. 建立目标体系

目标管理一般开始于组织的高层管理者。高层管理者首先要根据组织的愿景和使命，分析客观环境带来的机会和挑战，正确认识优势和劣势，制定组织的目标和战略。

2. 目标分解

制定总目标后，将总目标层层分解，制定下级的分目标。在分解过程中，上下级进行充分沟通共同商定下属的目标，下属必须根据计划的前提条件以及组织的总目标和上级建议的目标提出自己的目标设想，而不是盲目服从上级的目标。上级管理者要指导下属发展一致性和支持性目标，有最后的审批权。下属的目标确定之后，将对上级的目标产生影响，会促进上级部门调整自己的目标，从而形成目标制定的自上而下和自下而上的循环过程。每个员工和部门的分目标要具体量化，和其他的分目标协调一致，便于考核，具有挑战性，使员工经过努力有实现的可能，从而激发员工不断学习，提高、技能、能力，实现本部门和组织的目标。

3. 组织实施

在目标的实施过程中，强调员工的自我控制。上级管理者要进行定期检查，双方经常沟通、互相协调，下属要主动汇报任务进展，上级要向下级通报进度，帮助下属解决工作中出现的困难，当环境变化影响组织目标实现时，可以通过一定的程序调整原定的目标。

4. 考评和反馈

上层管理者要对各级目标的完成情况进行定期检查，并根据目标进行评价，评价结果应及时反馈。反馈对绩效有积极的影响，它可以使人们了解自己行动方式的效果，知道自己努力的水平是否足够，使人们在取得了原先的目标后进一步提高自己的目标。经过评价和反馈，目标管理进入下一轮循环过程。

**【阅读材料】目标管理过程中的目标——手段系统**

在目标管理中也要建立一个广泛的从最高层到最低层的目标——手段系统，但是这个目标——手段系统有其特殊性。

首先，组织的最高管理层所确定的目标必须被看作是初步的，它规定了企业在一定时期内可能完成和应当完成的任务，它是考虑了企业的长处和短处，根据可以利用的机会，在进行分析和判断的基础上确定的。所以，必须把这些初步的目标看作是暂定的，待下属把整套可考核的目标制订出来以后，还需要对这些目标进行修正。

其次，组织的最高管理层确定有关的总目标、计划前提，并向下传达以后，上级领导就能在下属拟订目标的过程中与下属一起进行工作。上级要会见并询问下属能完成什么样的目标，在什么时间内以及用什么资源来完成这些目标。此时，上级领导的作用是十分重要的。上级所提出的问题应当包括：你能做些什么？我们怎样才能改进你的工作并以此来改进我们的合作？有什么障碍和什么困难使你不能更好地完成工作？我们能做些什么改变？我们怎样帮助你？

再次，除了这些耐心的询问外，上级还要帮助下属拟订出上下衔接的和辅助性的目标，并使这些目标具有操作性、经过努力是有可能达到的。但在最后，上级必须负责地批准下属主管人员所拟订的目标。上级在判断和最后批准下属所拟订目标时的根据是：实现目标是否需要很大的、超水平的努力；是否完全与上级目标相匹配；是否与其他部门主管人员的目标相衔接；是否与部门和公司的长远目标和利益相矛盾等。

最后，还要注意，上下级拟订目标的过程是一个循环往复的过程。上级初步提出在既定时期内所拟订完成的目标和实现目标的方法，下属根据自己对上级目标的理解和在目标确定过程中上级的帮助，也提出自己的目标。在这种上情下达和下情上传的循环往复的过程中，上下级都对自己要做的工作和要追求的行动结果越来越清晰，有利于形成更加合理的目标结构，从而也增加了有关人员实现目标的效率。

### （三）目标管理的局限性

1. 强调短期目标

大部分实行目标管理的组织所确定的目标一般是一年或更短期的，这可能使主管人员盲目追求短期目标，忽视了短期目标和长期目标的关系，让员工产生短视行为，最终将不利于长期目标的实现。例如，销售部门为了实现本期销售额而过多地削减价格或加大应收账款的金额、不愿意与财务部门协调等。因此，在目标管理实施过程中，上级领导应不断地协调各部门的关系，并确认短期目标对长期目标的服务关系。

2. 目标难以确定

根据责、权、利之间的关系，适当的、具有挑战性的目标可以激发员工的工作积极性，但事实是在这个度的把握上，过高的目标会给下属造成过大的压力，有时，这种压力会诱发下属使用不道德的手段去实现目标；过低的目标又会使下属缺乏干劲，因而不能体现目标管理的作用。此外，组织内的许多目标难以定量化、具体化，一些团队工作在技术上不可分解。因此，如何使目标具有可操作性是一项困难的工作。为了制定合理的目标，主管人员需要花大量的时间进行工作分析，避免主观臆断，并不断同下属进行沟通，切实使目标管理不要流于形式。

3. 目标不能适应环境变化

一方面，目标管理思想是强调目标的明确性，而且这种明确性或确定性是制定一项有效计划所应具备的条件，在计划期间一般是不改变的，下属也习惯于接受这种预先确定的、相对静止的目标，然而以一种固定的标准和指标来考核和衡量，必然会束缚员工的手脚，扼杀他们的创造性。另一方面，由于组织环境的可变因素越来越多、变化越来越快，使得组织的内部活动也日益复杂。由于人们对资源利用的有限性，在实际工作中根本无法预测到目标或计划的实施水平，这就使组织活动的不确定性越来越大。此时，如果员工还在为一个过时的目标而奋斗，那无疑是在浪费时间和资源。因此，应设置一种可以随各种外部因素的变化而自行调整的动态目标。

4. 加大管理难度

一方面，由于管理工作是非常复杂的，把所有的工作都放在目标管理上是不可能的。例如，将决策水平和创新能力的提高放入目标管理的范围就很困难。因此，有些工作无法实施目标管理。另一方面，由于下属努力去实现那些可测量的目标，往往会忽视那些无法测量的工作。此外，上下级在商定目标时要进行沟通、统一认识，势必耗费一定的时间。每个单位、个人都关注自身目标的完成，容易滋生本位主义、临时观点和急功近利的倾向，从而增加管理成本。

# 第三节　计划工作的常用工具和方法

计划工作的效率高低和效果的好坏在很大程度上取决于所采用的计划方法。现代的计划方法为制订切实可行的计划提供了手段，具有许多优点。下面主要介绍甘特图法、滚动计划法和网络计划技术法三种现代计划方法。

## 一、甘特图法

甘特图（见图5-5）是在20世纪初由亨利·甘特发明的。它是一种线条图，横轴表示时间，纵轴表示要安排的活动，线条（或矩形框）表示进度。甘特图直观地表明任务计划定在什么时候进行和完成，并可对实际进展与计划要求做对比检查。这种方法虽然简单，但却是一种重要的作业计划与管理工具。它能使管理者很容易搞清一项任务或项目还剩下哪些工作要做，并评估出某项工作是提前了还是拖后了或者在按计划进行着。

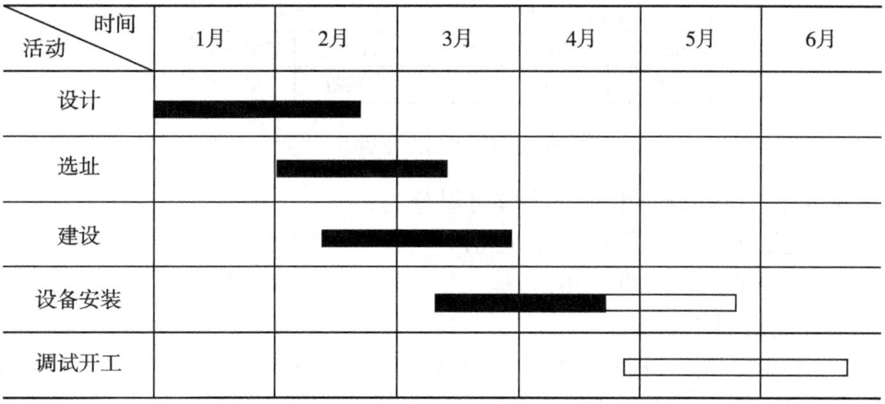


图5-5　甘特图

## 二、滚动计划法

滚动计划法是一种定期修订未来计划的方法。这种方法根据计划的执行情况和环境变化的情况定期修订未来的计划，并逐期向前推进，使短期计划和较长期计划有机地结合起来。

1. *滚动计划法的优点*

（1）滚动计划法能使计划更加切实，它可以克服计划期内的不确定性因素的影响。因为，在计划工作中很难准确地预测将来影响目标实现的各种变化因素，尤其随着计划期的延长，这种不确定性越来越大，如果硬性地按原有的计划实施，可能导致巨大损失。滚动计划法正好解决了计划工作的这一困难。使用这种方法，可以相对地缩短计划期，加大了准确性，能更好地保证计划切合实际。

（2）滚动计划法能使较长期计划和短期计划相互衔接，这就保证了即使由于环境变化了，某些不平衡也能及时进行调节，这种调节使各期计划基本保持一致。

（3）滚动计划法大大增加了计划的弹性，这对环境剧烈变化的时代来说尤为重要，它可以提高组织的应变能力。

2. 滚动计划法的操作步骤

滚动计划法是用“近细远粗”的基本方法制订计划的，具体操作步骤如图 5-6 所示。

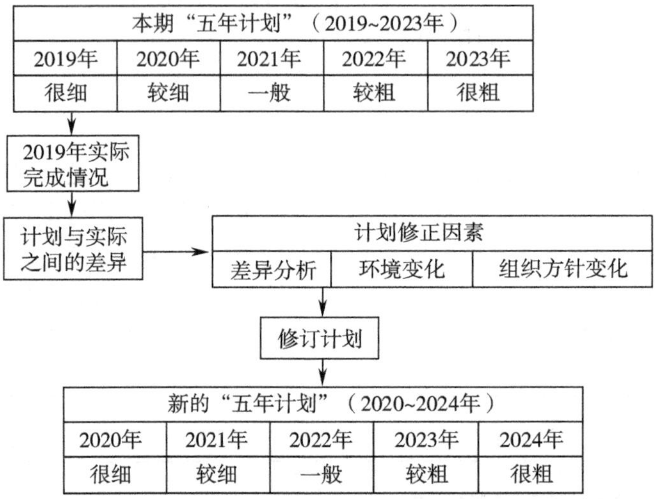


图 5-6 滚动计划方法操作步骤

由图 5-6 可知，滚动计划的操作步骤可以分为：

（1）以“近细远粗”的方法制订（2019～2023 年）“五年计划”。

（2）在计划期的第一阶段（2019 年）结束时，根据其实际完成情况，总结该阶段实际执行情况与计划目标的差异。

（3）对两者差异分析，根据环境变化和组织内部变化因素，对原计划进行修订形成新一轮（2020～2024 年）“五年计划”，仍按“近细远粗”的方法制订。

滚动计划法就是根据上述方法逐期滚动的，每次修订都使整个计划向前滚动一个阶段，以原有的计划为基础又形成一个新的计划，这种方法适用于任何类型的计划。

## 三、网络计划技术法

1. 网络计划技术法的含义

网络计划技术法是 20 世纪 50 年代出现的一种较新的计划方法，它包括各种以网络为基础制订计划的方法，如关键路径法、计划评审技术、组合网络法等。1956 年，美国的一些工程师和数学家组成了一个专家小组首先开始了这方面的研究。1958 年，美国海军武器处采用了计划评审技术，使北极星导弹工程的工期由原计划的 10 年缩短为 8 年。1961 年，美国国防部和国家航空太空总署规定，凡承制军用品必须用计划评审技术制订计划上报。从那时起，网络计划技术就开始被广泛应用。

网络计划技术是把一项工作或项目分成各种作业，然后根据作业顺序进行排列，通过网络的形成对整个工作或项目进行统筹规划和控制，以便用最少的人力、物力和财力资源，用最快的速度完成任务。为此，网络计划技术适用于各种工程项目，无论是设备维修，还是新产品开发、新厂房的建造，甚至航天工程都可以通过网络计划技术来科学地计划，并能够收到良好的效果。

2. 网络计划技术法的优点

（1）制订计划时可以统筹安排，突出重点。通过网络技术能把整个工程的各个项目的时间顺序和相互关系清晰地表明，并指出完成任务的关键环节和路线。这样对整个任务的完成既能全面统筹安排，又能不失重点、抓住关键。

（2）可对工程任务的时间进度和资源利用实施优化。通过网络计划技术区分关键路线和非关键路线，从而挖掘非关键路线的潜力，调动非关键路线上的人力、物力和财力支持关键作业，进行综合平衡，这样既可节省资源又能加快工程进度。

（3）对工程任务的完成便于组织和控制。通过网络计划技术可事先掌握任务实施中的困难点，应准备好应急措施，减少完不成任务的风险。对比较复杂的大项目，也可分成许多支系统分别控制，对每个局部实现了优化，也就保证了整个项目最优。

（4）技术操作简便易懂。网络计划技术并非深奥难学，具有中等文化程度的人就能够掌握。对较复杂的、多节点的工程项目可以利用已有的软件在计算机上优化。

3. 网络计划技术操作的步骤

（1）对工程项目任务进行具体分析，确定完成任务所需要的各项作业，明确各项作业之间的相互关系，估计作业完成的所需时间。例如，表 5-3 为建造住宅的活动分析表。

表 5-3 建造住宅的活动分析表

| 作业代号 | 作业名称 | 紧前作业 | 完成时间 |
|---|---|---|---|
| A | 准备屋顶材料 | — | 12 |
| B | 准备砌墙材料 | — | 5 |
| C | 基础工程 | — | 7 |
| D | 下水道工程 | C | 7 |
| E | 砌墙 | B、C | 10 |
| F | 盖屋顶 | A、E | 4 |
| G | 布电线（Ⅰ） | E | 4 |
| H | 布电线（Ⅱ） | F、G | 2 |
| I | 铺地板 | H、K | 5 |
| J | 室内油漆整理 | I | 6 |
| K | 水暖安装 | D、E | 6 |
| L | 铺路 | D、E | 2 |
| M | 室内粉刷 | H、K | 6 |
| N | 门窗装饰 | M | 2 |
| O | 室外清理布置 | L | 2 |

注：表中的紧前作业是指该项作业开始之前必须完成的相邻作业。完成作业所需的时间可以采用一定的方法进行估算，估算时要同时考虑有关的影响因素，时间的估算既要合理又要可行。

（2）根据表 5-3 中的数据，绘制网络图（见图 5-7）。

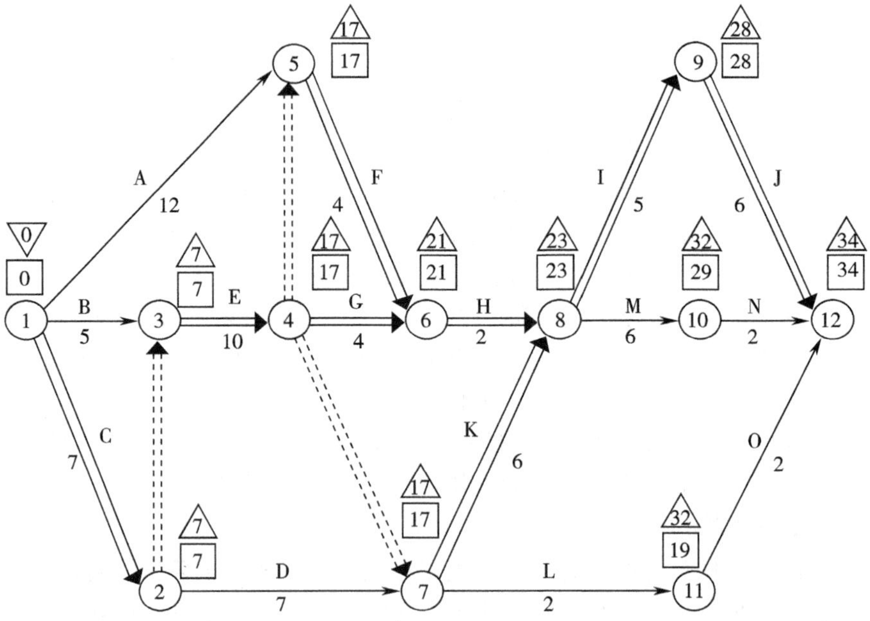


图 5-7　网络图

注：○—— 节点，表示作业的开始点和终结点
→—— 作业，表示各项作业名称和时间
⇢—— 作业之间的联系
⇒—— 关键作业
□—— 该节点紧后作业最早可能开始时间
△—— 该节点紧前作业最迟必须结束时间

（3）根据图 5-7 中确定的关键作业寻找关键路线。关键作业是指必须按时开工和完成的作业，否则将影响整个工期。图 5-7 中所示的关键作业为 C、E、F、G、H、I、J、K，把这些关键作业的有关关系联结起来就可确定关键路线为：① C、E、F、H、I、J，总工期为 34；② C、E、G、H、I、J，总工期为 34；③ G、E、K、I、J，总工期为 34。

（4）优化网络即挖掘非关键路线上的潜力，重新平衡人力、物力，重新确定作业所需要的时间，以非关键作业的潜力支持关键作业，减少关键作业的时间，从而缩短关键路线上的整个工期时间。

# 本章小结

- 计划
  - 计划和计划工作
    - 计划的含义：组织目标的确定及实现目标的方法和过程的设计
    - 计划的作用：确定方向和任务、激励员工、协调生产运作、合理配置资源、提高应变能力、提供控制标准
    - 计划的类型：长期计划、中期计划、短期计划；战略计划、战术计划、作业计划；业务计划、财务计划、营销计划、人力资源计划；单项计划、常规计划
    - 计划工作中容易出现的问题：缺乏系统规划、计划不当、计划不能实施
    - 计划的过程：描述宗旨、评估状况、确定目标、确定前提条件、制定计划方案、评价备选方案、挑选可行方案、制订辅助计划、编制预算
  - 目标和目标管理
    - 目标的特性：多元性、层次性、时间性、差异性
    - 良好目标的特征：具体明确、可考核、可实现、结果导向、有时间限定
    - 目标管理：用系统的方法，使许多关键管理活动结合起来，将组织的整体目标转换为组织单位和成员的目标，通过层层落实和采取保证措施，高效地实现组织目标
  - 计划工作的常用工具和方法
    - 甘特图法：用线条表示工作计划和工作进度的图，它能使管理者事先为计划的各项活动作好进度安排，然后再随着时间的推移，对比计划与实际完成情况，进行监控工作
    - 滚动计划法：是一种定期修订未来计划的方法。这种方法根据计划的执行情况和环境变化的情况定期修订未来的计划，并逐期向前推进，使短期计划和较长期计划有机结合起来
    - 网络计划技术法：是把一项工作或项目分成各种作业，然后根据作业顺序进行排列，通过网络的形成对整个工作或项目进行统筹规划和控制，以便用最少的人力、物力和财力资源，用最快的速度完成任务

# 思考与练习

## 一、复习思考题

1. 什么是计划？你在学习、生活、工作中做过或准备做哪些计划？

2. 为什么说计划是个纲，这里“纲”的含义是什么？

3. 有一幅漫画，漫画中松鼠说：“快到冬天了，我在按计划准备过冬的食物，你怎么不回南方过冬啊？”小鸟说：“我预测今年冬天不会很冷，就懒得飞那么远了。”请做点评。

4. 计划与激励、控制有何关系？

5. 如果你为班级组织一次活动，你如何计划？确定该计划的目标，列出计划的 5W1H。

6. 你有 10 万元自有资金，准备在你所在的城市开一家饭店，你如何制订计划？（请注意做好 SWOT 分析）

7. 组织的计划工作容易出现哪些问题？如何避免？

8. 你为自己做过大学三年（或一年）的计划或职业生涯规划吗？在计划中你为自己设定目标吗？检查这些目标是否良好。

9. 什么是目标管理法？谈谈它的过程和特点。

10. 计划的技术方法有哪些？这些方法如何运用？

## 二、案例分析题

**案例：小阿姨牛肉面馆的创业始末**

2005 年初，上海对外贸易学院大三的三名女生做了一次有意义的创业尝试。这三位女生分别是来自国际贸易专业的洪菲菲、王驰怡和电子商务专业的薛霁雯。虽说她们在松江大学城创办的“小阿姨牛肉面馆”前后历时仅三个月，最终创业之路未能继续走下去，但这次尝试却让三名大学生有了一次难得的创业实践经验。

三位年轻创业者怎么想到要在松江大学城经营一家牛肉面馆的呢？原来，她们三个人私下里是相处得很好的朋友，而且家也都住在上海市普陀区。在她们家附近有一家面馆生意非常火爆，她们都特别喜欢吃那家的牛肉面，放假回家的时候常常光顾。有时，她们甚至想，要是在松江大学城也有一家这样的面馆就好了。一次非常偶然的机会，她们知道了面馆味道鲜美、生意火爆的“秘方”，当时就想：“松江大学城哪里能吃到这么好味道的牛肉面呀，现在却被我们知道了秘方，要是在松江大学园区开一家面馆的话，一定会深受同学们的欢迎，生意一定会非常火爆。”于是，三名大学生就有了自己在松江大学城开一家牛肉面馆的想法。有了这样的想法，她们立刻动手做了起来。她们拿出了自己平时节省下来的钱，每人出资 1.3 万元，注册了“小阿姨牛肉面馆”，并在松江大学城学生生活区租用了店面，雇了两个厨师和两个勤杂工，一家牛肉面馆就这么创办起来了。

牛肉面馆开张的第一个月生意非常火爆，每日是顾客盈门，一天的营业额可以达到 2 000 元左右。为了扩大影响，在开张之前，她们向许多同学分发了宣传单，为即将开张的面馆做足宣传；同时，三位创业者还一起去拍了一张三个人的巨幅合影海报，并将这张海报张贴在店门口，带来了很好的广告效应。开张的第一天，三个人的父母以及亲朋好友都来捧场，送了很多花篮也放了礼炮等，这些都制造了很好的宣传效果；此外，第一天的轰动效应还主要来自同学的支持，那天仅国贸专业以及电子商务专业的学生加起来就超过百人，所以很多人都看到，牛肉面馆开业那一天，门口排了一条很长的队伍，这一现象让许多路过的人都十分好奇，怎么一家新开张的面馆生意这么好，因此第一个月光顾的人很多。

但是，牛肉面馆开到第二个月，生意就没那么好了。一个原因是，主厨的师傅只待了一个月就走了。大师傅一走，后来的厨师手艺差了些，无法完全掌握煮牛肉面的精髓和秘方，所以第二个月，牛肉面的味道就差了很多。另外一个原因是，对于大学城的学生消费者而言，面条的价格偏贵。小阿姨牛肉面馆由于选用的都是品质上乘的牛肉，面汤也是用真正的牛骨头熬出来的，因此 7.3 元一碗的定价，比起大学园区其他的面馆、餐厅而言是贵了很多，因此前来就餐的同学越来越少。

到了第三个月，牛肉面馆的生意更加冷清，加上期末临近，三个创业者还是在校大学生，也都面临期末考试的压力。于是，冷清的生意让大家没有了当初的热情，期末临近又使得她们无心打理业务。最后，三个人感到“回天无力”，于是选择了关门歇业。之后算了算支出和收益，平均每人净亏损 3 000 元。

三位创业者对于自己的此次创业都有一番难忘的心得。洪菲菲认为自己是商科类专业的学生，原本就是学习怎样做生意的，此次“创业实践”让她学到了书本上没有的知识。例如，对于牛肉进货，她学会了如何选择供货商，学会了辨别货品有没有以次充好，还学会了如何处理资金周转不畅等许多实际问题。

王驰怡认为，从这次创业中，自己也得到了一些宝贵的经验与教训。她认为获得的第一个教训是：这个创业决策太冲动了。由于事前没有做好充分的市场调查研究及进行合理的市场定位，从有开店的想法到面馆的实际开张只花了一个星期的时间。因此，对很多问题尚未考虑清楚，仅凭一腔热情就匆匆开业了。之后，三个人发现松江大学城内的餐饮业大多数都是亏本的。因为学生放假，这里的店铺全年只能做到 9 个月的生意，而且由于双休日的原因，上海本地的大学生基本上都会回家过周末，因此双休日的生意非常清淡。所以，虽然看上去房租是 6 000 元一个月，但是按全年分摊下来却超过了 8 000 元。第二个教训是，对大学生的消费能力没有准确的定位。这样的牛肉面馆在上海市区或许会非常成功，因为在市区吃一碗面十几块钱很正常，可是在松江大学城的学生心目中，一碗面条只能卖 3～4 元。小阿姨牛肉面用了上等的原料，味道很好，但是成本也很高，加上牛肉面馆雇用了几个人，这些都增加了成本，导致面条的价格也居高不下。

当然，虽然此次创业活动最后没有取得成功，但是创业实践毕竟还是教会了三位创业者很多从书本上学不到的知识，因此，至少算得上是一次为期三个月的创业实习吧。

**问题：**

1. 请运用 SWOT 分析方法对三位大学生的创业活动进行分析。
2. 小阿姨牛肉面馆的创业活动为什么会失败？对你有何启示？

3. 创业计划应如何制订？创业计划对创业活动可以起到怎样的作用？

## 三、管理技能训练

大学生模拟公司系列实训——模拟公司创业计划书的拟写每个小组为自己的模拟公司制作一份创业计划书。

要求：

1. 按照创业计划书的基本格式拟写。
2. 内容不限，既要有创意，又必须具有现实可行性。
3. 要求交计划书 Word 电子稿。
4. 制作 PPT 进行路演。

## 四、管理游戏——头脑风暴法

1. 实施安排

（1）课上时间：20～30 分钟。

（2）组成三个或四个小组，指定一位发言人在老师提问时向全班报告自己所在小组的发现与结论。运用头脑风暴法确定将开办饭店的类型。

（3）运用头脑风暴法，培养学生的创新能力。

2. 实施形式与要求

（1）小组集体花 5～10 分钟时间来形成你们最可能成功的饭店类型。每位小组成员都要尽可能地富有创新性和创造力，对任何提议都不能加以批评。

（2）指定一位小组成员把所提出的各种方案写下来。

（3）再用 10～15 分钟时间讨论各个方案的优点与不足。作为集体，确定一个使所有成员意见一致的最可能成功的方案。

（4）在做出你们的决策后，对头脑风暴法的优点与不足进行讨论，确定是否有产生阻碍的现象。

3. 分析思路与重点

你和你的同学试图决定在购物中心开设一家饭店。困扰你们的问题是，这个城市已经有了很多饭店，这些饭店能够提供各种价位、各种种类的餐饮服务。你们拥有开设任何一种类型饭店的足够资源，你们所面对的问题是决定开设什么样的饭店是最成功的。

## 五、管理技能自我测试

### 目标管理能力自我评估

经营管理不是机械劳动。确立正确方向、分清主与次，是经营管理者应该具备的最基本技能。这不仅关系到资源的分配、人员的配备，更直接影响着未来效益。如果没有明确的目标，洒再多的汗水也是白辛苦。你制订的工作计划是否清晰、具体、明确？

请回答“是”或“不”。

1. 你的计划中包含各项效益指标吗？（　）
2. 所有的指标是否都围绕着一个大方向？（　）
3. 完成任务的期限明确吗？（　）
4. 各项任务是否具体、明确、有衡量尺度？（　）
5. 你是否只规定时间和内容，不限定方法，不解释原因？（　）
6. 该计划是否与下属工作范围内的主要职责相吻合？（　）
7. 该计划是否虽要求严格但却未超出能力范围？（　）
8. 该计划是否与现有及将有的人力、物力、财力资源相符？（　）
9. 该计划是否符合公司政策与习惯做法？（　）
10. 一旦该计划获得实施，投入的时间与资源是否能获得补偿？（　）
11. 如果实施该计划需要与其他部门或公司合作，双方的责任与义务是否明确？（　）
12. 你的各位下属对自己的任务有清楚认识吗？（　）
13. 你与部下是否对该计划一致赞同？（　）
14. 你的部下有该计划副本吗？（　）
15. 你与部下定下检查工作进展的日期吗？（　）

**【结论检测】**

回答“是”得 5 分，回答“否”不得分。

65～75 分

你领导下的员工永远不会因工作目标不明确而迷惘。如果你的领导艺术与你制订工作计划的技艺同样精湛，那么你领导的机构必定一流，你的部下们一定朝气蓬勃，奋发向上。

40～60 分

你虽然能够制订较明确的工作目标，但在方式方法上仍有欠缺。例如，你没有让下属充分参与制订计划，他们在执行的时候不一定完全心甘情愿。

15～35 分

你并非高明的经营管理者，因此给部下带来混乱，使他们搞不清楚自己的任务到底有哪些。请对照测试题反省自己的不足之处。

10 分或以下

你的部下仿佛整日在迷雾中行船，不知将驶向何方。你能担任目前的职务确实走运，但好运气能维持多久？

# 模块三　组织工作

☞ 第六章　组织

# 第六章 组　　织

## 知识目标

- 明晰组织的含义及类型，掌握组织设计的基本程序和内容
- 了解人员配备与组织力量的整合，理解团队组织

## 能力目标

- 能进行部门划分，能够建立合理的组织结构
- 能够开展人员配备与协调职权关系，具备群体管理与团队建设的初步能力

## 素养目标

- 培养爱国、敬业、诚信、友善等社会主义核心价值观
- 培养开展团队协作、发挥团队优势的素养

每项管理活动都存在于一个组织范围内，并且都需要运用组织这一基本职能。因此，组织设计和运转机制是否科学直接关系到组织未来的生存状况和竞争能力。要使组织高效率地运转、实现组织与环境的动态平衡，必须科学、合理地构建组织，并且要随着时间和环境的变化，充分地利用现代科技手段，适时地进行变革。

## 第一节　组 织 概 述

**导入案例 6-1：石墨和钻石**

在自然科学领域，石墨与钻石都是由碳原子构成的，构成要素一样，但两者的力量和价值简直无法相提并论。钻石为什么会比石墨坚硬？钻石为什么比石墨值钱？造成它们之间差异的根本原因就是原子间晶体结构的差异：石墨的碳原子之间是“层状结构”，而钻石的碳原子之间是独特的“金刚石结构”。

在工程技术领域，性能同等优良的机器零件，由于组装的经验和水平不同，装出来的机器在性能上可能相差很大。

在军队，一队士兵，数量上没有变化，仅仅由于组织和列阵的不同，在战斗力上就会表现出质的差异。

社会化生产中的组织也是这样，由于管理系统内部分工协作的不同，所建立起来的组织可能发挥很不一样的效能。如果一个组织内部结构不合理、指挥失灵、人浮于事、内耗丛生，势必难以保证组织使命目标的完成。组织结构之于企业，如同人的骨架之于身体，是企业生存发展必不可少的重要条件。为了给企业建立一个合理、健全的组织结构，管理者就必须有效地开展组织工作。

### 一、组织的含义

从管理学的角度分析，组织有两种含义：一方面，组织是作为组织工作对象的“组织”，如政府行政机关、工厂企业、公司财团、学校、医院、宗教党派、学术行业等组织，它代表某一实体本身。另一方面，组织是作为组织工作或组织职能的“组织”，它是指管理者所开展的组织行为、组织活动过程。具体来讲，组织是指为了有效实现共同目标，合理地进行组织结构设计与职务设计并配备人员，确定各自的职责与职权以及组织内部成员之间的相互关系的过程。从本质上说，组织是为了达到组织目的而将所需要的人和物等资源建立起合理的结合关系，是为了保证信息传递和成员间的沟通协调而开展的管理活动。

### 二、组织的特征

人们为了一个共同的目标而一起工作，彼此间形成了一定的正式关系，这样一群人所构成的实体就是组织。一个实体之所以被称为组织，它必须具备三个基本特征：①组织起源于共同的目标，即组织都具有明确的目的；②每一个组织都是由一定的人群组成；③所谓组织都派生出相应的系统性的结构，用以控制和规范组织内成员的行为。例如，制定规则，建立规章制度，编写职责与职权，向组织内的成员说明应该做什么、由谁来做，相互之间如何协调等。

## 第二节 组织结构设计

**导入案例 6-2：公司的问题**

凯迪公司是上海市的一家中型企业，主营业务是为企业用户设计和制作商品目录手册。公司在浦东开发区和市区内各设有一个业务中心，这里简称之 A 中心、B 中心。

A 中心内设有采购部和目录部。采购部的职责是接受用户的订单，并选择和定购制作商品目录所需要的材料；目录部则负责设计用户定制的商品目录。凯迪公司要求每个采购员都独立开展工作，而目录部的设计人员则必须服从采购员提出的要求。

凯迪公司的总部和 B 业务中心都设在市区。B 中心的职责是专门负责商品目录的制作。刘利是凯迪公司负责业务经营的主管，他经常听到设计人员抱怨自己受到的约束过大，从而无法实现艺术上的创新与完美。最近，刘利在听取有关人员的建议后，根据公司业务发展的需要，决定在 B 中心成立一个市场部，专门负责分析市场需求和挖掘市场潜力，并向采购员提出建议。市场部成立后不久，刘利听到了各种不同意见。例如，采购员和设计员强烈反映说，公司成立市场部不但多余，而且干涉了他们的工作。对此，市场部人员则认为，采购员和设计员太过墨守成规、缺乏远见。刘利作为公司的业务经营主管，虽然做了大量的说服工作并先后调换了有关人员，但效果仍不理想。他很纳闷：公司的问题究竟出在什么地方？

这则短短的案例生动地描述了凯迪公司组织结构设计和运作中存在的问题。市场研究、产品推销、产品设计、材料采购，这些部门之间的工作配合在凯迪公司中已明显地出现了问题。组织运转不顺利，原因在哪里？是设立市场部的决策错了，还是采购员和设计员之间的私怨需要解决？抑或是各职能部门之间的沟通没有建立起有效的渠道？凯迪公司有没有必要单独成立一个负责市场研究的机构？如有必要，应该怎么设置？如果没必要，是否应该由什么人员或部门来承担起这方面的责任？对凯迪公司中的各个业务经营部门，应该如何界定其职责权限？凯迪公司实质上是职能型结构还是地区事业部结构？这些问题的答案与管理的组织职能密切相关。

## 一、组织设计的程序

1. 明确组织目标

组织目标是一切组织活动的依据，组织设计要考虑如何更有效地实现组织目标。

2. 确定业务内容

根据组织的目标，确定为实现组织目标所必须进行的业务管理工作，并按其性质适当分类。如企业的研究与开发、产品设计与制造、市场开拓、顾客服务等。明确各类活动的范围和大概工作量，并进行业务流程的设计。

3. 层次化与部门化

根据组织规模、技术特点、业务工作量的大小，确定需要设计的单位和部门，并把性质相同或相近的管理业务工作分归适当的部门和单位负责，形成层次化、部门化的结构。

4. 配备职务人员

根据各单位和部门所分管的业务工作和对人员素质的要求，挑选和配备称职的人员及其行政负责人，并明确其职务和职称。

5. 规定职责权限

根据组织目标的要求，明确规定各单位和部门及其负责人对管理业务应负的责任以及评价工作业绩的标准。同时，也要根据业务工作的实际需要，授予各单位和部门及其负责人相应的权力。

6. 联成一体

明确规定各单位、各部门之间的相互关系以及它们之间的信息沟通和相互协调方面的原则和方法，把各个组织实体上下左右连接起来，形成一个能够协调运作、有效地实现组织目标的管理组织系统。

## 二、组织设计的基本问题

组织设计的程序指出了组织设计的几个基本问题和工作内容：明确目标、工作划分与职务设计、确定管理幅度与层次、部门划分、人员配备、职权划分，下面分别加以说明（人员配备在第四节)。

### (一)工作划分与职务设计

实现计划拟定的目标是组织的总任务，这个总任务是组织中任何孤立的个人都无法完成的。因此，作为管理者必须把这个总任务划分成许多具体的工作任务，使组织内的每个成员承担一部分。这样，经过组织成员的共同努力，最终完成总任务。把完成组织目标的总任务划分成若干个各不相同又相互联系的具体任务的过程，就是工作划分。

职务设计是在工作划分的基础上，设计和确定组织内从事具体管理和作业活动所需的职务类别和数量，分析担任每个职务的人员应负的责任、应具备的素质要求。职务设计的结果体现为“职务说明书”(见表 6-1)，它具体说明该岗位的工作目的、工作内容与特征、技能要求、岗位权力、责任、与其他工作岗位的关系以及工作环境。职务设计与分析是组织设计的基础工作。

**表 6-1　职务说明书样本**

职务：发货员

部门：货品收发部门

地点：仓库 C 大楼

职务概况：听从仓库经理指挥，根据销售部门传递来的发货委托单据，将货品发往客户。和其他发货员、打包工一起，徒手或靠电动设备从货架搬卸货品，打包装箱，以备卡车、火车、空运或邮递。正确填写和递送相应的单据报表，保存有关记录文件。

教育程度：高中毕业

工作经历：可有可无

岗位责任：

1. 花 70%的工作时间干以下工作：

(1) 从货架上搬卸货品，打包装箱；

(2) 根据运输单位在货运单上标明的要求，磅秤纸箱并贴上标签；

(3) 协助送货人装车。

2. 花 15%的工作时间做以下工作：

(1) 填写有关运货的各种表格(如装箱单、发货单、提货单等)；

(2) 凭借键控穿孔机或理货单，保存发货记录；

(3) 打印五花八门的表格和标签；

(4) 把有关文件整理归档。

3. 剩余的时间做以下工作：

(1) 开公司的卡车送货去邮局，偶尔也经营当地的直接投递；

(2) 协助别人盘点存货；

(3) 为其他发货员或收货员核查货品；

(4) 保持工作场所清洁，一切井井有条。

管理状态：听从仓库经理指挥，除非遇到特殊问题，要求独立工作。

工作关系：与打包工、仓库保管员等密切配合，共同工作；装车时与卡车司机联系，有时也和销售部门的人接触。

工作设备：操纵提货升降机、电动运输带、打包机、计算机终端及打字机。

工作环境：干净、明亮、有保暖设备；行走自如，攀登安全，提货方便；开门发货时，要自己动手启门。

### （二）管理幅度与管理层次

1. 管理幅度与管理层次的关系

组织的最高管理者受到时间和精力的限制，必然需要将一定数量的管理工作责任分给其他人承担，其直接结果就是减少了他必须直接从事的业务工作量，但同时也增加了他所直接指挥的下属、增加了他协调他人之间关系的工作量。因此，任何主管能够直接有效地指挥和监督的下属数量总是有限的。这个有限的直接领导的下属数量就被称为管理幅度。

同样，管理工作与责任的委派也出现在最高管理者的各个下属的工作领域，并依此类推下去，直至一个主管能直接安排和协调组织成员的具体业务活动。由此，形成了组织中从最高主管到具体工作人员之间的不同管理层次。

管理层次受到组织规模和管理幅度的影响，它与组织规模成正比：组织规模越大，包括的成员越多，则层次越多；在组织规模已定的条件下，它与管理幅度成反比：主管直接控制的下属越多，管理层次越少，相反，管理幅度减少，则管理层次增加。

管理层次与管理幅度的反比关系决定了两种基本的管理组织结构形态：扁平型结构和高长型结构。

扁平型组织结构是指在一定的组织规模下主管人员的管理幅度较大、组织的管理层次较少的一种组织结构形态。这种形态的优点是由于管理的层次少，信息的沟通和传递速度比较快，因而信息的失真度也比较低。同时，上级主管对下属不会控制得过多过死，这有利于发挥下属人员的积极性和创造性。其缺点是：过大的管理幅度增加了主管对下属的监督和协调控制难度。高长型组织结构是管理幅度较小而管理层次较多的高、尖型的金字塔形态。高长型结构的优点是：由于管理的层次比较多，管理幅度比较少，每一管理层次上的主管都能对下属进行及时的指导和控制；另外，层次之间的关系也比较紧密，这有利于工作任务的衔接。其缺点是：过多的管理层次往往会影响信息的传递速度，因而信息的失真度可能会比较大，这又会增加高层主管与基层之间的沟通和协调成本，增加管理工作的复杂性。

2. 管理幅度的影响因素

任何组织在进行结构设计时都必须考虑这样的问题，即每个主管人员直接指挥与监督的下属人数以多少为宜。一般来说，即使在同样获得成功的组织中，每位主管直接管辖的下属数量也不一定相同。有效管理幅度的大小受到管理者本身的素质及被管理者的工作内容、能力、工作环境与工作条件等诸多因素的影响，每个组织及组织中的每个管理者都必须根据自身的情况来确定适当的管理幅度，在此基础上再确定组织相应设置的管理层次数。

有效管理幅度设计应考虑以下诸多因素的影响。

（1）工作能力。主管人员的综合能力、理解能力、表达能力强，则可以迅速地把握问题的关键，对下属的请示提出恰当的指导建议，并使下属明确地理解，从而可以缩短与每一位下属接触所占用的时间。同样，如果下属人员具备符合要求的能力，受到良好的、系统的培训，则可以在很多问题上根据自己的、符合组织要求的主见去解决，从而可以减少向上级领导请示、占用上级领导时间的频率。这样，管理的幅度就可以适当宽些。

（2）工作内容和性质。①主管所处的管理层次。主管人员的工作主要在于决策和用人，但处在管理系统中的不同层次，决策与用人的比重各不相同。决策的工作量越大，主管用于指导和协调下属的时间就越少，而越接近组织的高层，主管人员的决策职能越重要，所以其管理幅度要较中层和基层管理者小。②下属工作的相似性。同一主管领导下的下属人员，如果所从事工作的内容和性质相近，则对每人工作的指导和建议也就大体相同。在这种情况下，主管人员就可指挥和监督更多的下属人员。③计划的完善程度。如果下属单纯地执行计划，且计划本身制订得详尽周到，下属对计划的目的和要求明确，那么，主管对下属指导所需的时间就不多；相反，如果下属不仅要执行计划，而且要将计划进一步分解，或计划本身不完善，那么，对下属指导、解释的工作量就会相应增加，从而减小有效管理幅度。④非管理性事务的多少。主管人员作为组织不同层次的代表，往往需要花费相当多的时间去从事一些非管理性事务。处理这些事务所需的时间越多，则用于指挥和领导下属的时间就相应越少，此时管理幅度就越不可能扩大。

（3）工作条件。①助手的配备情况。如果有关下属工作中遇到的所有问题，都不分轻重缓急需要主管亲自去处理，那么，主管人员所能直接领导的下属数量就会受到一定限制。如果主管配备必要的助手，由助手去和下属进行一般的联络，并直接处理一些明显的次要问题，这样就大大减少了主管的工作量，增加了有效的管理幅度。②信息手段的配备情况。掌握信息是进行管理的前提，利用先进的信息技术去收集、处理和传输信息，一方面可帮助主管人员更及时、全面地了解下属的工作情况，从而提出针对性的忠告和建议；另一方面下属人员也可以更多地了解到与自己工作有关的情况，从而更好地自主处理分内的事务。这显然有利于扩大主管人员的管理幅度。③工作地点的接近性。同一主管领导的下属，如果工作岗位在地理上的分布较为分散，那么，下属与主管以及下属与下属之间的沟通就相对比较困难，从而该主管所能领导的直属部下数量就要减少。

（4）工作环境。组织面临的环境是否稳定，在很大程度上会影响组织活动内容和政策的调整频率与幅度。环境变化越快，变化程度越大，组织中遇到的新问题就越多，下属向上级的请示就越有必要、越经常；而此时上级能用于指导下属工作的时间和精力就越少，因为他必须花更多的时间去关注环境的变化、考虑应变的措施。因此，环境越不稳定，各层次主管人员的管理幅度就会越小。

**【阅读材料】扁平化——公司组织变革的趋势**

美国 GE 前总裁杰克·韦尔奇经常这样生动地形容：“当你穿着 6 件毛衣出门的时候，你还能感觉得到气温吗?官僚体制就是我们那 6 件毛衣!”杰克·韦尔奇从担任总裁开始，就着手大刀阔斧地改造 GE 的组织结构，迅速地砍掉大量的中间管理层，并裁减管理层职位，甚至连副总也难以在这场“扁平化的风暴”里幸免于难，最终 GE 从原来的 9 个管理层变成了今天 3～4 个的管理层……GE 的确就是一个扁平化改造的典范。

在国内也不乏成功实现扁平化变革的例子：

上海宝钢集团公司从 1988 年就开始实行“主辅分离、减员分流”；1998 年，宝钢又率先在冶金行业实行了和上钢梅山的联合重组，并实现了“老企业扭亏脱困、宝钢不断提高”的目标。现在，宝钢又对管理体制存在的弊端进行了改革和创新，实行一体化运作、扁平化管理，进行了业务流程再造。实践证明，宝钢的做法已取得初步成效。

广东科龙电器股份有限公司从 2003 年 8 月初开始了历时半个多月的营销组织架构调整。这次调整以原来 6 个大片区为基础把全国划分成 16 个小片区，每个片区下辖 2～3 个。每个片区设部长全面负责包括空调、冰箱、小家电在内的所有产品的销售。片区部长享有对该区域市场销售及与之相关的传播的决策权，同时，片区部长的收入也必须与业绩相挂钩。每个省级分公司下设空调产品经理、冰箱产品经理、小家电经理，各分公司产品经理更侧重于执行。这次调整打破了原来按照产品线来组建销售体系的做法，而代之以搭建营销平台，配合以产品销售的思路，集中体现了组织机构扁平化、精细化，管理过程中的权利分配集中化、资源投向合理化的思想。

网络经济是一种直接经济，原来因迂回而存在的企业组织中的管理中间层也将随之消亡，"金字塔"将要塌下来。企业决策者将从高高的塔尖走下来，直接面对被管理者，直接面对工人，直接面对员工，进行直接管理。于是高高的"金字塔"变平了，成为一个"扁平盒子"。

### （三）部门划分

部门划分一般是依据工作职能、提供的产品或服务、顾客要求、地区分布或者生产流程等进行的。具体采用的划分方式应以有利于组织目标的实现为原则。下面主要介绍按照职能、产品、区域等进行划分的部门化方式。

1. 职能部门化

职能部门化是根据业务活动的相似性来设立管理部门的，如这些活动的业务性质是否相近，从事活动所需的业务技能是否相同，这些活动的进行对同一目标的实现是否具有紧密相关的作用。基本的职能部门化组织结构图如图 6-1 所示。

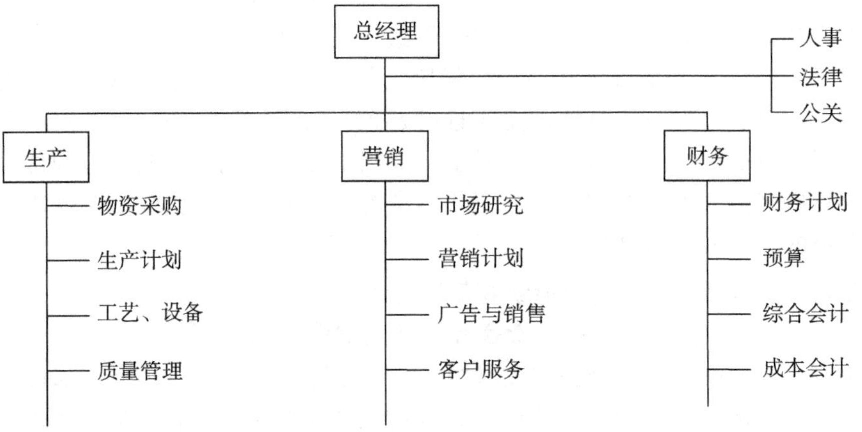


图 6-1　职能部门化组织结构图

职能部门化的优点体现为以下方面：

（1）职能部门化符合专业化分工的原则，可以使各部门的管理人员或专心致志地研究产品的开发和制造，或积极努力地探索和开发市场，或分析和评价资金的流动。各部门只负责一种类型的业务活动，因此有利于专业资源的共享，有利于工作人员的培训、相互交流，从而有利于技术水平的提高。

（2）部门管理人员只需熟悉相对狭窄的技术技能，降低管理难度。

（3）由于各部门在最高主管的领导下从事相互依存的整体活动的一部分，因此有利于维护最高行政指挥的权威，有利于维护组织的统一性。

但是，当组织规模扩大后，职能部门化又会带来不利影响。具体如下：

（1）职能部门繁多，决策缓慢，官僚主义严重，对环境变化的适应性差。

（2）由于活动和业务的性质不同，各职能部门可能只注重依据自己的准则和利益来行动，因此可能使本来相互依存的部门之间的活动不协调，影响组织整体目标的实现。

（3）由于各部门的负责人长期只从事某种专门业务的管理，缺乏总体的眼光，因此不利于高级管理人才的培养。

职能部门化是一种传统、普遍的组织形式，而且作为一种组织划分，常常存在于各种类型的组织结构形式之中，如职能制、直线职能制、事业部制、矩阵制等。

2. *产品部门化*

在企业发展初期，业务单纯、规模较小时，往往采用按职能设立部门的形式。但是，随着企业的成长和品种多样化，把制造工艺不同和用户特点不同的产品集中在同一生产部门或销售部门管理，会给部门主管带来日益增多的困难。因此，如果主要产品的数量足够大、不同产品的用户或潜在用户足够多，那么组织的最高管理层除了保留财务、人事、采购等必要的职能外，就应该考虑根据不同产品设立管理部门、划分管理单位，把同一产品的生产或销售工作集中在相同的部门组织进行。典型的产品部门化组织结构图如图 6-2 所示。

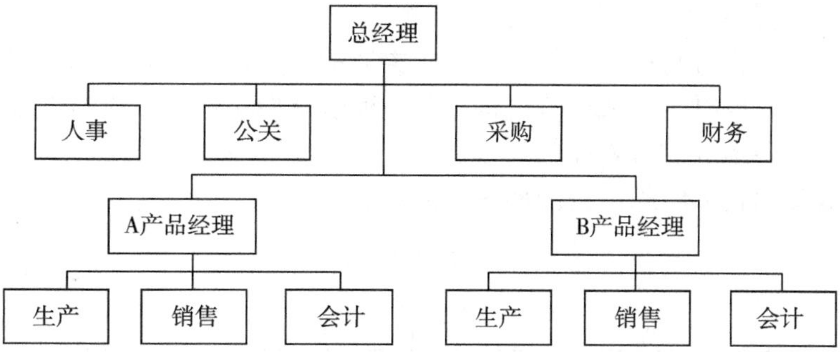


图 6-2 产品部门化组织结构图

产品部门化具有以下优势：

（1）产品部门化能使企业将多元化经营和专业化经营结合起来。整个企业向社会提供多种产品，而每一个部门只专门生产一种产品。因此，产品部门化既可使企业因多元化经营而减少市场风险，又可使企业的各部门因专业化经营而提高生产效率、降低劳动成本。

（2）产品部门化有利于企业及时调整生产方向。按产品设立管理部门要比职能部门化更易区分和摊派各种产品的收益与成本，从而更易考察和比较不同产品对企业的贡献。因此，产品部门化有利于企业及时限制、淘汰或扩大某种产品的生产，使整个企业的产品结构更加合理。

（3）产品部门化有利于促进企业的内部竞争。由于各类产品对企业的贡献容易辨认，经营管理绩效易于评估，因而，产品部门化可以促进不同的产品部门努力改善本单位工作，相互竞争。

（4）产品部门化有利于高层管理人才的培养。每个部门的经理都需独当一面，完成同一产品制造的各种职能活动，这类似于对一个完整企业的管理，为经理人才提供了成长锻炼的空间。

产品部门化的缺点有：

（1）部门管理人员只注意本产品类的眼前发展，忽视其长远的技术发展，也对组织整体的发展欠关心。

（2）每个部门都有自己的财务、营销、采购、研发等专业人员，造成资源浪费、管理成本上升。

产品部门化适用于多元化经营的大型企业。

3. 区域部门化

按区域划分部门是将一个特定地区的经营活动集中在一起，委托给区域的管理者去完成。对于一个空间分布很广的企业来说，总部的管理人员很难及时了解各地区的具体情况而进行正确的指挥，这是产生区域部门化的一个基本原因。

区域部门化具有如下优点：

（1）地区事业部门管理人员更了解当地的具体情况，对本地区环境变化的反应更迅速。

（2）高层管理人员将权力下放，使自己可以集中精力研究公司总体战略。

（3）分权给各地区管理者，可以调动其参与决策的积极性，有利于改善地区内各种活动的协调。

（4）区域部门化有利于培养高级管理人才。

按地区划分部门也有与按产品划分部门相类似的缺点。这样划分部门需要很多具有全面管理能力的人员，同时会造成一些机构重复，使管理费用增加，权力下放过多也不利于总部高层管理者对各地区的有效控制与协调。

典型的区域部门化的组织结构图如图 6-3 所示。

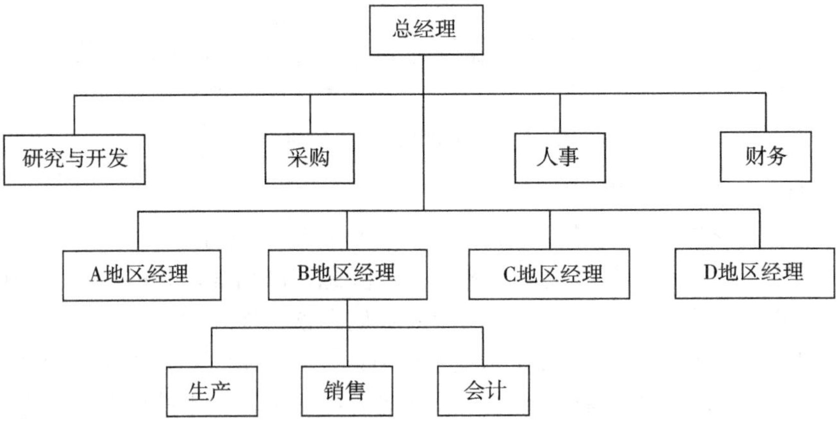


图 6-3　区域部门化的组织结构图

4. 综合标准与矩阵组织

其实，任何组织都不可能根据单一的标准来设计管理组织，而必须同时利用两种或两种以上的部门化方式。在职能部门化的情况下，各职能部门内部可能按地区或产品来组织各个小组（分部门）的业务工作；在利用产品或区域标准的情况下，不仅公司总部保留了必要的人事、财务、采购等职能部门，而且相对独立的地区或产品部门也设立了一些必要的职能机构。矩阵组织就是综合利用各种标准的一个范例。

### （四）集权与分权

1. 组织中的职权及其分布

分权与集权是用来描述组织中的职权分布状况的一对概念。这里所谓的“职权”，是指组织设计中给某一管理职位所赋予的做出决策、发布命令和希望命令得到执行的权力。职权与组织内的一定职位相关，而与占据这个职位的人无关，所以它通常被称为制度权力或法定权力。

职权在整个组织中的分布可以是集中化的，也可以是分散化的。职权的分散化即“分权”，是指决策权在很大程度上分散到处于较低管理层次职位上的一种组织状态或组织过程。职权的集中化即“集权”，是指决策权在很大程度上向处于较高管理层次的职位集中的一种组织状态和组织过程。

2. 影响集权与分权程度的主要因素

确定一个组织中职权集中或分散的合理程度，需要考虑以下几方面的因素：

（1）经营环境条件和业务活动性质。如果组织所面临的经营环境具有较高的不确定性，处于经常变动之中，组织在业务活动过程中必须保持较高的灵活性和创新性，这种情况就要求实行较大程度的分权。反之，面临稳定的环境和按常规活动的组织，则可以实行一定程度的集权。

（2）组织的规模和空间分布广度。组织规模较小时，实行集权化管理可以使组织的运行取得高效率。但随着组织规模的扩大，其经营领域范围甚至地理区域分布可能相应扩大，这就要求组织向分权化的方向转变。

（3）决策的重要性和管理者的素质。一般而言，涉及较高的费用支出和影响面较大的决策，宜实行集权，重要程度较低的决策可实行较大的分权。如果组织中管理人员素质普遍较高，则具备比较好的基础实行分权。

（4）对方针政策一致性的要求。鉴于集权有利于确保组织方针政策的一致性，所以在面临重大危机和挑战时，组织往往会采取集权的方法。

（5）组织的历史和领导者个性的影响。如果组织是在自身较小规模的基础上逐步发展起来的，并且发展过程中无其他组织的加入，那么集权倾向可能更加明显。如果领导者个性较为自信和独裁，则往往喜欢其所辖部门按自己的意志来运行，使组织出现集权的状态。

3. 过分集权的弊端

一个组织，当它的规模还比较小的时候，高度集权可能是必要的，而且可以充分显示出其优越性。但随着组织规模的发展，如果将许多决策权过度地集中在较高的管理层次，则可能表现出种种弊端。

（1）降低决策的质量。大规模组织的主管远离基层，基层出现的问题经过层层请示汇报后再做决策，则不仅影响决策的正确性，而且影响决策的及时性。高层主管了解的信息可能是在传递过程中被扭曲的信息，而根据被扭曲的信息制定的决策是很难保证其质量的。即使制定的决策正确，但由于信息多环节的传递需要耽误一定的时间，从而可能导致决策迟缓，等到正确的方案制定出来时，问题可能已经对组织造成了很大危害，或者形势已经发生了变化，问题的性质已经转换，需要新的解决方法。

（2）降低组织的适应能力。作为社会细胞的组织，其整体和各个部分与社会环境有着多方联系。随着组织的发展，这种联系变得更加频繁、更加复杂。与组织有联系的外界环境是在不断发展和变化的，处在动态环境中的组织必须根据环境中各种因素的变化不断地进行调整。这种调整既可能是全局性的，也可能是局部性的。过度集权的组织，可能使各个部门失去自我适应和自我调整的能力，从而削弱组织整体的应变能力。

（3）降低组织成员的工作热情。权力的高度集中，组织中的大部分决策均由最高主管或高层管理者制定，基层管理者和操作人员的主要任务、甚至唯一任务在于被动地、机械地执行命令。长此以往，他们的积极性、主动性、创造性会被逐渐磨灭，工作热情减退，效率下降，从而使组织的发展失去基础。

4. 分权的标志

考察一个组织集权或分权的程度究竟多大，最根本的标志是要看该组织中各项决策权限的分配是集中的还是分散的。具体来说，判断组织集权或分权程度的标志主要有：

（1）决策的数量。组织中较低管理层次做出的决策数目越多，则分权的程度越高；反之，上层决策数目越多，则集权程度越高。

（2）决策的范围。组织中较低层次决策的范围越广，涉及的职能越多，则分权程度越高。

（3）决策的重要性。较低层次做出的决策越重要，影响面越大，则分权程度越高；相反，下级做出的决策越不重要，影响面越小，则集权程度越高。

（4）决策的审核。组织较低层次做出的决策，上级要求审核的程度越低，则分权程度越高；如果下级做出的决策上级要求审核的程度越高，则分权程度越低。

（5）对决策的控制程度。如果高层对低层的决策没有任何控制，则表明分权程度极高；如果低层在决策前要征询上级部门的意见，则表明分权程度较低。

5. 分权的实现途径

分权可以通过两种途径来实现：一是改变组织设计中对管理权限的制度分配；二是促成主管人员在工作中充分授权。前者是对组织中职权关系的一种再设计，是在组织变革过程中实现的；后者则是在组织运行中，通过各层领导者的权力委让行为，系统地将决策权授给中下层管理者，使他们切切实实地得到组织制度所规定的权力。

管理者的授权行为是促进组织达到分权状态的重要途径。那么，什么是授权，管理者应该如何进行授权呢?

所谓授权，是指上级管理者随着职责的委派而将部分职权委让给对其直接报告工作的部属的行为。授权的本质含义就是：管理者不要去做别人能做的事，而只做那些必须由自己来做的事。任何一个管理者，其时间、精力、知识和能力都是有限度的，一个人不可能事必躬亲地去承担实现组织目标所必需的全部任务。授权可以使管理者的能力在无形中得以延伸。真正的管理者必须知道如何有效地借助他人的力量来实现组织的目标。

科学、合理的授权过程由以下几个有机联系的环节构成：

（1）任务的分派。管理者在进行授权的时候，需要确定接受授权的人（即受权人）所应承担的任务是什么。正是从实现组织目标而执行相应任务的需要出发，才产生了授权的要求。

（2）职权的授予。根据受权人开展工作、实现任务的需要，授予其采取行动或者指挥他人行动的权力。授权不是无限制地放权，而是委任和授放给下属在某些条件下处理特定问题的权力。所以，管理者在授权时必须使受权者十分明确所授予他们的权限。

（3）职责的明确。从受权人这一方来说，他在接受了任务并拥有了所必需的权力后，就有了责任和义务去完成其所接受的任务，并就任务完成情况接受奖励或处罚。有效的授权必须做到使受权者“有职就有权，有权就有责，有责就有利”，并且授权前要遵循“因事择人，施能授权”和“职以能授，爵以功授”的原则正确地选择受权者，做到职、责、权、利、能相互平衡。

（4）监控权的确认。授权者应该明白自己对授予下属完成的任务执行情况负有最终的责任，为此需要对受权者的工作情况和权力使用情况进行监督检查，并根据检查结果调整所授权力或收回权力。可以说，建立反馈机制、加强监督控制是确保授权者对受权者的行为保持监控力的一项重要措施，也是授权区别于“放任自流”做法的一个重要方面。

## 第三节　组织结构的基本类型

**导入案例 6-3：小岗村的组织变革：“大包干”又到“大集体”**

阅读材料：小岗村的组织变革

1978 年冬，安徽凤阳小岗生产队召开了一次秘密会议，18 个农户或坐或站，群情激奋，在同意“分田单干”的字据上，摁下 18 个鲜红的手印，由此拉开中国农村改革第一幕。至 1984 年，“家庭联产承包责任制”在全国普及推行，小岗村的这一首创，为中国农村改革迈出第一步。待到进入 21 世纪，小岗村开始第二次“革命”。通过土地流转，将土地集中起来，并启动农村土地承包经营权及集体资产股份合作确权颁证，从“化整为零”到“化零为整”，从“分田到户”转到“分红到人”，发展现代农业，壮大集体经济。

有人说，小岗村从“大包干”又重新回到“大集体”，是“走回头路”。你认为呢？

### 一、直线制组织结构

直线制组织结构是最早、最简单的一种组织结构形式。它的特点是：没有管理职能部门，组织中各种职务按垂直系统直线排列，各级主管人员对所属下级拥有直接的一切职权，组织中每一个人只能向一个直接上级报告。

直线制组织结构的优点是：结构比较简单，权力集中；责任分明，指挥统一，工作效率高。其缺点是：在组织规模较大的情况下，所有的管理职能都集中由一人承担，往往由于个人的知识和能力有限而感到难于应付，顾此失彼，可能会发生较多失误。一般来说，这种组织结构形式只适用于技术较为简单、业务单纯、规模较小的企业或者是对现场的作业管理。直线制组织结构如图 6-4 所示。

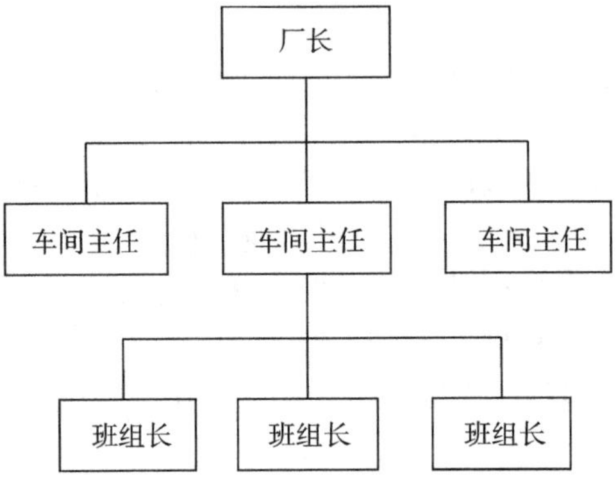


图 6-4 直线制组织结构图

## 二、职能制组织结构

职能制组织结构是科学管理之父泰勒首先提出的。其特点是：按专业分工设置管理职能部门，各部门在业务范围内有权向下级发布命令，每一级组织既服从上级的指挥，也听从几个职能部门的指挥。

职能制组织结构的优点是：能够适应现代组织技术比较复杂和管理分工较细的特点，能够通过发挥职能机构的专业管理作用减轻上层主管人员的负担。但其缺点也比较明显：这种结构形式妨碍了组织必要的集中领导和统一指挥，形成了多头领导，不利于明确划分直线人员和职能科室的职责权限，容易造成管理的混乱。职能制组织结构如图 6-5 所示。

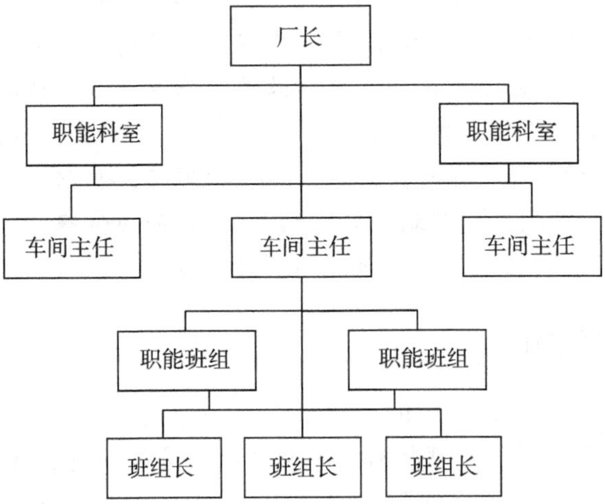


图 6-5 职能制组织结构图

## 三、直线职能制组织结构

直线职能制组织结构又称 U 型结构。它是以权力集中于高层为特征的组织结构。它的基本特征为：企业的生产经营活动按照功能划分为若干个职能部门，如生产、销售、研究开发等，每一个部门又是一个垂直管理系统，由企业最高层领导直接进行管理；生产过程的主要决定必须由高层主管和职能部门同时介入才能做出。其优点是：领导集中、职责清楚、秩序井然、工作效率较高、整个组织有较高的稳定性。其缺点是：下级部门的主动性和积极性的发挥受到限制；部门间互通情报少，不能集思广益地做出决策；当职能部门和直线部门之间目标不一致时，容易产生矛盾，致使上层主管的协调工作量增大；难以从组织内部培养熟悉全面情况的管理人才；整个组织系统的适应性较差，因循守旧，对新情况不能及时做出反应。这种组织结构形式对中、小型组织比较适用，但对于规模较大、决策时需要考虑较多因素的组织则不太适用。直线职能制组织结构如图 6-6 所示。

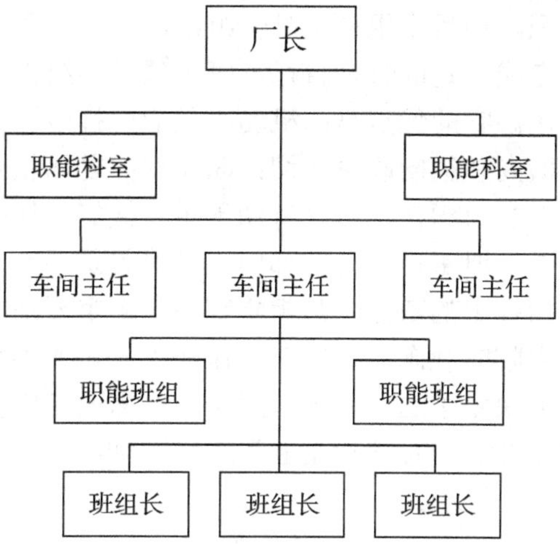


图 6-6 直线职能制组织结构图

## 四、事业部制组织结构

事业部制组织结构又称 M 型结构。M 型结构是美国管理学家阿尔弗雷德·斯隆在 20 世纪 20 年代针对企业实行多样化经营所带来的复杂问题而提出来的。最早采用这种组织结构的是美国通用汽车公司。正是因为通用汽车公司在 1920 年的危机中发明了这套新兴的组织结构，通用汽车公司才得以起死回生。M 型结构经过多年的不断完善，最终形成了目前相对标准化的结构模式。

事业部制组织结构是一种分权式结构，是在总公司领导下按产品、地区或市场划分，统一进行产品设计、采购、生产和销售，相对独立经营、单独核算的部门化分权结构。事业部是总公司控制下的利润中心，拥有较大的生产经营权，能够像独立的企业那样根据市场情况自主经营。事业部下设自己的职能部门，如生产、销售、开发、财务等，独立核算、自负盈亏。因此，各事业部可以看作是一个个小公司。在各事业部之上的公司总部机构除了对各事业部的人事、财务等重要经营活动进行监督、评价和协调，并通过利润指标对其进行控制外，主要致力于研究制定重大方针、政策和战略性计划。

M 型结构的主要优点是：组织最高层管理摆脱了具体的日常管理事务，有利于集中精力做好战略决策和长远规划，提高了管理的灵活性和适应性，有利于培养和训练管理人才。其缺点是：由于结构重复，造成了管理者的浪费；由于各个事业部独立经营，各事业部之间要进行人员互换就比较困难，相互支援较差；各事业部主管人员考虑问题往往从本部门出发，而忽视整个组织的利益。

这种组织结构多适用于规模较大的组织，事业部制组织结构如图 6-2、图 6-3 所示。

## 五、矩阵制组织结构

矩阵制组织结构又称规划——目标组织结构。这种组织是把按职能划分的部门和按产品(或项目或服务等)划分的部门结合起来组成一个矩阵，使同一名职工既同原职能部门保持组织与业务上的联系，又参加产品或项目小组的工作。

职能部门是固定的组织，项目小组是临时性组织，完成任务以后就自动解散，其成员回原部门工作。为了保证完成一定的管理目标，每个项目小组都要设负责人，在组织的最高主管直接领导下进行工作。它的优点是：机动、灵活，打破了一个员工只受一个部门领导的管理原则，使组织中横向和纵向联系密切；职能部门之间相互沟通、共同决策，提高了工作效率；不同专业的人员组织在一起，有助于激发他们工作的积极性。矩阵制组织结构的缺点是：项目小组成员一般来自不同的部门，隶属关系仍然在原部门，因此，项目经理对成员管理上的困难、指挥上的双重性是矩阵制的一个重要缺陷；同时，项目小组的成员是临时组成的，容易产生临时观念，可能对工作产生一定的不利影响。

矩阵制组织结构的特点决定了这种形式适用于一些需要集中多方面专业人员集体攻关的项目和企业。航天航空企业、工程建设企业等采用这种组织结构形式产生的效益比较明显。矩阵制组织结构如图 6-7 所示。

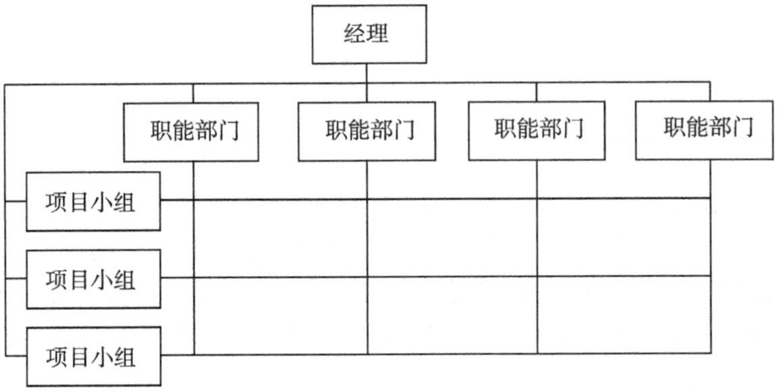


图 6-7 矩阵制组织结构图

## 六、网络制组织结构

网络制组织结构是目前流行的一种新型组织结构，它能够使管理者对于新技术、新时尚或者来自域外的低成本竞争具有更大的适应性和应变能力。它是以一个小的中心组织为核心、以合同的方式与其他组织建立关系进行制造、分销、营销或其他关键任务的经营活动的结构。网络制组织结构是小型组织的一个可行选择。它可以把众多的各具特色的小型组织联合起来，相互支持、互为补充，不仅可以使每个组织获得开展经营活动所需要的资源，而且在生产经营活动中强化了各自的竞争优势。

网络制组织结构也可以为大型组织所采用。这些组织与独立的设计者、制造商、代理商等建立合同关系，依合约履行其相应的职能。大型组织也可以将某些职能活动对外承包出去，借助合作单位的力量，搞强强联合，重新整合组织，以提高竞争力。

网络制组织结构并不是所有组织都适用，它也有自己的优势与不足。其优势主要是：组织结构精简，能突出自己的核心功能；组织具有更强的灵活性和适应性。而不足之处在于：网络组织控制难度大，控制成本高，需要具有专业技术，并且网络组织受环境的影响也较强。因此，网络制组织结构比较适用于有较大的灵活性、随时对社会潮流做出反应的制造业，同时也适用于那些需要廉价劳动力的组织。网络制组织结构如图 6-8 所示。

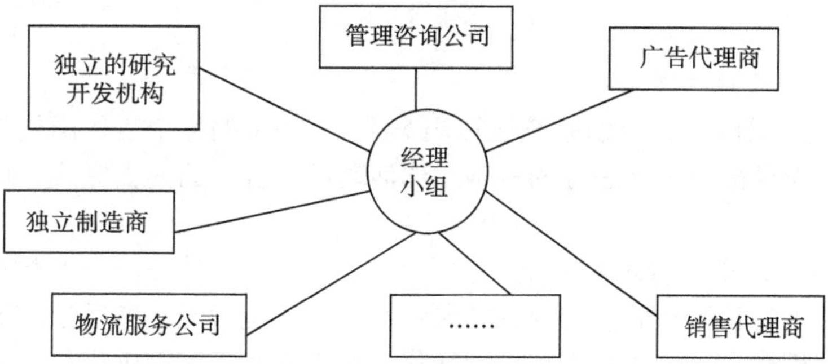


图 6-8 网络制组织结构图

## 第四节 人 员 配 备

**导入案例 6–4：王珐鉴才**

在一次宴会上，唐太宗对王珐说："你善于鉴别人才，尤其善于评论。你不妨从房玄龄等人开始，都一一做些评论，评一下他们的优缺点，同时，和他们互相比较一下，你在哪些方面比他们优秀。"

王珐回答说："孜孜不倦地办公，一心为国操劳，凡所知道的事没有不尽心尽力去做，在这方面，我比不上房玄龄。常常留心于向皇上直言建议，认为皇上能力、德行比不上尧舜很丢面子，在这方面，我比不上魏徵。文武全才，既可以在外带兵打仗做将军，又可以进入朝廷搞管理、担任宰相，在这方面，我比不上李靖。向皇上报告国家公务，详细明了，宣布皇上的命令或者转达下属官员的汇报，能坚持做到公平公正，在这方面，我不如温彦博。处理繁重的事务，解决难题，办事井井有条，在这方面，我也比不上戴胄。至于批评贪官污吏，表扬清正廉洁，疾恶如仇，好善喜乐，在这方面，比起其他几位能人来说，我也有一技之长。"唐太宗非常赞同他的话，而大臣们也认为王珐完全道出了他们的心声，都说这些评论是正确的。

从王珐的评论可以看出，唐太宗的团队中，每个人都各有所长；但更重要的是，唐太宗能将这些人依其专长运用到最适当的职位，使其能够发挥自己所长，进而让整个国家繁荣强盛。

组织中的人员配备是组织工作的一个重要组成部分。人作为组织活动中的主体，人力资源作为组织的“第一资源”，其重要性不容忽视，人员配备工作已不仅仅是行政的支持，而是处于与组织长远发展需要相适应的战略性位置。

## 一、人员配备的含义和任务

人员配备就是利用合格的人力资源对组织结构中的职位进行不断填充的过程。它包括明确组织人才的需求，对现有的人力资源进行摸底、招募、选拔、安置、提拔、考评、奖惩、训练和培养等一系列活动。因此，人员配备的任务要从组织和个人这两个不同的角度去考察。

1. 从组织需要的角度考察

（1）要通过人员配备使组织系统运转，必须使机构中的每个工作岗位都有适当的人去占据，使实现组织目标所必须进行的每项工作活动都有合格的人去完成。这是人员配备的基本任务。

（2）为组织发展准备管理者力量。组织是一动态系统，处在一个不断变化发展的社会经济环境中。组织的目标和活动的内容需要经常根据环境的变化做适当的调整，由目标和活动决定的组织机构也会随之发生相应的变化。组织的适应调整过程往往也是发展壮大的过程。组织的机构和岗位不仅会发生质的改变，而且也会在数量上不断变化。所以，我们在为组织目前的机构配备人员时，还需要考虑机构可能发生的变化，为将来的组织准备和提供工作人员。

（3）维持成员对组织的忠诚。人才流动对个人来说可能是重要的，它可以使人才自己通过不断的尝试找到最适合自己、给自己带来最大利益的工作。但是对整个组织来说，人才流动虽有可能给企业带来“输入新鲜血液”的好处，但是破坏性可能更大，人员不稳定、职工离职率高，特别是优秀人才的流失，往往会使组织多年的培训费付之东流，而且还可能破坏组织的人事发展计划，甚至影响企业在发展过程中的管理者需要。因此，要通过人员配备稳住人心，留住人才，维持成员对组织的忠诚。

2. 从组织成员需要的角度考察

留住人才，不仅要留住其身，而且要留住其心；只有这样，才能达到维持他们对组织忠诚的效果。然而，组织成员能否真心实意地、自觉积极地为组织努力工作，要受到许多因素的影响。

（1）通过人员配备，使每个人的知识和能力得到公正的评价、承认和运用。配备的人员对工作的要求与自身的能力是否相符、工作的目标是否富有挑战性，这些因素都与人们在工作中的积极、主动、热情程度有着极大的关系。

（2）通过人员配备，使每个人的知识和能力不断地发展，素质不断地提高。知识与技能的提高不仅可以满足人们的心理需要，而且是人员通向职业生涯职务晋升的阶梯。

## 二、人员配备工作的过程和内容

1. 确定人力资源的需求

首先，进行任务目标分析，应根据组织的发展目标和战略需要预估企业所需配备的人员的规模和素质状况。例如，开办一家新的工厂或因经济衰退而缩小经营的规模，这些总体经营计划会对企业人力资源需求产生很大影响，应根据这些发展目标制订人员需求计划。

然后，进行职务分析，确定具体的职位空缺计划。职务分析也叫工作分析或岗位分析，旨在确定某项工作的任务和性质，应寻找具备何种资格和条件的人来承担这一工作。组织的工作任务明确以后，将它与现有组织职位设计情况相比较，就可以制订出具体的职位空缺计划。职位空缺计划用以反映组织未来需要补充人员的类别和结构。

2. 人员选聘

职务设计和分析指出了组织所需人力资源的数量和素质要求，为了保证担任职务的人具备职务要求的知识和技能，必须对组织内外的候选人进行筛选，做出最恰当的选择。这些待聘人员可能来自企业内部，也可能来自外部社会。管理者可以采取各种招聘手段增补人员，如内部选拔、广告应征、就业服务机构介绍、学校毕业分配、员工推荐、临时性借调等，当然也可以减员，如解雇、停薪留职、自然减员、提前退休、调换岗位、缩短工作周等。

3. 人员培训

在选聘了能胜任工作的员工以后，管理者需要采取措施帮助这些员工尽快地适应组织及工作，并确保他们的技能和知识能在工作中不断地得到更新和提高。这需要通过上岗引导、岗前实习、在岗培训乃至脱产培训等来实现。培训既是为了使员工适应组织与工作的需要，也是为了实现员工个人的充分发展。使员工看到自己在组织中的发展前途是维持成员对组织忠诚的一个重要方面，因此，要根据组织的成员、技术、活动、环境等特点有计划、有组织、有重点地进行人员培训，特别是要重视对有发展潜力的未来管理者的培训。

4. 人员考评

管理者对员工在组织中的工作情况要定期或不定期地进行绩效考评，以便制定客观公正的人事决策。绩效考评是对照工作目标或绩效标准，采用科学的方法来评定员工的工作目标完成情况、工作职责履行情况和发展情况等，并将评定结果反馈给员工的过程。这项工作在人力资源管理过程中占有十分重要的地位。绩效考评对员工工作表现进行评价，为确定员工工作报酬提供了依据；同时给员工提供有关其工作的反馈，使员工了解其工作效果以及与组织要求的差距，并促进了主管与下属的沟通。绩效考评还为人力资源计划的制订提供了依据，它指明了员工的现有技能有哪些不足，有助于组织确定培训和发展的需要和具体方案，并指导员工晋升、岗位轮换及解聘的决策；同时它还可以作为检验前期人员选聘和培训发展方案是否合理的一个标准。

## 第五节 组织力量的整合

**导入案例 6–5：张经理该签字吗**

深圳某电气公司因自身技术力量有限，故市场部的部分模具订单公司不能由自己制作，需委外加工。对于外加工的付款，公司董事会要求委外加工的合同必须等到定做模具客户的预付款到账后签订执行；而实际工作中，由于客户付款方式导致预付款延迟到账或者客户拖欠付款等原因，财务经理按规定不予签字付款，但是分公司的管理者却为了自己部门的需要或者借故订单期限紧迫要求财务审核签字。各个部门的人员都各自坚持部门的需要和职能，这就产生了矛盾冲突。

某天，分公司物控部A经理拿着一份模具定做合同找财务张经理审核签字。张经理查询模具定做客户的预付款项还未到账，于是不予签字。A经理坚持说这是个老客户的大订单，期限紧急，需要特殊处理。两人争执不下，然后张经理不得不找到上级领导，报告情况；虽然其上司采取了折中的办法，但是由于公司规定如此，最后张经理还是等到预付款过来的时候才签字。

据了解，类似的情况经常发生，那么到底该怎么解决这个问题呢？

组织中的各个部分要能协调地为组织目标服务，就要求组织的全体成员能和谐一致地进行工作。为此，需要整合组织中的各种力量，建立高效的信息沟通网络，处理好组织的不同成员自建的各种关系，使分散在不同层次、不同部门、不同岗位的组织成员的工作朝着同一方向、同一目标努力。

在组织设计过程中，经过部门划分后，组织中就形成了两类不同性质的部门：直线部门和参谋部门。同样，组织中还有直线职权和参谋职权之分，这也是组织中的基本要素。

## 一、直线与参谋的基本概念

要正确理解直线与参谋的含义，需要区分三组相关的概念。

1. 直线部门与参谋部门

判断组织中的一个部门是直线部门还是参谋部门，可以根据该部门实现组织目标的方式而定。如果一个部门对组织目标的实现起直接贡献作用，则该部门在组织中就是直线部门；如果一个部门对组织目标的实现起间接贡献作用，则该部门在组织中就是参谋部门。所谓直接贡献，是指某一部门的存在与否直接影响到组织目标能不能实现的问题，而间接贡献则指的是某一部门的存在只是影响到组织目标实现的有效性的问题。

根据上述判断标准，企业中的生产车间是企业的直线部门，而各个职能管理科室则是企业的参谋部门。需要注意的是，对于同一个组织来说，组织中的每个部门的性质是固定的，而对于不同的组织来说，同一部门的性质却是变动的。例如，制造企业中的财务部是企业高层管理者在财务管理方面的参谋部门；但对于一个财务公司来说，财务部却是直线部门。

2. 直线职权、参谋职权与职能职权

职权是管理人员在组织内做决策的正式与合法的权力。组织中存在着两种不同的职权关系，即直线职权和参谋职权。

所谓直线职权，是指管理者所在职位赋予的一种指挥权，即命令、指挥下属，使下属服从的权力。在组织内等级系列中的直接上级对直接下级都具有直线权力，如车间主任可以对车间里的班组长下指令、财务部经理可以对下属的财务科长下指令。

直线职权通常又称为决策指挥权，它主要由三个部分构成：一是决策权，二是命令权，三是执行权。直线职权是组织中一种最基本、最重要的职权，缺少了直线职权的有效行使，整个组织的运转就会出现混乱，乃至陷入瘫痪状态。

在一些大型的和复杂的组织中，还有一些管理者仅拥有对他人提意见和建议、供他人参考，协助直线机构和直线人员进行工作的权力，这就是参谋职权，即一种辅助性职权。

参谋职权是顾问性质或服务性质的，它产生的原因是：组织规模不断扩大使得高层管理者所面临的管理问题日益复杂，此时仅凭直线人员个人的知识和经验已显得很不够，于是需要借助参谋专家的作用来帮助他们行使直线指挥权力。

正如美国通用汽车公司总经理穆尼所说："参谋是从属的，虽然或许有人认为组织结构好像铁路的两条轨道一样，是由直线与参谋这两个相辅相成的职能组成的……一个组织机构的辅助职务在其分级过程中，不能视同于一个实际环节，它依附于直线职能就像铁路支线依附于干线一样。这意味着每一个参谋只能根据某种依赖关系从属于直线，除此之外就不可能存在。"

除了直线职权和参谋职权之外，组织中还有一种权力被称为职能职权，这是介于直线职权与参谋职权之间的一种权力，是由直线职权分化出来的一种特殊职权。根据直线职权的定义，财务部经理可以对其下属的人员下指令，但是却不能对财务部以外的部门和人员下指令。当财务部有关财务方面的规章制度要在整个企业贯彻实施时，必须把与此有关的规章制度作为参考方案提交给企业的高层领导者，企业的高层领导者如果同意，则以高层领导者的名义向整个企业贯彻下达。这种做法有利于在组织中坚持统一指挥原则，但是这样一来，组织的高层管理者要花很多时间和精力处理日常事务的工作，不能集中精力对企业中的重大问题进行决策，同时也不利于充分发挥参谋部门的参谋助理作用。因此，管理人员可以将原来由自己行使的直线职权委托给参谋人员或某部门的管理人员去行使，使其也具有命令指挥的权力，这就是职能职权。直线职权、参谋职权与职能职权的关系可以用组织系统示意图（见图 6-9）表现出来。

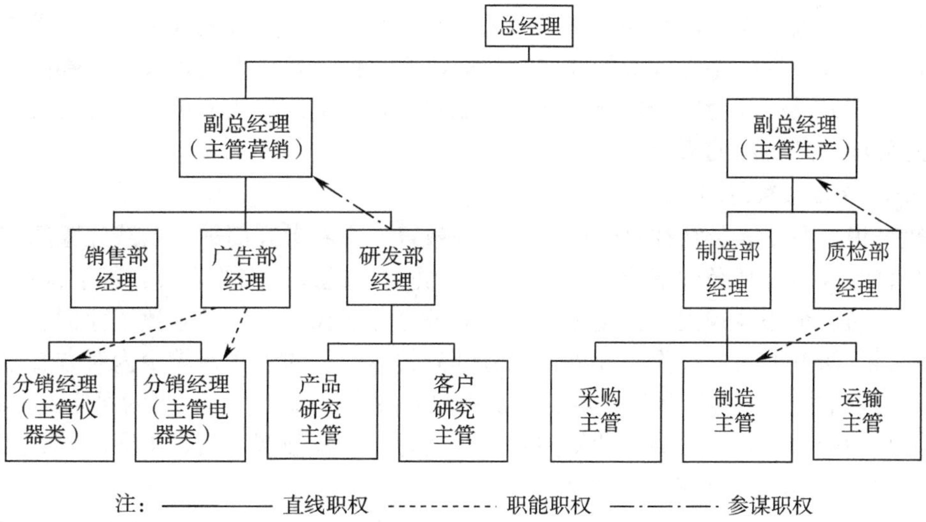


图 6-9　组织系统示意图

### 3. 直线人员与参谋人员

直线职权与参谋职权的存在必然在组织中形成两种不同的人员，即直线人员与参谋人员。所谓直线人员，是指具有直线权力的管理人员；所谓参谋人员，是指具有参谋权力的管理人员。

我们可以在处事态度及管理哲学上对直线人员和参谋人员做一个对比，如表 6-2 所示。

**表 6-2 直线人员与参谋人员的对比**

| 直线人员 | 参谋人员 |
|---|---|
| 高度的“行动导向”，即靠行动来引导自己 | 在提出一项建议前，先对一些问题做一番深入研究 |
| 不喜欢分析，而比较喜欢凭直觉来判断问题 | 不喜欢凭直觉，而比较喜欢对问题做分析 |
| 看问题眼光较短，喜欢就事论事 | 看问题眼光较远，瞻前顾后 |
| 常常希望得到简单易行的方案 | 常常喜欢提出稀奇古怪的问题，往往把事情弄得更复杂 |
| 习惯于从几个方案中选定一个方案，习惯于做出决策 | 喜欢分析研究所有可能的各种方案，然后从中选择一个“最佳”方案供直线人员决策时参考 |
| 更多地把注意力放在问题的解决上 | 更多地注重问题的分析 |
| 偏向于保护、赞扬本部门 | 偏向于批评、苛求本部门 |
| 习惯于靠行政命令来解决问题 | 习惯于靠说服、鼓动来推动变革 |

## 二、直线与参谋的矛盾

从以上内容可以看出，直线与参谋的关系实际上包括直线部门与参谋部门的关系、直线权力与参谋权力的关系、直线人员与参谋人员的关系。直线与参谋的关系从理论上来讲比较简单，但在实际的管理工作中却是既复杂又微妙的。在组织运作过程中，直线与参谋之间极容易发生冲突，直线与参谋的矛盾是组织缺乏效率的原因之一。

1. 直线主管人员察觉到或担心自己的领域被侵占

相对于直线人员而言，参谋人员本身只有参谋职权，作为直线人员可以接受参谋人员的建议，也可以不接受参谋人员的建议。然而，为了保证参谋人员以及参谋部门作用的发挥，上级管理人员可能会赋予参谋人员以职能职权。于是，直线人员会担心自己的领域被侵占，进而威胁到自己的权力和地位。

2. 个人行为与思想不一致

一般来说，参谋人员往往是一些受过较高教育、穿着考究而缺少实践经验的年轻人，而大部分直线人员则是经过基层“摸爬滚打”、凭本事提升上来的人员。基于背景的不同，二者的行为与思想差异较大。正是因为不同的教育方式和工作经验导致了他们思想形态的分歧，阻碍了两者之间的合作。此外，二者都只关注自己的工作，较少为对方着想，有时还会忽略公司的整体利益。所以，很多直线管理人员害怕改变现状，更为保守，追求稳定；而参谋人员想极力表现自己的专业知识和创造能力，比较强调求新、求变。

3. 相互依赖的互动方式

由以上三组概念的区分可以知道，为了实现组织目标，组织中的直线人员与参谋人员、直线部门与参谋部门之间会发生各种各样的联系。然而，直线管理人员在行使直线权力时，需要参谋部门和参谋人员的帮助，才能做出正确的决策；而参谋人员在为直线人员的决策出谋献策时要得到直线人员的支持，需要直线人员提供有关组织决策的意图和有关的信息资料，才能为直线人员提供有用的参考意见。

4. 必要的知识与实际职权的分离

由于专门从事研究和咨询的参谋人员往往要比同层次的直线管理人员年轻，且受过更高水平的正规教育，组织重视他们的目的就是利用他们的某些专业知识。因此，他们理所当然地希望通过提出有见解、能够被采纳的建议来证明自己的价值，作为进取的途径。然而决策是直线管理的职能，他们的作用只是支持性的、辅助性的，是第二位的，所以他们就会感觉到受到了挫折，甚至侮辱，从而产生对直线人员的不满。

由以上分析可知，直线与参谋之间存在着种种冲突。但是，二者在组织结构中又是必不可少的，而且，职能结构还是一种非常常用的结构形式。所以，在组织设计和运行过程中必须妥善地处理直线与参谋的关系，保证他们为组织目标的实现做出自己的贡献。

# 第六节　团 队 组 织

**导入案例 6-6：偷油老鼠的团队工作**

话说有三只老鼠一起去偷油喝，到了油缸边一看，油缸里的油只剩一点点在缸底，并且缸身太高，谁也喝不到。于是它们想出一个办法：一只咬着另一只的尾巴，吊下去喝，第一只喝饱了，上来，再吊第二只下去喝……第一只老鼠最先吊了下去，它在下面想："油只有这么一点点，今天总算我幸运，可以喝个饱。"第二只老鼠在中间想："下面的油是有限的，假如让它喝完了，我还有什么可喝的？还是放了它，自己跳下去喝吧！"第三只老鼠在上面想："油很少，等它俩喝完了，还有我的份吗？不如早点放了它们，自己跳下去喝吧！"

于是，第二只放了第一只的尾巴，第三只放了第二只的尾巴，都只管自己抢先跳下去。结果它们都落在油缸里，由于永远逃不出来而饿死了。

## 一、团队的概念

团队是一种为实现某一目标而由相互协作的个体所组成的正式群体，它是一种特殊的群体。例如，足球爱好者联盟是一个群体，而足球队是真正意义上的团队。一个团队是一个小数目的人群，他们具有互补的技能，为一个共同的目标以及使用他们共同负责的方法。团队的显著特点是具有相互依赖性，它通过其成员的共同努力产生积极的协调作用，使团队的绩效水平远远大于个体成员绩效的简单加和。

## 二、有效团队的特征

微课：高效团队建设

1. 目标明确

在有效团队中，每个成员都有自己明确的目标和任务，并且经常要求扩大自己的目标和任务。同时，每个成员对任务的分配、开会的流程、工作的进度等都非常清楚。

2. 相关的技能

有效团队是由一群能力互补的成员组成的，他们具备实现理想目标所必需的技术和能力，相互之间有良好的合作品质。

3. 互相的信任

有效团队崇尚开放、诚实、协作的工作原则，从而使成员之间有着良好的信任基础。

4. 奉献的精神

对成功团队的研究发现，团队的成员对团队具有认同感，他们把自己是团队中的一分子这一点看得很重。为此，他们自然表现为对团队目标的奉献精神，愿意为实现团队的目标调动和发挥自己最大的潜力。

5. 良好的沟通

有效团队中，成员可以迅速而准确地了解彼此的想法和情感，这种良好的沟通环境对于提高团队的整体效率有着积极的作用。

6. 恰当的领导

有效团队的成员具有高度的责任感，因为团队的成败也就意味着成员个人的成败。因此，有效团队的领导不同于一般组织的领导，他们不一定进行控制，而往往是以教练的身份出现，对团队进行指导和支持。

7. 内外部的支持

有效团队应有内外部的支持，内部支持包括适当的培训，一套易于理解的、用于职工绩效评价的测量系统，一个起支持作用的人力资源系统；外部支持包括团队需要的各种资源和条件。

## 三、团队的类型

在小型公司中，团队结构可以作为整个组织的形式。例如，有一家 30 人的市场营销公司，完全按团队来组织工作，团队对日常的大多数操作性问题和顾客服务问题负全部责任。在大型组织中，团队一般作为典型的职能结构的补充，这样组织既能得到职能结构标准化的好处，提高运行效率，又能因团队的存在而增强组织灵活性。例如，为了提高基层员工的生产率，摩托罗拉公司、惠普公司、施乐公司等大型组织都广泛采用自我管理的团队结构。

在组织中，团队有多种类型，从西方组织发展的历史来看，团队具有以下几种主要类型。

1. 问题解决型团队

20 世纪 80 年代，团队刚刚产生，这些团队一般由来自同一个部门的 5～12 个员工组成。他们每周聚会几个小时，讨论如何提高产品质量、生产效率和改善工作环境等问题。这种团队被称为问题解决型团队。在这种团队里，员工就如何改进工作程序和工作方法交换看法或提供意见，但几乎没有什么实际权力来根据建议采取行动。因此，它在调动员工积极性方面，尚有不足。

2. 自我管理型团队

为了弥补问题解决型团队的不足，出现了独立自主、自我管理的团队——自我管理型团队。自我管理型团队不仅注意问题的解决，而且执行解决问题的方案，并对工作结果承担责任。这种团队通常由10～15人组成，被赋予很大的自主权。一般而言，成员责任包括控制工作节奏和进度、决定工作任务的分配、安排工间休息等。完全自我管理团队甚至可以自己挑选成员，并让成员相互进行绩效评估。这样，主管职位的重要性就降低了，甚至可以被取消。这种团队中，员工的满意度较高，但员工的缺勤率和流动率也较高。

3. 多功能型团队

多功能型团队是为了完成一项共同任务，由来自同一等级、不同工作领域的员工组成的团队。它使组织内不同领域的员工之间可以交换信息，激发出新的观点，解决面临的问题，协调复杂的项目。

**【阅读材料】**

麦当劳有一个危机管理队伍，责任就是应对重大的危机，由来自麦当劳营运部、训练部、采购部、政府关系部等部门的一些资深人员组成。他们平时共同接受关于危机管理的训练，甚至模拟当危机到来时怎样快速应对，比如广告牌被风吹倒，砸伤了行人，这时该怎么处理？一些人员需要考虑是否把被砸伤的人送到医院，如何回答新闻媒体的采访，当家属询问或提出质疑时如何对待，而另外一些人要考虑的是如何对这个受伤者负责，保险谁来出，怎样确定保险？所有这些都要求团队成员能够在复杂问题面前做出快速行动，并且进行一些专业化的处理。

虽然这种危机管理的团队究竟在一年当中有多少时候能用得上还是个问题，但对于跨国公司来说是养兵千日、用兵一时，因为一旦问题发生就不是一个小问题。在面临危机的时候，如果能够做出快速而且专业的反应，危机会变成生机，问题会得到解决，而且还会给顾客及周围的人留下很专业的印象。

## 四、团队发展的过程

团队的发展是一个动态过程，多数团队会发现自己正处于一个连续的变化状态之中。我们可以用一般的模式来描述大多数团队的演化过程，这个过程分为以下几个阶段。

1. 形成阶段

在形成阶段，团队的目标、结构和领导关系都还不是很确定。初入团队的成员可能有以下心理与行为特征：既兴奋又紧张、对团队存在高期望、试探环境和核心人物、有许多纷乱的焦虑困惑与不安全感，他们不断摸索以确定什么样的行为是可接受的，同时迫切想知道自己的工作任务是什么。在这一阶段，团队的主要活动是交流思想和收集信息，工作重点是形成团队的内部结构框架和建立团队与外界的初步联系。

2. 波动阶段

当团队互相交流信息并拥有共同目标后，团队步入波动阶段。随着时间的推移，人们从一开始的彬彬有礼、互相尊重，慢慢地发现了每个人身上所隐藏的缺点，慢慢地看到团队当中一些不尽如人意的地方，如团队的领导朝令夕改、团队成员的培训进度落后。团队对于团队的目标也开始了怀疑，如当初领导者很有信心地要达到某个目标，但经过一两个月的检验，基本上是高不可攀、达不到的。成员之间可能会出现意见不合而陷入冲突，人际关系变得紧张，成员开始把这些问题归结到领导者身上，对领导权产生不满。但是这是一个充满竞争且积极向上的阶段，如果处理得当，本阶段的团队将富有创造性。

3. 规范阶段

随着时间的推移、技能的提升，团队会进入规范阶段。这个阶段的团队中人际关系开始解冻，由敌对情绪转向相互合作，人们互相沟通，寻求解决问题的办法，注意力开始转向任务和目标。人们的工作技能开始慢慢提升，新的技术慢慢被掌握。团队这时候也形成了自己的合作方式，形成了新的规则，工作规范和流程已经建立。这种规范和流程代表的是团队的特色。

4. 成熟阶段和高产阶段

度过规范阶段之后，团队进入成熟阶段和高产阶段。这时团队结构开始完全发挥作用并被团队成员所接受，人们在一种公开、信任的氛围下工作，相互理解，并领悟了工作的实质，团队工作顺利并取得一定的成功。人们受到鼓舞，为团队目标更加努力工作。

5. 解散阶段

对于临时性团队，执行的任务有限，在任务结束期，团队进入解散阶段。在这一阶段，团队已经在为解散做准备，成员把注意力转移至收尾活动。

# 本章小结

- 组织
  - 组织概述
    - 组织的含义：组织是指管理者所开展的组织行为、组织活动过程
    - 组织的特征：由一定的人群组成，具有明确的目的，派生出相应的系统性的结构
  - 组织结构设计
    - 组织设计的程序：明确组织目标；确定业务内容；层次化与部门化；配备职务人员；规定职责权限；联成一体
    - 组织设计的基本问题：集权与分权；管理幅度与管理层次；部门划分；集权与分权
  - 组织结构的基本类型
    - 直线制结构：没有管理职能部门，组织中各种职务按垂直系统直线排列
    - 职能制结构：按专业分工设置管理职能部门，各部门在业务范围内有权向下级发布命令
    - 直线职能制结构：又称U型结构。它是以权力集中于高层为特征的组织结构
    - 事业部制结构：又称M型结构，多适用于规模较大的一些公司
    - 矩阵制结构：把按职能划分的部门和按产品划分的部门结合起来组成一个矩阵
  - 人员配备
    - 人员配备的含义：是利用合格的人力资源对组织结构中的职位进行不断填充的过程
    - 人员配备工作的程序和内容：确定人力资源的需求；人员选聘；人员培训；人员考评
  - 组织力量的整合
    - 直线部门与参谋部门；直线人员与参谋人员；直线与参谋矛盾的协调
  - 团队组织
    - 团队的概念；高效团队的特征；团队的类型；团队发展的过程

# 思考与练习

## 一、复习思考题

1. 什么是组织？正式组织具有怎样的特征？
2. 组织设计的程序是怎样的？在组织设计过程中应考虑哪些因素？
3. 管理幅度与管理层次之间是什么关系？扁平型组织结构和高长型组织结构各有什么优缺点？
4. 影响管理幅度的因素有哪些？讨论一个班级的人数为多少最合适。
5. 组织部门化的方式有哪些？各自的好处是什么？
6. 试分析一家你熟悉或感兴趣的公司的层次结构、管理幅度、部门化类型。
7. 谈谈集权与分权的影响因素，你认为集权与分权哪个更好，各有何利弊？
8. 谈谈授权的必要性，如何科学合理地授权？
9. 常见的组织结构形式有哪些？各自的特点是什么？
10. 为你所在学校（或其他组织）画一幅组织结构图。
11. 你最喜欢哪一种组织结构，为什么？你认为是否存在最佳的组织结构，为什么？
12. 作为一个有效的管理者，应如何正确对待正式组织中存在的非正式组织？
13. 职能职权的运用有何利弊？如何正确地运用职能职权？
14. 人员配备工作的基本内容是什么？
15. 什么是团队？有效团队具备哪些特征？一个团队的一般发展过程是怎样的？

## 二、案例分析题

**案例 6-1：上海家家保健品有限公司的组织结构**

上海家家保健品有限公司（以下简称“家家公司”）是一家成立于 1994 年，以生产与销售保健品为主业的企业。

1994 年家家公司刚成立时，生产和销售的产品只有一种，即家家 1 号。产品推出刚两年，家家 1 号就已经在上海及周边市场站稳了脚跟。1996 年 6 月，家家公司决定乘胜追击，开拓以北京为中心的华北市场和以广州为中心的华南市场。具体的做法是先后成立华东、华北和华南三个销售分公司，分别负责上海、北京、广州及其周边市场的市场拓展业务。为了配合分公司的成立，家家公司投入巨资，在三个地区开展各种促销活动，并辅以大量的广告投入。

1997 年初，家家公司又推出了家家 2 号产品。家家 2 号与家家 1 号一样，是一种深受消费者喜爱、老少咸宜的保健产品。

1999 年之后，家家公司新的保健系列产品不断地推向市场，其中，既有面向青少年的保健系列产品家家青春 1 号、家家青春 2 号，又有面向妇女的家家娇丽 1 号、家家娇丽 2

号、家家娇丽 3 号，也有面向中老年顾客的家家青松 1 号、家家青松 2 号，还有一些面向特殊消费群体的保健产品，如面向糖尿病人的家家唐人 1 号等。1999 年至 2001 年底，公司先后共推出 12 种新产品。

面对新产品的不断推出，各个销售分公司一开始的态度还是比较积极的，出于对新产品的期望，分公司下属的销售网点总是将新上市的产品放在销售柜台比较醒目的位置。随着新产品的不断上市，出现了有一些新产品市场表现平平的情况，并且市场销售的数据似乎也显示出顾客还是比较喜欢家家 1 号、家家 2 号等早期推出的产品。例如，公司保健品业务中，仅家家 1 号、家家 2 号两种产品就占到了公司全部保健品销售收入的 70%左右。

随着时间的推移，分公司对越来越多的新产品表现得越来越不感兴趣。很多的新产品上市之后，往往被放在并不显眼的位置上销售，有些品种甚至没放一些日子，就被悄悄地撤下了柜台。

2002 年初，上海总部已明显地感到这一问题的严重性和紧迫性。在春节后的第一次由中高层管理者参加的会议上，公司专门就这一问题进行讨论。

公司总经理王晔说道："我们公司在新产品开发方面的投入是非常大的，根据公司的发展规划，今后三年，我们还将有 10 多种新产品推向市场。但是，尽管我们开发的保健产品在技术上是国内比较领先的，而且投产前的市场调研结果也显示出我们研制的新产品目标市场非常明确、技术含量高，有着较好的市场发展前景。可现在实际的市场效果却太不能令人满意。这需要我们好好去分析一下原因。"

主管分公司业务的副总经理李明娜认为："分公司对新产品开发都曾寄予过很高的期望。但是，作为一个利润中心，分公司希望的是总公司研究所能多开发些像家家 1 号、家家 2 号那样畅销的产品。"

北京分公司的刘升经理对公司的广告策略也提出了自己的看法："1996、1997 年的时候，当时我们在北京市场的产品只有一两种，因此家家公司在广告上的投入是非常奏效的。但是，随着新的系列产品的逐步上市，总公司在新产品方面的广告力度明显不足。我们希望公司能在 2002 年增加对新产品的广告投入，使更多的消费者能认识并接受这些新产品。"

广州分公司的黄一鸣经理则认为："从分公司的角度看，过多的新产品分散了我们宝贵的资源和精力。我认为与其再上 10 多种新产品，还不如专心致志地攻几种核心产品来得更好。"

"若只做几种核心产品的话，研究所的前期巨额投入就要打水漂了。"人事部的王日民经理认为，"从我们公司的发展来看，我们可以在组织结构调整上做些文章。譬如，我们能否将现在的按区域划分的组织结构调整为按产品划分的组织结构。这样，我们可以组建 5 个产品部，即家家保健品部、青春保健品部、娇丽保健品部、青松保健品部和特殊产品部。每个部门作为一个利润中心对其系列产品负责，独立运作各自的系列产品，并全权处理诸如产品定位、市场开发、资源配置、广告投入等业务。"

北京分公司刘升经理提出他的疑惑："这一做法是否意味着各个分公司的权利都要划给产品部呢？如果这样的话，我们该如何处理和协调与各个产品部的关系呢？"

对于组织结构调整，公司总经理王晔也曾考虑过这个问题。但是，由于部门组织结构的调整必然将涉及公司内部权利的再分配，处理这一问题必须非常慎重。因此，王晔总经理决定，让李明娜准备一套改进、完善现有组织结构的方案，并让王日民准备一套调整现有组织结构的方案，供下个月的中高层会议继续讨论。

**问题：**

1. 家家保健品公司的组织结构是怎样的？这种组织结构形式曾经起到了怎样的作用？

2. 家家公司当前面临着怎样的问题？若把组织结构调整为按产品划分的结构形式，可以带来哪些好处？

3. 家家公司组织变革的动力和阻力来自哪里？如何排除阻碍、实施变革？

**案例 6–2：一个外贸经理的困惑**

隆久集团公司是位于某市的一家专业生产保健内衣、休闲服饰和面料的跨地区集团企业。公司的前身是一家 1978 年成立的乡镇企业，2001 年改制为私营企业。2004 年，公司已拥有资产 5 亿多元，员工 5 000 多人，产品远销美国、欧洲、日本、俄罗斯、中东等 10 多个国家和地区，年产值 6 000 万元。

隆久集团公司下属 4 个生产厂家，位于北郊的一分厂是公司最早成立的生产厂。一分厂的任务是为美国的大客户曼迪公司提供贴牌生产，该厂几乎是专门为曼迪公司成立的。对一分厂来说，曼迪公司是否会继续下订单，是否愿意与之保持长期合作关系，是性命攸关的大事，可以说曼迪公司是一分厂的生命线。因此，隆久集团高管和一分厂领导非常看重这个核心客户。

张丽是隆久集团公司的外贸部副经理，同时兼任集团下属一分厂的外贸部经理，负责一分厂的外贸业务。作为隆久集团公司与曼迪公司接触与联系的桥梁，张丽的工作主要是对外维护与客户的合作关系，对内关注整个项目的进程并及时将进展情况向外方反馈。由于集团公司和一分厂的领导都不懂英文，在一般情况下，张丽是曼迪公司与集团公司与一分厂日常沟通的唯一通道。一旦曼迪公司有投诉，张丽总是首当其冲被问罪。由于责任重大，这些年来张丽一直对工作兢兢业业、不敢怠慢。

张丽在现有岗位上已工作了三年，业务流程非常熟悉。曼迪公司产品定位在高端内衣上，而隆久集团公司有着非常强大的研发力量，根据外方要求开发新品是常有的事。整个工作流程是：首先由曼迪公司向一分厂提供一份开发文件，包括新产品的工艺单、辅料样品等，一分厂按照开发文件上的要求打样，样品发给曼迪公司并得到确认后，再由一分厂财务部进行定价，并将价格告知给曼迪公司，双方对价格和交货日期达成共识后，签订合同。然后，进入生产阶段。生产的环节主要包括：采购原材料，织造、漂染、裁剪、成衣、包装，最后发运给曼迪公司。

开发和生产新品涉及一分厂的各个职能部门，但在曼迪公司那里却没有那么复杂，他们在整个流程中只需与张丽一个人打交道即可。

“美国人做事的风格你是知道的”，张丽对朋友抱怨说，“他们按照时间表做事，时间表上到了完成什么程序的时间，若你没有反馈给他，他就一封信接一封信地催问。我又不是当事人，自己还要到下面去调查到底是哪个环节出了问题，下面各个部门的人又可能会推三阻四，而真正的问题也不是一时半会儿能够发现的。可是美方哪里愿意等这么长时间，我真是穷于应付！生怕他们告到集团老总那里。”

“当初在报进度计划的时候，各个部门都是尽量给自己留有宽裕的时间的，报的是20天的计划，其实只要当回事去做，5天就能搞定。即便是20天的计划，他们还是要拖好几天。每个环节都拖几天，整个流程就要拖延好几周。这还是在我催的情况下，如果我不天天去催，交货就遥遥无期了。好几次美国那边威胁我说再这样下去就要换其他供应商了。”

“我很头痛啊，如果失去客户，上头第一个怪罪的就是我。可是我又能怎么办呢?”

“美方那边能威胁我，我能威胁谁？我又不是下面那些办事的人的头儿，顶多和他们的部门主管一个级别，人家只要对自己的主管负责就好了，干吗听我的。我来硬的下面办事的人根本就不买账。有时候我发现，有一遍一遍去催的时间还不如我自己去做。上次开发新品，美方给我们一周的时间定价，到了第4天，我看财务部还没有动静，就过去催。财务部那些员工正忙着赶季度财务报表，说马上要交，没功夫为新品定价。又过了两天，他们还没有开始做，我这边心急火燎，他们倒心平气和，说有问题找他们部门领导反映，他们管不了这么多。于是，我找了财务部主管，财务部主管却认为对他们来说准时上交财务报表是最重要的事情。到了最后期限，我都已经没有脾气了，不能再指望他们，只能越俎代庖，向财务部要了相关材料自己制定了价格，总算及时地向曼迪那边交了差。幸好我还有点经验，制定价格没出什么纰漏，否则责任又是我自己来承担。你说我这是为了什么呢？”

“其实我也可以向上面告状，说某某部门不配合我工作，这样肯定有效，总经理一发话，下面工作进展得比兔子还快。可是老去反映，下面人要恨死我，以后开展工作更难，反映多了，也担心总经理是否会怀疑我的工作能力。这份工作真让我感到心烦，老这么吃力不讨好，还不如再寻个东家算了。”

**问题：**

1. 什么是职权、授权、直线职权、参谋职权？张丽的职责与权限相匹配吗？
2. 你认为隆久集团公司的高层管理者应该如何处理这一问题？
3. 如果你是张丽，面对当前的困境，你会怎样做？

## 三、管理技能训练

*大学生模拟公司系列实训——模拟公司组织结构设计*

运用组织设计技术，为大学生模拟公司设计合理的组织结构，并画出组织结构图。

## 四、管理技能自我测试

### 团队建设能力自我评估

团队精神不只是运动场上的成功要素，亦是现代企业在你死我活的竞争中求生存的关键。随着科学技术的日益高深复杂，许多工作必须靠团结协作才能完成。你可能很会处理企业与个人的关系，作为团队领导你表现如何？

1．你能预见部下对某项新任务、新计划的消极反应，并准备好相应对策吗？（　）
2．你能公正地对待影响整个部门声誉的人吗？（　）
3．你鼓励本部门成员彼此合作、互相帮助、互通信息吗？（　）

4．你能及时解决可能会引起大纠纷的部门内部成员之间的分歧吗？（ ）

5.你是否让部下对影响他们工作的公司内部变化有清楚了解，如公司业绩、组织变动、人事政策等？（ ）

6.无论是与同事交谈或向上级汇报，在提到自己部下们的成就时，你引以为傲吗？（ ）

7．你曾否邀请全体部下一起出去喝酒或聚餐？（ ）

8．你曾否邀请下属携夫人去你家吃饭？（ ）

9．你不在公司时，部下们表现得一如既往吗？（ ）

10.你是否在征求过全体部下的意见后，才制定指标明确、切实可行的部门规划？（ ）

11．你是否召开讨论该规划的会议，回答问题，征求意见？（ ）

12．你是否把工作计划打印出来，发到每位员工手中？（ ）

13．你是否定期召开部门会议，听取汇报，检查工作？（ ）

14．你愿意根据会议反馈的信息对原计划做必要的修改吗？（ ）

15．你如果觉察出有人对公司或部门实行的变革不满或抵制，是否积极调查研究，消除他们的疑虑与误解？（ ）

**【结论检测】**

回答“是”得1分。

13～15分

你是一个出色的领导，能够把诸位下属紧密地团结在自己周围，朝着共同的目标努力，并取得令人瞩目的成就。

8～12分

你懂得怎样领导一个集体，但在某些方面还需要继续摸索。

4～7分

你要设身处地为部下着想，多从他们的角度考虑问题，这样才能形成一个团结战斗的集体。

0～3分

你实在欠缺领导才华，极不适于做与人打交道的工作。

# 模块四　领导工作

☞ 第七章　领导

☞ 第八章　激励

☞ 第九章　沟通

# 第七章 领　　导

## 知识目标

- 掌握领导的定义与作用，熟悉领导者权力的来源
- 掌握领导特质理论、行为理论、权变理论的基本观点

## 能力目标

- 培养提高自身权威与有效运用权力的能力
- 培养有效指挥（领导）的能力

## 素养目标

- 培养优秀领导者应具备的社会责任与管理伦理
- 认可、热爱中国式领导智慧，坚定文化自信

## 第一节　领导的性质

**导入案例 7-1：抗疫斗争彰显中国力量**

2020 年初，一场突如其来的新冠肺炎疫情不期而至，这次疫情是新中国成立以来传播速度最快、感染范围最广、防控难度最大的重大突发公共卫生事件，是一场没有硝烟的战争，也是一场对党和人民的集体“大考”。在这次“大考”中，中国用 1 个多月的时间初步遏制疫情蔓延势头，用 2 个月左右的时间将本土每日新增病例控制在个位数以内，用 3 个月左右的时间取得武汉保卫战、湖北保卫战的决定性成果，到 2020 年 9 月 10 日新增本土病例清零，夺取了全国抗疫斗争重大战略成果，进而又接连打了几场局部地区聚集性疫情歼灭战。

抗疫斗争彰显中国共产党高效的动员力。高效的动员力就是“一呼百应”，当新冠肺炎疫情来势汹汹，党中央当机立断，于农历新年前夕紧急启动一级响应机制，全国各地、全社会立即动员起来。

抗疫斗争彰显中国共产党强大的组织力。面对疫情的冲击，党中央及时做出决策部署，各级党委和政府积极履职尽责，在全力加强疫情防控的同时，统筹做好“六稳”工作，努力保持生产生活平稳有序，切实维护正常经济社会秩序。

抗疫斗争彰显中国共产党坚决的执行力。坚决的执行力就是令行禁止。疫情就是命令，防控就是责任。各级党委和政府同时间赛跑、与病魔较量，坚决遏制疫情蔓延势头，坚决

打赢疫情防控阻击战。

中国的抗疫斗争体现了党和政府强大的领导力，充分说明了领导的重要性，领导是一种重要的管理职能，也是人类社会活动的重要因素。

微课：领导与领导力

## 一、领导的定义

领导是一种管理职能，在企业组织中，董事、理事、厂长、经理、部门主管等都可归入领导的范畴。关于领导的含义有多种表述，如领导是一种对下属进行指挥和控制的统治形式；领导是为实现目标而实施的影响力；领导是一门激励下属努力完成任务的艺术；领导是权力、责任、服务的统一体等。

究竟什么是领导？领导可以定义为激励和引导人们去实现组织目标的过程。领导是有效管理的一个重要方面，是一项重要的管理职能，并直接影响到其他职能作用的发挥。领导与领导者是两个不同的概念：领导是一种影响力，是对人们施加影响的艺术过程，从而引导人们达成某一目标；领导者是实施领导的人，或者说是利用影响力带领人们实现组织目标的人。

## 二、领导的权力

领导的权力既是一种控制力又是一种影响力，是指一个人主动影响他人行为的潜在能力。“影响”意味着能使他人的态度和行为发生改变；“潜在”就是说一个人拥有一定的权力，尽管领导者可能根本就没有行使这种权力。例如，一个足球队的教练有权开除表现不好的队员，但是由于队员们意识到教练拥有这种权力因而严格要求自己，这样教练实际上就很少真正行使这方面的权力。没有行使权力，并不意味着他不拥有这种权力。一个领导者要成功地扮演其领导角色、实现其领导功能，就必须具备领导者的权力。权力是领导者在领导过程中影响他人的基础，领导的影响力是由权力派生而来的。

关于领导的权力，美国管理学者弗兰奇和雷文认为领导者的权力基础可分为5种：法定权力、奖赏权力、强制权力、专家权力、感召和参考权力。

*1. 法定权力*

法定权力指组织内各领导职位所固有的合法的、正式的权力。这种权力可以通过领导者利用职权向下属发布命令、下达指示来直接体现；有时也可借助于组织内的政策、程序和规则等而得到间接体现。某位员工对不符合质量标准的产品要进行返工是因为他知道质量标准是必须遵守的、返工是合法的要求；连队士兵听从连长指挥向敌军阵营发起猛攻是因为连长具有这种人们所接受的合法的职权；企业中的各级管理人员对其下属也拥有法定权力，这种权力是组织的等级指挥链所固有的。总之，一个人在组织中承担多大的责任，就应当有多大的权力。

*2. 奖赏权力*

奖赏权力指领导者通过奖赏他人的行为来影响他人行为的能力，或者是指领导者可以决定是否给予下属所期望的精神上或物质上的奖酬的权力，如领导者可借助发放奖金、提高薪资、推荐升职以及安排理想的工作或其他任何令人愉悦的东西来获得下属的服从和顺从。由于被领导者感觉到领导者有能力使他们的需要得到满足，因而愿意追随和服从他。可以说，领导者所控制的奖赏手段越多，而且这些奖赏对下属越显得重要，那么他拥有的影响力就越大。

3. 强制权力

强制权力指领导者通过惩罚他人的不合心意的行为来影响他人行为的能力，即给予扣发工资奖金、降职、批评、分配较差的工作甚至开除等惩罚性措施的权利。强制权利和奖赏权利一样，都是与法定权利密切相关的。例如，交通警察可以对违反交通规则的驾驶员开罚款单或扣留驾驶执照，这些权利的行使都是与其所担负的工作和职务相关的。

4. 专家权力

专家权力指由于领导者具有某种专业知识和特殊技能而产生的权力，并因此而赢得同事和下级的尊敬和服从。例如，律师、医生、大学教授和企业中的工程师、高级技师等可能拥有相当大的影响力。相反，一个身居领导职位的人有可能会因为缺少某种专门知识而缺乏相应的专家权力。提倡“内行当家”，其道理之一就在于此。

5. 感召和参考权力

感召指与个人的品质、魅力、经历、背景等相关的权力，这种权力是因为领导者具有好的思想品质、作风、风尚等，并因而受到下级的敬佩。例如，黑人领袖马丁·路德·金，尽管法定的权力很小，但凭着他人格的力量，有力地影响着许多人的行为。同样的情形还见于电影明星、歌星、战斗英雄和其他具有表率作用的榜样人物身上。感召权力也称为个人影响力。除这种权力之外，有些人因为与某领导者或某权威人物有着特殊的关系，可能具有与普通人不同的影响力，这称为参考权力。例如，董事长的夫人虽然不在公司担任职务，却可能对该企业内的员工产生影响力。总经理的秘书，其头衔和职务都远低于部门经理，却可能令这些人对他或她敬畏三分。

总之，一个领导者获得影响力的途径是多样的。我们将主要依靠法定权力、奖赏权力和强制权力而形成的影响力统称为职位权力(或制度权力)；将与个人因素相关的专家权力、感召和参考权力统称为个人权力。正式组织中的有效的领导者应该是兼具职位权力和个人权力的领导。仅有职位权力的领导者只会是指挥官，而不能成为令人信赖和敬佩的领袖。非正式组织的领导者并不拥有职位权力，却能使他周围的人一呼百应，其影响力就主要来源于个人权力。这从一个侧面也说明，正式组织的领导者应该加强个人素质的修炼，以便在拥有职位权力的同时获得更大的个人权力。而且，不管运用哪种权力，领导者都要注意运用权力的艺术。

## 三、领导的作用

尽管各种教科书对领导的作用有不同的解释，但作为组织中处于组织、指挥、协调和控制地位的领导者，他们在率领被领导者去实现组织目标的过程中总会扮演指挥者、协调者与组织者的角色，同时也发挥着指挥、协调和激励等方面的作用。概括起来，领导的作用主要有三个方面：指挥作用、激励作用和协调作用。

1. 指挥作用

在组织的集体活动中，领导者具有引导、指挥、指导和帮助组织成员最大限度地实现组织目标的作用。在整个活动中，要求领导者作为带头人来引导组织成员前进，鼓舞人们去奋斗、去实现组织目标。在企业的生产经营活动中，各种生产要素的合理使用都需要有企业领导者的正确指挥。

2. 激励作用

企业可持续发展的源泉在于各级管理者及员工的积极性、智慧和创造力，当他们的利益在企业的各项制度中得到切实的保障，并与其自身利益紧密联系时，其积极性、智慧和创造力就能充分发挥出来。因此，领导者为了使组织内的所有人都最大限度地发挥其才能以实现组织的既定目标，就必须关心下属、激励下属的斗志，发掘、充实和加强他们积极进取的动力，使组织中的每个人都自觉地融入组织的目标体系中，为实现共同的组织目标而努力工作。

3. 协调作用

在组织实现既定目标的过程中，人与人之间、部门与部门之间通常会发生各种矛盾和冲突，在行动上出现偏离目标的情况也是不可避免的。因此，领导者的任务之一就是协调各方面的关系和活动，保证各个方面朝着既定的目标前进。具体而言，领导者需要进行思想协调、目标协调、权力协调、利益协调和信息协调。

（1）思想协调。组织内的每个人由于理论与思想素质不同，其工作责任心和积极性也不尽相同。另外，个人因素的不同使每个人的道德水平、心理素质不同，也使其工作方法和工作作风不尽相同，从而对工作的认识、看问题的角度、处事的风格都有可能存在差异。此外，受外部环境的影响，员工在思想上也会有分歧。因此，领导者要将思想协调放在首位。

（2）目标协调。领导者必须不断地协调企业的长远利益与短期利益，调整内部各种关系，使之与企业的战略协同一致。

（3）权力协调。为了完成工作目标或任务，领导者必须授权，所以也需要协调好权力与责任的关系。领导者一方面要运用自己的权力对下属进行指挥、命令；另一方面，要对下属权力的运用进行监督检查。

（4）利益协调。企业中员工因价值观、自身素质等不同，往往存在对利益的争执，领导者应从员工的实际出发，在思想协调的基础上，依据现行政策及员工的贡献或绩效给予利益上的协调。

（5）信息协调。领导者必须注意信息的沟通，否则，就会指挥不灵、耳目闭塞。因此，领导者在上下级之间、下级相互之间要加强信息的沟通与协调。此外，领导者还必须代表企业，与企业的相关利益者协调好各种关系。总之，领导者需要协调组织内部和组织外部间的各种相互关系，以保持组织内部和组织之间的和谐，完成组织的目标。

## 四、领导者与管理者的区别

过去，人们更多地把领导与拥有某种职务联系在一起，认为领导就是统治和指挥别人。现代领导观念则认为：领导的实质是影响别人，领导是一种影响过程，也是一种人与人之间的交往过程，通过该过程来影响、激励和引导人们执行某项任务，以达到特定目标的一种行为。作为领导者，应帮助群体最大限度地使用其能力来实现组织的目标。他们不是站在一个群体的后面去推动、督促，而是作为带头人来引导前进，鼓励人们去实现组织的目标。拿破仑说过：“只有糟糕的将军，没有糟糕的士兵。”优秀的领导者能激励别人去思考、去行动，他们是力量的主体。这其中的差异集中反映在两个方面：一是领导是否应该是非强制性的，即向下属施加影响时不采用权威、奖励和惩罚方式；二是领导与管理之间是否有区别，后一问题尤其成为近年的热点话题，很多专家在这方面有着不同的看法。

哈佛商学院的亚伯拉罕·扎莱尼克指出，管理者和领导者是两类完全不同的人，他们在动机、个人历史及想问题、做事情的方式上存在着差异。他认为，管理者如果不是以一种消极的态度面对目标，就是以一种非个人化的态度面对目标；领导者是以一种个人的、积极的态度面对目标。管理者倾向于把工作视为可以达到的过程；领导者的工作具有高度的冒险性，他们常常倾向于主动寻求冒险，尤其当机遇和奖励很高时。管理者喜欢与人打交道的工作，他们回避单独行为，他们根据自己在事件和决策过程中所扮演的角色与他人发生联系；领导者关心的是观点，喜欢以一种更为直觉的方式与他人发生联系。

同在哈佛商学院的约翰·科特却从另一角度指出了管理与领导的差异。他认为，管理主要处理复杂的问题，优秀的管理者通过制订计划、设计规范的组织结构以及监督计划实施的结果以达到有序而一致的状态。领导主要处理变化的问题，领导者通过开发未来的前景而确定前进的方向，然后他们把这种前景与其他人进行交流，并激励其他人克服障碍达到这一目标。科特认为，要达到组织的最佳效果，领导和管理具有同样的重要性，二者不可或缺。但是大多数组织总是过于强调管理而忽视领导的重要性，因此，我们应更加注重开发组织中领导的作用。

美国学者斯蒂芬·P. 罗宾斯则认为："管理者是被任命的，他们拥有合法的权力进行奖励和处罚，其影响力来自他们所在的职位所赋予的正式权力。领导者可以是任命的，也可以是从一个群体中产生出来的，领导者可以不运用正式权力来影响他人的活动。"也就是说，并非所有的领导者都是管理者，也不是所有的管理者都是领导者。有人虽有经理头衔，但很少能影响他人的行为和工作。有人并无正式职权或经理之名，却能以个人的身份和感染力去影响他人的行为。他们不是管理者，但却是一个领导者、一个至关重要的非正式领导。

根据以上各种观点，我们可以归纳出：领导者与管理者是有区别的。领导是管理的一个方面，属于管理活动的范畴，但是除了领导，管理还包括其他内容，如计划、组织、控制等。我们常把领导者与管理者混为一谈，但其实二者并不是完全相同的。领导者不一定是管理者，管理者也并不一定是领导者。领导从根本上来讲是一种影响力，是一种追随关系。人们往往追随那些他们认为可以满足自身需要的人，正是人们愿意追随他，才使他成为领导者。因此，领导者既存在于组织中，也存在于一定的集体中；既存在于正式组织中，也存在于非正式组织中。管理者是组织中有一定职务并负有相应责任的人，他存在于正式组织之中。有的管理者可以运用职权迫使人们去从事某一项工作，但不能影响他们去工作，他并不是领导者；有的人并没有正式职权，却能以个人的影响力与魅力去影响他人，他是一位领导者。为了使组织更有效，应该选取领导者来从事管理工作，也应该把每个管理者都尽量培养成好的领导者。

微课：领导特质理论

## 第二节　领导特质理论

领导特质理论也称伟人理论，是研究领导者的心理特质与其影响力及领导效能关系的理论。这种理论阐述的重点是领导者与非领导者的个人品质差别。

长期以来，人们一直在就“伟人”理论进行争议。历史是否是像凯撒大帝、拿破仑、丘吉尔这样的人创造的？或者这样的人是否是历史造就的？这些人是否具有某些品质足以对人类事件的进程产生重大影响？或者这些人成为领导仅仅是由于遇上合适的地点和合适的时间的原因吗？这些问题诱发了学者对领导特质的研究，他们试图找出领导者与非领导者特质上的区别。例如，有的研究者认为，只要测定好的领导者和差的领导者的特质，比较其差别，就可以找到问题的答案。1940 年，曾有人列出了 20 份不同的性格表，认为表上所列的性格就是领导者的特征；然后又有不少人提出个人才智、工作能力、自信心、决断能力、客观性、主动性、可靠性、干劲、善于理解人、体贴人、感情的稳定性、追求成功的强烈欲望、同他人合作的能力、个人品德的高度完善性，甚至身高、体格、外貌等，都决定领导的成败。还有人认为领导特质是与生俱来的，先天不具备这些特质者就无法当领导者。

研究者在现实生活中也找到了一些依据。例如，一般领导者在社交性、坚持性、创造性、协调性、处理问题的能力等方面都超过了普通人。此外，其性格特征也有别于普通人，如一般性格较为外向、智力较高、爱好群体性生活、责任心强、积极地参与相应的社会活动、坚韧性强、能细致周到地考虑和解决问题等。但是，持反对意见的人认为，很多领导者并无上述天赋的个性特质，并且很多有上述特质的人也并未成为领导者。不同的研究所得出的结论往往不一样，而且常常有相互矛盾的情况。其原因，大致有以下两种。

第一，领导是一种动态进程，任何人都不可能生而具有领导者的特质，领导者的特性和品质是后天的，是在实践中形成的，可以通过培训而获得。

第二，各种组织的工作性质不同，为达成组织目标所需要的功能也不相同。因此，不同组织对领导者人格特质的要求大不相同；即使在同一组织中，工作和任务也是多质性的，工作岗位的性质不同，对领导者的人格特质的要求也不一样。有人适合做这种工作的领导，但不一定适合做另一种工作的领导。领导的人格特质都是具体的、特定的，企图找到一种普遍适用的领导人格特质，显然不符合实际。

总之，大量的研究表明：具有某些特质确实能提高领导者成功的可能性，但没有一种特质是成功的保证。

多年来，人们一直试图通过调查研究寻找成功的领导者具备的一些共性的个人特质，各种研究因为角度不同，得出的结果也各有特色，甚至有所矛盾，下面简要介绍几种有代表性的观点。

## 一、伟人理论

伟人理论也称天才论。这种理论认为领导者是天生的，不是后天培养的，他们具有一种超凡的神授能力与魅力。一些重大的政治、经济、社会变革，都与伟人联系在一起，历史仅是伟大人物的传说，如毛泽东、华盛顿、成吉思汗等。当代的伟人学派不仅对历史人物详加研究，还把重点放在一些大企业的领导者身上，挖掘他们的身世、事业、个性，试图辨析他们在身体与精神上的先天内在品质。

## 二、斯托格第的研究结果

斯托格第通过调查，总结出领导者的品格应包括：

（1）5 种身体特征：精力、外貌、身高、年龄、体重。

（2）两种社会性特征：社会经济地位、学历。

（3）4 种智力特征：果断性、说话流利、知识广博、判断分析能力。

（4）16 种个性特征：适应性、进取心、热心、自信、独立性、外向、机警、支配、有主见、急性、慢性、见解独到、情绪稳定、作风民主、不随波逐流、智慧。

（5）6 种与工作有关的特征：责任感、事业心、毅力、首创性、坚持、对人的关心。

（6）9 种社交特征：能力、合作、声誉、人际关系、老练程度、正直、诚实、权力的需要、与人共事的技巧。

## 三、鲍莫尔的研究结果

美国普林斯顿大学的鲍莫尔提出了作为一个企业家应具备的 10 个条件：合作精神、决策能力、组织能力、精于授权、善于应变、敢于求新、勇于负责、敢担风险、尊重他人和品德高尚。

## 四、皮奥特维斯基和罗克的研究结果

皮奥特维斯基和罗克两位管理学家在 1963 年出版的《经理标尺：一种选择高层管理人员的尺度》的著作中，对成功经理的个人特性列举如下：

（1）有与各种人士就广泛的题目进行交谈的能力。

（2）在工作中既能"动若脱兔"地行动，又能"静若处子"地思考问题。

（3）既关心世界局势，也对周围生活中发生的事感兴趣。

（4）在处于孤立环境和困难局势时充满自信。

（5）待人处事机巧灵敏，而在必要时也能强迫人们拼命工作。

（6）在不同的情况下根据需要，有时幽默灵活，有时庄重威严。

（7）既能处理具体问题，也能处理抽象问题。

（8）既有创造力，又愿意遵循惯例。

（9）能顺应形势，知道什么时候该冒险、什么时候该谋求安全。

（10）作决定时有信心，征求意见时谦虚。

## 五、诺斯科特·帕金森的研究结果

诺斯科特·帕金森总结了以下一些成功的领导者具备的特性：

（1）总是遵守时间。

（2）让下属充分施展才能，并通过良好的、恰如其分的管理而不是靠强迫来达到目标。

（3）既注意提高自身素质，也注意提高下级的素质，绝不姑息缺点。

（4）抓住关键，做事知道轻重缓急。

（5）深知仓促决定容易出错。

（6）尽可能授权他人，使自己有更多的时间规划组织的未来。

## 六、德鲁克的研究结果

美国管理学家德鲁克在《有效的管理者》一书中指出了5种有效领导者的特性，并指出它们是可以通过学习掌握的。

（1）知道时间该花在什么地方，领导者在支配时间方面常处于被动地位，所以有效的领导者都善于系统地安排与利用时间。

（2）致力于最终的贡献，他们不是为工作而工作，而是为成果而工作。

（3）重视发挥自己的、同事的、上级的和下级的长处。

（4）集中精力于关键领域，确立优先次序，做好最重要的和最基本的工作。

（5）能做出切实有效的决定。

## 七、彼特的研究结果

美国管理学家彼特认为，人们可以找到确定的证据来证明某些特性是不成功领导者的品质。这些难以胜任领导的品质可归结为：

（1）对别人麻木不仁、吹毛求疵，举止凶狠狂妄。

（2）冷漠、孤僻、高傲自大。

（3）背信弃义。

（4）野心过大，玩弄权术。

（5）管头管脚，独断专行。

（6）缺乏建立一支同心协力的队伍的能力。

（7）心胸狭窄，挑选无能之辈担任下属。

（8）目光短浅，缺乏战略头脑。

（9）犟头倔脑，无法适应不同的上司。

（10）偏听偏信，过分依赖一个顾问。

（11）懦弱无能，不敢行动。

（12）犹豫不决，处事不果断。

并非所有成功的领导者都具备上述特质理论所描述的品质，而且几乎没有一种品质是所有领导者所共有的，而许多非领导者可能具备上述的大部分甚至全部品质。因此，领导特质理论无法指出哪些素质是领导者必需的，而且也无法对各种品质的相对重要程度做出评价。

各种领导特质理论所显示的结果之所以不一致，是因为领导特质理论忽略了被领导者和环境的作用。事实上，一个领导者能否发挥作用，会随被领导者的不同而不同，也会因环境的改变而改变。把领导活动割裂在被领导者因素和环境因素之外，仅从其中一个方面——领导者自身进行研究，就会产生相互重叠甚至相互矛盾的情况。

领导者特质理论既然存在缺陷，为什么还要介绍它呢？因为它具有一定的科学性，有一定的可取之处。现代管理学证明，伟人理论关于领导者神授素质的结论是不正确的。德鲁克指出，有效性是一种后天的习惯，是一系列实践的综合。领导才能是一种成就，是通过努力达到的，而不是与生俱来的。每一位渴望成为领导者的有志者和每一位希望提高自身领导水平的领导者，都可以结合自己的下属情况与环境态势，在上述各种领导者特质理论中找到最认同的那几条，把它们作为目标，提高自身素质。虽然改变自身的身体、智力、个性和社会等特性非常困难，但是当你迈出一步，就离理想的领导境界近了一步。

## 第三节 领导行为理论

**导入案例 7-2：比尔·盖茨的管理风格**

比尔·盖茨的管理风格既不是美国的个人主义，也不是日本的共识主义，他的管理风格是独树一帜的。杰克·瑞称这种风格为“武装休战”。他写道：“冲突处于微软每个重大决定的核心。这是一家时刻在交战中的公司，不只是与局外人作战，而且也和自己作战。”贾特纳集团分析家考特·温克勒认为，微软的成功依赖全力投入的员工，而他们对这位具有领导魅力的领导人极为信服：“比尔要他们做某事，他们就会照办。他们信赖他。他从不让他们失望，他们的企业文化是对的。”

比尔·盖茨履行“高压式”的管理风格。盖茨很少赞美员工，通常都只是批评，他始终给予员工极大的压力，员工一旦出错，他决不手软。“充分利用员工，直到榨不出一滴油为止，微软公司最终能够留住的都是些适合公司发展要求，也能经得起磨炼的比尔·盖茨先生想要的人才。”这正是许多人对盖茨管理方式的评价。

比尔·盖茨的“高压式”管理风格的确是不近人情的。由于盖茨本人对微软公司的员工期望值很高，所以表现出来的大多是对员工的批评，而很少表扬。他常常批评员工的表现不尽理想，甚至扬言要开除他们。一方面盖茨给予员工高度的外在的物质福利与内在成就动机的满足作为奖赏；另一方面盖茨喜欢采用批评和威胁的方式管理员工，并且在微软公司内部推销“立即惩戒”与“固定的淘汰率”制度。盖茨赏罚的目的非常明确，他并不在乎员工对他是否崇拜，而是希望通过各种赏罚制度，将员工行为导向企业经营目标所期望的发展方向。微软公司在快速地成长着，这应该与盖茨的管理方式有密切关系。有人说，盖茨不仅是一个管理者，他更是一个领导者。盖茨就是利用独树一帜的达尔文式的管理风格一步步使微软公司发展壮大起来的。

### 一、领导方式理论

领导方式是领导者在活动中表现出来的比较固定的和经常使用的行为方式和方法的总和，又称为领导者工作作风，它表现出领导者的个性。例如，有的领导工作起来大胆泼辣又主观武断、粗暴、独断专行；有的领导在工作中胆小怕事、左请示、右汇报，非得等上级有十分具体、明确的提示后才肯行事等。领导方式既是个性的表现，又影响着他所领导的工作群体的作风，从而影响工作群体的工作效率。

1. 勒温的三种极端的领导方式理论

关于领导方式的研究最早开始于德国社会学家勒温（P. Lewin）。他于 1939 年提出了领导风格理论。他根据权力定位于谁，将领导类型分为三种形式：专制型领导、民主型领导和自由放任型领导。

微课：勒温的领导方式理论

（1）专制型领导——权力掌握在领导者个人手中，一切由领导者个人决定。领导者喜欢发号施令，不考虑别人的意见和想法，不愿与下属沟通，要求下属绝对服从，而且由领导者去监督执行情况。

（2）民主型领导——权力定位于群体。成员在很大程度上能参与决策，通过集体讨论，集思广益，他们在一定的范围内可以自己决定工作内容和工作方法。其成员的工作有一定的自主权和灵活性。

（3）自由放任型领导——权力定位于每个成员个人。领导者很少运用自己的权力，在工作中给予下属高度的独立性甚至是“自由放任”。这类领导者主要依靠下属自己确定他们的目标以及实现目标的方法，而领导者充当信息的提供者以及与组织外部进行联系。领导只作任务布置，既不监督执行，也不检查完成，而是放任自流。

以上三种领导方式各有其优点和缺点。专制型的领导者能够通过严格的管理达到目标，但组织成员没有责任感，情绪消极、士气低落；民主型的领导方式工作效率高，不但能实现工作目标，而且组织成员有工作积极性和创造性；自由放任型的领导方式效率最低，能达到组织成员的社交目标，但难以实现工作目标。

比较三种领导方式的优劣，大多数人都认同民主型领导，但从实际情况来看，无论哪种领导方式在不同的环境下都有成功的事例。例如，遇到紧急情况、发生内部矛盾，用民主的方法不能解决时，采取专制型的领导方式也许会更有效。关键在于如何根据实际情况，选择合适的领导方式。

这三种领导作风中还有不少变型。例如，某些专制独裁的领导者被看成是“开明的独裁者”，这些领导者在自行决策之前能够听取别人的意见。参与型领导者的一种变型是支持型领导者，他们认为自己的任务不仅要同下属磋商，认真考虑他们的意见，而且还要尽其所能地帮助下属来履行职责。

2. 利克特的四种领导方式理论

利克特（R. Likert）是美国的一位心理学家和行为科学家。他曾长期担任密歇根大学社会中心主任一职，从 20 世纪 40 年代就开始对领导问题进行研究。通过对许多领导者和其下属人员的访问调查，利克特发现了四种基本的管理方式，如图 7-1 所示。

| 方式1 | 方式2 | 方式3 | 方式4 |
| --- | --- | --- | --- |
| 专制的独裁型 | 仁慈的独裁型 | 协商型 | 参与型 |

图 7-1　领导方式的四种类型

（1）专制的独裁型领导者非常专制，对下级没有信心，不信任；下级根本没有同上级讨论工作的自由，不能过问决策的程序。下级的工作意识靠恐吓、威胁、惩罚以及偶尔的奖赏激发。

（2）仁慈的独裁型领导者仍然是专制的，但采取了家长制的恩赐式领导方式。领导者保持严格的控制，领导者对下级就像主人对待仆人那样，可以以恩赐的态度给予信任和信赖。在解决问题时偶尔也征询下级的意见和看法，但下属在与上级讨论工作时感到不是很自由。

（3）协商型领导者对下级有较大但并不充分的信任，他们仍然保持对最后决定权的控制。他们经常听取下级的意见并尽量积极采纳。下级与领导讨论工作比较自由。

（4）参与型领导者采用民主的形式，在所决定的事情上完全相信和信任下属，他们只给下属指出一些方向，实行全面的集体参与，并按照一致的意见或多数人的意见做出决定。下属有充分的自由与领导讨论工作。

利克特的调查结果表明，工作效率高的组织多数是实行协商型或参与型领导方式的。利克特认为，如果领导者以职工为中心，不仅注意职工的工作，而且关心他们的需要和愿望，那么这个组织的效率就高；如果领导者仅以工作为中心，不关心职工的需要和愿望，那么这个组织的效率就低。如果领导者采取民主的方式来领导，则工作效率就高；如果领导者采取独裁的方式来领导，则工作效率就低。

利克特认为，一个领导者不是以工作为导向就是以职工为导向，这两种领导方式是相互对立的。经研究表明，以职工为导向的领导要比以工作为导向的领导的效果更好。

## 二、领导行为四分图理论

美国俄亥俄州立大学人事研究委员会以亨普希尔为首的一批学者，从 1945 年开始研究领导行为，并提出了领导行为四分图。他们经过调查列出了 1 790 种刻画领导行为的因素，通过逐步概括，最后归纳为“关心人”和“抓组织”两大类。

（1）“关心人”的领导行为：注重与下属之间的友谊，相互信任，尊重下级的意见，关心他们的需求，分担他们的忧虑，鼓励部下与他交谈，对待所有下属一视同仁，帮助下属解决私事等，这是重视人际关系的领导行为。

（2）“抓组织”的领导行为：注重工作的组织、计划和目标，规定成员的工作职责和关系，建立明确的组织形态、信息沟通渠道及工作程序方法，要求群体成员遵守标准的规章制度。

按照“关心人”和“抓组织”的不同内容，他们设计了“领导行为描述答卷”，每次内容列举 15 个问题，发给有关领导者进行调查。结果发现两种领导行为在一个领导者身上有时一致，有时并不一致，因此，他们认为领导是两种行为的具体组合。他们用“四分图”的形式将这一概念加以表示，根据调查结果在图上评定领导者的类型。这是以二维空间表示领导行为的首次尝试，为以后领导行为的研究开辟了一条新的途径，如图 7-2 所示。

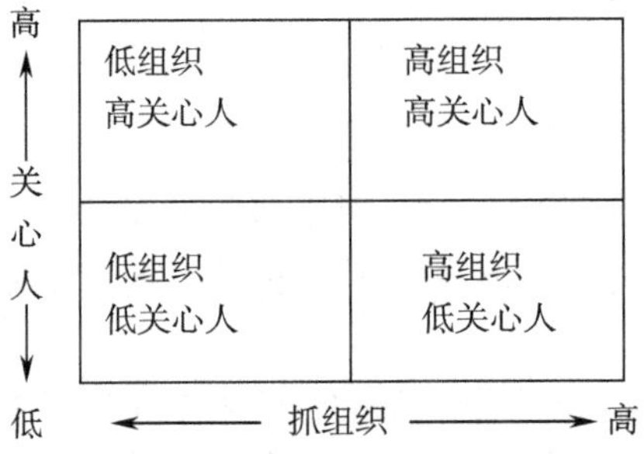


图 7-2　领导行为四分图

## 三、领导方格理论

罗伯特·布莱克和简·穆顿在 1946 年出版的《管理方格》一书中就企业中的领导方式提出了所谓的管理方格理论，如图 7-3 所示。

布莱克和穆顿认为在对生产关心和对人关心的领导方式之间，可以有各种不同的混合领导方式。

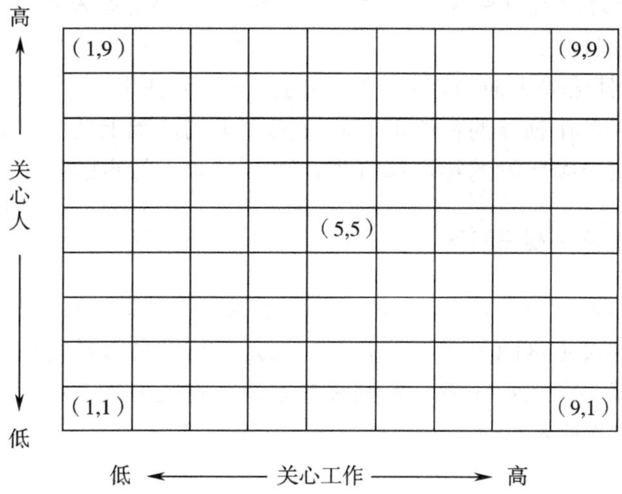


图 7-3　管理方格

（1，1）被称为贫乏式的管理。领导者既不关心生产，也不关心人，只求维持生产的起码水平。这样的领导自然是不称职的。

（9，1）被称为任务式的管理。领导者只注意工作效率，致力于有效地组织和安排生产，并将工作环境安排好，从而使个人需求的成分对工作的影响降低到最低限度。在这种管理方式下，领导者严格控制下属，要求下属唯命是从，以保证工作效率。

（1，9）被称为乡村俱乐部式的管理。领导者只强调人的因素，强调满足人的需要，注意搞好人际关系、建立和谐的组织气氛，但对生产不关心，对指挥监督、规章制度等重视不够。

（5，5）被称为中间道路式的管理。这是一种一般水平的管理。这种方式既不偏重人的因素，也不偏重生产的因素，保持组织需要和员工需要之间的平衡。这种方式往往会束缚生产的革新和员工的创造性。

（9，9）被称为团队（或战斗集体）式的管理。领导者对生产的关心和对人的关心都达到了最高水平。这种管理方式能使组织的目标和个人的需求最有效地结合起来。它要求创造出的工作条件能使得员工了解问题，关心工作的成果，员工和企业的利益相结合。这样员工就会自我指挥和自我控制，从而导致很高的工作效率和成果。

布莱克和穆顿认为，企业的领导者应努力地把自己的领导方式改造成（9，9）型的方式，以求企业的最高效率。但是值得指出的是，（9，9）型并不是在什么时候都是最佳的领导方式，要根据具体情况而定。

# 第四节　领导权变理论

**导入案例 7-3：韩信的领导权变理论**

刘邦因怀疑韩信谋反而捕获韩信之后，君臣有一段对话。刘问："你看我能领兵多少？"韩答："陛下可领兵十万。"刘问："你可领兵多少？"韩答："多多益善。"刘不悦，问道："既如此，为何你始终为我效劳又为我所擒？"韩答："那是因为我们两人不一样，陛下善于将将，而我则善于将兵。"

在这段对话里，韩信关于他与刘邦之间不同点的描述体现了领导权变理论的基本观点。

领导的权变理论是在领导的特质理论和行为理论的基础上发展起来的。这类理论认为有效的领导不仅取决于领导者的特性和行为，而且取决于特定的环境。

## 一、领导连续统一体理论

美国学者坦宁伯姆和施密特在 1958 年提出了领导连续统一体模型。他们指出：领导风格并不是只有独裁和民主这两种极端的方式，而是在这两种极端之间，以领导者为中心还是以下属为中心程度不同地存在着一系列领导方式。这些方式有相应的对下属的授权程度和决策方式，如图 7-4 所示。

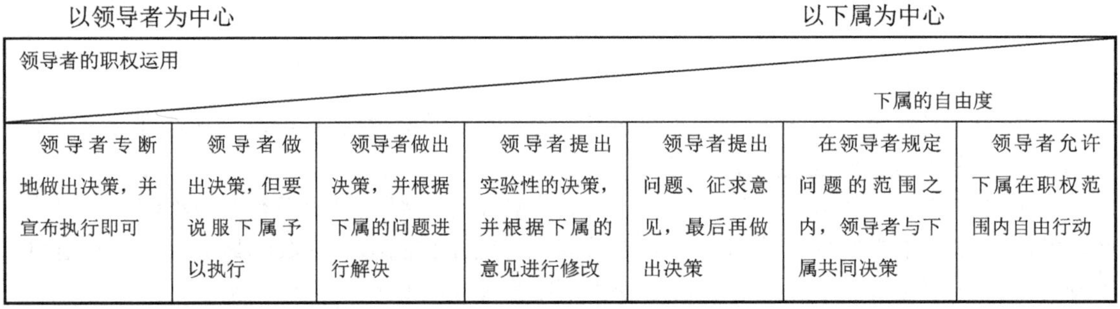


图 7-4　领导连续统一体模型

图 7-4 中所示的 7 种领导风格，没有哪一种总是正确的或错误的，也没有哪一种是最好的或最坏的。在不同的领导者、下属和情景之中，有不同的最适合的领导风格。此外，组织环境和社会环境也会对领导风格产生影响。坦宁伯姆和施密特认为，一个成功的领导者，不一定是专权的人，也不一定是放任自流的人，而是能够针对不同环境采取恰当措施的人。例如，一个好的化学实验室主任，在设计危险化学品的使用时，他是专制的；但设计制定研究方向与计划时，他又是民主的。

## 二、菲德勒的权变领导模型

这个模型是美国依利诺大学的教授菲德勒经过 10 多年的研究后提出来的。菲德勒是权变理论的创始人，也是第一个把人格测量与情境分类联系起来研究领导效率的学者。他从 1951 年起，经过 15 年的大量调查研究，提出了菲德勒模型。他认为，任何领导行为都可能是有效的，也可能是无效的，关键要看这种领导行为是否与环境相互适应。领导者必须是一位具有适应能力的人。

菲德勒定义的环境包括以下三项内容：

（1）领导者与被领导者的关系是指下属对领导人的信任、喜爱、忠诚和愿意追随的程度，以及领导者对下属的吸引力。它是决定领导者在群体中的控制力和影响力的主要因素。

（2）工作任务结构是指下属担任工作任务的明确程度，即表明任务的目的、方法和绩效标准的清楚程度。含义模糊不清的任务会带来一种不确定性，从而降低领导者对情境的控制度。

（3）领导者的职位权力是指领导者拥有的权力变量（如聘用、解雇、训导、晋升、加薪）的影响程度。

为了测定领导者的人格特征与情境之间的关系，菲德勒对 1 200 个群体进行了广泛调查，也设计了一个“最不愿与之共事者”（Least Preferred Co-worker）问卷，简称 LPC 问卷。问卷由 16 组双极性问题组成，让作答者想出一个与自己最难共事者，然后对他进行评价。问卷以 1～8 等级计分，最后累加得分高者，说明即使对最不喜欢共事者也会给好的评价，那么，他一定是关心人而宽容的领导，属关系取向型。LPC 得分低者则相反，他对人苛刻，是以工作为中心的，属于任务取向型。菲德勒运用 LPC 问卷可以将绝大多数作答者划分为两种领导风格。当然，据此他也发现有一小部分领导处于两者之间，他承认很难勾勒出这些人的个性特点。

菲德勒模型的下一步是根据三次环境变量进行评估：领导者与成员关系或好或差、任务结构或高或低、职位权力或强或弱。他指出：领导与成员关系越好，任务的结构化程度越高，职权越强，则领导者拥有的控制力和影响力也越高；反之，领导者的控制力越低。总之，将三项权变变量加以不同的组合，便可得到 8 种不同的情境或类型（见图 7-5），每个领导者都可以从中找到自己的位置。研究结果表明：任务取向型领导者在有利或不利的情境下工作更有利，也就是说，当面对 1、2、3、8 类型的情境时，任务取向型领导会干得更好；关系取向型领导在中间状态的情境，即 4、5、6、7 类型的情境中会干得更好。

| 上下级关系 | 好 | | | | 差 | | | |
|---|---|---|---|---|---|---|---|---|
| 任务结构 | 明确 | | 不明确 | | 明确 | | 不明确 | |
| 职位权利 | 强 | 弱 | 强 | 弱 | 强 | 弱 | 强 | 弱 |
| 情境类型 | 1 | 2 | 3 | 4 | 5 | 6 | 7 | 8 |
| 情境特征 | 有利 | | | 中间状态 | | | | 不利 |
| 有效的领导方式 | 任务型 | | | 关系型 | | | | 任务型 |

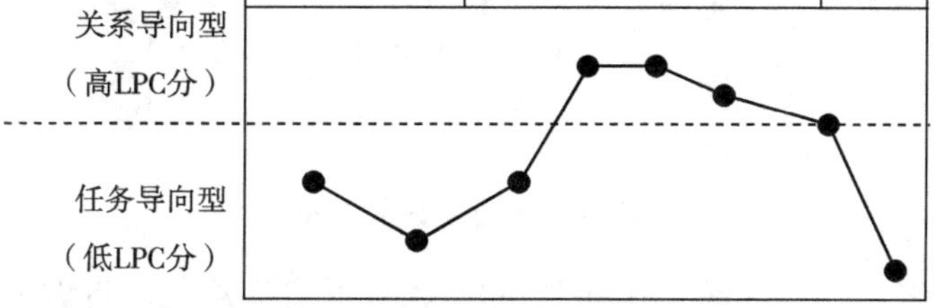


图 7-5　菲德勒的权变领导模型

尽管有人批评菲德勒的权变模式在研究方法和理论上都存在错误或缺点，但该模型确实为领导方式的研究做出了很大贡献。它强调的是，领导方式本身无所谓好坏，一个管理者的领导风格在一种情况下可能有效，而在另一种情况下则可能会失败。

## 三、领导生命周期理论

微课：领导生命周期理论

领导生命周期理论是由科曼首先提出，后由保罗·赫西和肯尼斯·布兰查德予以发展的理论，也称情境领导理论。这是一个重视下属的权变理论。赫西和布兰查德认为，依据下属的成熟度，选择正确的领导风格，就会取得领导的成功。西方不少企业在培训其管理者的领导艺术时常使用这一理论，如《财富》杂志500强企业中的北美银行、IBM公司、美孚石油公司、施乐公司等，甚至美国军队中的一些部门也采用这一模型培训其军官。

赫西和布兰查德重视下属在领导效果方面的作用，是因为下属可以接纳或拒绝领导者的命令，领导者的领导效果经常取决于下属的行为和活动。然而这一问题的重要性却被许多领导理论所忽视或低估。

赫西和布兰查德将成熟度定义为：个体对自己的直接行为负责任的能力和意愿。它包括两项要素：工作成熟度与心理成熟度。前者包括一个人的知识和技能，工作成熟度高的个体拥有足够的知识、能力和经验完成他们的工作任务而不需要他人的指导；后者指的是一个人做某事的意愿和动机，心理成熟度高的个体不需要太多的外部激励，他们主要靠内部动机激励。

领导生命周期理论使用的两个领导维度与菲德勒的划分相同：工作行为和关系行为。但是，赫西和布兰查德更向前迈进了一步，他们认为每一维度有低有高，从而组成四种具体的领导风格，如图7-6所示。

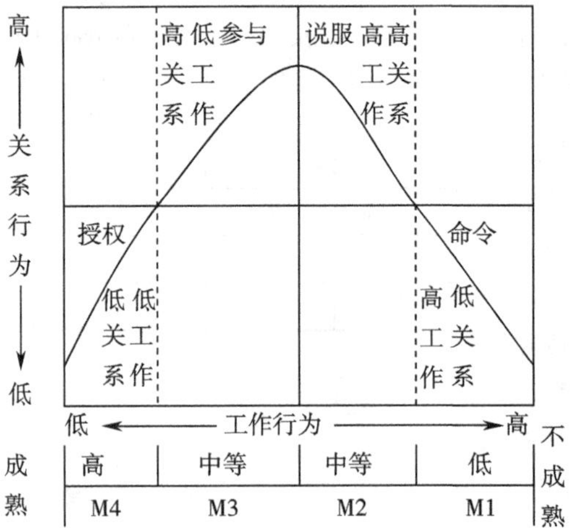


图7-6 领导生命周期曲线

（1）命令型领导方式（高工作低关系）：领导者定义角色，告诉下属应该干什么、怎么干以及何时何地去干。

（2）说服型领导方式（高工作高关系）：领导者同时提供指导性的行为与支持性的行为。

（3）参与型领导方式（低工作高关系）：领导者与下属共同决策，领导者的主要角色是提供便利条件与沟通。

（4）授权型领导方式（低工作低关系）：领导者提供极少的指导或支持。

赫西和布兰查德的领导生命周期理论对下属成熟度的四个阶段的定义是：第一阶段，这些人对于执行某任务既无能力又不情愿。他们既不胜任工作又不能被信任。第二阶段，这些人缺乏能力，但愿意执行必要的工作任务。他们有积极性，但目前尚缺足够的技能。第三阶段，这些人有能力，却不愿意做领导者希望他们做的工作。第四阶段，这些人既有能力又愿意做领导者让他们做的工作。

图 7-6 概括了情境领导模型的各项要素。当下属的成熟水平不断提高时，领导者不但可以不断减少对下属行为和活动的控制，还可以不断减少关系行为。在第一阶段（M1）中，下属需要得到具体而明确的指导；在第二阶段（M2）中，领导者需要采取高工作高关系行为，因为高工作行为能够弥补下属能力的欠缺，高关系行为则试图使下属在心理上“领会”领导者的意图；对于在第三阶段（M3）中出现的激励问题，领导者运用支持性、非领导性的参与风格可获最佳解决；在第四阶段（M4）中，领导者不需要做太多事，因为下属既愿意又有能力担负责任。

## 第五节　领 导 艺 术

**导入案例 7-4:“闲可钓鱼”与“无暇吃鱼”**

1. “闲可钓鱼”的王业震

新港船厂是中国船舶工业总公司下属一家较为大型的企业，1982 年 11 月，46 岁的高级工程师王业震出任该厂厂长。当时,该厂有职工 6 500 人，固定资产 1.2 亿元。在技术和管理上，他借鉴日本三井造船、大阪造船等企业的经验，锐意改革。

企业内部管理体制设两大系统：直线指挥系统和职能系统。

日常工作中，上级不可越级指挥，但可越级调查；下级不可越级请示，但可越级投诉。组织明确每个人只有一个直接上级，而每个上级直接管辖的下属为 3 ～9 人。归厂长王业震本人直接领导的只有 9 人。此外，工厂专设三个“厂长信箱”，用于随时了解职工的意见和建议。一次，某车间工人来信反映某代理工段长不称职，王业震于第二天收阅后批转有关部门查处，经调查属实，随即作人事调整，前后仅 5 天时间。

“一个厂长不时时想到为工人服务，就没有资格当厂长。”一次，中国香港和美国的两艘货轮在渤海湾相撞，由该厂承担抢修业务。在夜以继日的抢修中，王厂长让后勤部门把馒头、香肠、鸡蛋送到现场。任务提前完成后，赢利 80 万元。王业震和厂领导班子决定破例发给参加抢修的职工加班费和误餐补助费 8 600 元。

新领导班子对会议作了改革。全厂必须召开的 15 个例会，时间、地点、出席人员都通过制度固定下来。一般会议不超过两小时，每人发言不超过15分钟。王业震本人每周仅召集两次会：厂长办公会和总调度会。

王业震基本上按时上下班，很少加班加点。每逢出差外出，他就委托一位副厂长代行职权。厂里曾经派一位中层管理人员去日本监造主机，行前又明确授权让他一并购买主机控制台用的配件。那人到日本后，却接连就价格、手续、归期等事项挂国际长途电话向厂里请示。王业震的答复是："将在外，君命有所不受。你是厂里的全权代表，可以做主，不用遇事请示。那里的事你相机定夺嘛。今后再挂电话来，电话费由你自己付。"

仅仅一年光景，新班子和王业震初试锋芒即见成效。1983年，新港船造船4艘、修船137艘，工业总产值、利润、全员劳动生产率分别比上年增加25.6%、116%和20%。

2. "无暇吃鱼"的步鑫生

海盐衬衫总厂坐落在浙江海盐县武原镇。该厂的前身是成立于1956年的红星成衣社，是一个仅有30多名职工的合作社性质的小厂。自1976年起，该厂由门市加工为主的综合性服装加工转为专业生产衬衫。此后，陆续开发出了双燕牌男女衬衫、三毛牌儿童衬衫和唐人牌高级衬衫等产品。到1983年，该厂已拥有固定资产净值107万元、600多名职工，当年工业总产值1 028万元，实现利润52.8万元。该厂老总步鑫生由此闻名遐迩。

成功的背后付出的是艰辛。步鑫生为厂里大大小小的事情操心，可谓殚精竭虑、废寝忘食。他性喜吃鱼，却忙得连吃鱼也顾不上了。有一次，食堂里没有别的菜，只有鱼。鱼颇鲜美，正合口味，可是他只吃了几口，因为太浪费时间，张口将未及咀嚼的鱼连肉带刺吐了出来，三口两口扒饭下肚，急匆匆地走了。他每天工作十五六个小时，从不午睡；每次出差都是利用旅途小憩，到达目的地立即投入工作。

步鑫生常对厂里职工说："上班要拿出打老虎的劲头。慢吞吞、磨蹭蹭，办不好工厂，干不成事业。"他主持制定的本厂劳动管理制度规定：不准迟到早退，违者重罚。有位副厂长从外地出差回来，第二天上班迟到了三分钟，也被按规定扣发工资。以1983年计，全厂迟到者仅34人次。步鑫生本人开会分秒必争，今天要办的事决不拖到明天。在他的带动下，全厂上下形成了雷厉风行的作风。只要厂内广播一通知开会，两分钟内，全厂30名中层以上干部凡是在厂的全都能到齐。开会的时间一般不超过15分钟。

进入1984年，一阵风在中国刮起了"西装热"。步鑫生先是不为所动，继而办起了一个领带车间，最后终于做出了兴办西装分厂的决策。在与上级主管部门来人的一次谈话中，前后不过两小时，步鑫生做出了这一重大决策。副厂长小沈闻讯提出异议："不能这样匆忙决定，得搞出一个可行性研究方案。"然而，这一意见被步厂长一句"你懂什么"否定了。一份年产8万套西装、18万美元的估算和外汇额度的申请报告送到省主管部门，在那里又加大了倍数，8万套成了30万套，18万美元成了80万美元，层层报批、核准，6 000平方米西装大楼迅速进入施工，耗资200万元。

无奈好景不长。过热的宏观经济急剧降温，国家开始压缩基建规模。海盐厂的西装大楼也被迫停工。与此同时，市场上一度十分抢手的西装也出现了滞销迹象。步鑫生是靠衬衫起家的，年产120万件的产量和唐人、三毛、双燕三大牌号的衬衫令他引以为自豪。但代表本厂水平的唐人牌高级衬衫此时也在全国同行业产品评比中落选了。

1985年入秋，步鑫生被选送浙江大学管理系深造。他并不因此而稍有解脱，企业严峻的经营状态令他放心不下。他频频奔波于厂校两地，在厂的日子远多于在校。半年以后，他退学回厂，决心以三年时间挽回企业的颓势。

精明强干的步鑫生，他的助手多数也很能干，只是当他从早到晚忙着处理厂里大事小事时，他的助手似乎插不上手。步鑫生备尝创业的艰辛，终因企业濒临破产而被免去厂长之职。

“我没有预料到会有这样的结局”，步鑫生这样说。他进而补充了一句：“我是全心全意扑在事业上的。”副厂长小刘也不讳言：“到现在为止，我敢说步鑫生仍是厂里工作热情最高的人。”

试想：王业震与步鑫生领导方式和管理措施有何不同？致使步鑫生的时间被无效利用的主要原因有哪些？

现代领导工作复杂多变，千头万绪，而又相互制约，作为领导者要能够驾驭全局，从繁杂的事务圈中“超脱”出来，集中精力抓大事，从而牢固把握工作的主动权，这就要求领导者不仅要掌握基本的工作方法，还要具备高超的领导艺术。领导艺术是指领导者在其知识、经验、才能和气质等因素的基础上形成的具有创造性的领导才能、技巧、艺术和方法。

领导艺术是一门博大精深的学问，内涵极为丰富，存在于领导工作的始终，一般包括统筹全局的艺术、用权的艺术和协调的艺术。

## 一、统筹全局的艺术

统筹全局的艺术又称战略性领导活动艺术。美国著名管理学者杜拉克在《有效的管理》中指出：“有效管理者做事必须重要的事情先做，而且专一不二。”由此可见，领导者应尽量不参加与自己无关的小事，应集中更多的时间，专心自己的事业，抓好事关政策性、全局性、倾向性的工作和问题，严格按照“例外原则”办事，只管那些没有对下级授权的例外的事情。若整天忙忙碌碌，捡了芝麻丢了西瓜，这才是最大的失误。

领导者要养成对日常事务进行理性分析和分类处理的良好习惯，应根据工作的轻重缓急依次排队，不颠倒工作主次。

从提高领导处事艺术的角度，可以把领导者的工作分成以下几类，并设计相应的处理方式。

1. 常规事情规范化

对常规事情，领导者自己不必躬亲，可授权下级人员去做；但要规定具体的要求、操作程序、考核指标和奖惩规则，使之规范化。

2. 一般事情案例化

一般事情是指有先例可循、有处理此事情的经验但对其规律尚未完全认识的工作事项。应该珍视以往处理此事情的经验教训，但又不囿于以往经验，形成工作方案后交部属去执行；然后听取汇报，进一步总结经验。

3. 例外事情决策化

例外事情是指新情况下的新问题、新矛盾，没有先例，单凭经验难以处理的事项。对此领导者要遵循决策程序组织力量，群策群力，制定方案，督导实施，检查考评，全程调控和调适，从中总结经验，摸索规律，使之走向案例化和规范化处理模式。

4. 重点事项亲自抓

所谓重点事项，一是关键性，二是薄弱性。关键性就是指与组织目标密切相关，并在一定程度决定领导工作成败的事项；薄弱性是指因主客观条件不充分，使工作受到延误或无起色，需要加强的事项。

## 二、用权的艺术

领导者所拥有的权力是领导者实施领导的基础和前提。领导者的权力主要有组织法定权和个人影响力两个方面。领导者只有在遵守组织法定权又不断培养个人影响力的情况下，才能有效地发挥用权的艺术。

1. 要谨慎用权

要严格遵守法定权限，不对上越权和对下侵权，这是权力规则的基本要求。越权是任何上级都忌讳和反感的；而侵权既是对下级人格的不尊重，也会挫伤下级工作的积极性。在领导集体里，要相互尊重对方的权力，不应对不属于自己职责范围的事随意表态做主，否则会引起领导者之间互相猜疑、关系紧张，也会给思想意识不好的下级人员提供“钻空子”的机会。

不要轻易动用法定权力，如命令、指令等一般不宜过多和过细，要给下级自主活动的余地；奖赏惩罚不宜过频过宽，《孙子兵法》就有“数赏者，窘也；数罚者，困也”的见解。不要炫耀权力，但在必要时要敢于坚决果断地用权。那些经常把自己的权力挂在嘴上，动辄能把你怎么样的人，是一种没有正确权力观的人，是一种浅薄的表现。但领导者在必要的时候却应坚决果断地使用权力，绝不优柔寡断，贻误大事。

2. 用权要讲求实效

用权主要应用事先诱导、警告、指示的方法，使下级从敬畏感出发，自觉服从领导，同领导者一致行动。如果事先将组织法定权向下属详细宣布，使下级知道哪些事是他不能擅自做主的，他就会做到事事请示；哪些事是他有权处理的，能避免下级凡事都来请示，从而把服从建立在自觉自愿的基础上。

要善于运用权力对下属进行诱导和控制。批评与处罚、表扬与奖励都是激励手段。适当扩大通报情况的范围行为，及时肯定一些人的积极、创造行为，必要时重申有关纪律和禁令，也能激励下属的进取心、创造性，并避免出现偏离领导目标的行为。控制的主要目的是不要让行为偏离领导目标，所以应及时发现问题并果断处理。

使用奖惩也是一种用权，但必须同时做耐心细致的说服教育工作。赏罚必须公平，赏罚要就事论事。赏罚要及时，刺激作用才大。但使用奖惩手段，还需做一系列耐心细致的思想教育工作。如注意奖惩面的大小；注意奖惩的形式与宣布的场合；有时行事前给人打招呼，让人有思想准备，有的事后要和本人谈话，问问他们的感想和反映。奖惩一般都应公开进行，必要时还要大张旗鼓地宣传，以便扩大教育面和影响面。

3. 要善于授权

授权是指领导者将自己一定的职权授予下属去行使，使下属在其所承担的职责范围内有权处理问题、做出决定。

授权是一种比较灵活的领导方法，授权的程度受三个因素的影响，即领导者的知识、经验、能力、精力和工作习惯；下级的思想业务水平及预期获得成果的大小；组织的规模以及任务的重要程度。领导者如果能合理地授权，不仅能使自己摆脱日常事务的缠绕，而且能够使被授权的人得到很好的锻炼和获得成就感。

（1）因事择人，视能授权。择人的标准是能，就是看他是否有这方面的专长和处理该事的能力。授权不是提升职务，所以不用对人作全面考查，只要他能胜任该任务就行了。

（2）明确权责，适度授权。所谓明确权责，就是要向被授权人讲清所授予的权力和责任范围，讲清执行该任务要达到的具体目标。被授权人理解了领导意图，就会干劲倍增，充分发挥主动性和创造性。还应向有关人员宣布该项授权，以便有关人员协助被授权人共同完成该项任务。所谓适度授权，就是要分层授权，只向自己的直接下属授权。授权一般是一事一授，有关任务完成了就应及时收回权力。

（3）授权留责，监督控制。授权留责是对下属充分信任的表现。授权没有卸责，出了问题，领导者应勇敢承担责任，这样下属往后就乐意接受你的授权并大胆工作，领导者还要支持被授权人的工作，同时领导者仍需监督控制，以免偏离目标方向或出现滥用权力的现象。

（4）授权应注意的问题。授权应注意的问题主要有：

1）谨防“反授权”，就是下级把自己所承担的责权反授给上级，即把自己职权范围内的工作问题、矛盾推给上级。

2）防止“弃权”，就是领导者所拥有的决策权、奖惩权、监督权在任何时候都不能放弃。

3）防止“越权”，就是大权旁落，下属行使了上司的职权。“越权”主要体现在：先斩后奏，做了事才向领导汇报；片面反映情况，设好圈子让上级领导钻，出了问题责任由上级负；斩而不奏，封锁消息，自己说了算；多头或越级请示。

## 三、协调的艺术

在日常工作中，协调是一项十分重要的工作。有一位名人说过，领导的工作有60%是用在各方面的协调上。协调是要讲究方法的，也就要有协调的艺术。

协调的艺术是指在矛盾冲突中，坚持原则性与灵活性的统一处理、协调矛盾的方法与技巧。

1. 上行协调艺术

（1）与上级领导者的交往要适度。主要体现在三方面：

1）尊重而不恭维。下级尊重领导，维护领导权威是基本的组织原则。希望得到下级的尊重是领导者的普遍心理；但尊重不等于恭维，正常的上下级关系是建立在尊重领导、支持工作和维护威信上的。

2）服从而不盲从。下级服从上级是领导者实现领导的基本条件，是上下级关系的基本原则；即使领导的决策、做法有错误或个人与领导有不同意见，下级也应该服从上级，但在具体操作过程中应该采取适当的方式向领导者阐明问题的严重性或在实际行动上有所保留、修正和变通。

3）亲近而不庸俗。上下级之间既要保持经常接触，又要保持一定距离，做到组织上服从，工作上支持，态度上尊重。下级只有通过正直的人格和工作业绩，才能赢得领导的好感，建立友谊。

（2）要尽职尽责尽力而不越位。下级要明确自己的特定角色，努力按标准做好工作又不越位。越位现象主要有四种：

1）决策越位：不该自己决定的事情拍板决定。

2）表态越位：表了不该表的态。

3）工作越位：做了不该自己做的事。

4）场合越位：不按场合要求摆正自己的位置。

（3）创造性地执行上级领导者的指示。由于领导所制定的工作方针、计划、要求一般都是比较笼统的，因此下级必须在领会这些方针、计划的基础上，结合本单位的实际情况创造性地开展工作。这也是下级工作水平、能力的主要体现。

（4）善于将自己的意见变成领导者的意见。下级只有善于使自己的意见被领导采纳，意见才会有实现的价值。在如何说服领导者采纳自己的意见时，要注意以下几点：

1）要掌握不同领导听取意见的特点，采取相应方法反映意见。

2）要使自己意见有科学性、可行性，容易被领导采纳。

3）要选择适当的时间、地点和场合提出意见。

4）建议中要有几种方案，留给领导者选择的余地。

5）点出问题的成败利害，使领导者有紧迫感。

2. 下行协调艺术

上级对下级协调工作要遵循公正、平等、民主、信任的原则。它主要体现在以下几个方面：

（1）对“亲者”应保持距离。“亲者”是指与领导观点相近，接触较多者。开明的领导应与“亲者”保持一定的距离，这样做有几点好处：有利于团结大多数；有利于客观地观察问题，冷静处理内部关系；避免因容易迁就“亲者”而陷入泥潭；利于与下属保持持久、真挚的关系。成功的领导者都是以一种超然的、不受感情影响的方式来看待同下属的关系的。领导者要提倡与下属打成一片，赤诚相见，对下属不分亲疏，爱护团结，一视同仁。

（2）对“疏者”应当正确对待。“疏者”是指反对自己或有不同意见者。领导应该看到“疏者”往往是自己避免犯错和使自己工作取得成功的重要因素，因此要客观、公正地对待“疏者”，应有将“疏者”当作治疗自己各种弱点、缺点的良药的气魄。

（3）对下级要尊重。要尊重下属的人格尊严，以礼相待，尊重下级的进取精神，维护下级的积极性、创造性，关心、信任下属。

（4）对纠纷要公平、公正处理，即“一碗水端平”。

3. 平行关系协调

同级之间的关系协调遵循以下几点原则：互相尊重，平等相待；相互信任，坦诚相待；为人正直，光明正大；相互学习，彼此宽容。

# 本章小结

- 领导
  - 领导概述
    - 领导的定义：为激励和引导人们去实现组织目标的过程
    - 领导的权力：法定权力；奖赏权力；强制权力；专家权力；感召和参考权力
    - 领导的作用：指挥作用；激励作用；协调作用
    - 领导者与管理者区别：领导是管理的一个方面，属于管理活动的范畴，但是除了领导，管理还包括其他内容，如计划、组织、控制等
  - 领导行为理论
    - 领导方式理论：领导者在活动中表现出来的比较固定的和经常使用的行为方式和方法的总和
    - 领导行为四分图理论：归纳为“抓组织”和“关心人”两大类
    - 领导方格理论：在对生产关心和对人关心的领导方式之间，可以有各种不同的混合领导方式
  - 领导权变理论
    - 领导连续统一体理论：领导风格并不是只有独裁和民主这两种极端的方式，而是在这两种极端之间，以领导者为中心还是以下属为中心程度不同地存在着一系列领导方式
    - 菲德勒的权变领导模型：任何领导行为都可能是有效的，也可能是无效的，关键要看它是否与环境相互适应
    - 领导的生命周期理论：依据下属的成熟度，选择正确的领导风格，就会取得领导的成功
  - 领导艺术
    - 统筹全局的艺术：常规事情规范化；一般事情案例化；例外事情决策化；重点事项亲自抓
    - 领导用权的艺术：要谨慎用权；用权要讲求实效；要善于授权
    - 协调的艺术：上行协调艺术；下行协调艺术；平行关系协调

# 思考与练习

## 一、复习思考题

1. 什么是领导？它与管理有什么不同？

2. 领导者如何提高自己的影响力？

3. 评价领导特质理论的价值与不足。

4. “高工作高关系”型是最有效的领导风格吗？

5. 为什么菲德勒权变理论能够测量领导风格？

6. 一个网络聊天室的主持人是领导者还是管理者，或者都不是，或者都是？请解释之。

7. 想想你认识的领导,你认为谁是最成功和最失败的上司，并从领导理论来看，说明他们之所以成功或失败的原因何在。

8. 有人说：“做人比做事重要”，你赞成吗？请用相关的理论进行讨论。

9. 你觉得下列这些领导者应该具备哪些独特的领导者特征？

①学生会主席；②军队中的连长；③外经贸部部长；④某政党主席；⑤邓丽君基金会执行会长。

## 二、案例分析题

### 案例 7-1：一次重大的人事任免

某钢铁公司领导班子会议正在研究一项重大的人事任免事项。总经理提议免去公司所属的、有 2 000 名职工的主力厂——炼钢一厂厂长姚成的厂长职务，改任公司副总工程师，主抓公司的节能降耗工作；提名炼钢二厂党委书记林征为炼钢一厂厂长。姚、林二人都是公司的老同志了，从年轻时就在厂里工作，大家对他们的情况可以说是了如指掌。

姚成，男，48 岁，中国共产党党员，高级工程师。从南方某冶金学院毕业后分配到炼钢厂工作，一直搞设备管理和节能技术工作，勤于钻研，曾参与主持了几项较大的节能技术改造，成绩卓著，在公司内引起较大震动。35 岁晋升为工程师，先被任命为一厂副总工程师，后又任生产副厂长，5 年前任厂长至今，去年被聘为高级工程师。该同志属技术专家型领导，对炼钢厂的生产情况极为熟悉，上任后对促使炼钢一厂能源消耗指标的降低起了巨大的推动作用。他工作勤勤恳恳，炼钢转炉的每次大修理他都亲临督阵，有时半夜入厂抽查夜班工人的劳动纪律，白天花很多时间到生产现场巡视，看到有工人在工作时间闲聊或乱扔烟头总是当面提出批评，事后通知违纪人所在单位按规定扣发奖金。但群众普遍反映，姚厂长一贯不苟言笑，没听姚厂长和他们谈过工作以外的任何事情，更不用说和下属开玩笑了。他到哪个科室谈工作，一进办公室大家的神情便都严肃起来，犹如“一鸟入林，百鸟压音”，大家都不愿和他接近。对他自己特别在行的业务，有时甚至不事先征求该厂总工程师的意见，直接找下属布置工作，总工程师对此已习以为常了。姚厂长手下几位很能干的“大将”却都没有发挥多大的作用。据他们私下说，在姚手下工作，从来没受过什么激励，特别是当他们个人生活有困难需要厂里帮助时，姚厂长一般不予过问。用工人的话说是“缺少人情味”。久而久之，姚厂长手下的骨干都没有什么积极性了，只是推推动动，维持现有局面而已。

林征，男，50 岁，中国共产党党员，高中毕业。在基层工作多年，前几年才转为正式干部，任车间党支部书记。该同志脑子灵活、点子多，宣传、鼓动能力强，具有较突出的工作协调能力。43 岁出任炼钢二厂厂办主任，两年后调任公司行政处副处长，主抓生活服务，局面很快被打开。前年炼钢二厂党委书记离休，林征又回炼钢二厂任党委书记。林征长于做人的工作，善于激励部下，据说对行为科学很有研究。他对下属非常关心，周围的同志遇到什么难处都愿意和他说，只要是厂里该办的，他总是很痛快地给予解决。他民主作风好，工作也讲究方式方法，该他做主的事从不推三阻四。由于他会团结人（用他周围同志的说法是“会笼络人”），工作力强，因此在群众中享有一定的威望。他的不足之处是学历低，工作性质几经变化，没有什么专业技术职称（有人说他是“万金油”），对工程技术理论知之不多，也没有独立指挥生产的经历。

姚、林二人的任免事关炼钢一厂的全局工作，这怎么能不引起公司领导的关注呢？公司领导心里在反复掂量，考虑着对炼钢厂厂长这一重大人事变动提议应如何表态。

**问题：**

1. 根据姚成的性格特点和技术专长，对他这次任免是否合适？
2. 对厂长的领导素质、领导风格应有什么要求？林征会成为一名合格的厂长吗？

**案例 7-2：专断的福特爷孙**

1903 年，亨利 • 福特聘请了著名的汽车专家詹姆斯 • 库兹恩斯出任总经理。库兹恩斯采取装配流水线、完善销售网等措施，使福特牌汽车风靡市场，畅销全世界。亨利 • 福特被胜利冲昏了头脑，突然辞退了库兹恩斯，自己担任了总经理。他专横跋扈，独断专行，听不进不同意见，也不愿接受建设性的咨询。这种家长式的领导作风，使福特公司的经营管理陷入了极度的混乱之中。1929 年，福特汽车在美国汽车市场占有率降至 31.3%，后来跌至 18.9%。到 1945 年，福特公司每月亏损 900 万美元，濒临破产。

1945 年 9 月 30 日，老福特在破产的威胁下，把一个接近“死亡公司”的权杖交给了 28 岁的孙子亨利 • 福特。福特“三顾茅庐”，聘请原通用公司前总裁欧内斯特 • 普里奇担任总经理。当年，公司便扭亏为盈，第二年就取得了 6 636.7 万美元的净收入，尔后利润逐年上升。经数年努力，福特汽车公司在销售额上成为美国最大的公司。但是，这时福特又犯了他爷爷的错误。也许独断专行、酷爱权力是福持家族的传统，少年时代的锦衣玉食、奴仆成群的生活又使得福特更加刚愎自用、专横霸道。1960 年，他毫不客气地对普里奇说：“搞这行当，我已经毕业了！”随即掌握了公司的全部权力。他不管大事小事，一切自己说了算，不与董事会商量，也不征求下属意见，甚至连个招呼都不打，事后更不作任何解释。当然，福特也做了一件好事，就是在 1970 年将管理天才——李 • 亚柯卡推上了福特汽车公司的宝座，但又无法容忍亚柯卡比他本事大的现实。在一次有 100 多个银行家和股票分析师参加的会议上，亚柯卡的一席话受到大家的赞赏，这直接惹怒了福特。福特对亚柯卡说：“你跟太多的人讲了话，他们以为公司主事的人是你，这种情况我是不能忍受的。”终于在 1973 年的一次董事会上，福特对亚柯卡突然冒出一句“我想你可以离开了”。就这样，一脚把亚柯卡踢出了福特汽车公司。福特家长式的管理使公司人才纷纷离去，市场占有率一年低于一年，几年时间公司就亏损30亿美元，福特汽车公司又一次面临破产的危机。福特感到山穷水尽，不得不宣布辞去福特公司董事长的职务，把掌管35年之久的经营大权交给了家族以外的人。77年的福特王朝终于结束了，福特公司在没有福特的情况下才又逐渐恢复了生机。

**问题：**

1. 福特爷孙两代采取的是什么样的领导方式？有什么优缺点？此领导方式的具体表现是什么？

2. 你认为福特公司未来的领导者如何做才能使福特公司保持生机和活力？

## 三、管理技能训练

1. 校园模拟指挥——培养现场指挥能力和应变能力

凌晨1点多钟，男生宿舍三楼的卫生间上水管突然爆裂，此时楼门和校门已经关闭，人们都沉睡在梦中，只有邻近的几个宿舍的学生被惊醒。水不断地从卫生间顺着走廊涌出，情况非常紧急。假如你身处其中，如何利用你的指挥能力化险为夷?

要求：课下先进行分组讨论，然后各小组分别表述本组应急方案，看看谁的方案最好。由教师与学生对各组的方案进行评价。

2. 与领导者沟通

请与你所认识的某一个企业的领导交流，倾听他的领导经验，了解他在领导工作中遇到的问题，并用你所学的领导理论与他一同探讨解决的办法。

## 四、管理技能自我测试

专制型、民主型、放任型领导方式测验。请你回答如下问题：

1. 你喜欢经营咖啡馆、餐厅之类的生意吗？

是______ 不是____

2. 平时在实施决定或政策之前，你认为有说明其理由的必要吗？

是______ 不是____

3. 在领导下属时，你认为与其一方面跟他们工作，一方面监督他们，不如从事计划、草拟细节等管理工作。

是______ 不是____

4. 在你管辖的部门有一位陌生人，你知道那是你的下属最近录用的人，你不介绍自己而先问他的姓名吗？

是______ 不是____

5. 流行风气接近你的部门时，你当然让下属追求。

是______ 不是____

6. 让下属工作之前，你一定把目标及方法提示给他们。

是______ 不是____

7. 与部门过分亲近会失去下属的尊敬，所以还是远离他们的好，你认为对吗？

是______ 不是____

8. 郊游之日到了，你知道大部分人都希望星期三去，但是从多方面来判断，你认为还是星期四去比较好，你认为不要自己做主，还是让大家投票决定好了。

是______ 不是____

9. 当你想要你的部门做一件事时，即使是一件按铃召人即可的事，你一定要自己去以身作则，以便他们跟随你做。

是______ 不是____

10. 你认为要撤一个人的职并不困难吗？

是______ 不是____

11. 越能够亲近下属，越能够好好领导他们，你认为对吗？

是______ 不是____

12. 你花了不少时间拟定了解决某个问题的方案，然后交给一个下属，可是他一开始就找该方案的毛病，你对此并不生气，但是对于问题依然没解决而觉得坐立不安。

是______ 不是____

13. 充分处罚犯规者是防止犯规的最佳方法，你赞成吗？

是______ 不是____

14. 假定你对某一情况的处理方式受到批评，你认为与其宣布自己的意见是决定性的，不如说服下属请他们相信你。

是______ 不是____

15. 你是否让下属为了他们的私事而自由地与外界的人们交往？

是______ 不是____

16. 你认为你的每个下属都应对你抱忠诚之心吗？

是______ 不是____

17. 与其自己亲自解决问题，不如组织一个解决问题的委员会，对吗？

是______ 不是____

18. 不少专家认为在一个群体中发生不同意见的争论是正常的；也有人认为意见不同是群体的弱点，会影响团结。你赞成第一种看法吗？

是______ 不是____

**【结论检测】**

如果 1、4、7、10、13、16 题答“是”多，说明具有专制型倾向。

如果 2、5、8、11、14、17 题答“是”多，说明具有民主型倾向。

如果 3、6、9、12、15、18 题答“是”多，说明具有自由放任型倾向。

# 第八章　激　　励

## 知识目标

- 领会激励的重要意义，熟悉激励的过程
- 掌握需要层次理论、期望理论、公平理论和强化理论的主要观点
- 掌握激励的方式方法

## 能力目标

- 能运用需要层次理论、期望理论、强化理论激励员工
- 能综合运用多种激励方式激励员工

## 素养目标

- 善于运用多种激励方法，开展自我激励和激励身边的人
- 培养良好的共情能力

## 第一节　激励概述

**导入案例 8-1：对清洁工的激励**

韩国某大型公司的清洁工，本来是一个最被人忽视、最被人看不起的角色，但就是这样的一个人，却在一天晚上公司保险箱被窃时，与小偷进行了殊死搏斗。事后，有人为他请功并问他的动机时，答案却出人意料。他说，当公司的总经理从他身边经过时，总会不时地赞美他："你的地扫得真干净！"就这样简单的一句话，却使他受到了极大的激励，并愿意为公司奉献出自己宝贵的生命。

由此可见，激励在调动员工积极性方面的重要作用。激励是领导职能中的重要方面。在组织活动中，只有使所有参与活动的员工都保持高昂的士气和工作热情，才能取得最好的效果。激励就是调动人的积极性的过程。

微课：猎狗的故事

### 一、激励的含义

激励一词就是激发、鼓励的意思。作为管理学中的概念，激励就是激发人的动机，诱导人的行为，使其发挥内在潜力，为实现所追求的目标而

努力的过程。简单地说，激励就是调动人的积极性。激励的本质就是激发人的动机的过程。而所谓动机，就是引起、维持并且指引某种行为去实现一定目标的主观原因。因此，要理解激励的本质，就必须研究下面三个问题：①什么因素引起人的行为？②什么因素指引着该行为朝着目标前进？③这种行为是如何坚持下去或最后终止的？

激励是现代管理的核心问题之一，贯穿管理过程的始终。管理活动的首要任务是如何激励人们发挥出他们最大的潜能，以完成组织、部门的任务和目标。管理者必须运用正确的激励手段，不断开拓新的激励方式，充分发挥激励的作用，才能成为有效的管理者。

## 二、激励的过程

人的激励过程如图 8-1 所示，开始从需要或动机出发，由此产生了要求，这种要求一时不能得到满足时，心理上会产生一种不安和紧张状态，这种不安和紧张状态会成为一种内在的驱动力，导致某种行为或行动，进而去实现目标，一旦达到目标就会带来满足，这种满足又会为新的需要提供强化激励。如果遭受挫折，就可能产生再一次的追求或放弃追求的行为。

上述激励过程是一个复杂的连锁过程。首先，需要并不是单纯的，除了饥饿等生理需要外，需要还受环境的影响。即使是生理需要，其中也有许多会对环境因素的刺激有所反应。

环境对于人的较高层次的需要则影响更大。同事的晋升会激起我们对更高地位的向往；一个有挑战性的问题会增强我们解决它以取得成就感的愿望；一个志趣相投的群体可能会引发我们加入该群体的需要；当一个人过分孤独时，会产生一种想与人交往的强烈动机。

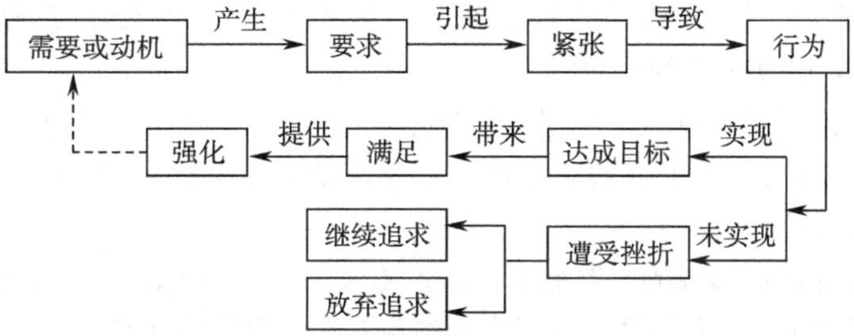


图 8-1 激励的过程

其次，不仅需要会导致一定的行为，而且需要也可能成为行动的结果。一个需要满足了，可能会引起满足更多需要的愿望。当一个人达到了所追求的目标，其成就需要会更强烈，但一个人也可能因受挫而倍感消沉。

再次，人的需要或动机不仅复杂，有时还互相矛盾。人们可能受到各种经济上需要的激励，尽管这些愿望可能相当复杂，有时还相互冲突。此外，一个人还有自尊、地位、成就感或休闲娱乐等要求。

激励人的动因是多种多样的，可以是较高的报酬、一项荣誉头衔、领导人的一番鼓励、同伴的欢呼或喝彩、老师的肯定和表扬及其他许多使人情愿做事的因素。当激励反映了要求，如一些看得见的奖励或诱因，则会加强满足这些要求的愿望。这时，各种冲突的需要会得到调和，或重点强调一种需要，使其得到优先满足。

此外，人们还可以通过各种方式来满足自身的要求。例如，一个人可以通过积极参加社会上的联谊活动，而不必一定在自己的单位中来满足归属的需要。所以在任何一个组织中，管理人员一定要关注各种激励人的因素并创造性地运用它们。主管人员不能期望去支配他人的全部活动，每个人都有与单位无关的动机和愿望，但是，不管什么组织，要卓有成效，就必须在每个职工身上激发起足够的需要，并设法满足他们。

## 三、激励的作用

从管理的角度来讲，激励的最主要作用在于激发、鼓励、调动人的积极性，从而使工作更有效率，取得更大的工作成绩。

1. *对人的激励是管理的关键*

有的管理学家说“管理就是用人”，这是非常有道理的。管理上最重要的就是“用人”，当然最难的也是“用人”。其一，管理的职能表现为有效地组织并充分利用人力、物力和财力资源。其中以人力资源的管理最为重要，原因之一是对物力资源的管理和财力资源的管理都要取决于对人力资源的管理。其二，在人、财、物这三者中，对人力资源的管理是最为困难的。人们能比较精确地预测、计划、控制财力和物力，但对人力资源及其内在的潜力则至今无法精确地加以预测、计划和控制。

2. *提高组织成员工作的自觉性、主动性和创造性*

组织中的每个成员，都会抱有个人的利益和目标而工作。当个人的利益和目标与组织的目标是一致的、统一的时，成员的自觉性及主动性、创造性就能得到充分发挥；当成员的个人目标和利益与组织目标不一致时，就要通过思想工作解决成员的认识问题，使成员自觉地让个人的目标和利益服从于组织的目标。这一转变提高的过程就是通过激励来实现的。

3. *激发人们工作的热情和兴趣*

激励不仅可以提高人们对自身工作的认识，还能激发人们的热情和兴趣。通过激励，可以使其成员对本职工作产生强烈、深刻、积极的情感，并以此为动力，动员自己的全部精力为达到预定的目标而努力工作。

兴趣是影响人的动机形成的重要原因，通过激励使人们对工作产生高度注意力、敏感性，形成对自身职业的偏爱。个人的技术和能力一般也是在浓厚的职业兴趣基础上发展起来的。因此，强烈而稳定的职业兴趣，也是人们提高技术，保证技术、能力充分发挥的心理条件。

4. *挖掘人的潜力、提高工作效率*

一个人在组织中的工作业绩可以用下面的公式表示：

$$\text{工作业绩}=f(\text{能力},\text{激励水平},\text{工作条件})$$

即工作成绩取决于能力大小、激励水平和工作条件的高低。能力固然是取得成绩的基本保证，但是不管能力多强，如果激励水平低，就难以取得较好的成绩。还有，在一定条件下，一个人的能力的提高，并不是短时间内就可以办到的。因此，提高工作成绩的最有效的办法，就是提高激励水平。

从心理学的角度讲，一个人的潜力是巨大的。美国哈佛大学的威廉·詹姆斯教授在对职工的激励的研究中发现，按时计酬的职工仅能发挥其能力的20%～30%；而如果受到充分的激励，则职工的能力可以发挥到80%～90%，其中50%～60%的差距系激励所致。也就是说，同样一个人在通过充分激励后所发挥的能力相当于激励前的3～4倍。

# 第二节　内容型激励理论

**导入案例 8-2：李英的困惑**

李英现在已经快到 40 岁了。回首这 20 多年的工作经历，他很为自己早年艰苦而又自强不息的日子感叹不已。想当初，自己没有稳定的工作就结了婚，妻子是位孤女，有父母留下的一栋虽然面积不小但很破旧的平房。妻子在待业之中，俩人常为生计发愁。后来，李英在某企业找到了一份固定的工作，并很快被提拔为工段长，接着又成为车间主任，进而升为生产部长。他记得那段日子对他个人和公司来说，都是极重要的转折。他没命地为公司工作，很为自己是其中的一分子感到自豪。他的付出也给他带来了丰厚的回报，他的工资收入已经相当可观了。更重要的是，他在不断的提拔、升职中得到了权力和地位，他妻子也很为他自豪。

有段时间，他自己也沾沾自喜过，可现在细细想来，觉得自己并没有什么成就，心里老是空落落的。他现在是企业生产的总指挥官，可他看着企业一年比一年不景气，很想在开发新产品方面为企业做出更大的贡献。可他在研究开发和销售方面并没有什么权力。他多次给企业领导提议能否变革组织结构，使中层单位能统筹考虑产品的生产、销售及研究开发问题，以增强企业的活力和创新力。可领导一直没有这方面的想法。所以，李英想换个单位，换个职务不要太高但能真正发挥自己潜能的地方。可自己都步入中年了，"跳槽"谈何容易。

表面看来，李英已经功成名就了，但为什么他会觉得困惑而且还想"跳槽"呢？

内容型激励理论着重探讨什么因素能够使一个人采取某种行为，即着重研究激励的起点和基础，研究如何从需要入手，通过满足需要来激励、调动人的积极性。

## 一、需要层次理论

微课：需要层次理论

### （一）需要的层次

需要层次理论是由美国心理学家马斯洛于 1943 年提出来的，是一种提出最早、影响最大的激励理论。

马斯洛把人的需要由低到高划分为 5 个层次，即生理需要、安全需要、社交（归属）需要、尊重需要和自我实现需要，如图 8-2 所示。

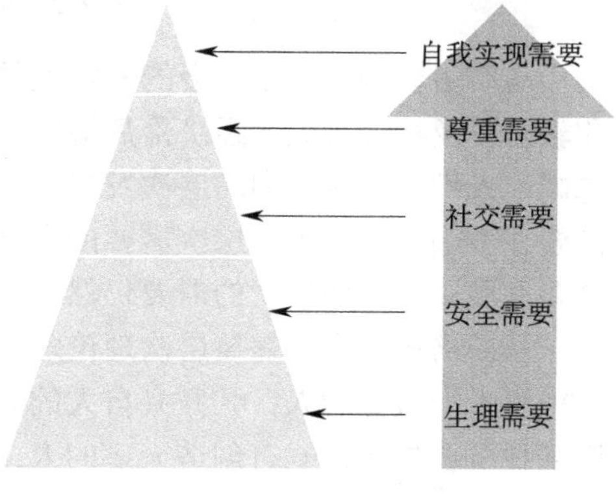

图 8-2　需要的层次

（1）生理需要（Physiological Needs）包括维持生活所必需的各种物质上的需要，如衣食、住房、医药等。这些是人们最基本的也是推动力最强大的需要。

（2）安全需要（Safety Needs）是有关免除危险和威胁的需要。人们都希望自己身体健康，喜欢安全的、有秩序的、可以预测的环境，要求有稳定的职业和生活保障等。

（3）社交（归属）需要（Social Needs）又称爱与归属需要，包括对人际交往、对某群体或家庭的依赖、同事的友谊和异性的爱情等方面的需要。这一层次的需要得不到满足，可能会影响人的精神上的健康。

（4）尊重需要（Esteem Needs）包括自尊和被人尊重。人们一般有自尊心、自信心、知识、成就、名誉地位等方面的需要，并要求得到别人的承认、尊重等。这一层次的需要一旦得以满足，必然信心倍增，否则就会产生自卑感。

（5）自我实现需要（Self-actualization Needs）是最高一级的需要，指的是使人最大限度地发挥自己的能力，完成与自己能力相称的一切事情，实现自己的理想和抱负的需要。

需要层次理论认为，人们一般是按照图 8-2 所示的阶梯从低级向高级来追求各项需要的满足的。当然，这并不是说不同层次的需要在同一时间内发挥作用，而是说在一定的时期总有某一层次的需要在发挥主要的作用。例如，在图 8-3 中，A 为生理的需要占主导地位，B 为尊重的需要占主导地位。人们首先追求满足较低层次的需要，如生理上的需要；只有在较低层次的需要得到合理满足后，较高级别的需要才会发展并起激励作用。如果高层次的需要能够得到满足，而低层次的需要却得不到满足时，有些人可能会牺牲高层次的需要而去谋求低层次的需要，也有些人可能牺牲低层次的需要而谋求实现高层次的需要。

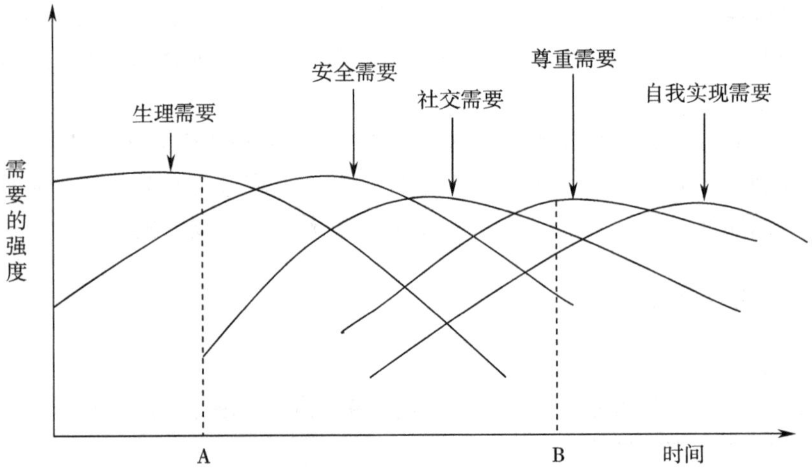


图 8-3　需要与心理发展过程的关系

马斯洛认为，一个社会的多数人的需要除受年龄因素影响外，还与该社会的经济状况和教育普及程度有关。经济落后地区的人民，其需要多在低层次；经济愈繁荣，教育程度越高，人们的需要越向高层次发展。在同一时期内，不同层次的需要可以并存。任何一种需要并不因为下一个高层次需要的发展而消失。各层次的需要相互依赖与重叠，高层次的需要发展以后，低层次的需要仍然存在，只是对行为的影响力量减轻而已。

马斯洛还认为，需要层次理论对下列 7 种人不适用，这 7 种人是：①心理变态的人；②抱负水准极低的人；③狂妄自大的人；④身居高位，对低层次需要估计不足的人；⑤放弃某种需要的人；⑥有创造天赋的人；⑦有理想、有某种坚定信仰的人。

### （二）需要层次与管理对策

未满足的需要是激励的开端，而需要的满足则是激励过程的完成。可见，需要是人类行为的出发点、基础和最根本的原因。管理者要了解员工的需要以及员工之间需要的差异，然后有针对性地采取管理对策（如表 8-1 所示），才能收到良好的激励效果，充分调动员工的工作积极性。

表 8-1 需要层次与管理对策

| 需要层次 | 激励因素 | 管理对策 |
|---|---|---|
| 生理需要 | 工资和奖金<br>各种福利<br>工作环境 | 工资和奖金制度；贷款制度；医疗保健；工作时间；创造健康的工作环境；住房与福利设施等 |
| 安全需要 | 职业保障<br>意外事故的防止 | 雇用保证；退休养老金制度；意外保险制度；安全生产措施；危险工种的营养福利制度 |
| 社交需要 | 友谊（良好的人际关系）<br>团体的接纳<br>组织的认同 | 建立和谐的工作团队；建立协商和对话制度；互助金制度；团体活动计划；教育培训制度 |
| 尊重需要 | 名誉和地位<br>权利与责任 | 人事考核制度；职务职称晋升制度；表彰制度；责任制度；授权 |
| 自我实现需要 | 能发挥个人特长的环境<br>具有挑战性的工作 | 决策参与制度；提案制度；破格晋升制度；目标管理；建立攻关小组，提倡创造性工作 |

### （三）需要层次理论的贡献与不足

马斯洛在 20 世纪 40 年代提出的需要层次理论，由于它使人们注意到人们的需要这个重大问题，所以多年来广为传播。马斯洛的论点是根据分析观察而不是实验提出的。后来人们根据有关的实验结果，指出了马斯洛这一理论的贡献和不足之处。

1. 贡献

（1）马斯洛将人类的各种需要划分为 5 类，并指出人的需要是从低层次向高层次发展的，这基本符合人的心理发展过程。

（2）人们在不同的时期内可能会有不同的起主导作用的需要，因此，管理者必须注意目前对职工起主导作用的需要，以便有效地激励他们。

（3）需要层次理论揭示了人的需要包括物质的和精神的两个方面。特别是在物质方面的需要得到一定程度的满足后，精神方面的需要能起到更持久的激励作用。

2. 不足

（1）马斯洛认为已满足的需要一般不再起大的促进作用，但满足的意义不够明确。例如，一个人虽然眼下吃穿不愁，但他可能认为自己不能保证一辈子丰衣足食，因此他可能永远有着强烈的物质需要。至于更高级的需要，那就更复杂了。一位高层管理者的自我实现的需要可能是很强烈的，但他的尊重需要、社交需要、安全需要可能仍在起着相当重要的作用。

（2）人与人之间需要的先后次序不尽相同。当生理上的需要得到合理满足后，并没有一种方法可以预测对某一个人来说哪一种更高层次的需要将成为下一个必须满足的需要。一般来说，人的各种需要的出现往往取决于本人的职业、年龄、性格、受教育程度、经历、社会背景等。有的人在较低层次的需要（如生理需要和安全需要）得以满足后，就不再追求更高层次的需要。

## 二、双因素理论

### （一）激励的双因素

双因素理论是由美国心理学家赫茨伯格提出来的，又称为“激励因素—保健因素”理论。赫茨伯格于 20 世纪 50 年代后期在美国匹兹堡地区对 200 余名工程师和会计师进行了访问谈话。他要工程师和会计师们回答两个问题：第一，什么原因使你愿意干你的工作？第二，什么原因使你不愿意干你的工作？调查的结果是，使职工满意的往往是属于工作本身或工作内容方面的；使职工不满的往往是属于工作环境或工作关系方面的。赫茨伯格将工作本身和工作内容方面的因素称作“激励因素”，把工作环境和工作关系方面的因素称作“保健因素”。所谓保健因素，是指那些因素的作用类似卫生保健对身体健康所起的作用。卫生保健不能直接提高健康状况，但有预防效果。同样，保健因素不能直接起激励职工的作用，但能预防职工的不满情绪。换句话说，当保健因素得到改善时，职工的不满情绪就会消除，但不会产生更积极的影响。只有激励因素才能产生使职工满意的积极效果。保健因素和激励因素的内容很多，其主要内容如表 8-2 所示。

**表 8-2　保健因素与激励因素**

| 保 健 因 素 | 激 励 因 素 |
|---|---|
| 金钱 | 工作本身 |
| 人际关系 | 成就 |
| 工作条件 | 赏识（认可） |
| 公司政策与管理者 | 责任 |
| 监督 | 个人成长与发展 |
| 地位 | |

赫茨伯格批评了传统的满意与不满意的观点。他认为满意的反面不是不满意，而是没有满意；不满意的反面也不是满意，而是没有不满意。传统观点与赫茨伯格的观点在满意与不满意上的差异如图 8-4 所示。

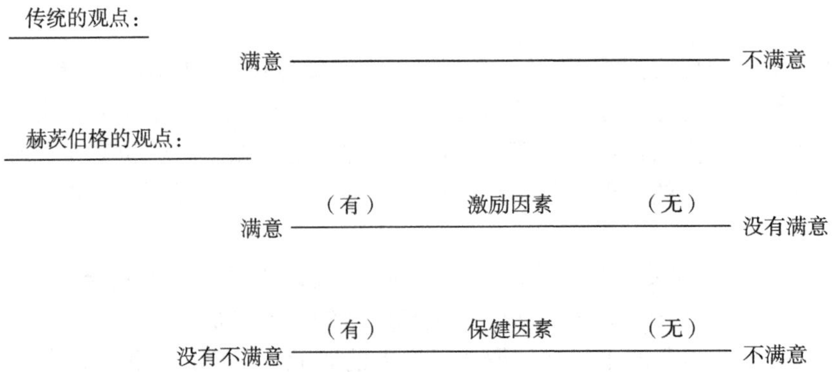


图 8-4　满意与不满意的不同观点

### （二）双因素理论的贡献与不足

1. 贡献

双因素理论告诉我们，要调动职工的积极性，不仅要有必要的物质利益和合适的工作环境等，更要注意对人进行精神鼓励，对职工的工作成绩及时给予表扬和认可，尽量使职工的工作具有一定的挑战性，为职工的成长、发展和提升提供机会。也就是说，双因素激励理论要求管理者更多地注意与工作本身有关的因素，通过激励来提高职工的劳动积极性，这样才能使激励更有效并维持更长的时间。

2. 不足

有人指出，赫茨伯格所调查的对象代表性不够。不同阶层的人，对于激励因素和保健因素的反应是不一样的。在美国，工程师和会计师的薪水较高，安全和工作条件等也较好，因此所谓的“保健因素”对他们就不会起很大的激励作用；但一个体力劳动者可能会把金钱和安全等看成是激励因素。即使在同一阶层，一个人认为是激励因素的东西，另一个人也许会认为是保健因素。另外，人们往往把不好的结果归咎于客观的条件或他人，而把好的结果归功于自己的努力，这是人的一般心理特征。满意与不满意都不是绝对的，赫茨伯格未能提供衡量满意与不满意程度的标准。还有人认为，满意并不意味着劳动积极性的提高或劳动生产率的提高，满意与生产率之间没有必然的联系。

### （三）双因素与需要层次理论之间的关系

赫茨伯格的双因素理论与马斯洛的需要层次理论大致是相符合的。双因素理论中的激励因素大致相当于需要层次中较高层次的需要（如自我实现需要、尊重需要），保健因素则大致相当于较低层次的需要（如生理需要、安全需要、社交需要），如图 8-5 所示。

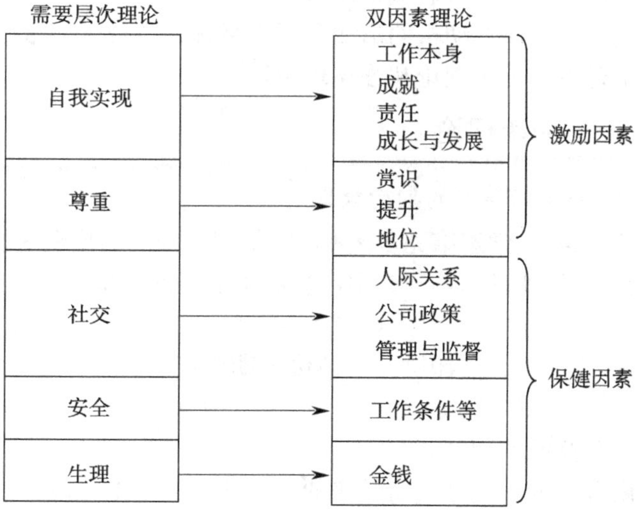


图 8-5 需要层次理论与双因素理论的关系

# 第三节　过程型激励理论

**导入案例 8–3：坦丁姆计算机公司**

坦丁姆计算机公司是詹姆士·特雷比格于 1970 年创建的。目前，公司每年的销售额达到 3 亿美元，计划 10 年以后的销售量达到 10 亿美元。

詹姆士在斯坦福大学获得工程硕士学位后曾在得克萨斯仪器公司工作过几年，随后就在硅谷区创建了坦丁姆计算机公司。

该公司一开始就以生产其第二计算机继续工作系统而著称。第二计算机继续工作系统就是在一个系统中同时使用两台计算机。在正常的情况下，两台计算机都工作，如果其中一台出了故障，而另一台就会自动承担全部的工作，使工作不间断地继续下去。同时，对系统中的计算机数据和程序还可以提供各式各样的保护措施。有了这种第二计算机继续工作系统，工作就可以畅通无阻，避免不必要的损失。

坦丁姆公司地处加州硅谷地区，受到各方面的强有力的竞争。由于剧烈的竞争环境，也由于詹姆士本人的管理天才，他创造了一套有效而独特的管理方法。

他为职工创造了极为良好的工作环境。在公司总部设有专门的橄榄球场地、游泳池，还有供职工休息的花园和宁静的散步小道等。他规定每周五下午免费给职工提供啤酒，公司还经常定期举办各种酒会、宴会，同时还举办由女职工担任裁判的男职工健美比赛等活动。此外，他还允许职工有自由选择灵活机动的工作时间的自由。

当然，詹姆士知道，要长期维持这样一批倾心工作的职工确实不是一件容易的事。随着公司的不断扩大，它的生产增长速度自然会放慢，也会出现一个更为正式而庞大的管理机构。在这种情况下，应如何更有效地激励职工呢？这自然是人们所关心的问题。

詹姆士还可以采用哪些更有效的激励方法呢?

过程型激励理论是着重研究动机的形成和行为目标的选择，即激励过程的理论；其中最有影响的包括期望理论、公平理论和强化理论等。

微课：期望理论

## 一、期望理论

1. 弗鲁姆等人的期望模式

美国心理学家维克多·弗鲁姆是期望理论的代表人物。他在 1964 年发表的《工作和激励》一书中，发展了前人的期望理论，提出了新的期望模式：

$$激励力＝效价×期望值$$

其中：

激励力指一个人受激励的程度。

效价指一个人所预计的一定结果所带来的满足或不满足的程度。

期望值指某一行动会导致一个预期成果的概率。

效价实际上是指一个人对某一行动结果的评价，它是一个由+1 到−1 的值。结果对某人越是重要，这个数值就越接近于+1；如果取得什么样的结果对某人无关紧要，他对结果也漠不关心，其数值就接近于零；如果某人不愿意让某种结果出现，则效价就是负数。效价变动的范围如图 8-6 所示。

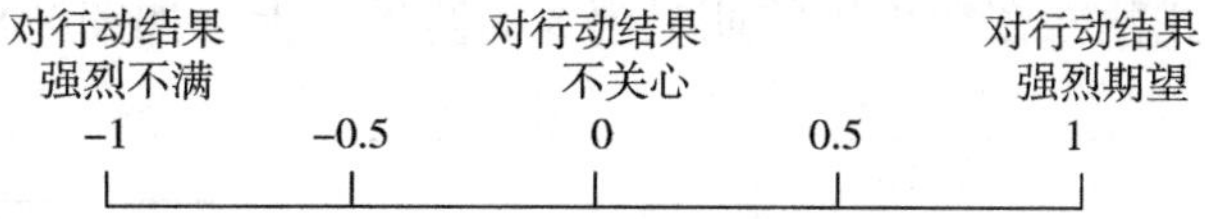


图 8-6　效价的变动范围

期望值是一个概率，它是一个人根据个人的经验对某一行动导致某一结果的可能性大小的判断，其数值由 0 到 1。

后来，一些行为科学家在弗鲁姆的期望理论中加进一个重要的概念，即所谓的媒介值。媒介值指的是工作绩效与所得报酬之间的联系，其变动范围也在 0 到 1 之间。工作绩效被称作第一级结果，所得回报或报酬被称作第二级结果，如图 8-7 所示。

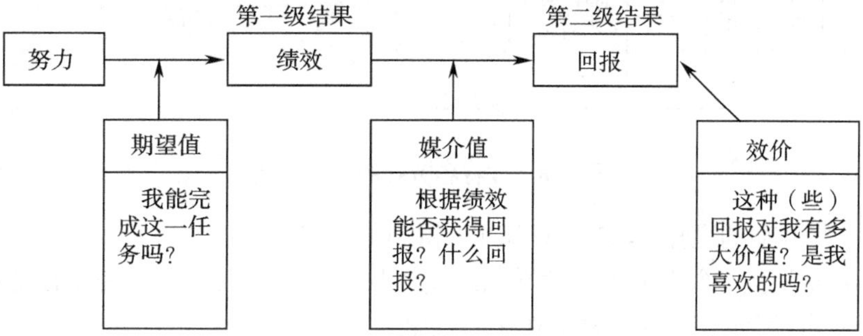


图 8-7　期望理论的基本模式

从图 8-7 可以看出，经过努力后获得的绩效往往对职工不具有效价，它只是取得第二级结果的媒介或工具。这样，激励力的大小取决于期望值、媒介值和效价三者的高低。一般来说，只有期望值、媒介和效价三者都很高时，员工的工作积极性才会很高；三个因素中只要有一个数值较低，员工的工作动力就会较低。

例如，要想激励某人爬上某座山的山顶，其激励力取决于如下两大因素：一个因素是爬上山顶以后他将得到什么，这是他是否愿意往上爬的前提。如果爬上山顶后他可以得到 1 元钱（效价很低），他将不屑一顾；如果说爬上去以后可以获得 10 万元（效价很高），他将奋力攀登。另一个因素是他能否爬得上去。如果前路都是悬崖绝壁，爬上去的可能性几乎为 0（概率很小），他也不会去试。这里应注意两点，一是“努力（爬山）—绩效（到达山顶）—奖赏（钱）”的关系；二是期望概率是指他个人的主观判断，并不是指客观概率。所以，效价、概率都是因人而异的，对某人效价很大的事件对另一个人则可能变为 0 甚至为负，对某人概率很大的事件对另一个人则可能很小。

期望理论比较清楚地说明了员工受到激励的原因。管理者必须通过各种渠道了解员工的思维过程，从而知道应该从哪些方面、用何种手段提高员工的激励力。

为了提高期望值，管理者要设计具体可行的目标，选择有能力达到目标的员工或注意培训员工以提高其完成任务的能力，同时还要创造有利于完成任务的条件。为了提高媒介值，管理者必须明确指出取得绩效后的报酬是什么，并及时兑现报酬等。为了提高效价，管理者必须弄清员工的需要，对不同的人根据其不同需要给予不同形式的报酬。

2. 波特和劳勒的期望模式

波特和劳勒的模式建立在弗鲁姆的期望模式的基础之上，如图 8-8 所示。

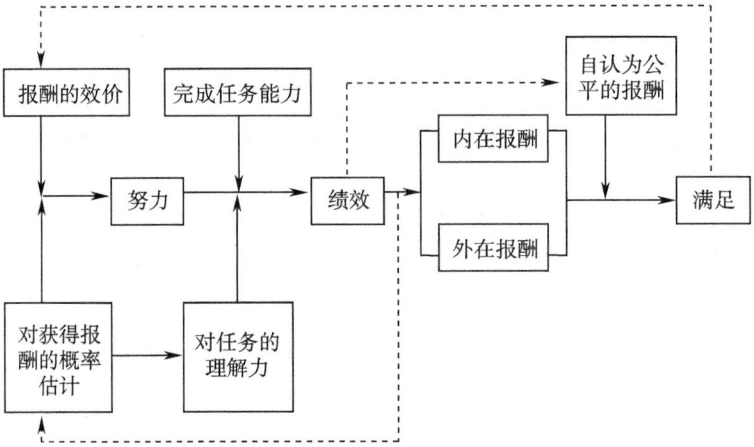


图 8-8　波特和劳勒的期望模式

分析波特和劳勒的期望模式，我们可以得出如下结论：

（1）绩效取决于一个人的努力程度、能力大小以及当事人对所需完成任务的了解程度。

（2）满足取决于内在的报酬和外在的报酬。

（3）激励是对内在报酬和外在报酬的期望。

## 二、公平理论

公平理论又称社会比较理论。该理论是由美国的斯戴西·亚当斯于 1956 年提出来的，是一种侧重于研究利益分配的合理性、公平性对员工的工作积极性和工作态度的影响的一种激励理论。

1. 公平理论的基本观点

亚当斯认为，职工的工作态度和工作积极性不仅受其所得的绝对报酬（自己的实际收入）的影响，而且还受其所得的相对报酬（自己的收入与自己劳动之比值）的影响。职工不仅会将自己付出的劳动（或贡献）和所得的报酬之比值与他人付出的劳动（或贡献）和所得的报酬之比值进行横向比较，还会把自己现在付出的劳动（或贡献）和所得的报酬之比值与自己过去付出的劳动（或贡献）和所得的报酬之比值进行纵向比较。比较的结果，若两种比值是相等的，就会产生公平感。这一理论可以用公式表示为：

$$\frac{\text{自己的所得?}}{\text{自己的付出}}=\frac{\text{他人的所得}}{\text{他人的付出}} \qquad \text{（横向比较）}$$

$$\frac{\text{自己现在的所得?}}{\text{自己现在的付出}}=\frac{\text{自己过去的所得}}{\text{自己过去的付出}} \qquad \text{（纵向比较）}$$

上述所说的“付出”和“所得”都是一个人的主观感受或判断。

“付出”指的是一个人自己觉得劳动量的多少、效率高低和质量好坏，还指自己所感受到的能力、经验、资历、学历、投资等贡献的高低或多少。

“所得”指的是一个人主观认识到的工作劳动后所得到的回报，如工资报酬、奖金、地位、权利、赞赏、表扬甚至自己体会到的成就感等。

上述公式中的比可能是非定量的和主观的，等式两边的比率是非精确的，但是个人的态度却受之影响。在比较中有三种可能情况：①感到报酬公平；②感到报酬不足；③感到报酬多了。

当个人感受到等式两边的比率相等，其心态就容易平衡。有时尽管他人的结果超过了自己的结果，但只要对方的投入相应也大，就不会有太大的不满。

在比较中，当人们发现自己的报酬相对低了，就会设法去消除不公，并有可能采取以下措施来求得平衡：①通过减少努力来降低投入；②要求加薪来增加报酬；③理性地曲解原先的比率；④使他人改变产出的结果或投入；⑤离开或调走；⑥变换比较目标。

当个人感到自己相对他人报酬高于合理水平时，对多数人而言不会构成什么大问题。但经研究表明，处于这种不公平的情况下，有些人也会努力减少这种不公平。具体做法包括：①通过付出更多的努力来增加自己的投入；②假如是计件制的话，职工会减少自己的单位产量；③有意无意地曲解原先的比率；④设法使他人减少投入或增加产出。

综上所述，可以把公平理论的基本观点归纳如下：

（1）职工对报酬的满意程度是一个社会的比较过程。

（2）一个人对自己报酬是否满意，不仅受到报酬的绝对值影响，而且也受到报酬的相对值影响。

（3）人需要保持分配上的公平感，只有产生公平感时才会心情舒畅，努力工作；而产生不公平感时，就会采取措施消除不公平感。

2. 公平理论的应用

公平理论揭示的这种社会心理，值得企业管理者给予充分的重视。要使职工有公平感，管理者就应当尽量克服绩效评价和报酬制度中不合理的现象。员工经过努力取得良好绩效后，若管理人员对员工的成绩既无详尽的了解又无评价的准绳，而是通过拍脑袋或凭印象决定报酬，就会人为地造成不公平。若管理人员通过奖酬来培植私人感情和个人权威，则不仅挫伤广大员工的积极性，而且也有损于管理者自身的形象。

但必须注意，公平与不公平是个人的主观感觉。有心理学家指出，一般人总是对自己的投入估计过高，对别人的投入估计过低。因此，管理者除了要在客观上公平地对待每一个下属，还应使他们正确地认识自己与他人的投入。

那么，怎样才能做到客观上的公平？又如何使人们在主观上感到公平？这有赖于建立“三个体系，一个机制”，即目标体系、分配体系、评价体系和竞争机制。

目标体系包括个人的目标、群体的目标、领导的目标和组织的目标。只有当几种目标协调一致时，每个个体、群体等才可能进行最大的投入；反之，投入就会受到影响，进而影响到所得。

分配体系需要综合考虑投入与报酬，我国分配体系中多年来的最大缺陷是报酬与投入的脱节。在人与人之间、群体与群体之间、组织与组织之间的报酬水平上简单画线，自然会造成人们的不公平感，从而使之在无法通过增加投入来提高报酬时，转而采取反向的消极行为——通过减少投入来获得某种公平感，以赢得心理上的平衡。

评价体系包含客观上的科学评估体系和人们主观上的价值观体系。对投入的数量、质量和绩效的评估，要有一套科学的指标和方法，不仅要定性，而且要定量。对报酬的估价，在很大程度上取决于人们的价值观。在从计划经济向社会主义市场经济转轨的过程中，人们的价值观体系正在发生巨大的变化，报酬评价问题因此变得更为复杂。

建立一个良好的竞争机制同样十分重要。只有在真正机会均等的充分的竞争机制条件下，人们才会发挥出最大的积极性和创造性，投入量才最大，报酬的合理性也才最容易被人们所承认，人们的公平感才最强。

## 第四节　矫正型激励理论

**导入案例 8-4：“精神发泄”疗法**

“精神发泄”的含义就是“出气”，一个人心中有话让他说出来，这会减轻因挫折带来的消极情绪。日本松下电气公司所属的企业中专门设置“出气室”，美其名曰“精神健康室”。第一室内，迎面是一排普通的镜子，让他看此刻自己的形象。进入第二室，迎面是一排各种各样的“哈哈镜”，上面写着：“请看与你本来形象有何不同”。该职工看到自己在镜中被扭曲了的形象，领会到因镜子不平会使人变形。在第三室里，列着几个模拟经理和老板的橡皮塑像，旁边还有打人的棍子。进入该室的职工可以对最讨厌的那一个打个痛快，发泄自己的怨气。最后一室则为恳谈室，内设茶点咖啡，陈列着企业的发展简史等。此时一位满面笑容的高级经理人员或心理学家，热情地同他谈心，询问他个人的困难和不满，征求他对企业的意见和要求。

松下电气公司采用的这种“精神发泄”疗法，倾听职工的抱怨申诉，让职工的情绪有一个适当的发泄机会，有助于减轻或消除挫折感。

### 一、强化理论

微课：强化理论

强化理论认为，人的行为是对外部环境刺激做出的反应，只要通过改变外部环境刺激，就可达到改变行为的目的。在生理心理学中，强化是指增强某种刺激与有机体某种反应之间的联系；在行为科学中，强化是指行为与影响行为的环境（包括行为产生之前的前因和行为产生之后的后果）之间的关系，也就是通过不断改变环境的刺激因素来达到增强、减弱或消除某种行为的过程。

#### （一）强化概念的产生

强化的概念最早是由俄国生理学家巴甫洛夫在研究条件反射时提出的。在条件反射形成后，为了防止条件反射消退，必须不时伴随以无条件刺激物（食物），这就是强化。在巴甫洛夫的古典条件反射学说中，强化仅仅是巩固条件反射的一种手段。

后来，美国哈佛大学心理学教授斯金纳对强化的概念做了系统的论述。斯金纳是操作条件反射理论的创始人，他在长期用动物做实验的过程中创造了一种特殊的实验装置——“斯金纳箱”。箱内装有一个按压杠杆，把白鼠放在箱内让它自由爬动，偶然碰到杠杆，就会有一粒食物沿沟槽滚入箱内。由于按压杠杆就能得到食物，所以白鼠很快就学会了按压杠杆获取食物的操作。这就是说，形成了操作条件反射。斯金纳把强化看成是增强某种反应、某种行为概率的手段，是保持行为和塑造行为必不可少的关键因素。

在斯金纳之后，又有不少学者对人的行为强化问题做了大量研究，强化的概念也进一步得到发展。

### （二）强化的类型

对管理者来说，要改变人的行为，至少有四种强化类型可供选择。

#### 1. 正强化

正强化是指在行为发生之后，立即用物质的或精神的奖励来肯定这种行为。在这种刺激的作用下，个体感到这种结果是有利的和令人愉快的，从而增强以后的行为反应的频率。正强化通常包括增加工资、发给奖金和奖品、表扬、赞赏、让某人干更有意义的工作等。

#### 2. 惩罚

惩罚是指对不良行为给予批评或处分。惩罚可以减少或阻止不良行为的重复出现；但却不能直接鼓励良好行为的产生，并且可能会引起怨恨和敌意，导致工作关系的紧张。此外，如果经常运用惩罚手段，随着时间的推移，其效果会大大减弱。

#### 3. 负强化

负强化也称逃避性学习，是指一个人为避免自己所不希望的后果而不产生不良行为。例如，学生上课迟到要受到老师的批评，不想受到批评的学生会努力做到不迟到。由此可见，负强化不仅能使一些不良行为减少或结束，而且还能使积极行为得到强化。

#### 4. 消除（自然消退）

消除（或衰减）是通过不提供个人所愿望的结果来减弱某种行为，特别是通过撤销原先的奖励来减少某种行为的发生。例如，一个工人因尝试一种新的操作方法而得到了管理者的奖励，从而导致所有工人都努力寻找新的操作方法。管理者发现这样做得不偿失，因而不再奖励或支持这种做法，以后工人寻找新方法的可能性就会大大减少，甚至完全消失。也可以对员工的某种行为不予理睬，以示对该行为的蔑视，从而使该种行为得以消除。

### （三）强化方式的选择

强化方式是指根据员工行为的情况不同而采用的各种奖酬方式。它主要分为连续强化和间歇强化两种。连续强化是指每次发生的行为都受到强化；间歇强化则是非连续的强化，不是每次发生的行为都受到强化。

间歇强化又分为固定间隔、固定比率、可变间隔和可变比率四种形式。固定间隔就是在经过不变的或固定的一段时间以后才给予强化物，如月工资或周工资的发放。固定比率是指在一定数量的积极行为发生以后才给予强化物，如企业销售人员的佣金发放。可变间隔是指给予强化物的时间间隔是变化的，但时间的长短围绕一个平均数而变动。例如，一位管理人员平均每天到其分管的部门走一趟，他周一去了两次，周二去了一次，周三、周四未去，周五又去了两次。在他走动的过程中，凡发现他所期望的行为都给予正强化。可变比率是在一定数量的积极行为发生之后才给予强化物，但行为的数量是围绕着某个平均数而变化的。管理者在给予非物质的强化物时（如表扬某人）通常采用可变比率的方式；并非某人的每次积极行为都受到表扬，而且在给予表扬以前的积极行为的次数，在这一次表扬和下一次表扬之间是不一样的。

### （四）强化的原则

管理者在使用强化手段激励员工或改造员工行为时，应该遵循以下几项原则。

1. 要把远期、中期和近期目标结合起来

管理者要设立一个目标体系把组织、部门和个人的目标结合起来，把远期、中期和近期目标结合起来。在这个目标体系中，要把大目标和长远目标放在第一位，但要实现这些目标就要从实现小目标和近期目标做起。每完成一步都要及时给予强化，以便增强下属的信心，逐步实现最终目标。

2. 不能以同样的方式奖励所有的人

绩效大小不同，奖酬也应不同。如果管理者给每个人以同样的奖励，其结果等于是惩罚了完成任务最好的，奖励了工作最差的。当这种情况发生时，前者会改变他们的积极行为。

3. 要及时反馈和及时强化

无论是对积极的行为还是对不良行为，都要及时给予反馈，及时奖惩。无反应本身就具有强化的效果。对上班迟到不处理，就可能被认为上班迟到没问题。

4. 要多用不定期奖酬、少用定期奖酬

定期奖酬使得奖酬成为员工预料之中的事，这样会降低其强化的作用；间歇的强化往往效果更好。

5. 要让员工知道怎样做才能获得期望的奖酬

6. 奖惩结合、以奖为主

对积极的行为和优秀的工作绩效必须给予奖励，否则，这些行为和绩效就难以持续下去；对不良行为进行适当的惩罚也是必要的，员工可以从惩罚中吸取教训。管理实践证明，对现代员工的激励要奖惩结合，但要以奖为主。

7. 精神奖励与物质奖励相结合

管理者既不能认为物质奖励是万能的，也不能只强调精神奖励而忽视物质奖励，应该将两者恰当地结合起来。

8. 因人制宜采取不同的强化方式和手段

每个人因个性特征、社会和经济地位、受教育程度、价值观念等的不同，对各种强化方式和手段的反应也不同。管理者要善于发现下属的特点，因人而异，采用不同的强化方式以取得最佳的强化效果。

## 二、挫折理论

人的生活中难免会遇到挫折，挫折是指主体指向目标的行为遭到障碍、干扰而不能正常进行，并伴随有心理上的紧张、不安、士气低落等的现象。挫折理论研究如何有效应对障碍和干扰而保持积极性，变消极为积极。

微课：挫折理论

1. 挫折原因

挫折的发生不仅仅是由于外在障碍、干扰的存在，如公司政策、管理不善、人际隔阂等，还与受挫者内在条件不足应对有关，如心理不健全、情绪不稳定、意志水平低、内心冲突激烈等。在组织中，领导作风、劳动条件、人际沟通等因素与员工挫折发生直接相关。

2. 挫折体验

挫折体验即适应挫折的心理过程。伴随挫折首先出现的是心理的紧张和不安，伴有心率加快、皮肤放电、呼吸改变与生理反应，其程度因个体而不同。其次可能出现行为反应，如惊慌失措、攻击等，也因人而异。伴随行为反应的心理变化有：下丘脑过度兴奋影响到脑垂体和内分泌系统，肾上腺素大量产生影响到消化、血液循环系统，严重者导致心身疾病。

挫折强度与挫折容忍力负相关，挫折容忍力指个体遭受挫折时恢复平常的能力或适应能力，这个能力的大小取决于意志力、经验、对挫折的判断、挫折的强度等。一个经验丰富、意志坚强、能正确判断挫折的人挫折容忍力较强。

3. 挫折行为

面对挫折，每个人的行为反应会不相同，具体有以下几种情况。

（1）升华：这是心理机制中最有建设性的一种，即把敌对、悲愤等消极因素化为积极动力，做出更有意义的成就。

（2）增加努力：坚持原有目标，加倍做出努力，选择其他途径，最终达到目标。

（3）重新解释：即重新解释目标。当达不到目标时，延长完成期限或重新调换目标。

（4）补偿：当实现某一方面目标受挫时，用其他方面的成就来补偿。

（5）折中：两件事发生矛盾时，采取折中调和办法，以避免或减少挫折。

（6）反向行为：努力压制自己的意志和感情，勉强去做一些违背自己愿望的事。

（7）合理化：为解释某种受挫折的行为寻找借口，这种借口听来似乎合理，但并非真实，在第三者听来往往不合逻辑，然而自己却能从中求得内心的某种安宁，减轻受挫感。

（8）推诿：将自己做错的事推给他人。

（9）退缩：知难而退或畏难而退。

（10）逃避：不敢面对受挫的现实，遇到棘手问题或情绪低落时，努力从其他活动（工作或娱乐）中寻找乐趣。

（11）表同：这是一种以理想中的某人自居的变态心理，通过模仿某人的思想、言论、行动甚至衣着等，在心理上分享他人的成功之果，以冲淡自己未能达到此人那样成就所产生的挫折感。

（12）幻想：面对受挫的现实胡思乱想，从此作为精神上的寄托。

（13）抑制：将痛苦的记忆和经验从意识中排除出去，压抑到下意识之中，以减轻挫折所带来的痛苦。

（14）回归：这是面对挫折所表现出来的一种与其年龄不相称的幼稚行为，形成成熟的倒退现象，甚至退化到做出“小孩般”的幼稚动作。

（15）侵略：一种无理智的、消极的、带有破坏性的行为，可针对他所认为的挫折源（人或事）而发，也可迁怒于无关的人或折磨自己，甚至自杀。

（16）放弃：长期受挫，丧失信心，极度消沉，自暴自弃，对什么事都打不起精神，对挫折漠然视之，对未来一无所求。

4. 应对挫折

受挫者的反应不外乎两种：建设性反应和破坏性反应。我们应发展建设性反应，减少破坏性反应，提高挫折容忍力以保护积极性。具体措施有以下几种。

（1）对受挫者宽容、谅解，不要针锋相对。

（2）改变挫折情境，换个环境可以逐渐忘却挫折。

（3）让受挫者把受挫情绪发泄出来。挫折导致的心理紧张和痛苦如有机会发泄，会得以减轻。

## 第五节　激励实务

**导入案例 8-5：友谊卡片公司**

1986 年，迪娜·爱尔文创立了友谊卡片公司，她打算利用自己的商品设计专长来制造和销售贺卡。当然，她还希望开创更美好的未来。时至今日，迪娜的公司仅拥有 12 名员工，但年均利润已超过 10 万美元。

1993 年 3 月，迪娜决定让员工共享公司的成功。她宣布，在即将来到的 6、7、8 三个月中，友谊卡片公司星期五也成为休息日。这样，所有员工将有三天的周末时间，而与此同时，他们仍得到与五天工作制一样的薪水。

在实施三天周末制一个月后，一位迪娜最信赖的员工向她坦白，他宁愿得到加薪而不是额外的休息时间，而且他相信另有几位员工与他的想法相同。

迪娜十分惊讶。她的大多数员工不到 30 岁，而年均收入为 35 000 美元，这已经超过本镇从事相似工作的员工收入的 20%。对于她自己来说，如果年收入已达 35 000 美元，再让她在钱和休闲时间之间进行选择的话，她毫无疑问将选择后者，她以为她的员工也会如此。不过迪娜十分开明，在接下来的大会上她召集了所有员工，问他们：“你们是希望得到夏季的四天工作制呢，还是希望得到 4 000 美元的奖金？多少人赞成继续实行四天工作制？”6 只手举了起来；“多少人更愿意得到奖金？”另外的 6 只手举了起来。

这件事使迪娜明白了该如何奖励及激励她的员工，不同的人有不同的需求，激励措施应因人而异。成功的管理者应该知道哪些激励物对人们的影响微乎其微，甚至完全不起作用。如果管理者希望他们的员工付出最大的工作努力，就应调整自己的激励实践以满足员工的需求和愿望。

管理者以科学的方法激励人的内在潜力、发展人的能力，充分发挥人的积极性与创造性，从而使组织成员为有效地实现组织目标而努力工作。这里不仅需要了解和研究激励理论，在运用这些理论时还需掌握激励方式与方法。

## 一、激励方式

*1. 物质激励*

金钱是大多数人从事工作的主要原因，因此，以绩效为基础的加薪、奖励及其他物质刺激在决定员工工作积极性上起着重要的作用。有一篇综述报告概括了 80 项评价激励方式及其对员工生产率影响的研究，其结论证实了这一观点：当仅仅根据生产情况来设定目标时，生产率平均提高了 16%；重新设计激励机制以使工作更为丰富化，生产率水平提高了 8%～16%；让员工参与决策的做法，使生产率水平提高了不到 1%；然而，以金钱作为刺激物却使生产率水平提高了 30%。在这里，我们并不是要管理者仅仅注重金钱因素，而只是提供了客观的证据：如果金钱作为一种刺激手段被取消，那么人们就不会在工作中付出更多努力；但是取消目标、丰富化的工作或参与决策这些因素却不会出现这种状况。

管理者运用金钱激励时，应注意以下几点：

（1）金钱的价值因人而异。个体存在个性差异，个体对金钱的偏爱程度不一。相同的金钱对不同收入的员工有不同的价值。例如，由于社会文化的影响，女性更能接受较低的工资；高学历者的需要层次较高，更看重成就、尊重、地位等；能力高的人更欢迎金钱激励，而不愿搞平均主义。

（2）金钱激励必须公正。一个人对他所得的报酬是否满意不是只看其绝对值，而更看重相对报酬。员工会进行社会比较或历史比较，判断自己是否受到了公平对待，从而影响自己的情绪和工作态度。

（3）金钱激励必须反对平均主义。员工的奖金应主要根据个人业绩来分配，否则平均分配起不到激励作用。

（4）金钱激励还要同其他激励手段结合使用。管理者除了要进行金钱激励外，还要关心员工，为员工解决实际困难，激发员工对组织共同愿景的认同，强化组织归属感，帮助员工增强自信心、自尊心等，这样才能使金钱激励发挥更大的作用。

*2. 目标激励*

无论是管理学家德鲁克的目标管理理论（MBO）还是心理学家卢克的目标设定理论都有一个共同基础：一个为员工所接受的清楚的目标，可以使员工受到激励。所以，目标激励是至关重要的、有效的激励手段。克里斯托夫·埃利和克莱斯门·沙利描述了个体目标设定过程推理的四个阶段：①确定要达到的标准；②判断这个标准能否达到；③判断这个标准与个体目标是否相匹配；④接受标准，目标随之确定，开始为实现目标采取行动。

实践表明，当目标明确并具有挑战性时，能更有效地激励个体或团队行动。目标管理理论将目标的具体性、参与决策、明确时间规定、绩效反馈作为目标激励的四个组成部分。当员工亲自参加的目标确定时，士气会更高，也会产生更大的责任感来完成目标。对员工的行动做出准确的反馈，可以帮助他们调整工作方法，鼓舞他们为实现目标进行坚持不懈的努力。

目标设定需要相当的管理技术。更具体的、有挑战性的、可实现的目标总是在某些具体条件下更有效；在群体之中，成员之间的相互协作对群体的绩效至关重要时，则个体的绩效目标就可能是无效的。因为追求个体绩效目标可能会降低合作，所以绩效目标要根据群体的需要来设定。管理者不断延伸目标会进一步激发员工产生更大的积极性和更高的绩效。

3. 情感激励

根据需要层次理论，员工不仅有物质需要，还有情感与归属需要。

（1）尊重人格。人的尊严是神圣的，组织中上至总裁下至工人，尽管个人有不同的志趣、不同的能力，从事不同性质的工作，但大家都在为企业目标的实现做贡献。因而，无论地位高低，都应该受到充分的尊重。

（2）赋予一个人归属感。企业的员工以企业为其主要的生存空间，把企业当作自己的归属。如果企业领导人时时关心员工的疾苦，了解员工的具体困难，并帮助其解决，就会使员工产生很强的归属感，会对员工产生激励效果。现在很多企业领导人给员工赠送生日礼品、举行生日派对、解决住房困难、解决员工小孩入托难等都属于情感激励的范畴。

4. 公平激励

公平激励是指企业领导人在企业的各种待遇上，对每一个员工公平对待所产生的激励作用。只要对员工等量劳动成果给予等量待遇，多劳多得、少劳少得，企业就会形成一个公平合理的环境。员工要享受更多的待遇（包括工资、奖金、福利、晋升、工作环境等），不能通过讲人情、走后门等不正当的手段，只能靠扎扎实实地努力工作。因此，领导者可以利用员工追求高待遇的心理，激励员工更有效地工作。如果企业环境不公平，少劳者可以多得，则员工不会通过正当的手段去获得高待遇，因而不会激励员工积极投入以实现最大的劳动成果。

5. 荣誉激励

根据需要层次理论，人有荣誉需要。荣誉表明一个人的社会存在价值，它在人的精神生活中占有重要地位。拿破仑非常重视激发军人的荣誉感，他主张对军队“不用皮鞭而用荣誉来进行管理”。拿破仑常常在全军广泛通报表扬立了功的士兵，以激发所有官兵为荣誉而勇敢战斗。荣誉激励的成本较低，效果显著，采用荣誉是一种行之有效的激励方式。

6. 参与激励

员工参与是一种有效的激励方法。松下幸之助曾经说过：“领导再强，如果员工冷漠，仍难推动工作，必须设法使每个人都认为自己是负责人。”领导者将自己所属的部分权力授予下属，使部分权力和责任由下属分担，有利于发挥下属的积极性、主动性和创造性。善于授权的领导者通过信任下属、给下属提供成长的机会，可以刺激下属的责任意识，促使下属得到锻炼和发展。

7. 工作本身的激励

激励可分为内在性激励和外在性激励。用满足外在性需要的资源（如奖酬）所诱发的动机是外在性动机，调动积极性的方式是外在性激励，它会随着外在诱激物的消失而消退。而内在性需要的激励源泉主要来自所从事的工作本身，如工作的趣味性、挑战性、工作任务完成时的自豪感、成就感、轻松感和自尊感等。

工作本身的激励是一种很有效而且成本低廉的激励手段，不管环境如何变化，都能持续地发挥作用，即使条件艰苦、待遇菲薄，工作干劲依然充足。所以，管理者应该重视这种激励的作用，要根据员工的职业生涯发展规划安排员工从事有兴趣的工作，增强员工对工作的信心及满意度。管理者应关注员工个人的全面发展，注重对其职业生涯的指导与管理，使员工不断接受新岗位和新层次的挑战，不断提高自身素质，直至达到职业生涯目标，实现自我。

## 二、激励措施

### （一）员工职业管理规划

为了帮助员工正确发展事业，组织对员工应进行员工职业发展辅导。辅导的第一步必须确定员工可能选择的职业道路（职业道路是指一个人在一生中可能担任的一系列职务）。组织管理者应做到以下几点:

（1）鼓励帮助员工规划自己的职业前程。

（2）评估员工发展目标的现实合理性。

（3）辅导员工做出现实可行的行动方案。

（4）提供技能培训和在职培训。

（5）向员工提供职位空缺信息，公平选择候选人。

（6）跟踪并适当调整员工的前程规划。

### （二）灵活福利

公司的福利一般占员工工资的 10%～40%，每个人都一样。如果允许员工在众多福利项目中选择适合自己的福利，这样可以满足不同人的不同需要。多种福利选择计划指企业设计不同消费偏好或领域的福利计划，职员按照一定的游戏规则获得积分，每个分段可以享受不同的福利组合或选择不同的福利品种。可选择的项目包括医疗保险、假期选择、抚幼补贴、交通补贴、养老金、培训费用报销等。每个员工可以根据自己的实际情况选择自己喜欢的福利项目，总成本不超过公司要支付给某个员工的总费用。例如，某企业高级管理者工作满三年，就可以获得前往澳大利亚和新西兰的补贴度假，当然他还可以选择前往美国或欧洲度假。那么，他或者需要继续努力工作，或者自己出一部分旅费。

灵活福利替代了千篇一律的福利，对员工更有吸引力和激励作用，它满足和尊重了员工的不同需要，使员工的工作满意度提高，并降低了公司成本。因此，在同样的激励作用下，灵活福利使公司花费更少。

### （三）收益分享

收益分享就是把公司利润增加的一部分分配给员工。这些利润可能是由于生产成本下降、产品质量提高、工作效率提高等而所得的。收益分享能激发员工的投入和参与，树立主人翁意识。

收益分享的一般形式是员工持股，年终根据公司净利润分配红利。对重要的管理者，有的公司还采取期权激励，用未来的股权代替金钱分配，以此来激励管理者，促使公司股价升高。

### （四）工作再设计

1. 工作扩大化

以泰勒为代表的科学管理学派以“时间—动作”研究为基础，把工人的工作简单化、专门化，虽然极大地提高了工作效率，但工作的简单化不能满足员工成长和发展的需要。与工作简单化相反的是工作扩大化，让员工增加工作种类，同时承担几项工作，以增加他们的工作兴趣。

2. 工作丰富化

这种方法不是在横向增加工作种类，而是在纵向增加工作的完整性。让员工参加工作计划，得到绩效反馈以修正自己的工作，从头到尾完整地完成一项工作，从而增加员工对某项工作的责任感和成就感。工作丰富化让员工承担更大的责任，有更多的工作自主性，也需要更复杂的技能才能完成。

### （五）灵活的工作日程

灵活的工作日程主要是让员工自己选择工作日程，对传统的固定的 8 小时工作制加以修改。主要修改内容如四天工作制、灵活工作时间和工作分担制等。

为了满足员工想要更多闲暇时间的需要，可以采用每天增加工作长度，每周缩短为四天工作日。为了适应兼职、母亲以及其他特殊需要的员工，可以让他们选择每天的工作时间，如一天的工作时间由基本的共同工作时间（通常为 6 小时）和环绕其两头的弹性工作时间组成。

工作分担制是一种特殊的兼职，它允许两个或更多的员工分担原来一周 40 小时的工作。例如，一个人可能从上午 8 点工作到 12 点，另一个人从下午 1 点工作到下午 5 点；或两人都是全日工作，但两人每人工作一天，隔一天轮换一次。

灵活的工作日程的最明显的特点就是可增加企业的吸引力，特别是对于吸收和留住知识工人、熟练的技术工人具有显著的益处，它也可以降低员工的搜寻成本和培训成本。

## 三、激励是一个系统工程

回顾上述众多的激励理论与方式方法，它们从不同角度给了我们这样的启示：有效激励员工没有简单的方法，也没有一个措施能够确保激励有效。真正有效的激励措施是一个完整的、良性的系统工程。这个工程的实现依赖于基础性管理的制度化、体系化，也需要管理者的智慧和创新。激励是一个系统工程的观点告诉我们，管理者在制定激励制度时，应从整体上来把握组织的现状和想达到的目的，从而使众多激励措施、方案、制度之间相互衔接、补充、支持，赢得整体的激励效果。

# 本章小结

- 激励
  - 激励概述
    - 激励的含义：是激发人的动机，诱导人的行为，使其发挥内在潜力，为实现所追求的目标而努力的过程
    - 激励的过程
    - 激励的作用：在于激发、鼓励、调动人的积极性，从而使工作更有效率，取得更大的工作成绩
  - 内容型激励理论
    - 需要层次理论：马斯洛把人的需要由低到高划分为五个层次，即：生理需要、安全需要、社交需要、尊重需要和自我实现的需要
    - 双因素理论：赫茨伯格将工作本身和工作内容方面的因素称做“激励因素”，把工作环境和工作关系方面的因素称做“保健因素”。只有激励因素才能产生使职工满意的积极效果
  - 过程型激励理论
    - 期望理论：只有当人们预期到某一行为能给个人带来既定结果，且这种结果对其具有吸引力时，个人才会采取这一特定行为
    - 公平理论：职工的工作态度和工作积极性不仅受其所得的绝对报酬（自己的实际收入）的影响，而且还受其所得的相对报酬（自己的收入与自己劳动之比值）的影响
  - 矫正型激励理论
    - 强化理论：是指通过不断改变环境的刺激因素来达到增强、减弱或消除某种行为的过程。强化的类型包括：正强化、惩罚、负强化、消除
    - 挫折理论：研究如何有效应对障碍和干扰而保持积极性，变消极为积极
  - 激励实务
    - 激励方式：物质激励、目标激励、情感激励、公平激励、荣誉激励、参与激励、工作本身的激励
    - 激励措施：员工职业管理规划、灵活福利、收益分享、工作再设计、灵活的工作日程
    - 激励是一个系统工程

# 思考与练习

## 一、复习思考题

1. 试述激励及其作用。
2. 简述激励过程。
3. 马斯洛需要层次理论的主要观点是什么？如何评价？
4. 结合实际谈谈如何应用期望理论来调动职工的积极性？
5. 社会上流传着一句话，叫作“端起碗吃肉，放下筷子骂娘”，这反映了一种什么样的社会心理现象？试用激励理论加以说明。
6. 试用公平理论论述“公平”与“平均”的关系与区别。
7. 应用“双因素理论”进行激励时，应注意哪些问题？
8. 强化理论的观点是什么？为什么要提倡以奖为主、以罚为辅？

## 二、案例分析题

**案例 8–1：林肯电气公司**

林肯电气公司总部设在克利夫兰，其 90%的销售额来自生产的弧焊设备和辅助材料。

林肯电气公司形成了一套独特的激励员工的方法，其生产工人按件计酬，他们没有最低小时工资。员工为公司工作两年后，就可以分享年终奖金。该公司的奖金制度有一套计算公式，全面考虑了公司的毛利润和员工的生产率及业绩，可以说是美国制造业中对工人最有利的奖金制度。在经济迅猛发展时期，其平均奖金额是基本工资的 95%，该公司中相当一部分员工的年收入超过 10 万美元，员工年均收入为 44 000 美元左右，远远超过制造业员工年收入 17 000 美元的平均水平。在不景气的年头里，如 1982 年的经济萧条时期，林肯电气公司员工收入降为 27 000 美元，这虽然和其他公司相比还不算太坏，可与经济发展时期相比就差了一大截。

公司自 1958 年开始推行职业保障政策，从那时候起，他们没有辞退过一名员工。当然，作为对此政策的回报，员工也相应要做到几点：在经济萧条时期他们必须接受减少工作时间的决定；而且要接受工作调换的决定；有时甚至为了维持每周 30 小时的最低工作量，而不得不调整到一个报酬更低的岗位上。

林肯电气公司极具成本和生产率意识，如果工人生产出一个不合标准的部件，那么除非这个部件修改至符合标准，否则这件产品就不能计入该员工的工资中。严格的计件工资制度和高度竞争性的绩效评价系统，形成一种很有压力的氛围，有的员工因此还产生过一定的焦虑感，但这种压力有利于生产率的提高。据该公司的一位管理者估计，与国内竞争对手比，林肯电气公司的总体生产率是他们的两倍。自 20 世纪 30 年代经济大萧条以后，公司年年获利丰厚，没有缺过一次分红。该公司还是美国工业界中工人流动最低的公司之一，其两个分厂曾被《幸福》杂志评为全美十佳管理企业。

**问题：**

1. 你认为林肯电气公司使用了何种激励理论来激励员工？
2. 为什么林肯电气公司的方法能够有效地激励员工工作？
3. 你认为这种激励系统可能会给管理层带来什么问题？

**案例 8-2：明春计算机公司的激励制度**

明春计算机公司是一家中外合资企业，地处南方某一开放城市。该公司成立于 2008 年。董事长由中方的方丽小姐担任，她曾在原联邦德国学习计算机多年，并获得博士学位。2005 年回国后，曾任光明计算机公司总工程师，2008 年该公司与外方合作时调任明春计算机公司董事长。明春计算机公司的总经理由大卫·陈担任，他原是美国斯坦福大学的博士生，曾在美国硅谷的坦丁姆计算机公司担任过生产部经理。

明春计算机公司地处开放城市，面临各方面有力的竞争。由于剧烈的竞争环境，也由于方丽和大卫·陈这两位中国长大的洋博士的天才管理，他们两人紧密合作，创造了一套有效而独特的管理自己职工的方法。

他们为职工创造了良好的工作环境。在公司专门设有健身房、游泳池，还有供职工娱乐活动的图书馆和文化活动房，还专门辟有供职工休息的小花园和宁静的散步小道等。他们规定在工作日免费给职工提供午餐，还定期在每周五晚上举办各种酒会和男女职工舞会等社会活动。

他们也很注意用经济因素来激励职工，他们每年都根据职工在本公司的工龄和工作表现情况赠送公司的股票作为奖励。每个职工都持有本公司的股票，这样就大大激励了大家为公司努力工作的热情。

大卫·陈要求每个职工都要制订出具体了解公司，学会和能操作公司内各种工作技能的五年自我发展计划。这样，每个人都可以逐渐了解公司，并能根据个人的发展和公司的需要调动工作。

方丽和大卫·陈都是极随和的人，他们喜欢以非正式的身份进行管理。他们除了每月举行一次各部门经理的例会外，经常深入各个部门共同与各部门经理商讨问题，但关于各部门的事，他们总是让部门经理自己拿主意、决策。这样，各部门乃至各室和班组长都能积极为本部门的工作负责，都能发挥自己的积极性。

当然他们知道，要维持这样一批为公司倾心工作的职工确实不是一件容易的事。人才竞争极为剧烈，已有一些公司以更高的薪金试图挖他们的人才。公司在飞速地发展。随着公司的扩大，它的生产速度自然会放慢，也会出现一个更为正式而庞大的管理机构。在这种情况下，又应如何才能招聘到新的人才，如何才能更有效地激励职工呢？

**问题：**

1. 明春计算机公司采取了哪些有效的激励方法？
2. 请剖析这家公司的报酬制度，说明其能起作用的原因。

## 三、管理技能训练——情景剧

情景剧是指根据教学需要，教师提供或学生自选一定的管理情景，由学生扮演角色进行演出，并进行分析的一种实践教学方式。

把学生分组，根据下面提供的材料，讨论与编写剧本，由学生扮演角色进行演出。

表演分为两部分进行：一是表演需决策事件的基本事实或过程；二是由学生按照自己设计的方案进行分析与决策（由学生分别扮演情景剧中的管理人员，提出自己的主张与决策建议，并充分论证，以说服别人；不同的扮演者可以有不同的决策方案）。

由同学们对各成员的表演，特别是管理行为的合理性进行分析与评价。在表演和讨论的过程中，教师可以随剧情发展进行提问，以引导剧情与讨论的逐步深入，并进行小结。

**情景剧材料：表扬不能当饭吃**

王强是富强油漆厂的供应科长，厂里的同事乃至外厂的同行们都知道他是有名的心直口快、为人热情的人，尤其对新生事物很感兴趣，自己也常爱在工作中搞点新名堂。

前一阶段，常听见王科长对人嚷嚷说："咱厂科室工作人员的那套奖金制度，我看到了非改不可的地步了，是彻底的大锅饭、平均主义。奖金总额不跟利润挂钩，每月按工资总额拿出 5%当奖金，这 5%是固定死了的，一共才这么一点钱。说是具体每人分多少，由各单位领导按每人每月工作的表现去定，要体现多劳多得原则，还要求搞什么重奖重罚、承认差距呢。可是谈何容易？巧妇难为无米之炊呀！总共就这么一点，还玩得出什么花样？"

最近，王科长却跟人们谈起了他的一段有趣的经历。他说："改革科室奖金制度，我琢磨好久了，可就是想不出什么好点子来。直到上个月，厂里派我去市管理干部学院参加一期中层管理干部培训班。有一天，他们不知从哪儿请来了一位美国教授，听说还挺有名，给咱们做了一次讲演。"

"那教授说，美国有位学者，叫什么来着？对，叫什么伯格，他提出了一个新见解，说是企业对员工的管理，不能太依赖高工资和奖金。又说，钱并不能真正调动人的积极性。你说怪不？什么都讲金钱万能的美国佬，这回倒说钱不那么灵来了。"

"那教授继续说，能够影响人积极性的因素有很多，按重要性高低，他列出了一长串单子。我记不太准了，好像是，最要紧的是工作的挑战性。这是个洋词，照他解释，就是指工作不能太简单，要艰巨点，让人得动脑筋，花力气，那活才有干头。再就是工作要有趣，要有些变化，多点花样，别老一套，太单调。他说，再就是要给自主权，给责任，要让人家感到有所成就，有所提高。还有什么表扬啦，跟同事们关系友好融洽啦；劳动条件要舒服安全啦，我也记不准记不全了。可是有一条我是记住了：工资和奖金是排在最后一位的，也就是说，最无关紧要。"

"你想想，钱不紧要，闻所未闻，乍一听都不敢相信。可是仔细想想，觉得这话有道理，所有那些别的因素对人来说，可不都是蛮重要吗？我于是对那奖金制度不那么太担心了，我还有别的更有效的法宝呢。"

"那教授还说，这理论也有人批评，说那位学者研究的对象全是工程师、会计师、大夫这类高级知识分子，对别类人不见得合适。他还讲了一大堆新鲜事。总之，我这回可大开眼界了。"

"短训班办完，回到科里，正赶上年终工作总结，要发年终奖金了。这回我有了新主意，我那科里，论工作，就数小李子最突出。高中生，大小也算个知识分子，聪明能干，积极肯吃苦，还能动脑筋，于是我把他找来谈话。”

“别忘了咱如今也学过点现代管理理论了。我于是先强调了他这一年的贡献，特别表扬了他的成绩，还仔细地讨论了明年怎么使他的工作更有趣、责任更重，也更有挑战性——瞧，学来的新名词，马上用上啦。我们甚至还确定了考核他明年成绩的具体指标。最后才谈到这最不紧要的事——奖金。我说，这回年终奖，你跟大伙一样，还是5%。我心里挺得意，学过的新理论，马上就用到实际工作中来了。”

“可是，你猜怎么的？小李子竟然对我发起火来，他蹦地站起来说：‘什么，就给我那一点？说了那么一大堆好话，到头来我就值那么一点儿？得啦，你那一套好听的，收回去送给别人吧，我不稀罕。表扬又不能当饭吃！’”

“这是怎么回事？把我搞糊涂了，难道教授的理论是错的？”

王科长该怎么办？

## 四、管理技能自我测试

### 杰出经理行为测试

你是一位杰出经理吗，麦肯锡杰出经理行为测试将告诉你答案。

请按杰出经理行为的重要程度对 15 个行为排序，凭你对哪些是杰出经理行为重要性的理解和第一直觉，写在相应行为之后，不能更改。

用你的排序减去相对应给出的杰出经理行为排序，负的取绝对值，最后将 15 项相加求总和。

1. 创造一个让员工有成就感的工作环境
2. 会问问题，真正倾听，并努力理解
3. 友好，易亲近，有亲和力
4. 召开定期审查会议来评估工作情况，并让团队参与决策和解决问题
5. 密切监督团队每个成员的动态
6. 在解决团队问题方面有创造性
7. 使团队成员把注意力放在关键性的几个目标上
8. 庆祝团队成功
9. 愿意妥协
10. 实践走动式管理
11. 从不表露出生气或不赞成的态度，避免冲突
12. 确保团队成员有足够的资源
13. 征求和给予员工反馈意见
14. 知道每个员工的工作和员工的表现
15. 善于抚平争端

**【结论检测】**

杰出经理行为排序：

2，4，9，3，12，11，1，8，10，7，15，5，6，14，13

得分参考：

杰出经理（40 分及以下）

优秀经理（41～50 分）

胜任经理（51～60 分）

及格经理（61～70 分）

71 分以上为有待培训提高的经理。

# 第九章　沟　通

## 知识目标

- 理解沟通的基本知识，掌握影响沟通的个体因素与沟通方式
- 熟悉组织正式沟通的渠道，以及组织非正式沟通的特点和作用
- 掌握组织冲突的管理策略，以及谈判的含义、策略与技巧

## 能力目标

- 能运用沟通相关知识克服沟通障碍，进行有效的沟通
- 善于运用沟通的各种方法，能够对组织沟通进行改善

## 素养目标

- 形成良好的逻辑思维能力、口头和文字表达能力，有效地传递信息
- 培养正能量沟通的方法与技巧

良好的人际沟通是任何组织内部人与人之间相互了解和信任、实现组织目标的基础；而组织沟通则是建立在人际沟通基础之上的，包括组织内部各个部门之间及组织与外部其他组织之间所发生和建立的信息传递，能否有效进行组织沟通则是组织生死存亡的关键。

## 第一节　沟通概述

**导入案例 9-1：一组调查数据**

美国著名学府普林斯顿大学曾对一万份人事档案进行分析，结果显示：智慧、专业技术、经验只占成功因素的 25%，其余 75%决定于良好的人际沟通。

美国哈佛大学就业指导小组 1995 年调查结果显示：在 500 名被解职的男女当中，因人际沟通不良而导致工作不称职者占 82%。

美国著名未来学家奈斯比特曾说过："未来竞争是管理的竞争，竞争的焦点在于每个社会组织内部成员之间及其与外部组织的有效沟通上。"

由此可见，沟通是个人事业成败和组织生死存亡的关键因素。

沟通活动是使组织的活动统一起来的重要手段之一，机关、企业、事业单位、军队、

个人之间彼此的信息交流都是绝对必要的，任何一个管理者都必须对沟通活动给予高度重视，对沟通的性质有正确的认识。

微课：沟通概述

## 一、沟通的含义

一般来讲，沟通就是人与人之间进行信息交流的活动。《大英百科全书》中的解释是，沟通就是“用任何方法，彼此交换信息。也就是指一个人与另外一个人之间用视觉、符号、电话、收音机、电视或其他工具为媒介，所从事的交换信息的方法”。

如果从组织管理角度出发，可以把沟通定义为：沟通是信息凭借一定符号载体，在个人或群体间从发送者到接受者进行传递，并获取理解的过程。

根据这一概念，沟通有以下三个方面的含义：

*1. 沟通是双方的行为，必须有信息的发送者和接受者*

沟通双方既可以是个人，也可以是群体或组织。

*2. 沟通是一个传递和理解的过程*

如果信息没有被传递到对方，则意味着沟通没有发生。而信息在被传递之后还应该被理解。一般来说，信息经过传递之后，接受者感知到的信息与发送者发出的信息完全一致或基本一致时，才是一个有效的沟通过程。

*3. 要有信息内容*

在沟通过程中，信息的传递是通过一些符号来实现的，如语言、身体动作和表情等，这些符号经过传递，往往都附加了传送者和接受者一定的态度、思想和情感。

一个完整的沟通过程包括如下四个方面的要素：

（1）信息源又称为信息沟通的发送者。在一个沟通过程中，总有一方是信息的主动发送者。

（2）信息内容即沟通的内容。在沟通过程中，所传递的信息包含的内容是多种多样的，可分为事实、情感、价值观、意见观点等。

（3）信息的接受者即沟通过程中处于被动地接受信息的一方。不过，在沟通的不断循环过程中，信息的发送者与信息的接受者的身份会不断转换，特别是在双向沟通中，无论哪一方，都既要充当信息的发送者，又要充当信息的接受者。

（4）沟通渠道是由发送者选择的，借以传递信息的载体。该载体可以是一席面谈、一次演讲、一封信函，也可以是一通电话等。不同的沟通渠道的沟通效果是不同的，不同的信息内容应当选用不同的沟通渠道。

## 二、沟通过程

沟通过程是指一个信息的发送者通过选定的渠道把信息传递给接受者。这个过程由以下几个步骤组成：

（1）明确要沟通的内容。信息发送者发出信息是因为由于某种原因希望接受者了解某些事，因此首先要明确信息内容。

（2）编码即把信息译成一种双方都理解的符号，如语言、文字、手势等。要发送的信息只有经过编码，才会实现准确的信息沟通。

（3）选择信息沟通渠道。信息的传递有多种沟通渠道可供选择，如口头交谈、书面文件、电话、计算机网络等。

（4）译码。接受者对收到的信息需进行译码，即研究和理解所收到的信息的内容和含义。这个译码过程关系到接受者是否能正确理解信息，处理不好信息就会被误解。

（5）反馈。接受者把所收到的或所理解的信息再反馈到发送者那里，供发送者核查。信息沟通过程中经常受到“噪声”的干扰。所谓噪声就是指妨碍信息沟通的任何因素，它可能来自发送者、接受者或传递中各方面。为了检验信息沟通的效果如何，反馈是必不可少的。因为，在没有信息反馈证实之前，无法肯定信息是否已经得到有效的编码、传递、译码和理解。

（6）再传递。发送者根据反馈回来的信息而再发出信息，肯定原有的信息传递或指出已发生的某些偏差并加以纠正。

（7）反应。接受者按所接收到的信息采取行动或做出自己的反应。信息传递的目的是发送者要看到接受者采取发送者所希望的正确行动。

上述沟通的（5）和（6）两步骤有时并不发生。整个沟通过程可以用图 9-1 表示。

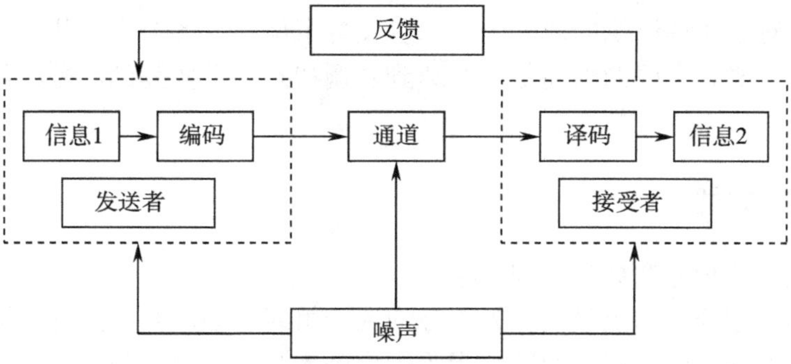


图 9-1　信息沟通过程的一般模式

## 三、沟通的重要性

沟通不仅与人们的日常生活密切相关，它在管理的各个方面也得到了广泛运用。良好的管理沟通首先表现在它与管理者的工作密切相关，并且随着管理层次的递增，管理者用于沟通上的时间也就越多。一项研究表明：一个基层管理人员工作时间的 20%～50%用于言语沟通；而中层和高层管理人员工作时间的 66%～87%用于面对面和电话形式的沟通。这些数字还没包括其他沟通形式，如阅读和书写文件和报告等。因此，沟通成为许多管理人员的主要工作内容。

沟通体现在不同的管理职能方面，如计划的制订与安排、部门之间的协调、人与人之间的交往、领导者与下属的联络、控制中的纠偏矫正工作、企业间的交流等。

1. 沟通是协调各个体、各要素，使组织成为一个整体的凝聚剂

每个组织都由数人、数十人，甚至成千上万人组成，组织每天的活动也由许许多多的具体的工作所构成，由于各个体的地位、利益和能力的不同，他们对组织目标的理解、所

掌握的信息也不同，这就使得各个体的目标有可能远离组织的总体目标，甚至完全背道而驰。管理者为了保证上下一心、不折不扣地完成组织的总目标，就需要互相交流意见、统一思想认识，自觉地协调各个体的工作活动。因而，没有沟通就没有协调，也就不可能实现组织的目标。

2. 沟通是领导者激励下属、实现领导职能的基本途径

一个领导者不管他有多么高超的领导艺术水平，有多么灵验的管理方法，他都必须将自己的意图和想法告诉下属，并且了解下属的想法。领导环境理论认为，领导者就是了解下属的愿望并为此而采取行动，为满足这些愿望而拟订和实施各种方案的人；而下属就是从领导者身上获得了达到自己愿望或目的的希望。而这些“希望”的“获得”就需要通过沟通这个基本工具和途径。

3. 沟通是组织与外部环境之间建立联系的桥梁

组织必然要和顾客、政府、公众、原材料供应者、竞争者发生各种各样的联系，它必须按照顾客的要求调整产品结构，遵守政府的法规法令，担负自己应尽的社会责任，获得适用且廉价的原材料，并且在激烈的竞争中取得一席之地，这使得组织不得不和外部环境进行有效的沟通。而且，由于外部环境永远处于变化之中，组织为了生存就必须适应这种变化，这就要求组织不断地与外界保持持久的沟通。

因此，沟通对于协调组织的内部、外部以及各个部门、各个人，从而有效地完成组织目标有着重要的意义。良好的沟通是组织达到协调状态的重要基础，是组织完成其目标的必要条件。

### 四、沟通的类型

沟通的类型按照划分的标准不同而不同。

按照沟通形式划分，沟通可以分为人际沟通和组织沟通。其中人际沟通是指两个或两个以上人之间的沟通；而组织沟通则是指组织内部人与人、部门与部门之间，以及组织与外部进行的信息交流和传递活动。

按照沟通方法划分，沟通可以分为口头沟通、书面沟通、非言语沟通和电子媒介沟通等。

按照沟通组织系统划分，沟通可以分为正式组织沟通和非正式组织沟通。

按照沟通方向划分，沟通可以分为下行沟通、上行沟通、平行沟通及斜向沟通。

按照沟通是否进行反馈划分，沟通可以分为单向沟通和双向沟通。

以上不同形式的划分是从不同的角度来看待沟通的，在沟通实践中，各种不同类型的沟通形式往往是相互交叉和联系在一起进行的。因此，我们不能把不同的沟通形式完全割裂开来。

## 第二节 人际沟通

**导入案例 9-2：圣迭戈纪念医院**

作为圣迭戈纪念医院的护理部主任，珍妮负责管理 9 名值班主管以及 115 名注册护士

和护士助理。她讲述了这样一段亲身经历：7 月 9 日星期一刚上班，她就意识到自己犯了一个极大的错误。

珍妮大约早上 6：05 来到医院，她看到一大群护士（要下夜班的护士和即将上早班的护士）正三三两两聚在一起激烈地讨论着。当她们看到珍妮走进来时，立即停止了交谈。这种突然的沉默和冰冷的注视，使珍妮明白自己正是谈论的主题，而且看来她们所说的不像是赞赏之辞。

珍妮来到自己的办公室，半分钟后她的一名值班主管迪·马考斯走了进来。迪直言不讳地说道："珍妮，上周你发出的那些信对人们的打击太大了，它使每个人都心烦意乱。""发生了什么事？"珍妮问道，"在主管会议上大家都一致同意向每个人通报我们单位财务预算的困难，以及裁员的可能性。我所做的只不过是执行这项决议。"

"可你都说了些什么？"迪显然很失望，"我们需要为护士们的生计着想。我们当主管的以为你会直接找护士们谈话，告诉她们目前的困难，谨慎地透露这个坏消息，并允许她们提出疑问。那样的话，可以在很大程度上减小打击。而你却寄给她们这种形式的信，并且寄到她们的家里。天哪！珍妮，周五她们收到信后，整个周末都处于极度焦虑之中。她们打电话告诉自己的朋友和同事，现在传言四起，我们处于一种近于骚乱的局势中，我从没见过员工的士气如此低沉过。"

珍妮犯了一个错误，或者应该说是两个。首先，她所寄出的信件显然未能成功地向员工传达她的意图；其次，选择信件作为媒体来传递她的这一信息是不合适的。有时以书面的形式进行沟通很有效，而有时口头交流效果更好。当珍妮回过头来反思这一举动时，她得出这样的结论：与许多人一样，她倾向于回避口头沟通。因为她对这种方式心存疑虑。遗憾的是，在这件事上，这种疑虑恰恰阻碍了她选择正确的方式来传递信息。她知道这一消息会使员工产生恐慌和不安定的感觉。在这种情况下，珍妮需要一种保证最大清晰度，并能使她和主管们迅速处理潜在危机的方法来传递信息。最好的做法是口头传达，而把这种未曾料到的坏消息以信件的方式寄至员工家中的决定，无疑是个极大的错误。

珍妮的错误表明了重要的一点：沟通方式与管理成效密切关联。

## 一、个体因素对人际沟通的影响

在人际沟通过程中，信息的传递和理解是与信息发送者和接受者的个体因素密切相关的。在传递和接受信息的过程中，人的知识水平、思维能力、情感、个性、动机、感知信息的方式及人们在社会中的角色等因素都直接影响着人与人之间的沟通。具体来讲，个体因素对沟通的影响主要表现在能力、态度、个性、角色等几个方面。

1. 能力

能力是指个体在某些方面具备和潜在具备的完成任务的力量和技巧,它主要包括智能和体能。当然，每个人的智能和体能是完全不同的。例如，在智能方面，有些人擅长口头语言的表达，有些人则擅长书面语言的运用；有些人善于归纳推理，有些人则擅长数字的计算和应用。因此，具有不同方面、不同水平能力的人在进行沟通时所传达的信息和所选择的信息通道是不同的。

2. 态度

态度是对相关的目标、人或事件的看法和采取行动的心理倾向。一个人的态度是受其价值观的影响的，而一个人对他人和有关事件的态度又直接影响着与他人之间的沟通。人总是在不断地调整自己的态度，从而也不断地影响着沟通双方的行为。例如，如果沟通双方积极性很高，态度友善而真诚，则易于取得良好的沟通结果。反之，如果沟通双方没有诚意，或者一方消极被动，则很难取得理想的沟通效果。

3. 个性

个性是一个人整体心理素质的综合。它展示了一个人与他人作用和相互作用过程中总的方式和方法。一个人的个性既受到遗传因素的影响，更受到后天环境方面因素的影响。一个人的个性会影响其沟通的方式和效果。例如，权力欲比较强的人在与人沟通的过程中所考虑的重点通常是如何制服对方，总想通过各种沟通渠道、采取各种技巧去控制与支配对方。

4. 角色

角色是对占据社会组织中特定位置上的人所期待的一套行为模式。一般来讲，每一个人都扮演着多种不同的角色，并且在不同的群体中变换着角色。在人际沟通过程中，恰当地把握自己的角色，并适当地进行角色转换、角色替代，对于加深双方的理解和通过沟通达成共识具有重要的意义。

## 二、人际沟通的基本方式

微课：人际沟通的基本方式

人际沟通的方式可以是多样的，其中最基本的方法有口头信息沟通、书面信息沟通、非言语信息沟通和电子媒介沟通等。

1. 口头信息沟通

人们之间最常采用的信息传递方式是交谈，即口头沟通。它的形式十分灵活多样，包括开会、正式面谈、聊天、讨论、演讲、辩论、电话等形式。它的优点是用途广泛，信息传递迅速，可在最短的时间里直接得到对方的反馈，并有再直接阐述自己观点的机会。

但是，口头信息沟通也存在着缺陷。其主要缺陷是传递信息缺乏正式的渠道，易失真且核实困难。当信息经过多人传递时，由于每个人都以自己的方式来解释信息，到最后信息内容可能会发生很大歪曲。如果组织中的重大决策通过口头方式在等级链的层次中上下传递，则信息的失真会相当严重。并且，这种沟通方式并不是总能省时，对于那些耗时又没有结果的会议来讲，这种沟通方式是一种时间和费用的浪费。

2. 书面信息沟通

以书面文字形式进行信息沟通往往显得比较正规和严肃。书面沟通包括报告、备忘录、信件、组织内发行的期刊、布告栏及其他任何传递书面文字或符号的手段。

它的优点是严肃、准确，具有权威性，不易被歪曲。沟通的双方一般都有文字记载，信息可以长期保存；若对信息的内容有所查询和疑问，则可以进行事后核实，对于长期或复杂的沟通来说，这尤为重要。信息接受者可反复阅读以增强理解，信息传递者对要传递的信息所采用的语言可以认真推敲，以便用最好的方式表达出来。因而书面沟通显得更为周密、逻辑性强、条理清楚。

书面沟通的主要缺陷有：它虽然准确但耗费时间较多，同样时间的交流，口头比书面所传达的信息要多得多。通常，花费一个小时写出的东西只需15分钟左右就能说完；有时，写得不好还会词不达意，影响信息的理解；还有，由于书面沟通不能像口头沟通那样使接受者对其所收到的信息及时提出自己的看法，因此，缺乏及时反馈也是书面沟通的一个主要缺陷。

3. 非言语信息沟通

有一些沟通既不是通过口头交谈，也不是通过书面文字形式进行，这种沟通被称为非言语沟通。非言语沟通也是一种重要的沟通形式。人们在沟通中常用的非言语沟通形式主要有体态语言、语调和物体的操纵以及环境的布置等方式。

体态语言主要指动态无声的手势、面部表情、目光或者是静态无声的身体姿势、空间距离及衣着打扮等。例如，课堂上学生的眼神，可以反映出他们对教师教学的理解与否；对于一个你没有兴趣跟他交谈，但又出于礼貌不得不听他跟你闲聊的一位下属，你通常会采取向别处移动眼神或不耐烦地收拾桌上的文件等体态语言来表示你不想继续听其谈话的信息。人与人的空间距离也是体态语言的一个重要部分。美国的霍尔教授告诉我们，人在文明社会中与他人进行交往而产生的关系是通过空间距离的大小来衡量的，并且指出有四种距离：亲密距离（0～60厘米）、私人距离（60厘米～1.5米）、社交距离（1.5～4米）和公众距离（4米以上）。人们的心理距离和空间距离有着相应的关系，心理距离越近，交往时的空间距离也就越近。因此，在人际沟通过程中，我们要注意距离范围对人与人之间沟通的影响。另外，沟通中空间位置的不同，还直接导致沟通者具有不同的沟通影响力。有些位置对沟通的影响力较大，有些位置影响力较小。例如，同一种发言，站到讲台上讲与在台下自由发言所引起的作用是不同的，高高的讲台本身就具有某种权威性。人们在进行口头沟通时往往伴随着非言语沟通。

一名研究者发现，在口头交流中，信息的55%来自面部表情和身体姿态，38%来自语调，而仅有7%来自实际的词汇。著名管理学者德鲁克说："人无法只靠一句话来沟通，总是得靠整个人来沟通。"因此，采用口头语言进行信息沟通时，除了要讲究口头语言运用的技巧，还要充分利用非言语沟通。

一句话的含义往往不仅由其字面的意义所决定，而且也由它的弦外之音所决定。语音表达方式的变化，尤其是语调的变化，可以使字面相同的一句话具有完全不同的含义。例如，一句简单的问话："你在说什么？"当使用不同的语调时，它可以表达疑问、恐吓、刻薄的讥讽和佯装不知等含义。

除了体态语言和语调以外，人们也能通过物体的运用、环境的布置等手段进行非言语沟通。例如，一个布置得非常职业化的总经理办公室，会让你走进去后自然感到一种权威和压力；而一个普通职员的工作环境布置则能体现其某些性格特点和爱好。

非言语沟通作为一种辅助的沟通方式，对信息的传递有着非常重要的作用。人们通常希望用非言语沟通的方式来强化语言沟通的效果。实际上，非言语沟通既能强化言语沟通的效果，有时也能起相反的作用，关键在于沟通者对它的掌握和运用。

4. 电子媒介沟通

随着当今科学技术的发展，电子媒介在信息传递过程中的作用也越来越大。除了常用的电话、传真机和闭路电视等手段外，目前人们更多地使用了计算机和网络技术进行沟通。这种电子媒介使得电子商务和电子邮件的使用越来越普遍，促使人际沟通和商务沟通有了飞速的发展和进步。人与人之间、组织内部和组织与组织之间的沟通越来越依赖于电子媒介。利用电子媒介进行沟通的方式具有传递信息快、信息容量大、一份信息可以同时传递给多人等特点。同时，电子媒介本身的发展和更新速度之快，吸引着人们不断地去认识、了解和使用它。

## 三、人际沟通的基本原则

有效的沟通应建立在良好的信息沟通过程基础之上，从信息的发送，经过一定的信息通道传达直到信息的有效接受，要使信息保持完整和准确就应当遵循互相信任、清晰准确、完整性和适时性等原则。

1. 互相信任原则

有效的人际沟通应该从彼此信任的氛围中开始。信息沟通是发送者和接受者之间的“给”与“受”的过程，因此信息的传递是双方面的。特别是信息的发送者更应当真诚地满足信息接受者的愿望和要求，尽量使所传递的信息保持在接受者的兴趣和接受能力范畴之内；而信息的接受者则应抱有坦诚的态度来感知所接受的信息。双方的猜疑和不信任只能增加抵触情绪，减少坦诚交谈的机会，从而造成不能进行有效的沟通。

2. 清晰准确原则

在信息沟通过程中，信息的发送者所使用的符号、语言及传递方式只有在被接受者清楚而准确地理解时，沟通才具有价值。因此，在实际工作中，发送者在传递信息之前应将信息加以综合和整理，用清晰准确和容易理解的方式表达，并根据接受者的具体情况，选用适当的通道传送，接受者才有可能对信息产生准确的理解。这就要求发送者有较高的语言文字表达能力，并熟悉信息接受者所使用的语言。即使这样，有时还会出现接受者对发送者非常严谨的信息缺乏足够的理解，这时发送者可以用一种重复和询问的方式来得到反馈，验证信息是否已清晰准确地传递给接受者。

3. 完整性原则

信息沟通效果的好坏，与信息传递后接受者所得到的信息是否完整有直接的关系。因此，在信息的传递过程中，首先要将所传递的信息进行系统地概括和归纳，并且要考虑到信息沟通的方式选择是否能够完整地传递所要表达的内容。其次要使得信息接受者和发送者对信息传递过程中的环境因素有全面的了解，以使信息在一定的情境中被更好地传递和理解。

4. 适时性原则

人际沟通还要选择适当的时机和适当的场所。对于重要的信息选择一些正规的地点和适当的场合进行沟通，有助于双方及时并集中注意力进行交流。有些思想、感情方面的沟通则要选择较为轻松、随便的场所，这样有助于双方消除隔阂；同时还要选择双方情绪都比较冷静的时候进行沟通，这样效果会更好。

# 第三节 组 织 沟 通

**导入案例 9-3：斯塔福德航空公司**

斯塔福德航空公司是美国北部一家发展迅速的航空公司。然而，最近在其总部发生了一系列的传闻：公司总经理波利想卖掉自己的股票，但又想保住自己总经理的职务，这已是公开的秘密了。他为公司制定了两个战略方案：一个是把航空公司的附属单位卖掉；另一个是利用现有的基础重新振兴发展。他自己曾对这两个方案的利弊进行了认真分析，并委托副总经理本查明提出一个参考的意见。本查明曾为此起草了一份备忘录，随后叫秘书比利打印。比利打印完后即到职工咖啡厅去了，在喝咖啡时比利碰到了另一位副总经理肯尼特，并把这一秘密告诉了他。比利对肯尼特悄悄地说："我得到了一个极为轰动的最新消息。他们正在准备成立另外一家航空公司。他们虽不会裁减职工，但是，我们应该联合起来，有所准备啊。"这话又被办公室的通信员听到了，他立即把这消息告诉了他的上司巴巴拉。巴巴拉又为此事写了一个备忘录给负责人事的副总经理马丁，马丁也加入了他们的联合战线，并认为公司应保证兑现其不裁减职工的诺言。

第二天，比利正在打印两份备忘录，备忘录又被路过办公室探听消息的摩罗看见了。摩罗随即跑到办公室说："我真不敢相信公司会做出这样的事来。我们要被卖给联合航空公司了，而且要大量削减职工呢！"

这消息传来传去，三天后又传回到总经理波利的耳朵里。波利也接到了许多极不友好、甚至敌意的电话和信件。人们纷纷指责他企图违背诺言而大批解雇工人，有的人也表示为与别的公司联合而感到高兴。而波利则被弄得迷惑不解。

那么，总经理波利怎样才能使问题澄清呢？

组织沟通是指组织内部进行的信息交流、传递和理解的活动。在一个组织内部，既存在人与人之间的沟通，也存在部门与部门之间的沟通。良好的人际沟通是进行组织中部门之间沟通的前提，有效的部门之间沟通又是管理者组织协调各部分之间关系的重要条件。在一个组织中，成员之间所进行的沟通是通过不同形式的信息沟通渠道来进行的。一种是正式沟通渠道；另一种是非正式沟通渠道。不同的沟通渠道又与不同的沟通网络相结合。

## 一、正式沟通的渠道

正式沟通是指在组织系统内，依据正规的组织程序，按权力等级链进行的沟通。如组织与组织之间的公函来往、组织内部的文件传达、召开会议、上下级之间的定期情报交换等。正式沟通是组织内部信息传递的主要方式，组织中大量的信息都是通过正式沟通渠道传递的。

正式沟通的优点是：沟通效果好、严肃可靠、约束力强、易于保密、沟通信息量大，并且具有权威性。缺点是：沟通速度一般比较慢。

正式沟通的渠道可依其信息流向分为下行沟通、上行沟通、平行沟通和斜向沟通。

1. 下行沟通

下行沟通是指上级向下级进行的信息传递，如一个组织的上级管理者将工作计划、任务、规章制度向下级传达。下行沟通是组织中最重要的沟通方式。上级通过下行沟通使下级明确组织的计划、任务、工作方针、程序和步骤等。

下行沟通方式往往带有命令性和权威性，它可以帮助管理者将各个层次的工作人员统一起来，增强合作意识，有助于管理者的决策和控制。

下行沟通中常用的口头沟通方式有指示、谈话、会议、广播、电话等，常用的书面沟通方式有各种备忘录、信函、公司手册、公司政策声明、工作程序以及年度报告等。

但若组织仅仅采用自上而下的沟通方式，信息所经过的层次越多，涉及的人数越多，也就越会在传递过程中被曲解和贻误。这主要是由于组织内各级领导者个人理解上的差异，会对同一信息赋予各不相同的意义。这种现象可以从他们对上级报告、文件的选择和解释上反映出来。尼柯斯曾经对 100 家工业企业做过信息沟通调查，发现信息自上而下逐级传递中损失较大，如表 9-1 所示。

**表 9-1　自上而下的沟通损失**

| 层　级 | 信息接受百分比（%） |
|---|---|
| 董事会<br>↓ | 100 |
| 副总经理<br>↓ | 63 |
| 高级主管<br>↓ | 56 |
| 工厂主管<br>↓ | 40 |
| 领班<br>↓ | 30 |
| 员工 | 20 |

2. 上行沟通

上行沟通是下级机构或人员按照组织的隶属关系与上级机构或领导者进行的沟通。这种沟通不仅是组织成员向领导、下级向上级反映自己的要求、愿望，提出批评、建议的正常渠道，而且可以对执行上级指令做出回馈反应，使上级了解其信息被接受和执行的程度，为上级修正指令和制定新的决策指令提供资料。

上行沟通的方式主要有正式报告、汇报会、建议箱、申诉、接待日、员工士气问卷、离职谈话、信访制等形式。通过这种自下而上的方式，管理者可以广泛地听取下级的意见，发现问题及时更正，并且通过给员工参与决策的机会来提高他们的满意度和积极性。当然，这种沟通有时会受到不同层次中管理者的阻塞，他们可能对信息进行过滤，去掉对自己不利的信息，如表 9-2 所示。

**表 9-2　自下而上的沟通信息失真过程**

| 管理者 | 接受到的信息 |
| --- | --- |
| 董事长 | 管理和工资结构是非常出色的，福利和工作条件是好的，而且会更好 |
| ↑ | |
| 副董事长 | 我们非常喜欢这种工资结构，希望新的福利计划和工作条件将会改善，我们非常喜欢这里的管理工作 |
| ↑ | 工资是好的，福利和工作条件还可以，明年还会进一步改善 |
| 总经理 | |
| ↑ | 工资是好的，福利和工作条件勉强可以接受，我们认为应该更好一些 |
| 主管 | |
| ↑ | 我们感到工作条件不好，工作任务不明确，保险计划很糟糕，然而我们确实喜欢竞争性工资结构，我们认为公司有能力解决这些问题 |
| 员工 | |

另外，许多组织对自下而上的沟通方式不重视。这就要求组织应建立良好的组织文化，形成民主氛围。

3. 平行沟通

平行沟通是指组织结构中处于同一层次的成员或群体之间的沟通。命令的统一性要求信息传递应垂直地通过等级链进行，严格地按照命令统一性将会使沟通的路线过长，上层管理者的协调任务过重，也许还会延误时机。早年的法国管理学家亨利·法约尔为这个问题提供了答案。他提出的“跳板原则”（亦称“法约尔桥”）指出在同级人员之间可以直接联系。这种直接联系就是指平行沟通，它不必按隶属关系逐级向上级传达后再层层向下传递，从而减少了烦琐，使沟通变得简单、快捷。平行沟通的主要目的是谋求相互之间的理解和工作中的配合，因此，这种沟通通常带有协商性。组织的不同部门因职能不同、地区不同、产品不同或顾客类别不同，使得部门之间的本位主义加重，容易产生摩擦。因此，要有效地加强平行沟通，增进相互之间的了解，以克服上述不利因素。

4. 斜向沟通

斜向沟通是指非属同一组织层次的个人或群体之间的沟通，它时常发生在职能部门和直线部门之间。例如，当人事部门的一位主管直接与比他高的生产部门经理联系时，他所采取的就是斜向沟通。斜向沟通的目的是加快信息的传递。但为了尽量减少它对组织等级链的影响，斜向沟通也常常伴随着自上而下的沟通或自下而上的沟通，如图 9-2 所示。

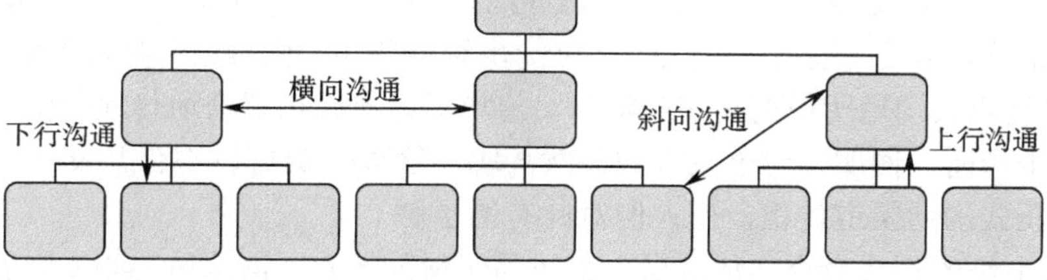


图 9-2　组织的正式信息沟通渠道

## 二、非正式沟通

1. 非正式沟通的特点

非正式沟通包括非正式组织内部的沟通和正式组织中不按照正式组织的组织程序而进行的沟通两种。

在一个组织机构中，除了正式的沟通渠道外，还存在着大量的非正式沟通渠道，即我们常说的“小道消息渠道”。非正式沟通和正式沟通的渠道形成不同，它主要是由组织成员的感情和动机上的需要而形成的。因此，非正式沟通渠道涉及组织内的各种社会关系，这种关系超越了部门、单位以及层次。非正式沟通不是由管理者建立的，也不是经过组织中的正式沟通渠道传播的，所以管理者常常难以控制非正式沟通，但管理者可以利用非正式沟通为组织中的正式沟通服务。

非正式沟通的渠道较正式沟通的渠道有较大的弹性，它可以是横向的、纵向的或斜向的。由于非正式沟通系统是建立在组织成员的社会关系上的，也就是由人们在社会交往过程中，或在正式组织结构基础之上由于爱好相同、兴趣接近、常常在一起交谈而形成的，因此，它有如下特征：

（1）非正式沟通几乎存在于所有的正式组织之中，它的形式具有多变性和动态性，常常随个体的差异和环境的变化而变化。一个组织的正式沟通渠道越是有限，小道消息越可能盛行。

（2）通常这种信息传播是以口头方式进行的，不留证据，不负责任，因此，信息传播速度快且易迅速扩散，信息往往是不完整的，因此无规律可循。

（3）由于人们所感兴趣的信息常常带有感情色彩，通常易受到人们的重视。

（4）非正式沟通不受管理层控制，而且大多数在无意中进行，它可以发生于任何地方、任何时间，其内容也不受限定。

2. 非正式沟通的作用

一般来讲，人们认为正式沟通起积极作用，非正式沟通只起消极作用。但研究发现，非正式沟通系统是正式沟通系统的必要补充，它的存在是自然发生而又必不可少的。因为它一方面满足了员工的需要，另一方面也补充了正式沟通系统的不足。具体来讲，非正式沟通可以起到以下几方面的作用：

（1）满足员工的心理需求。人们总是希望能在正式沟通渠道之外获得更多的有关工作、公司、同事等的信息，以满足自己在工作中对工作安全的需要以及与组织其他成员之间的社交需要等。通过非正式沟通可以减轻人们的心理压力，增进他们的满意度。

（2）代替正式沟通渠道的功能。例如，可以利用非正式沟通散布一些待决定的问题或计划出台的措施，通过观察员工的反应来进一步修改决定，从而避免与员工的正面冲突等。

（3）传递正式沟通所不愿传递的消息。一些不宜通过正式沟通传递的信息，却可以在非正式沟通中透露。例如，对于某人的突然辞职，管理人员可以不公开发布消息，但可以让它通过非正式沟通渠道传播，使人们对此有所了解。

（4）将上级的正式命令变成基层人员较易了解的语言，消除员工心中存有的戒备，使之富有人情味，容易被员工接受。

（5）防止某些管理者滥用正式沟通，有效防止正式沟通中的信息“过滤”现象。

但是，如果过分依赖这种非正式沟通渠道，会导致信息遭到严重歪曲，而且无从追查责任；有些不实消息的传播，还会给组织成员造成较大的困扰，甚至给组织带来严重损失。因此，对于非正式沟通渠道的存在，管理者应注意到它的客观必然性，虽然不能阻止它的发生，但要注意引导它、利用它，设法为组织人员提供正确而清晰的信息，防止不实信息的发生。

# 第四节　沟通的障碍与改善

**导入案例 9-4：扁鹊见蔡桓公**

我国春秋战国时期，有一位著名的医生，他的名字叫扁鹊。有一次，扁鹊谒见蔡桓公，站了一会儿，他看看蔡桓公的脸色说："国君，你的皮肤有病，不治怕要加重了。"蔡桓公笑着说："我没有病。"扁鹊告辞走了以后，蔡桓公对他的臣下说："医生就喜欢给没病的人治病，以便夸耀自己有本事。"过了十几天，扁鹊又前往拜见蔡桓公，他仔细看看蔡桓公的脸色说："国君，你的病已到了皮肉之间，不治会加重的。"蔡桓公见他尽说些不着边际的话，气得没有理他，扁鹊走后，蔡桓公还闷闷不乐。又过了十几天，蔡桓公出巡，扁鹊远远地望见蔡桓公，转身就走。蔡桓公特意派人去问扁鹊为什么不肯再来谒见，扁鹊说："皮肤上的病，用药物敷贴可以治好；在皮肉之间的病，用针灸可以治好；在肠胃之间，服用汤药可以治好；如果病入骨髓，那生命就掌握在司命之神的手里了，医生是无法可治的了。如今国君的病已深入骨髓，所以我不能再去谒见了。"蔡桓公还是不相信。5 天之后，蔡桓公遍身疼痛，连忙派人去找扁鹊，扁鹊已经逃往秦国躲起来了。不久，蔡桓公便病死了。

蔡桓公贵为国君，又有名医扁鹊在侧，却因为小病送掉了性命，原因是什么呢？

## 一、沟通的障碍

无论是进行个人之间的沟通还是组织沟通，都会遇到障碍，这些障碍有来自信息沟通过程中内部方面的因素，也有来自信息沟通过程中所遇到外部环境方面的因素（政治、经济、社会因素和组织文化等）。

### （一）信息沟通过程中的障碍

沟通过程中的障碍主要是指信息在从发送者到接受者的传送和理解过程中所遇到的干扰和问题，使得信息丢失或发生曲解，影响了组织沟通的整体效果。

1. 发送者方面的障碍

（1）信息发送者对信息的内容和含义表达得含糊不清或隐晦难懂。语言是信息的载体，准确地选择语言是实现沟通目标的必要前提。准确的语言选择不仅包括选用最恰当的词句、使用正确的语法也包括采用书面沟通形式时清晰的字迹、简明的图表。由此可见，影响信息传递表达能力的因素，除了自身的语言文字水平外，还有责任心等非文字方面的因素。所以，信息传递者若要消除表达障碍，必须努力提高自己的语言表达能力和加强自己的责任心。

（2）语义障碍是指因对语义的不同理解引起的障碍。语言，特别是中国语言是极为丰富的，有同形异义、同形异音、一词多义、方言土语等现象，对于同样的词语，由于理解上的差别，就会给沟通造成障碍。因此，对于信息发送者来说，不能仅从自己的角度来选择用语、来理解事情，更重要的还要从信息接受者的立场来考虑用语。只有这样，才能保证发送的信息能够完全被正确地理解，使信息沟通顺畅。

（3）传递形式障碍是指由传递形式不协调产生的障碍。信息发送者在发送信息所采用的语言符号和体语（手势、表情）在表达同一内容时，要相互协调，如果不协调，接受者就无法理解所传送信息的内容。例如，口中讲训斥别人的语言，而面部表情在笑，这就使人无从猜测所传信息的真实性。

（4）社会环境与知识经验的局限产生的障碍。如果信息发送者与信息接受者之间有共同的经验区，就比较容易实现沟通信息的目标。如果双方不存在共同的经验区，沟通就会遇到障碍。如同一领域的科学家之间运用大量专业术语、数学公式、各种符号进行沟通，就非常简便实用；如果用这种方式同缺乏相应知识和经验的外行沟通，就很难取得良好的效果。如图 9-3 所示，AB 区域为共同经验区。在双方共同经验区内沟通，不易产生误解。

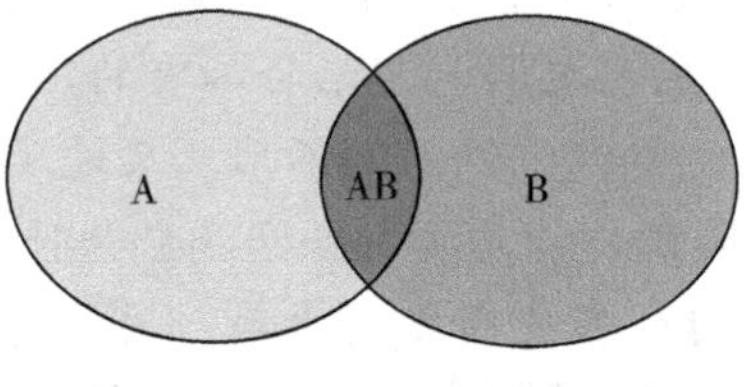


图 9-3　沟通共同经验区图

2. 信息传递过程中的障碍

（1）沟通渠道选择方面的障碍。信息在传递过程中，渠道或媒介的选择和信息符号的选择不匹配会导致信息无法有效传递或信息传递失误。例如，有些宜于采用口头沟通的形式，发送者却采用了书面沟通形式，往往达不到预期的沟通效果。另外，对组织中的正式和非正式渠道信息传播的特点掌握不好及利用不恰当，也会影响组织沟通的效果。例如，有些宜于通过正式沟通传播的信息，如果通过非正式沟通进行传播，则它的严肃性和权威性就会受到影响。因此，在一个特定的组织中，要根据组织自身的特点，对本组织的沟通渠道和媒介有完整的了解，并有效地使它们在组织沟通中发挥作用。

（2）传递层次的障碍。信息在传递过程中，同其他的物体运动一样会发生损耗。在信息传递过程中，信息损耗现象被称为信息过滤。如果一个信息从发送者那里发出，到达接受者那里经过的环节越多，这种过滤现象就会越严重，使到达最终接受者那里的信息大打折扣或者被歪曲、曲解、篡改。因此，在沟通过程中，沟通的层次应尽可能减少，以防信息被过多地过滤。

（3）信息传递手段的障碍。在现代信息沟通中，使用着越来越多的先进的传递手段，大大提高了沟通效率；但在使用的这些手段发生故障时就会影响沟通。例如，扩音设备的噪声太大、电话的中断、显示器画面不清等现象都会影响沟通效果。

3. 接受者方面的障碍

（1）对信息的“过滤”。接受者在接受信息时，有时会按照自己的需要对信息进行过滤，取其对自己有用和喜欢的信息，过滤掉对自己不利或不喜欢的信息。

（2）理解力的障碍。每个人的价值观、所受的教育、经历和兴趣的不同，都会影响个人的理解力。对同一信息，由于理解力的不同，会产生不同的效果，因而会给信息沟通带来障碍。

（3）信息过量障碍。当接受者收到的信息量过大时，必然会产生烦恼，整天埋在信息堆里，却没办法达到良好的沟通效果。对这一问题信息的发送者和接受者都应当重视，信息传递量要适当而且要有所选择。

（4）心理上的障碍。如果当接受信息者对传送者怀有敌意、不信任或有某种偏见时，就会拒绝传递来的信息或者歪曲信息的内容，从而给信息沟通带来不良影响。

*4. 反馈过程中的障碍*

信息只有通过反馈才能建立一个双向沟通的过程，而这种双向沟通对信息传递的准确性和完整性有着重要的意义。在反馈过程中，由于反馈渠道本身的设置和使用以及反馈过程中可能出现的信息失真等，都有可能给有效沟通带来障碍。例如，企业中的领导虽说是设置了员工意见反馈信箱，但领导从不打开信箱，就说明这种反馈形同虚设。

**（二）信息沟通环境方面的障碍**

组织中信息沟通除了受信息沟通过程本身各个因素的影响，还受到环境因素的影响。它主要表现在以下几个方面。

*1. 社会环境方面的障碍*

不同的社会环境具有不同的文化价值观，各种不同文化价值观影响下的沟通行为有很大的不同。例如，在美国的社会文化背景下，组织中的上下级沟通显得较为民主，下级可以直接向上级或上级的上级提出自己的意见。而在日本的公司中则是等级森严，沟通一般都是逐层进行的，因此，在日本公司中，人们之间的正式交往显得非常慎重。在我国的组织中，人们的沟通行为更多地受社会关系的影响，所以，组织中非正式渠道的沟通作用更加重要，人际关系的作用在组织沟通中至关重要。特别是在跨文化的组织里，不同价值观影响下的跨文化沟通障碍显得更加明显和复杂。另外，社会环境的影响还体现在社会等级观念对沟通造成了一定的障碍，人们常常在信息沟通过程中想到信息是由处于何种地位的人发送的，社会地位较高的人发送的信息容易得到重视；相反，社会地位较低的人发送的信息则容易被忽视。

*2. 组织结构方面的障碍*

组织内正式沟通渠道在很大程度上取决于组织的结构形式，所以组织的结构形式对有效的组织沟通往往有决定性的作用。常见的传统组织结构形式有直线制、职能制和直线职能制等。现代组织形式包括事业部制、矩阵制、网络制和虚拟组织等。传统的组织结构具有严格的等级概念，所以组织中的命令和信息都是沿着正式的组织渠道层层传递的。在这种信息传递过程中，每一层次的信息传递都伴随着过滤现象，过多的层次必然会导致信息过滤的增多。另外，过多的等级使得信息传递的速度缓慢，因此，在这种科层组织里，正式渠道的沟通障碍极大。在现代组织结构形式中，以网络为代表的沟通渠道极大地改变了沟通的速度和方式，而且在一定程度上克服了传统组织结构给沟通带来的信息过滤和信息延误的问题。

3. 组织文化方面的障碍

组织文化是一个组织所创造和形成的以一定的价值观为核心的一系列独特的制度体系和行为方式的总和。由于企业文化是组织中员工价值观的根本体现，在很大程度上影响着员工的各种行为，因此，它对组织中的信息沟通也有着很大影响。例如，在一个崇尚等级制度、强调独裁式管理方式的官僚组织里，信息通常被高层管理者垄断，有用的信息得不到传递，而人与人之间沟通的过程缺乏互动性和开放性，自下而上的沟通行为通常不受重视。组织中的制度体系则直接规定着组织中信息传递的渠道和方式，不合理的制度体系在很大程度上给有效的沟通设置了障碍。另外，一些组织缺乏一定的物质文化，如缺乏员工进行正式和非正式沟通的场所等，也不利于组织的有效沟通。

## 二、提高组织沟通的有效性

既然组织沟通在沟通过程的各个环节及环境方面都存在着障碍因素，那么了解这些障碍并采取适当的行动方式和手段来消除这些障碍就成了实现组织沟通有效性的重要一步。具体来讲，要想提高组织沟通的有效性，既要提高组织中人际沟通的技能，又要善于针对组织特点和具体环境条件，改善组织中的沟通渠道，并采用恰当的沟通方式对组织内部门与部门之间的沟通进行管理。

### （一）强调有效沟通的重要性

（1）加强组织中的管理者对沟通重要性的认识。通常，人们认为沟通是件非常简单的事，并不重视沟通的重要性，而且在某种程度上对沟通存在着误解。例如，人们常常以为向对方讲述一件事情后，沟通就完成了，没有考虑“语言”本身并不代表“意思”，其中还存在一个翻译转化的过程。沟通虽然非常普遍，看起来也非常容易，但有效的沟通却常常是一项困难和复杂的行为。

（2）了解组织沟通过程的一些规律。例如，在组织中建立重视沟通的氛围，创造一个相互信任的沟通环境，不仅在各项管理职能中有效地运用沟通手段，还要重视非正式沟通中的“小道消息”对组织管理的重要性等。

### （二）提高人际沟通技能

信息发送者和信息接受者都要努力增强自己的人际沟通技能，提高有效沟通的水平。具体来讲，主要体现在以下几个方面。

1. 改进沟通态度

信息沟通不仅仅是信息符号的传递，它还包含着很多的感情因素，所以在沟通过程中，沟通双方采取的态度对于沟通的效果有很大影响。只有双方坦诚相待时，才能消除彼此间的隔阂，从而求得对方的合作。另外，在信息沟通过程中还要以积极、开放的心态对待沟通，要愿意并且有勇气用恰当的方式展示自己的真实想法。如果在沟通过程中顾虑重重，会导致很多误解。

2. 提高自己的语言表达能力

信息沟通主要是通过语言来完成的，无论是口头交谈还是采用书面交流形式，都要力求准确地表达自己的意思。同时，还要双方相互了解对方的接受能力，根据对方的具体情况来确定自己表达的方式和用语等；选择正确的词汇、语调、标点符号；注意逻辑性和条理性，对重要的地方要加上强调性的说明；借助体态语言来表达完整的思想和实现感情的沟通，加深双方的理解。

3. 培养“倾听”的艺术

以前，人们往往只注重说写能力的培养，而忽视了听的能力的培养。事实上，没有听就很难接受到有用的信息。而倾听，则区别于一般的听，它是一种通过积极的听来完整地获取信息的方法，主要包含注意听、听清、理解、记忆和反馈5层内容。

微课：聆听的技术

（1）注意听。要听得投入，全神贯注地听，不仅要用耳朵去听，还要用整个身体去听对方说话。例如，要保持与说话者的目光接触，身体微微向前倾着听，以信任、接纳和尊重的目光让说话者把要说的意思表达清楚。同时，注意控制自己的情绪，克服心理定势，保持耐心，尽可能站在说话者的角度去听，认真地顺着说话者的思路去听。另外，自己不要多说，尽量避免中间打断说话人。

（2）听清。要完整地接受信息，听清全部内容；不要听到一半就心不在焉，更不能匆忙下结论。同时要营造一种轻松、安静的气氛，排除谈话时的各种噪声干扰，使得听者能努力抓住其中的关键点。

（3）理解。理解信息并能听出对方的感情色彩，只有这样才能完全领悟说话者的真正含义。同时要准确地综合和评价所接受的信息，对一些关键点要时时加以回顾，通过重复要点或提一些问题来强化和证实所理解的信息；对一些疑问或不清楚的问题，也要在适当的时候向对方提问，以保证对信息的准确理解。另外，为了能听懂，还要借助一些辅助材料，如报告、提纲、小册子或讲义等来帮助理解。

（4）记忆。在理解对方的基础上要记住所传递的信息，可以通过将对方的话用自己的语言来重新表达，或者通过记住所说的典型事例，以及对信息加以分类和整理的方法，增进有效记忆。另外，如有必要，还可以在听的时候做笔记，以便事后回忆和查阅。

（5）反馈。给予说话人适当的反馈，可以使谈话更加深入和顺利。在听的时候，用点头、微笑、手势等体态语言对说话人做出积极的反应，让对方感觉到你愿意听他说话，以及通过提一些说话人感兴趣的话题，可以加深双方的感情，并使得谈话更加深入。

积极主动的倾听可以给人们在沟通过程中带来以下好处：①倾听可以帮你获取重要的信息。通过倾听，我们不仅可以了解对方所传达的信息，还可以了解对方的感情，由此推断出对方的性格、目的和心态。②善听才能善言。只有先听别人的意见后，才能更有效地了解别人，包括了解他谈话的目的、背景、情感和弱点等，这些都为你跟对方交谈提供了契机，不仅使对方觉得你充分考虑了他的需要和见解，还会使你的谈话更有针对性和感染力，你的建议才容易被接纳。③倾听可以使你获得友谊和信任。人们大多喜欢发表自己的意见，如果你能谦虚地倾听、给他们说话的机会，他们会觉得你和蔼可亲、值得信赖。作为一名管理者，更应倾听来自顾客、上级和下级的信息，及时有效的沟通会使他们对你更加信赖和尊重。

**（三）建造合理的沟通网络**

为了实现有效的组织沟通，管理者应在注重人际沟通的基础上，进一步考虑组织的行业特点和环境因素，结合正式沟通渠道和非正式沟通渠道的优缺点，通过对组织结构的调整，设计一套包含正式和非正式沟通的沟通网络，同时缩短信息传递的链条，以便使组织的信息沟通更加迅速、及时和有效。

### （四）采用恰当的沟通方式

选用适当的沟通方式对增强组织沟通的有效性也十分重要。组织沟通的内容千差万别，针对不同的沟通需要，应该采用不同的沟通方式。从沟通的速度方面考虑，利用口头和非正式的沟通方法就比书面和正式的沟通速度快。从反馈性能来看，面对面的交谈可以获得立即的反应，而书面沟通则有时得不到反馈。从可控性来看，在公开场合宣布某一消息，对于其沟通范围及接收对象毫无控制；反之，选择少数可以信赖的人，利用口头传达某种信息则能有效地控制信息。从接受效果来看，同样的信息，可能由于渠道的不同，被接受的效果也不同。以正式书面通知，可能使接受者十分重视；反之，在社交场合所提出的意见，却被对方认为讲过就算了，并不加以重视。因此，要根据沟通信息的不同性质，采用不同的沟通渠道与方式，这样沟通效果才会更好。

### （五）改进组织沟通的各种技术

在组织的管理中采用一些积极有效的管理技术和方法会增强组织沟通的有效性。

#### 1. 采取信息沟通检查制度

这种方法就是将信息沟通看成是实现组织目标的一种方式，而不是为了沟通而沟通，因而就可以把组织内外的信息沟通看成是一个与组织目的相关的一组沟通因素。

其中，组织需要加以检查的四大信息沟通网络如下：

（1）属于政策、程序、规则和上下级关系的管理网络或同任务有关的网络。

（2）包括解决问题、会议和提出改革建议等方面的创新活动网络。

（3）包括表扬、奖赏、提升以及联系企业目标和个人所需事项在内的整合性网络。

（4）包括组织的出版物、布告栏等在内的新闻性和指导性网络。

利用这种信息沟通检查制，可以分析所涉及的许多关键性管理活动中的沟通。它既可以用于出现问题之际，也可以用于事前防范。管理者通过反复不断地使用和检查来进一步完善这种制度。

#### 2. 设立建议箱和查询制度

通过设立建议箱来征求员工的意见，以此可改善自下而上的沟通。员工可以直接将自己的建议或意见投到建议箱中，组织的主管会亲自打开建议箱去取，当员工的建议得到认可和采纳时，就能够得到物质和精神奖励。这种制度极大地鼓励了员工为了组织的目标所进行的自下而上的沟通。查询制度是组织设立的另外一种答复员工所提出的关于组织方面问题的方法。这些问题和答复可以在组织内部刊物上登出，从而使得组织与员工之间进行广泛而有效的交流，促进了组织的有效沟通。

#### 3. 员工调查和调查反馈制度

对组织中员工的态度和意见进行调查，是组织的一种有用的自下而上的沟通手段。这种形式的调查使得员工感到他们可以自由表达自己的真实观点。当然，调查表的设计必须能反映出员工确实关心的问题和有益于实际目的的信息，通过这种调查，可以了解员工的真实想法和情感方面的变化。而当调查结果反馈到员工那里时，则变成了自上而下的沟通。

调查反馈使员工感到他们的意见已被管理者所听到和考虑，因而增强了组织与员工的有效沟通。

## 第五节 组织冲突与谈判

**导入案例 9-5：亚通网络公司**

亚通网络公司（以下简称“亚通公司”）是一家专门从事通信产品生产和计算机网络服务的中日合资企业。公司自 1991 年 7 月成立以来发展迅速，销售额每年增长 50%以上。与此同时，公司内部也存在着不少冲突，影响着公司绩效的继续提高。

因为是合资企业，尽管日方管理人员带来了许多先进的管理方法，但是日本式的管理模式未必完全适合中国员工。例如，在日本，加班加点不仅司空见惯，而且没有报酬。于是亚通公司也经常让中国员工长时间加班，引起了大家的不满，一些优秀员工还因此离开了亚通公司。亚通公司的组织结构由于是直线职能制，部门之间的协调非常困难。例如，销售部经常抱怨研发部开发的产品偏离顾客的需求，生产部的效率太低，使自己错过了销售时机；生产部则抱怨研发部开发的产品不符合生产标准，销售部门的订单无法达到成本要求。

请考虑以下问题：亚通公司的冲突有哪些？原因是什么？如何解决亚通公司存在的冲突？

### 一、冲突的原因

沟通是为了减低组织的管理成本，进而降低组织之间的交易成本。但是，由于组织之间以及组织中员工之间本质的区别，沟通并不会达到尽善尽美的效果。这样，组织摩擦和人员摩擦的不可避免会带来额外的管理组织成本。这种摩擦程度越大，组织的协调成本越高。这就是冲突的由来。冲突是指由于某种差异而引起的抵触、争执或争斗的对立状态。人与人之间在利益、观点、掌握的信息或对事件的理解上都可能存在差异，有差异就可能引起冲突。不管这种冲突是否真实存在，只要一方感觉到有差异就会发生冲突。显然，沟通不足或没有沟通都可能导致冲突。所以，要了解冲突，前提是了解出现差异的原因及其表现形式。

造成冲突的原因大体上可以归纳为三类。

1. 沟通差异

由于文化和历史背景不同、语义困难、误解及沟通过程中的噪声的干扰，都可能造成人们之间意见不一致。沟通不良是产生这种冲突的重要原因，但不是主要的。

2. 结构差异

观察管理中经常发生的冲突，绝大多数是由组织结构的差异引起的。由于分工造成组织结构中垂直方向和水平方向各系统、各层次、各部门、各单位、各岗位不同的分化；组织越庞大、越复杂，组织分化越细密，组织整合就越困难。由于信息不对称和利益不一致，人们在计划目标、实施方法、绩效评估、资源分配、劳动报酬、奖惩等许多问题上都会产生不同看法，这种差异是由组织结构本身造成的。为了本单位的利益和荣誉，许多人都会理直气壮地与其他单位甚至上级组织发生冲突。不少管理者甚至把挑起这种冲突看作是自己的职责，或作为建立自己威望的手段。几乎每位管理者都会经常面临着与同事或下属之间的冲突。

3. 个体差异

每个人的社会背景、教育程度、阅历、修养不同塑造了每个人各不相同的性格、价值观和作风。人们之间这种个体差异造成的合作和沟通的困难往往也容易导致某些冲突的发生。

这说明，由于沟通差异、结构差异和个体差异的客观存在，冲突也就不可避免地存在于一切组织之中。

## 二、冲突的管理

多年来，对组织冲突的看法，一般有如下三种观点：第一种观点认为应该避免冲突，因为冲突本身表明了组织内部的机能失调。我们称之为冲突的传统观点。第二种观点为冲突的人际关系观点，即认为冲突是任何组织不可避免的必然产物，但它并不一定会导致不幸，反而可能成为有利于组织工作绩效提高的积极动力。第三种观点是最为新颖，认为冲突不仅可以成为组织中的积极动力，而且一些冲突对于组织或组织部门的有效运作是绝对必要的。我们称之为冲突的互动观点。如表 9-3 所示。

表 9-3　关于冲突的三种观点

| | |
|---|---|
| 传统的观点 | 早期的观点认为冲突是不利的，常常会给组织造成消极影响，冲突成了暴力、破坏和非理性的代名词。认为组织应该避免冲突，管理者有责任清除组织冲突。从 19 世纪末到 20 世纪 40 年代中期，这一观点一直是管理学文献的主流 |
| 人际关系的观点 | 人际关系观点认为冲突是任何组织不可避免的产物；但它同时指出，冲突并不一定会导致对组织的危害，甚至可能成为有利于组织的积极动力。显然，这一观点因为冲突的客观存在，主张接纳冲突，使冲突的存在合理化。从 20 世纪 40 年代到 70 年代中期，这一观点在冲突理论中占主导地位 |
| 互动的观点 | 当今的冲突管理为互动的观点。人际关系的观点接纳冲突，相互作用的观点则鼓励冲突。这一理论明确认为冲突不仅可以成为组织中的积极动力，而且其中有些冲突对于组织或组织单元的有效运作是必要的。换言之，冲突是组织保持活力的一种有效手段。因而，这种观点鼓励管理者维持一种冲突的最低水平，以使组织保持创新的激发状态 |

由此，冲突管理实际上包括两个方面：一是管理者要设法消除冲突产生的负面效应，因为这些冲突阻碍了组织实现目标，属于功能失调的冲突，它们对组织具有破坏性作用。二是要求管理者激发冲突，利用和扩大冲突对组织产生的正面效应，因为这些冲突支持组织的目标，属于建设性的、功能正常的冲突。因而，冲突管理实际上是一种艺术。

冲突管理策略一般有如下几种方式。

1. 谨慎地选择你想处理的冲突

管理者可能面临许多冲突。其中，有些冲突非常琐碎，不值得花很多时间去处理；有些冲突虽然很重要，但不是自己力所能及的，不宜插手；有些冲突解决难度很大，要花很多时间和精力，未必有好的回报，不要轻易介入。管理者应当选择那些员工关心、影响面大，对推进工作、打开局面、增强凝聚力、建设组织文化有意义、有价值的冲突，亲自抓，一抓到底。对冲突事必躬亲的管理者并不是真正的优秀管理者。

2. 仔细研究冲突双方的代表人物

要仔细研究是哪些人卷入了冲突，冲突双方的观点是什么，差异在哪里，双方真正感兴趣的是什么，代表人物的人格特点、价值观、经历和资源因素如何等。

3. 深入了解冲突的根源

不仅要了解公开的表层的冲突原因，还要深入了解深层的、没有说出来的原因。冲突可能是多种原因交叉作用的结果。如果是这样，还要进一步分析各种原因作用的强度。

4. 妥善的选择处理办法

通常，冲突的处理办法有回避、迁就、强制、妥协、合作 5 种。当冲突无关紧要时，或当冲突双方情绪极为激动、需要时间恢复平静时，可采用回避策略；当维持和谐关系十分重要时，可采用迁就策略；当必须对重大事件或紧急事件进行迅速处理时，可采用强制策略，在用行政命令方式牺牲某一方利益处理后，再慢慢做安抚工作；当冲突双方势均力敌、争执不下、需要采取权宜之计时，只好双方都做出一些让步，实现妥协；当事件十分重大，双方不可能妥协时，就要经过开诚布公的谈判，采用对双方均有利的合作或双赢的解决方式。冲突管理战略如图 9-4 所示。

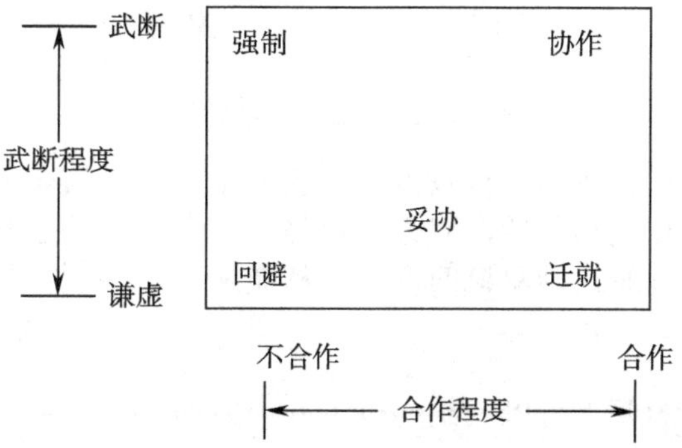


图 9-4 冲突管理战略

## 三、有效谈判的实现

1. 谈判的含义

谈判是双方或多方为实现某种目标就有关条件达成协议的过程。这种目标可能是为了实现某种商品或服务的交易，也可能是为了实现某种战略或策略的合作；可能是为了争取某种待遇或地位，也可能是为了减税或贷款；可能是为了弥合相互的分歧而走向联合，也可能是为了明确各自的权益而走向独立。市场经济本身就是一种契约经济，一切有目的的经济活动、一切有意义的经济关系都要通过谈判来建立。

2. 谈判策略

谈判有两种基本方法，零和谈判和双赢谈判。

零和谈判即分配性谈判，就是有输有赢的谈判，一方所得就是另一方所失。零和谈判能够成功，在于双方的目标都有弹性并有重叠区存在，重叠区就是双方和解、达成协议的基础。

在分配性谈判中，每一方都有他（她）所希望实现的目标点，也有自己的坚守点。坚守点表明最低可接受的水平，如果在此点以下，人们会中止谈判而不会接受不利于自己的和解（见图 9-5）。双方坚守点之间的区域为和解范围。如果在他们的愿望范围中有一定的重叠，就会存在一个和解区域使双方的愿望都能实现。

进行分配性谈判时，一方应该尽力使对手同意自己的具体目标点或尽可能接近它。让对手相信达到他的目标点是不可能的，而在接近自己的目标点上达成和解则是明智的；声称自己的目标是公正的，而对手的则不是；试图激发对手感情用事使对手觉得应对自己慷慨，从而使达成的协议接近于自己的目标点。

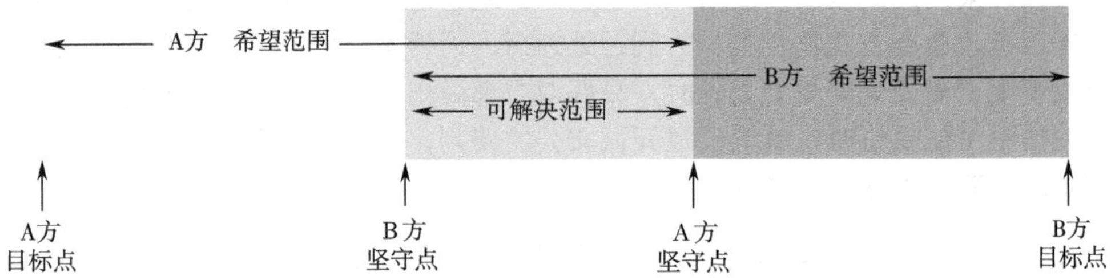


图 9-5 讨价还价区域的决定

双赢谈判就是谈判结果找到一种双方都赢的方案。这种谈判要求双方对另一方的需求十分敏感，各自都比较开放和灵活，双方都对另一方有足够的了解和信任。在此基础上通过开诚布公的谈判，尽可能找到双赢的方案，从而建立起牢固、长期的合作关系。

3. 谈判技巧

关于有效谈判技巧的要点可以归结为以下 6 个方面：

（1）研究对手。尽可能多地获得有关对手的兴趣和目标方面的信息。他（她）会对什么人让步？他（她）会采取什么样的战略？这些信息会帮助你更好地理解对手的行为，预测他（她）对你报价的反应，并按照他（她）的兴趣构建解决方案。

（2）以积极主动的提议开始谈判。研究表明，让步可能得到回报并导致达成协议。因此，以积极主动的提议开始谈判，即使是一个小的让步，就会得到对手同样的让步。

（3）对事不对人。着眼于谈判问题本身，而不针对对手的个人特征。当谈判进行得十分艰难时，应避免攻击对手的倾向。你不同意的是对手的观点或者立场，而不是他（她）本人。应把事与人区分开来，不要使差异人格化。

（4）不要太在意最初的报价，仅仅把最初的报价作为一个谈判的出发点。每个人都须有自己最初的立场，它们是极端而理想化的，仅此而已。

（5）重视双赢的解决方式。如果条件许可，寻求整合解决办法。按照对手的兴趣构建选择，并寻求能够使你和对手均可声称成功的解决办法。

（6）以开放的态度接受第三者协助。陷入对峙僵局时，应考虑求助于中立的第三方——调停人、仲裁者、和解员。调停人能帮助各方取得和解，但不强求达成协议；仲裁者听取各方的争论，最后强加一种解决方法；和解员更为不正式，其扮演着沟通管道的角色，在各方之间传递信息、解释信息并澄清误解。

# 本章小结

- 沟通
  - 沟通概述
    - 沟通的含义：沟通是信息凭借一定符号载体，在个人或群体间从发送者到接受者进行传递，并获取理解的过程
    - 沟通过程：明确要沟通的内容、编码、选择信息沟通渠道、译码、反馈、再传递、反应
    - 沟通的重要性
    - 沟通的类型：按照划分的标准不同而不同。沟通可以分为人际沟通和组织沟通，也可以分为口头沟通、书面沟通、非言语沟通和电子媒介沟通等
  - 人际沟通
    - 个体因素对人际沟通的影响：能力、态度、个性、角色
    - 人际沟通的基本方式：口头信息沟通、书面信息沟通、非言语信息沟通、电子媒介沟通
    - 人际沟通的基本原则：互相信任原则、清晰准确原则、完整性原则、适时性原则
  - 组织沟通
    - 正式沟通的渠道：下行沟通、上行沟通、平行沟通、斜向沟通
    - 非正式沟通的特点及作用
  - 沟通的障碍与改善
    - 沟通的障碍：信息沟通过程中的障碍、信息沟通环境方面的障碍
    - 提高组织沟通的有效性：强调有效沟通的重要性、提高人际沟通技能、建造合理的沟通网络、采用恰当的沟通方式、改进组织沟通的各种技术
  - 组织冲突与谈判
    - 冲突的原因：沟通差异、结构差异、个体差异
    - 冲突管理策略：谨慎地选择你想处理的冲突、仔细研究冲突双方的代表人物、深入了解冲突的根源、妥善地选择处理办法
    - 谈判策略：零和谈判和双赢谈判
      谈判技巧：研究对手、以积极主动的提议开始谈判、对事不对人、不要太在意最初的报价、重视双赢的解决方式、以开放的态度接受第三者协助

# 思考与练习

## 一、复习思考题

1. 简述沟通的重要意义。
2. 双向沟通的过程由哪些部分组成？
3. 影响人际沟通的个体因素有哪些？人际沟通的基本方法有哪些？体态语言在人际沟通中起什么作用？
4. 人际沟通应坚持的基本原则是什么？
5. 什么是组织沟通？组织沟通的正式渠道有哪些？
6. 什么是非正式沟通渠道？其特点和作用是什么？
7. 组织沟通的主要障碍有哪些？如何提高组织沟通的有效性？
8. 什么是冲突？对比冲突的传统的观点、人际关系的观点和相互作用的观点的异同。
9. 如果管理者希望成为更有效的谈判者，应如何做？

## 二、案例分析题

**案例 9-1：逐渐巩固领导地位的总经理**

凯申公司和上海张江高科技园区的许多高科技公司一样，以超常规的速度发展起来，但也面临着来自北京中关村高科技园区、广东深圳地区等大公司的激烈竞争。凯申公司刚开张时，高层管理人员穿着 T 恤衫和牛仔裤来上班，谁也分不清他们与普通员工有什么区别。然而当公司财务上出现了困境时，原先那个放任派风格的董事会主席虽然留任，但公司聘任了一位新的总经理李伟良。他来自一家办事古板的老牌公司，照章办事，十分传统，与凯申公司过去的风格相差甚远。公司管理人员对他的态度是：看看这家伙能待多久！看来冲突、矛盾是不可避免的了。

第一次公司内部危机发生在新任总经理首次召开高层管理会议，会议定于上午 8 点半开始，可有一个人 9 点钟才跌跌撞撞地进来。西装革履的李伟良眼睛瞪着那个迟到的人，对大家说："我再说一次，本公司所有的日常公事要准时开始，你们中间谁做不到，今天下午 5 点之前向我递交辞职报告。你们应该忘掉过去的那一套，从今以后，就是我和你们一起干了。"到下午 5 点，10 名高层管理人员只有两名辞职。

此后一个月里，公司发生了一些重大变化。李伟良颁布了几项指令性政策，对已有的工作程序做了较大的改变。从一开始起，他三番五次地告诫公司副总经理张忠，一切重大事务向下传达之前必须先由他审批。他抱怨下面的研究、设计、生产和销售等部门之间缺乏合作。在这些面临着挑战的关键领域，凯申公司一直没能形成统一的战略。

李伟良还命令全面复审公司的福利待遇制度并做修改，随后将全体高层管理人员的工资削减 15%。这引起了公司一些高层管理人员向他提出辞职。研究部主任这样认为："我不喜欢这里的一切，但我不想马上走，开发计算机对我来说太有挑战性了。”生产部经理也是个不满总经理做法的人，可他的一番话颇令人惊讶：“我不能说我很喜欢总经理，不过至少他给我那个部门设立的目标能够达到。当我们圆满完成任务时，李伟良是第一个感谢和表扬我们干得棒的人。”

事态发展的另一方面是，采购部经理牢骚满腹。他说：“李伟良要求我把今年原料成本削减 15%，他还以年终奖引诱我，说假如我能做到的话就给我丰厚的年终奖。但干这个活简直就是不可能，从现在起，我另找出路。”

但李伟良对销售部的态度却令人不解。蒋华是负责销售的副经理，被人称为“爱哭的孩子”。以前，他每天都到总经理的办公室去抱怨和指责其他部门。李伟良采取的办法是，让他在门外静等，冷一冷他的双脚，见了他也不理会其抱怨，直接谈公司在销售上存在的问题。过了不多久，蒋华开始更多地跑基层而不是总经理的办公室了。

随着时间的流逝，凯申公司在李伟良的领导下恢复了元气。公司管理人员普遍承认李伟良对计算机领域了如指掌，对各项业务的决策无懈可击。李伟良也渐渐地放松了控制，开始让设计和研究部门更放手地去干事。然而，对生产和采购部门，他仍然勒紧缰绳。凯申公司内再也听不到关于李伟良去留的流言蜚语了。人们对他形成了这样的评价：李伟良不是那种对这里情况很了解的人，但他确实领我们上了轨道。

根据案例所提供的情况，请回答下列问题：

1. 李伟良进入凯申公司时所采取的领导方式和留任的董事会主席的领导方式（　）。

A. 同是民主式的　　B. 分别是民主式和放任式的

C. 分别是专制式和放任式的　　D. 分别是专制式和民主式的

2. 凯申公司执行班子的最高负责人应该是（　）。

A. 留任的董事会主席　　B. 总经理李伟良

C. 副总经理威廉　　D. 另外找人

3. 凯申公司中经过李伟良审批的重大决策的传递方式是（　）。

A. 自上而下沟通　　B. 自下而上沟通

C. 横向沟通　　D. 斜向沟通

4. 公司一些高层经理人员因为工资被削减而提出辞职。按照双因素理论，工资属于（　）。

A. 任务因素　B. 关系因素　C. 保健因素　D. 激励因素

5. 研究部主任的话反映他当前的需要属于（　）。

A. 安全需要　B. 尊重需要　C. 自我实现需要　D. 社会需要

6. 李伟良肯定生产部工作干得棒，采取这种激励措施是出于（　）。

A. 社交方面的需要　　B. 权力上的需要

C. 成就上的需要　　D. 生理上的需要

7. 李伟良对销售部经理采取的激励方式是（　）。

A. 正强化　B. 惩罚　C. 自然消退　D. 负强化

8. 李伟良以其对各项业务的无懈可击的决策赢得了公司员工的尊敬，这是来自哪一方面的影响力？（　）

A. 法定权力　　B. 奖励和强制权力
C. 个人影响力　　D. 专家权力

9. 李伟良对研究部门和生产部门各自采取了何种领导方式？（　）

A. 关系型和任务型　　B. 任务型和关系型
C. 专制式和民主式　　D. 民主式和放任式

**案例 9-2：AC 航班坠落事件**

一个初春的晚上，19 点 40 分，AC 航班正飞行在离目的地 K 市不远处的高空。机上的油量还可维持近两个小时的航程。在正常情况下，像 AC 这样的航班，由此飞行到降落 K 机场，仅需不到半小时的时间。但没有想到，AC 航班在降落前遭遇了一系列耽搁和问题。

首先，20 点整，K 机场航空交通管理员通知 AC 航班飞行员，由于机场出现了严重的交通问题，他们必须在机场上空盘旋待命。20 点 45 分，AC 航班的副驾驶员向机场报告他们飞机的“燃料快用完了”。交通管理员收到了这一信息，然而，在 21 点 24 分之前，飞机并没有被批准降落机场。而在此之前，AC 航班机组成员没有再向 K 机场传递任何情况十分危急的信息，只是飞机座舱中的机组成员在相互紧张地通告说他们的燃料供给出现了危机。

21 点 24 分，AC 航班第一次试降失败。由于飞行高度太低及能见度太差的原因，飞机安全着陆没有保证。当机场指示 AC 航班进行第二次试降时，机组成员再次提到他们的燃料将要用尽，但飞行员还是告诉机场交通管理员说新分配的飞行跑道“可行”。几分钟后，准确时间是 21 点 32 分，飞机有两个引擎失灵了，1 分钟后，另外两个也停止了工作。耗尽燃料的飞机终于在 21 点 34 分坠毁于 K 市，机上 73 名人员全部遇难。

当事故调查人员考察了飞机座舱中的磁带并与当事的机场交通管理员交谈之后，他们发现导致这场悲剧的原因实际上很简单：机场方面不知道 AC 航班的燃料会这么快耗尽。

下面是有关人员对这一事件所做的调查。

第一，飞行员一直说他们“油料不足”，交通管理员则告诉调查者，这是飞行员们惯用的一句话。当因故出现降落延误时，管理员认为，每架飞机都不同程度地存在燃料不足的问题。但是，如果飞行员发出“燃料危急”的呼声，管理员有义务优先为其导航，并尽可能迅速地允许其着陆。一位管理员这样指出：“如果飞行员表明情况十分危急，那么，所有的规则程序都可以不顾，我们会尽可能以最快的速度引导其降落。”事实是，AC 航班的飞行员从未说过“情况危急”，由此导致 K 机场交通管理员一直未能理解到飞行员所面临的真正问题。

第二，AC 航班飞行员的语调也并未向交通管理员传递有关燃料危急的严重信息。机场交通管理员普遍接受过专门训练，可以在多数情况下捕捉到飞行员声音中极细微的语调变化。尽管 AC 航班机组成员内部也表现出对燃料问题的极大忧虑，但他们向 K 机场传达信息时的语调却是冷静而职业化的。

另外也应当指出，AC 航班的飞行员不愿意声明情况紧急是有一些客观原因的。如按条例规定，飞行员在飞行中做了紧急情况报告之后，他们事后需要补写出长篇的、正式的书面汇报交给有关方面。还有，紧急情况报告后，如果飞行员被发现在估算飞行中需要多少油量方面存在严重的疏漏，那么，飞行管理局就有理由吊销其驾驶执照。这些消极的强化因素，在相当程度上阻碍着飞行员发出紧急呼救。在这种情况下，飞行员的专业技能和荣誉感便会变成一种“赌注”。

根据案例所提供的情况，请回答下列问题：

1. AC 航班的不幸坠毁的根本上是因为（　）。

A. 飞机燃料储备不足以及飞行员在计算剩余油量方面疏忽大意

B. 机场交通管理员在工作中的玩忽职守、推卸责任

C. 飞机燃料危急的信息没有被清晰地传递又未被充分地接受，因而造成飞机失事的真正原因是信息沟通过程中的障碍

D. AC 航班飞行员在信息沟通过程中的用语不当

2. AC 航班飞行员在向机场要求准允降落时使用了“油量不足”“燃料用完”之类的话语，这些在机场交通管理员心中被认为不过是飞行员们的老生常谈和惯用伎俩。这种情况说明，处于紧急状态之中的 AC 航班飞行员本应该格外注意以下哪一点？（　）

A. 使用恰当的编码　　B. 选择合适的沟通渠道

C. 选择合适的信息发送者　　D. 选择合适的信息接受者

3. 从机场交通管理员的角度来说，既然他们认为 AC 航班飞行员对“燃料用完”的报告难以令人相信其飞机正处于紧急状态中，这个时候，为稳妥和安全起见，他们最好需要做什么？（　）

A. 对报告情况的飞行员进行及时的信息反馈

B. 自己在接受信息时也同时成为信息发送者

C. 开展双向的信息沟通

D. 以上所有方面

4. 事故调查者在收听录音磁带时发现，AC 航班飞行员的报告在语调上没有传递出情况紧急的信息，这可以说是如下哪一方面的典型实例？（　）

A. 不擅长使用口头语言进行沟通

B. 不擅长使用书面语言进行沟通

C. 不擅长使用非言语语言进行沟通

D. 这根本上就与沟通语言的使用问题无关

5. 根据案例材料，政府飞行管理局对由于油量估计不准确而误发出“紧急呼救”信号的飞行员，将按规定吊销其驾驶执照。这种“消极的”强化措施是属于（　）。

A. 惩罚　　B. 正强化　　C. 自然消退　　D. 负强化

## 三、管理技能训练

**实地交际与沟通**

要求学生主动同一位相关专业的陌生人士交往，交流某个专业问题；或者同一位认识的人，通过沟通解决一个难题。要求学生完成附表，运用交际与沟通理论，讲究交际与沟通的艺术。可在课上由班级组织一次交流，每个模拟公司推荐两人介绍交际与沟通过程及体会。

附表 沟通实录卡

| 沟通主体 | | 沟通对象 | | 单位及职务 | |
|---|---|---|---|---|---|
| 沟通目标 | | 时 间 | | 地 点 | |
| 沟通前计划 | | | | | |
| 沟通过程实录 | | | | | |
| 沟通后体会 | | | | | |
| 教师评估 | | | | | |

## 四、沟通技能自我测试

**【评价标准】**

非常不同意/不符合（1 分） 不同意/不符合（2 分）
比较不同意/不符合（3 分） 比较同意/符合（4 分）
同意/符合（5 分） 非常同意 / 非常符合（6 分）

**【测试问题】**

1. 我能根据不同对象的特点提供合适的建议或指导。
2. 当我劝告他人时，更注重帮助他们反思自身存在的问题。
3. 当我给他人提供反馈意见、甚至是逆耳的意见时，能坚持诚实的态度。
4. 当我与他人讨论问题时，始终能就事论事，而非针对个人。
5. 当我批评或指出他人的不足时，能以客观的标准和预先期望为基础。
6. 当我纠正某人的行为后，我们的关系常能得到加强。
7. 在我与他人沟通时，我会激发出对方的自我价值和自尊意识。
8. 即使我并不赞同，我也能对他人的观点表现出诚挚的兴趣。
9. 我不会对比我权力小或拥有信息少的人表现出高人一等的姿态。
10. 在与自己有不同观点的人讨论时，我将努力找出双方的某些共同点。
11. 我的反馈是明确而直接指向问题关键的，避免泛泛而谈或含糊不清。
12. 我能以平等的方式与对方沟通，避免在交谈中让对方感到被动。
13. 我以“我认为”而不是“他们认为”的方式表示对自己的观点负责。
14. 讨论问题时，我通常更关注自己对问题的理解，而不是直接提建议。
15. 我有意识地与同事和朋友进行定期或不定期的、私人的会谈。

**【自我评价】**

如果你的总分是：

80～90 分，你具有优秀的沟通技能。

70～79 分，你略高于平均水平，有些地方尚需要提高。

70 分以下，你需要严格地训练你的沟通技能。

选择得分最低的 6 项，作为技能学习提高的重点。

## 五、倾听技能自我评估

以下每一题请选择一个答案，请按照你平时的所作所为进行选择，而不是你认为在该情况下应怎么做。

1. 当你与一位朋友进午餐时，你会（　）。

A．注意菜单和所提供的服务

B．问你朋友生活中的事情并注意倾听

C．在进餐的同时相互交流彼此发生的一些事情

2. 当某人不停说话时，你会（　）。

A．适时提问以使对方将话题集中在讨论的事件上

B．找个借口结束谈话

C．努力耐心并理解对方的谈话

3. 如果某群体成员抱怨其同事，恰好你也认为这个人的存在不利于群体，你会（　）。

A．注意该成员的话，但保留你的观点

B．谈一些你的看法和你对该雇员的感觉

C．肯定该雇员的情绪并询问他有什么建议

4. 如果某人对你很挑剔，你会（　）。

A. 不做反应或不沮丧

B. 不自觉地变得非常好奇并想了解更多

C. 仔细地听并试图为自己辩解

5. 你很忙，有人要你改变你惯常的做事方式。你认为该人的意见是错的，你会（　）。

A．感谢他，但我行我素

B．试图找出他为何要让你改变

C．同意，也许他是对的，但要告诉他你很忙，以后会改

6. 当你准备对别人做出反应时，你会（　）。

A．如果有必要，你会打断他

B．总是在别人结束谈话之前插话

C．总是在确信别人讲完时才做出反应

7. 当你与某个整天在一起工作的人争论一番后，你会（　）。

A．安定下来并试图理解对方的立场然后再重申自己的观点

B．让这一切过去，该做什么还做什么

C．继续坚持你的立场

8. 某同事告诉你，他因为被任命了一项新工作而沮丧，你会（　）。

A．问他是否能想出解决该问题的方法

B．向他保证他工作得很好，这些工作最后也会很好地完成

C．让他知道你可以体会他的糟糕情绪

9. 如果一个朋友总是向你抱怨他的问题，却对你的问题只字不提，你会（　）。

A．试图找出共同感兴趣的领域

B．总是表示理解或关注他的事情，尽管可能你并不感兴趣

C．支持他的抱怨并提出你自己的烦恼

10. 在一场争论中，保持冷静的最好方式是（　）。

A．以平和但坚定的方式不断重申自己的立场

B．重复说你的信仰就是对方的立场

C．告诉对方说，你更愿意在双方冷静下来的时候探讨该问题

每一问题的得分如下：

1.　(A) 0　(B) 10　(C) 5

2.　(A) 10　(B) 0　(C) 5

3.　(A) 5　(B) 0　(C) 5

4.　(A) 5　(B) 10　(C) 0

5.　(A) 0　(B) 10　(C) 5

6.　(A) 5　(B) 0　(C) 10

7.　(A) 10　(B) 5　(C) 0

8.　(A) 5　(B) 5　(C) 10

9.　(A) 0　(B) 10　(C) 5

10.　(A) 0　(B) 10　(C) 5

**【结论检测】**

80～100 分，你是一个积极的、优秀的倾听者。你在倾听和提问间有非常好的平衡并努力理解他人。

50～75 分，你是一个良好的倾听者。你能较好地倾听，尽管你有可能在他人尚未结束时就插入你的反应。

25～45 分，你有一些倾听技巧但有待提高。你可能在听他人谈话时经常会感到不耐烦，希望他们能闭嘴让你来发表意见。

0～20 分，你一般不听别人说话。你可能希望你是谈话场合的主角，并在等别人表达自己的意见时感到极端地不耐烦。

# 模块五　控制工作

# 第十章 控　　制

## 知识目标

- 明确管理控制的含义，熟悉控制过程，理解关键控制点
- 掌握控制的基本类型和有效控制的条件
- 掌握主要的控制技术和方法

## 能力目标

- 能初步运用人员控制、预算控制、作业控制等技术进行管理控制

## 素养目标

- 培养洞察力、敢于判断和勇于担当的决断力
- 培养百折不挠的坚定毅力和力排众议的勇气，执行控制

## 第一节 控制概述

**导入案例 10-1：肯德基的苏丹红事件**

肯德基又有三种食品被发现含有致癌物质苏丹红，这个消息对于许多中国家庭来说无异于“晴天霹雳”。将时钟从 2005 年 3 月 19 日倒拨 48 小时，那时的肯德基“自曝”两款产品中含有苏丹红，正信誓旦旦地称将“严格追查”此次“供应商的责任”。肯德基还没来得及算清楚“供应商责任”的账，自家又有三款产品在北京被查出含有苏丹红。

人们更多地指责肯德基不负责任，隐瞒事件真相。其实更深层次的原因是 GMP（良好操作范围）标准执行不力，物流中心失职。

为什么才发出“深表遗憾，向公众致歉”公开信，就又犯了同一个错误？

三个原因可能导致其犯“同一错误”：第一种可能是根本没重视，在公开信后没有对含苏丹红的原材料进行回收；第二种可能是供应商并没有重视，还在继续供应含有苏丹红的原料；第三种可能是管理体系漏洞，在公开信后对含苏丹红的原料回收不到位。

那么，供应商方面呢？导致肯德基产品中两次出现苏丹红的原材料，均来自同一供应商——基快富食品有限公司，公司早在肯德基公开信前就开始对可能受影响的产品进行回收。供应商早已将问题原料告知肯德基，现在，责任将推向一个焦点：肯德基自身的管理漏洞。

从肯德基的两次苏丹红发生范围可以看到，第一次是全国性的，也就是未采取任何措施

前的苏丹红在肯德基产品中蔓延。第二次只是发生在北京（上海、兰州、沈阳等地的肯德基均声明不涉及第二次苏丹红），以肯德基连锁统一采购配送的运营方式，导致单一地（北京）的产品中出现苏丹红。最大的可能是，含苏丹红的原料采购于其公开信前，并在回收的过程中在肯德基工作人员的眼皮底下“畅通无阻”。最后，属于回收的产品流入到北京肯德基。

加盟商在餐厅管理的过程中当然不可能知道这一点，他们只负责进行食品的加工和出售。对北京的肯德基加盟店来说，从 2004 年 11 月起，其原料配送均来自位于亦庄开发区的百胜北京物流中心。现在，肯德基第二次苏丹红事件的内幕已把焦点聚集于此。

肯德基与麦当劳一样，其物流系统有 GMP 标准，可实现“产品标识与可追溯性”。无论是订单、发货，都必须有详细的记录。配送的过程中送给谁了，谁接手的，生产质量部门是谁，都有基于批号的文件记录。一旦产品出现异常，理论上可通过记录对每一起货源进行跟踪。也就是说，肯德基应能通过对文件记录追踪，将所有来自基快富食品有限公司的那批含苏丹红的原料进行回收。不幸的是，北京肯德基回收失败。

如果肯德基严格按其连锁的相关规定操作，这种回收失败的事情本不应发生。事实上，肯德基不仅自己，甚至要求供应商达到全球食品行业 GMP 标准，并需要有完整的 HACCP（危害分析与关键点控制）系统以确保食品的安全。

“如果严格按照采购控制程序、产品来源、成分分析，肯德基应不会出现第二次苏丹红事件。”一位 HACCP 中国网咨询师说，HACCP 是建立在 GMP 和 SSOP（卫生标准操作规程）基础上的一种预防性的食品安全卫生管理制度，主要以预测加工过程中潜在的安全风险来进行监督、控制及预防。HACCP 在我国尚处起步阶段，而在餐饮业尚无规定，事实上，餐饮业连一个 GMP 国家标准都没有。肯德基是国内少有的 10 余家实施了 HACCP 的餐饮连锁之一。

那么，是什么原因导致肯德基未能严格按相关规范操作呢？

那位创办肯德基的上校曾总结出自己成功的关键，那就是一贯严格执行标准，“无论什么时间，什么地点，全世界的标准是一样的”。在第二次苏丹红事件面前，肯德基一贯声称的严格执行在哪里呢？

问题可能出现在很多地方：对原料的批号记录不完整、出错；未能遵循原料先进先出的原则，导致漏查；公开信后回收的工作滞后等。但归根到底都交集到了一个问题：连锁的管理执行发生了变异。那么，肯德基的监管呢？

从“肯德基的苏丹红事件”中可以看出，一个组织如果没有严密的控制系统，没有迅速纠错的功能体系，该是多么可怕的事情！

## 一、控制的定义

微课：控制基础知识

“控制”这个词在我们日常生活中使用的频率很高，如交通控制、控制局势、宏观经济控制、质量控制等使用的“控制”一词在不同的场合下有着不同的内涵。为避免混淆，有必要先界定控制的定义。我们这里讲的控制，是管理的基本职能之一，是监督、检查工作是否按既定的计划、标准和方法进行，发现偏差，分析原因，进行纠正，以保证组织目标实现的过程。这个概念至少包含三方面的含义：①控制的目的是保证组织中的各项活动按既定的计划或标准进行，控制具有很强的目的性，控制与计划密不可分；②控制是通过“监督”和“纠偏”来实现的，这就要求控制系统具有良好的信息系统，一方面可以预警，另一方面可以发现“偏差”产生的原因；③控制是一个过程。不难看出，控制与计划的关系相当紧密，计划为控制提供依据，控制是计划实现的保证。

追根溯源，“控制”一词最早来源于希腊语的“掌舵术”，指领航者通过发号施令将偏离航线的船只拉回到正常的轨道上。由此说明，维持朝目的地方向航行，或者说维持达到目标的正确路线，是控制概念最核心的含义。

法约尔指出：“在一个企业中，控制就是核实所发生的每一件事是否符合所规定的计划、所发布的指示以及所确定的原则，其目的就是要指出计划实施过程中的缺点和错误，以便加以纠正和防止重犯。控制对每件事、每个人、每个行动都起作用。”由此可见，控制应该贯穿在计划实施的每个阶段、每个部门，因此每个管理者都有控制职责。

因此，我们对“控制”的定义就是：依据计划检查衡量计划的执行情况，并根据偏差或调整行动，或调整计划，做到凡事心中有数、事事都在掌握之中。

## 二、管理控制的作用

由管理者作为一项重要的管理职能来开展的控制工作，我们通常称之为管理控制，以便将它与物理、机械、生物及其他领域的控制区别开来。在现代管理活动中，管理控制工作的作用主要有两个：限制偏差的累积和适应环境的变化。

1. 限制偏差的累积

任何工作的开展都不可避免地会出现一些偏差。虽然小偏差和失误或许不会立即给组织带来严重的损害，但在组织运行一段时间后，随着小差错的积少成多和积累放大，最终可能会对计划目标的实现造成威胁，甚至给组织酿成灾难性的后果。防微杜渐，及早地发现潜藏的错误和问题并进行处理，有助于确保组织按预定的轨迹走下去。所以，有效的管理控制系统应当能够及时地获取偏差信息、及时地采取矫正偏差措施，以防止偏差的累积而影响到组织目标的顺利实现。

**【阅读材料】蝴蝶效应**

1979 年 12 月，学者洛伦兹在华盛顿召开的美国科学促进会的一次讲演中提出了这样一个观点：一只蝴蝶在巴西扇动翅膀，有可能会在美国的德克萨斯州引起一场龙卷风。他的演讲和结论给人们留下了极其深刻的印象，从此以后，所谓“蝴蝶效应”的说法不胫而走。从科学的角度看，“蝴蝶效应”反映了混沌运动的重要特征——系统的长期行为对初始条件的敏感依赖性。在混沌系统中，初始条件的十分微小的变化经过不断放大，对其未来状态都会造成极其巨大的影响。

美国的 Whistler 公司是一家制造雷达探测器的大型厂商，曾经由于需求日益旺盛而放松了质量控制。次品率由 4%上升到 9%，再到 15%，直至 25%。终于有一天，该公司的管理者意识到了公司全部 250 名雇员中有 100 人被完全投入到了次品修理工作中，待修理的库存产品价值达到了 200 万美元。

可见，小的差错和失误也不会立即给组织带来严重的损失，然而随着时间的变长，小的差错就会被积累、放大，并最终变得非常可怕。

2. 适应环境的变化

组织计划和目标在制定出来后要经过一段时间的实施才能够实现。在这段实施过程中，组织的内部条件和外部环境可能会发生一些变化，如组织内部人员和结构的变化、政府可能出台新的政策和法规等，这些变化的内外环境不仅会妨碍计划的实施进程，甚至可能影响计划本身的科学性和现实性。因此，任何组织都需要构建有效的控制系统，帮助管理人员预测和把握内外环境的变化，并对这些变化带来的机会和威胁做出正确、有力地反应。

管理控制上述两个目标的实现，实际上是与管理控制两大功能联系在一起的。管理控制通过其“纠偏”功能，使计划执行中的偏差得以防止或缩小，从而确保组织的稳定运行；同时通过其“调适”功能，积极调整原定标准或重新制定新的标准，以确保组织对内外运行环境的适应性。这两类控制功能的不同作用，可从图 10-1 和图 10-2 的对比中得到清楚的说明。

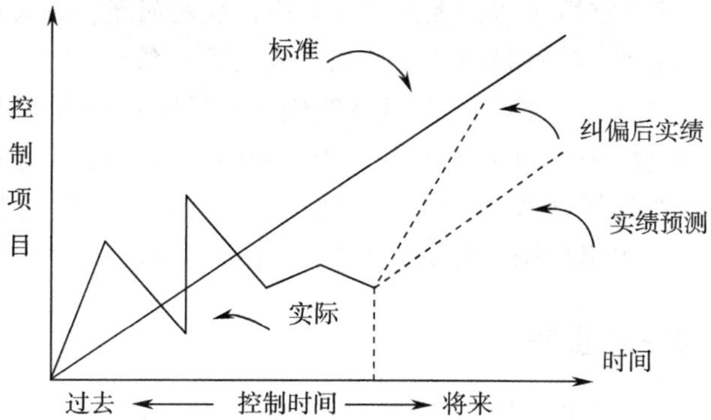


图 10-1　控制的“纠偏”作用示意图

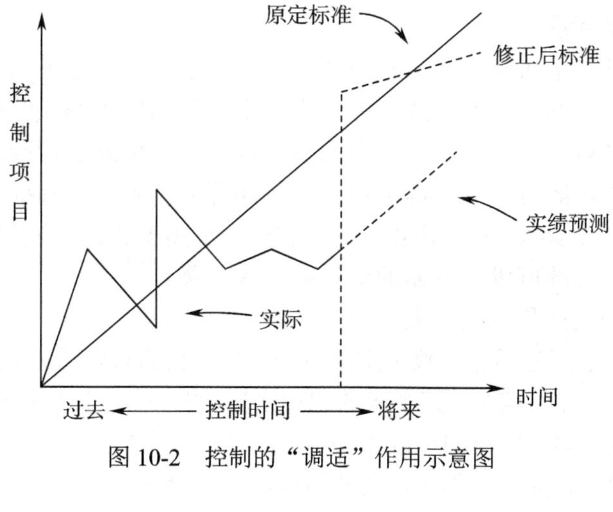


图 10-2　控制的“调适”作用示意图

## 第二节　控制的过程

**导入案例：10–2：戴尔公司遇到的问题**

戴尔（DELL）公司是 1984 年由年仅 19 岁的麦克·戴尔创立的，他第一个提出了用户可以直接通过电话指定配置个人计算机的概念。1988年公司上市之后，戴尔公司平均每年的销售收入增长67%，利润增长63%。到1992年，公司的销售额达到20亿美元。根据此速度，估计1993年应达到30亿美元。可在1993年第三季度，公司报告上第一次出现亏损。

发生了什么事？原来公司的超高速增长超出了绩效评估和控制系统所能驾驭的范围。坏运气是从1992年11月原来的财务总监突然辞职开始的。接着，戴尔公司于1992年第二财务季度由于过度的外汇交易损失了3 800万美元。最后，原定于1993年5月推出的最新型计算机，由于386芯片的延误而被迫取消。1993年财务年度，戴尔公司的财务报表显示已亏损3 600万美元；但销售额增长了42%，达到28亿美元。公司将9 140万美元用于计提存货损失，解决推迟新计算机发售带来的麻烦，并对公司进行重组。

在向资本市场解释亏损的原因时，公司说管理控制系统没有跟上销售额3倍的增长速度。由于管理失控，没能协调好市场营销和生产能力之间出现的问题，导致库存增加过多，戴尔公司不得不重新与银行谈判，签订新的贷款协议，以避免违约。

控制与计划是密不可分的，通过计划虽然明确了组织的目标和实现的途径，但在执行计划、实现组织目标的过程中，由于各种各样的影响因素的存在，发生“偏离”几乎是不可避免的。这就意味着作为管理者，必须随时随地检查计划的执行情况，如果发生偏离，就要及时地进行纠正，即实施控制。因此，控制工作在管理活动中起着非常重要的作用。

## 一、控制过程的主要步骤

控制过程一般可分为以下四个步骤：①确定控制标准；②衡量实际绩效；③比较标准与实际绩效的差异；④评估差异结果并采取必要的修正行动。整个控制工作过程，如图10-3所示。

### （一）确定控制标准

所谓标准，就是评定成果的尺度和准绳。控制标准是衡量成果的特定目标，而这些特定目标是在进行规划功能时所设定的。在现实当中，不同性质的组织通常要结合单位所在的地区特点、行业特点、作业特征等多方面的因素来设置标准。标准因此可能有许多种类别，如在工商企业中，经常使用的标准包括：时间标准、生产率标准、消耗标准、质量标准和行为标准。如摩托罗拉、GE等多家大型制造企业所提出的“6Σ”就是对产品质量控制的一个标准，这个标准可以使产品的瑕疵率大大下降。

控制标准可分为定性和定量两大类。

定性标准只是用于某些不能用数量来衡量的方面，它们只能用一些定性的描述，有时有一定的弹性。如某个企业的信誉，某个人的职业素质、能力等。标准可以是定量的，如成本、利润、单位产品的定额等。定量的标准更易理解和控制。当然，现实中很多标准是无法量化的，此时只能定性描述，如工作作风、道德标准、企业价值等。但有一点需要注意，无论什么样的标准都应该是客观的、可以核实的。

定量标准分为：①实物量的标准，如企业中的产品产量、单位台时定额、单位产品工艺消耗定额等；②货币标准，如产品成本、销售收入、利润、应交税金等；③质量标准，如产品等级、合格率、次品率等；④时间标准，如生产线的节拍、生产周期、交货期、产品的保修期等；⑤综合标准，如劳动生产率、废品率、市场占有率、投资回报率等。

管理控制标准要求简单明了，可以定量，容易测定。例如，中国号称有博大精深的饮食文化，是饮食王国，但洋快餐“麦当劳”“肯德基”等却大举进攻国内市场，取得节节胜利；而有许多中式快餐如“荣华鸡”“红高粱”等却节节败退，甚至全军覆没。为什么？其中的原因有许多，但主要原因就是管理问题，尤其是控制问题。以麦当劳为例，它实行的是特许经营，形成了一整套计划周密、有条不紊的筛选程序来选择特许经营者，而且经营者必须通过“汉堡包大学”的专门培训。其一本几百页的操作手册规定了严格的标准，其中包括食物配置、烹饪程序、店堂布置甚至职员着装，这些都有详细标准；食品的制作完全是标准化的，一磅肉的脂肪含量必须少于 19%，小面包的宽度只能是 3.5 英寸，每个汉堡包中的洋葱不能超过 1/4 盎司等；每种食品的制作时间有明确的规定，而且食品出炉后的存放时间也有详细的规定：油炸食品 7 分钟、汉堡包 10 分钟、咖啡 30 分钟；超过规定时间，所有的食品都将扔掉等。所有这些标准都要严格执行，并有严密的监督体制，每家分店都有审查员，公司有不定期的暗访调查，发现不符合规定的坚决查处。通过这一整套严密的控制体系，使得消费者能在世界各地坐在布置相同、洁净的店堂里吃到相同质量、相同口味的食品，享受到相同周到的服务。而中国的一些企业和麦当劳相比，则管理是粗线条的，控制是不到位的。

然而，并非所有目标都能通过量化来使之明确。例如，“提升员工对组织的向心力与士气”就很难予以特定化与明确化，此时就需要以比较接近原先目标的指标来作为衡量基准。

由于标准的建立与设定来自于目标，很多目标设定的相关概念自然也都适用于控制标准的建立。例如，若能让员工参与标准的设定，则员工对于标准的认同与接受程度就会较高。基本上，管理者在建立控制标准时，所主要面临的决策为：“控制标准的明确度与特定化必须到达何种程度？”以及“控制标准的挑战性必须到达何种程度？”控制标准的明确度与特定化越高，当然越容易评估，但若涉及目标本身的特性与目标设定的成本时，其定夺就相对困难。控制标准设定得太高或太低，都会缺乏激励性，因此，如何决定控制标准对管理者而言是一大挑战。控制工作过程如图 10-3 所示。

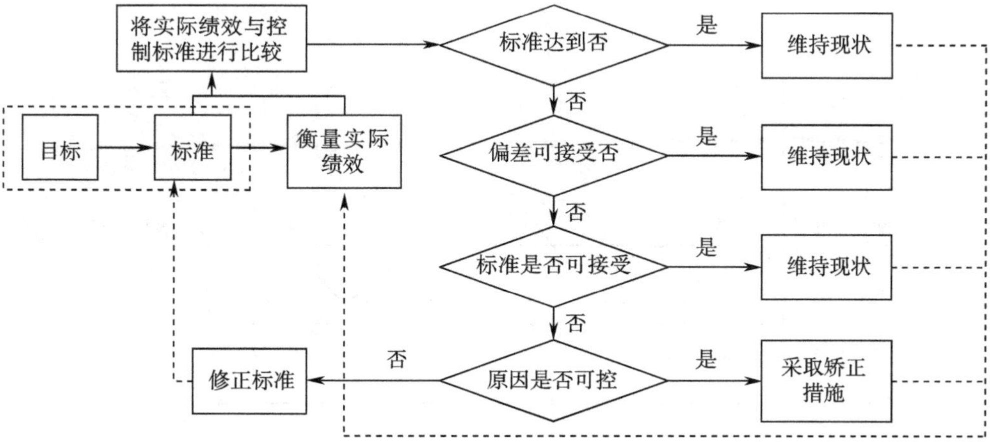


图 10-3　控制工作过程

### （二）衡量实际绩效

衡量实际绩效包括衡量的方式和内容，就是我们要知道“如何衡量”和“衡量什么”。

管理者取得实际绩效信息的方式，当然会受实际绩效的内容影响，但不外乎是通过直接观察、统计资料、口头汇报、书面汇报及电子回馈等五种方式来获取信息。管理者可以单一或同时运用这五种方式。

直接观察是管理者亲临现场得来的第一手信息，如调查访问、现场观察等。现在发达国家的一些成功企业提倡的“转悠管理”就是要求管理人员走出办公室，到现场去巡视，亲自了解实际情况，在现场发现问题、解决问题。

直接观察真实、快捷，每个管理者都能从自己喜好的角度去观察，但所得的信息需要去伪存真、分析判断，也存在个人偏好的影响及观察时间不同所得的结论不同等问题。

口头汇报分正式汇报和非正式汇报。正式汇报往往用在某些公众场合上，如会议等；非正式汇报往往是一对一的，情况通报和信息沟通式的，如电话交谈、个别交谈等。口头汇报方便、快捷，还可以通过语气、用词和身体动作来表达某些信息，但不易保存，容易误传。

书面汇报往往在计划结束后或告一段落后形成，如工作总结、会计报表、有关统计报表等。书面汇报比较全面和准确、易于保存，但在时间上显得有些滞后。

随着计算机使用的普及，信息还可以通过计算机获得，从中可得到相关数据和统计报表。通过计算机获得的信息丰富全面、易于查询、便于分析、及时快捷，但其效率取决于信息系统的完善程度和数据分析功能，如果产生过多无序的数据反而会让人无所适从。

**（三）比较标准与实际绩效的差异**

管理者通过比较的程序，来决定标准和实际绩效之间的差距。由于要求标准和实际绩效完全相符是不切实际的，因此管理者必须容忍一定范围的变动区间，而比较的步骤则包含决定标准和实际绩效之间可接受的变动范围。决定标准与实际绩效的变动区间是非常重要的。

过度狭窄的区间会使指标过度敏感，过分宽广的区间则失掉控制的意义。如图 10-4 所示，管理者观察变动区间时，只对脱离容忍范围的差距才加以注意，而这正是“例外管理”的含义。

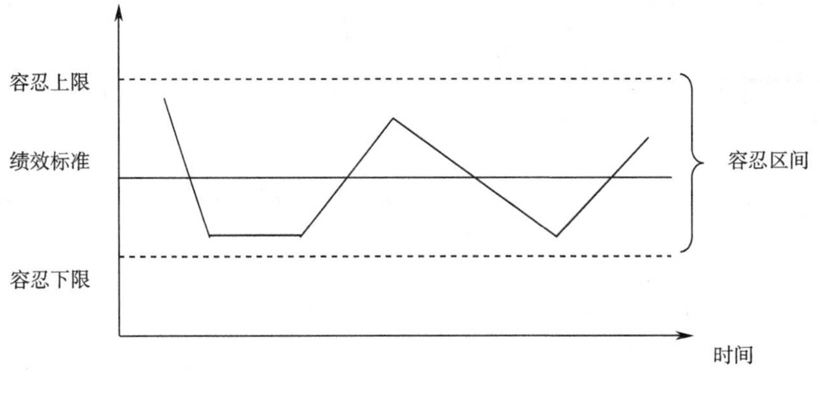


图 10-4　绩效的容忍区间

**（四）评估差异结果并采取必要的修正行动**

控制程序的第四项也是最后的步骤，则是采取修正行动。管理者面对差异必须先判定偏差的来源，再根据偏差的原因采取修正行动。一般造成偏差的原因有三大类：计划操作原因、计划不合理原因和外部环境发生重大变化原因。

1. 计划操作原因

当由于计划执行者的自身原因使偏差发生时，如工作不认真、缺乏责任心或能力不够、不能胜任工作等，这时可采取以下措施：重申规章制度、明确责任、明确激励措施、按规定处罚有关人员或调整工作人员、加强员工培训、改组领导班子等。

2. 计划不合理原因

有时制订计划时不切实际、好高骛远、盲目乐观，把目标定得过高，根本达不到，如制定过高的利润目标、市场占有率目标等。这时应根据具体情况，及时调整目标，使之保持在合理的水平；也有在制定目标时，过于保守，低估自己的实力，把目标定得太低，不能起到激励作用，这时也应进行调整。当然，应注意不能凭一时冲动，随意更改计划，否则，计划将失去存在意义，也就谈不上有效控制了。

3. 外部环境发生重大变化原因

外部环境发生重大变化会使计划实施产生偏差，如当国家政策法规发生变化，国际政治风云突变（如美国的“9 · 11”恐怖事件），某个大客户或大供应商突然破产，自然界不可抗拒灾害（如 2004 年末发生的印度洋海啸）等。由于这些因素往往是不可控的，只能在仔细分析的基础上采取一些补救措施，以尽量消除不良影响，然后改变策略，避开锋芒，或变换目标，另辟蹊径。

评估差异结束后，如果没有偏差或偏差在允许范围内，则不需要采取什么行动；如果有偏差并且超出允许范围，则要采取必要的修正行动。修正行动可以分为治标与治本两种。这时，管理者要决定是仅仅现场改正就行了，还是要分析产生偏差的原因彻底纠正，也就是说，是治标还是治本。一般来说，当情况紧急只能采取应急措施，仅治标就行；但事后还要寻找原因，根除隐患。例如，1998 年夏天，中国长江流域和松花江流域发生严重洪涝灾害，许多大堤发生险情，这时只能采取应急措施，哪里有险情就补救哪里，有时甚至需要拆东墙补西墙以确保控制险情，这就是治标；但在冬季，人们要对大堤进行彻底修整，有的提高防洪标准，有的重新修建，以做好日后防汛的准备，这就是治本。有效率的管理者会针对造成偏差的真正原因，采取彻底的治本行动。

## 二、有效控制的条件

控制是一个信息反馈过程，有效的控制系统都具有一些相同的特性。尽管这些特性在不同的情况下其重要性不同，但是我们可以总结出一些能使一个控制系统变得更有效的条件。

1. 有明确的控制机构

计划的控制要有明确、完整的组织机构。这包含两个方面的内容：一是要有专司控制职能的组织结构，即明确由何部门、何职位、何人来负责何种控制工作。没有明确的控制机构，控制职能就无法落实。二是对各部门、各岗位的职责必须有明确的规定。只有这样，通过控制工作发现偏差，才能明确应由谁来承担责任和应由谁来采取必要的纠正措施。

2. 有合理的控制标准

控制标准是开展控制工作的依据。制定控制标准的依据是计划、组织目标以及具体工作的专业规范。这些标准包括质量标准、消耗标准、利润标准等。控制的标准必须是合理的而且能够达到的。如果标准太高或不合理，它将不会起到激励作用。雇员通常不愿意指责上级要求得太高而显得无能。因此，控制标准应该是一套富有挑战性的、能激励员工表现得更好的标准，而不是让人感到泄气或鼓励欺诈的标准。

3. 有准确、及时的信息

一个提供不准确信息的控制系统将会导致管理层在应该采取行动的时候并没有行动，或在根本没有出现问题的时候采取行动。因此，一个准确的控制系统必须是可靠的，并且能提供正确的数据。控制系统应该能及时地改变管理层的注意力，使之防止某一部门出现对组织造成严重伤害的行为。再好的信息，如果过时了，也将毫无用处。因此，一个有效的控制系统必须能够提供及时的信息。

4. 有操作的经济性

一个控制系统在运作过程中，从经济角度上看必须是合理的。任何控制系统产生的效益都必须与其成本进行比较。为了使成本最小化，管理层应该尝试着使用能产生期望结果的最少量的控制。

5. 有灵活的措施

控制系统应该具有足够的灵活性以适应各种不利的变化或利用各种新的机会。几乎没有处于极稳定的环境而不需要适应性的组织，即使是高度机械式的结构，也需要随时间和条件的变化调整其控制方式。

6. 有易懂的标准和控制手段

一个不容易理解的控制是没有价值的。因此，需要用简单的控制手段来代替复杂的控制手段。一个难以理解的控制系统会导致不必要的错误、会挫伤员工的积极性，以致最终会被遗弃。

7. 有战略高度

管理层不可能控制一个组织中的每一件事，即使能够这样做，也将是得不偿失。由此看来，管理层应该控制那些对组织行为有战略性影响的因素。控制应该包括组织中关键性的活动、作业和事件。也就是说，控制的重点应放在容易出现偏差的地方，或放在偏差造成的危害很大的地方。

8. 有强调例外的方式

由于管理层不可能控制所有的活动，因此他们的控制手段应该顾及例外情况的发生。一种例外系统可以保证当出现偏差时管理层不至于不知所措。例如，公司管理政策赋予管理者的权力是：每月不超过 200 美元的年工资增长额批准权、每笔支出不超过 500 美元的审批权，并且年度总支出不超过 5 000 美元，如果超出上述标准则需经上级管理部门的批准。这些检验点是一种对权力进行约束的控制手段，同时它还可以免除上级对日常开支的大量检查工作。

9. 有多重标准

管理者与普通员工一样，都希望寻找一种“好看”的标准。如果管理者真采用一个单一的衡量标准（如单件利润），那么员工就会在这方面下功夫并使之看起来很好。而具有双重效果的多重标准则会减少这种狭隘的工作方式。由于多重标准比单一标准更难以人为操控，因此它可以防止工作中出现做表面文章的现象。此外，实际工作是很难用单一标准进行客观评价的。所以，多重标准能够更准确地衡量实际工作。

10. 有纠正行动

一个有效的控制系统不仅可以指出一个显著偏差的发生，而且还可以建议如何纠正这种偏差。也就是说，它应该在指出问题的同时给出解决问题的方法，其实现方法常常依赖于建立一种“如果……那么……”的原则。

## 第三节 控制的基本类型

**导入案例 10-3：强生公司**

强生公司生产的泰乐诺胶囊是一种止痛药，1981 年销售 43.5 亿美元，占强生公司总销售额的 7%和总利润的 17%。1982 年 9 月底的一天，一位叫亚当·杰努斯的患者服用了一粒药后当天死亡；就在同一天，另一对服用了泰乐诺胶囊的夫妇也在两天后死去。这个消息迅速传遍美国，该产品的市场份额一度从 35.3%下跌到不足 7%，公司面临巨大危机。

对此，强生公司及时做出反应：

第一步，调查事实真相并澄清事实。公司迅速收集了有关受害者的死因、有毒泰乐诺批号、该药的零售点、药品的批发日期和送往分销网点的途径，并聘请了 100 名联邦调查局和州的侦探，追查了 2 000 条线索，研究了 50 多份报告。调查结论：有毒的胶囊是有人从药店买了产品后掺入氰化物又退回药店而造成的，并不是强生公司生产中出了问题。强生公司立即把这个消息传达给客户和新闻媒体，希望他们能为消费者提供准确的信息，以避免人们的恐慌。在危机处理过程中，强生公司仅电报费就花了 50 万美元。

第二步，评估并控制事件的影响。“泰乐诺中毒事件”使强生损失超过亿元，但更主要的是对商标商誉的影响。事后，公司进行民意调查，发现 49%的人回答他们仍会使用这种药。得到这样的信息，强生公司又把药品摆放在了货架上。

第三步，重振泰乐诺雄风。首先请该药的研发者麦克奈尔实验室的药学博士托马斯·盖茨在广告中向使用这种药的美国人致谢；然后鼓励胶囊的使用者去试用泰乐诺药片；接着承诺在“中毒事件”发生后扔掉泰乐诺的客户，只要打一个免费电话，就可获得 2.5 美元的赠券；最后公司设计了一种新型防破坏的包装，以增强人们的信任感。

强生公司面对危机而采取的一系列严谨细致的方案和控制行为，仅用了 8 个月就使公司重新获得了 35%的市场份额。由此可知，危机和挫折是任何企业都难以避免的，而有效的控制措施的确定和实施则是转危为安的保证。

为了确保企业系统按照预定的目标和要求工作，控制工作必须自始至终贯穿在整个经营过程中。管理控制工作可以从不同的角度进行分类，以下是几种典型的管理控制分类。

## 一、根据控制点的不同时间，控制可分为前馈控制、现场控制、反馈控制

任何系统的运行过程均为输入——转换——输出。根据控制点所处的不同时间，控制可分为前馈控制、现场控制、反馈控制三种，其关系如图 10-5 所示。

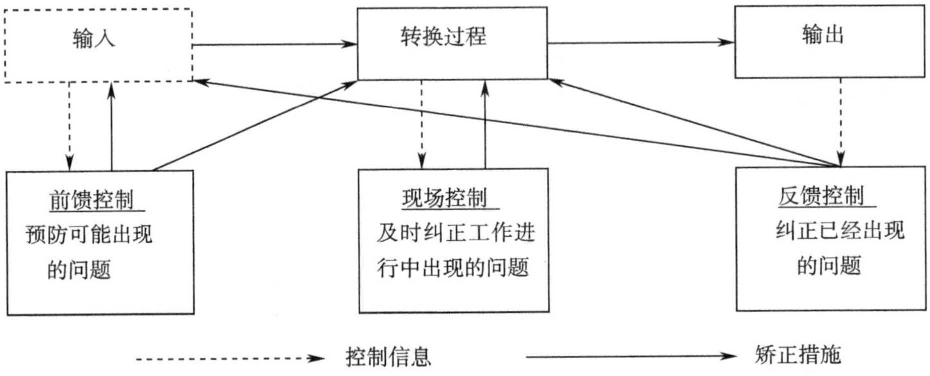


图 10-5 前馈控制、现场控制和反馈控制之间的关系

1. 前馈控制

前馈控制是在系统运行的输入阶段就进行控制，也叫预先控制。由于前馈控制早于行动，所以又称面向未来的控制。前馈控制“先发制人”“未雨绸缪”，事事想在前面、准备在前面，把握将来的发展势态，把偏差消灭在萌芽状态，损失最小、效率最高，是最科学、最经济的控制方法，但也是最难的方法。它需要充分准确的信息、准确的分析预测、准确的决策。要做好前馈控制就要做到“料事如神”，一切都在预料之中。

许多文学作品中都有前馈控制的描写。《三国演义》中诸葛亮就是一位前馈控制的高手：刘备去江东招亲，危险重重。临行前，诸葛亮交给保驾的赵子龙三个锦囊，嘱咐他在不同的时间打开。赵子龙依计行事，保得刘备娶得佳人后全身而退，让周瑜“赔了夫人又折兵”。诸葛亮料定魏延在他死后会反叛，便在临终前授马岱以秘计，并留下一锦囊给杨仪，让其在与魏延对阵时现场拆开，使他们如愿杀了魏延。

现实生活中也有许多前馈控制的事例，如司机上坡前加速、学生上课前预习、工厂质量管理首先控制原材料质量、新产品上市前大做广告宣传、设备的预先维修、每年安排员工身体检查等。

2. 现场控制

现场控制是在计划的执行中同步进行控制，也叫现时控制。现场控制能及时发现偏差，及时纠正偏差，立竿见影，使损失控制在较低程度。现场控制也是一种经济有效的方法，但对控制人员的素质要求较高，要求控制人员要有敏锐的判断力、快速的反应能力和灵活多变的控制手段。

现场控制的成效不仅取决于控制人员的素质，还取决于计划执行人员的配合。例如，教师在授课时可根据学生的反映（如表情、提问等）及时调整自己的讲课内容，使之能符合学生的要求。只有学生及时将疑问等有关信息传递给教师，教师才能及时调整内容，及时解答。又如，企业生产线上每道工序只接受上道工序传来的合格产品，每道工序的不合

格产品不下传、不出厂等。这时每个工人都是质检员，没有他们的通力合作，只靠专职质检员是无法达到质量要求的。

现场控制因为需要即时处理有关情况，因此特别适用于基础管理人员，尤其是需要快速反应的工作，如产品服务（包括产前、产中、售后服务）、顾客投诉处理等。这类问题复杂多变，预先控制防不胜防，只有做好现场控制，随机应变，才能达到目标。当然，充分授权是必需的。

3. 反馈控制

反馈控制是在计划完成后进行控制，也叫事后控制。反馈控制有一个致命的弱点就是滞后性。从衡量结果、比较分析到制定纠偏措施及实施都需要时间，很容易贻误时机，增加控制的难度，而且损失往往在此过程中就已经发生了。

另外，反馈控制是通过信息反馈及行动调节来保证系统的稳定性的，它要求反馈的速度必须大于控制对象的变化速度。否则，系统将产生震荡而处于不稳定状态，控制难于发挥作用，甚至起反作用。例如，盲目跟随潮流，总比市场发展速度慢半拍的企业，就是控制反馈速度滞后的典型。

事后控制虽然有一些不足，但常常是能采用的唯一控制，因为很多事件只有在发生后才可能看清结果。另外，许多事情的发展是循环往复的，呈螺旋状推进，事后控制能给后面的工作以提醒和借鉴，以便改进工作。此时，亡羊补牢，为时并不过晚。

4. 比较三种控制方式的不同特点

以上三种控制方式虽然各有特点，但实际应用中往往是交叉使用的。前馈控制虽然可以事先做好准备，防患于未然，但有些突发事件是防不胜防的，这时就必须辅之以现场控制，否则，将前功尽弃。同样，不论是前馈控制还是现场控制，都要用反馈控制来检验，因为计划是否按预定执行，不是仅靠想象就行的，还必须有真实业绩支持。另外，在循环发展的过程中，对前一个阶段是反馈控制，但对后一个阶段则往往是前馈控制。而且，现场控制没有准备和积累也是难以奏效的。

## 二、根据控制力量来源的不同，控制可分为外在控制与内在控制

1. 外在控制

外在控制是指一个单位或个人的工作目标和标准的制定，以及为了保证目标和标准的顺利实现而开展的控制工作，是由其他的单位或个人承担，自己只负责检测、发现问题和报告偏差。例如，上级主管的行政命令监督、组织程序规则的制约等，都属于外在控制。

2. 内在控制

与外在控制不同，内在控制不是“他人”的控制（它既不是来自上级主管的“人治”，也不是来自程序规则的“法治”），而是一种自动控制或自我控制（称之为自治）。自我控制的单位或个人，不仅能自己检测、发现问题，还能自己订立标准并采取行动纠正偏差。例如，目标管理就是一种让低层管理人员和工人参加工作目标的制定（上下协商确定目标），并在工作中实行自主安排（自己决定实现目标的方法、手段）、自我控制（自己检查评价工作结果并主动采取处理措施）的一种管理制度和方法。目标管理通过变“要我做”为“我要做”，使人们更加热情、努力地去实现自己参与制定的工作目标。当然，目标管理只有在

个人目标与组织目标差异较小、员工素质普遍较高时采用才容易奏效。而在目标差异较大、员工素质较低时，更需要较多的外在控制。

## 三、根据控制手段的不同，控制可分为直接控制和间接控制

1. 直接控制

在企业的经营管理中，直接控制是指对管理人员的工作质量的控制。在企业的生产经营活动中，发生偏差的原因往往是由于管理人员指挥不当、决策失误或本身素质太差造成的。因此重视对管理人员的选拔和培训，对其工作经常加以评审激励，促进他们提高管理水平和控制能力，对保证完成计划具有十分重要的作用。

2. 间接控制

间接控制是指对经济活动过程的控制。它往往是在计划实施发生偏差后，才由有关的管理人员对偏差实施控制。间接控制的特点在于它有一定的弹性和灵活性，通过一定的渠道和手段达到控制的目的。

## 四、根据控制的集中程度，控制可分为集中控制、分散控制和分层控制

1. 集中控制

集中控制是指在组织中建立一个控制中心，由它来对所有的信息进行集中统一的加工、处理，并由这一控制中心发出指令，操纵所有的管理活动。如果组织的规模和信息量不大，且控制中心对信息的取得、存储、加工效率及可靠性都很高时，采用集中控制的方法有利于实现整体的最优控制。企业中的生产指挥部、中央调度室等都是集中控制的例子。

2. 分散控制

当组织的规模和信息量极大时，就难以通过一个控制中心进行信息存储和处理。在这种情况下，集中控制就会拉长信息传递时间，造成反馈时滞，使组织反应迟钝，延误决策时机，并且由于无其他替代系统存在，一旦中央控制发生故障或失误，整个组织就会陷于瘫痪，风险很大，此时需采用分散控制方式。

分散控制对信息存储和处理能力的要求相对较低，易于实现；由于反馈环节少，因而反应快、时滞短、控制效率高、应变能力强。但由于采用分散决策方式，可能难以取得各分散系统的相互协调，难以保证各分散系统的目标与总体目标的一致性，从而会危及整体的优化，严重的甚至会导致失控。

3. 分层控制

分层控制是一种把集中控制和分散控制结合起来的控制方式。它有两个特点：一是各子系统都具有各自独立的控制能力和控制条件，从而有可能对子系统的管理进行独立处理；二是整个管理系统分为若干层次，上一层次的控制机构对下一层次各子系统的活动进行指导性、导向性的间接控制。在分层控制中，要特别注意防止缺乏间接控制、不自觉地滥用直接控制，并多层次地向下重叠实施直接控制的弊病。

# 第四节 管理控制的基本原则

**导入案例 10-4：巨人集团**

巨人集团是一家靠高科技迅速崛起的民营企业。1989 年，巨人集团创始人史玉柱以 4 000 元和自己开发的 M－6401 汉卡起家，4 个月后总资产达到 100 万元，3 年时间总资产超过亿元。但在 1996 年底，巨人集团却陷入了严重的财务危机，巨人倒下了。其直接原因就是 70 层巨人大厦的投资失误。1992 年，它以公司营业规模一个亿、流动资金才几百万元的实力，却要建造工程预算十几个亿、需要 6 年才能完工的巨人大厦，结果几乎导致整个企业的覆没。巨人集团是一个典型的计划失控案例。

任何组织要想实现计划目标，都必须有一个适宜有效的控制系统做保证。构造这个系统应遵循以下基本原则。

## 一、控制必须与计划和组织相适应

管理的各项职能相互关联、相互制约。既然控制的目标是保证计划得以顺利实现，它就需要依靠组织中的各单位、各部门及全体成员来实施。所以，控制系统和控制方法应当与计划和组织的特点相适应。

不同的计划具有不同的特点，计划越是明确、全面、完整，控制系统越能反映计划，控制就越有效。所以，在设计控制系统时，每个管理者都必须紧紧围绕计划进行，要根据计划的特点确定控制标准、衡量方法和纠偏措施。

控制也必须适应特定的组织结构。计划需要人来执行，组织结构决定了职责和分工，因此，控制必须符合结构的要求。只有组织结构的设计明确、完善，控制系统符合组织的职责分工，控制的效用才能充分发挥。例如，需要对产品成本形成的制造部门的组织结构分别进行核算和累计，如果每个车间主任都不知道该部门所生产产品的成本目标，那么他们就不可能知道成本是否合理，也就不可能对成本负责任，更谈不上成本控制了。

## 二、控制应该突出重点，强调例外

任何控制都不可能面面俱到，不应事无巨细同等对待，而是应根据具体情况选择关键点实行重点控制以取得事半功倍的效果。

在一个完整的计划执行过程中，组织通常需要选出若干关键点，把处于关键点的工作预期成果及其影响因素作为控制的重点。按照“次要的多数、关键的少数”原理，管理人员不必完全了解计划执行中的全部具体细节就可能达到对组织活动的有效控制。而且，由于控制的对象减少了，控制工作的成本也就相应降低了。因此，控制要突出重点，抓关键。管理者不能也没有必要对组织活动的各方面都进行控制，而是要针对重要的、关键的少数因素实施重点控制。作为一名有责任心的管理人员都希望自己对所管理的领域有全面的了解和把握，但明智的管理者则需要认识到，组织中的工作活动往往是错综复杂、涉及面很广的，谁都无法对每一方面、每一件事情均予以控制。全面控制并不见得是一种最经济、最有效的控制。管理者需要从实际工作出发，因地制宜地找出和确定最能反映或体现其所管辖单位工作成果的关键性因素，对之加以严密控制，其他的方面则相对放松控制，这样可收到有的放矢、事半功倍的效果。

当然，选择关键点除了要有丰富的经验、敏锐的洞察力和决策能力外，还要借助相关方法。例如，如果要在有着众多作业的大型项目中控制整个工期的时间进度，就可用计划评审技术来确定关键路线和关键作业，只要控制关键作业的进度就可以控制整个工期了。像美国的北极星导弹研制工程和杜邦化工厂的建造，就是由于运用了计划评审技术使工期大大缩短的。

控制也应当强调例外原则。管理者将控制工作的重点放在计划实施中出现的特别好或特别坏的“例外”情况上，可以使他们把有限的精力集中于真正需要引起注意和重视的问题方面。当然，“例外”并不能仅仅依据偏差数值的大小来确定，而要考虑客观的实际情况。在同一个组织中，对于不同类别的工作，一定额度的偏差所反映的事态严重程度并不一样。有时，管理费用高于预算的5%可能无关紧要，而产品合格率降1%却可能出现产品严重滞销问题。

另外，控制关键点原则和例外原则应结合起来运用，二者有某些共同之处，但区别在于：前者强调选择控制点，后者强调观察在这些点上的异常变化。仅仅关注例外情况是不够的，管理还应把更多的注意力集中在对关键点的例外情况的控制上。

## 三、控制应该具有灵活性、及时性和经济性的特点

灵活性的控制原则是指控制系统能适应主客观条件的变化，持续地发挥作用。控制工作本身就是动态变化的，控制所依据的标准、衡量工作所用的方法等都可能随着情况的变化而调整、变化。如果事先制订的计划因为预见不到的情况而无法执行，而事先设计的控制系统仍然在按部就班地运转，那么将会在错误的道路上越走越远。例如，某种产品的销售量的制定，如果实际销售量远远高于或低于预算的销售量，这时就应该修改预算的销售量，甚至重新制定预算，并根据新的预算制定合适的控制标准。

控制工作还必须注意及时性。信息是控制的基础。为了提高控制的及时性，信息的收集和传递必须及时。如果信息的收集和传递不及时，信息处理时间又过长，偏差就得不到及时纠正。

为进行控制而支出的费用和由控制而增加的收益，两者都直接与控制的程度相关。这意味着控制工作一定要坚持适度、适量的原则，以便提高控制工作的经济性。换句话说，从经济性角度考虑，控制力度并不是越大越好，控制系统也不是越复杂越好。控制系统越复杂、控制工作力度越大，只意味着控制的投入越大。在许多情况下，这种控制投入的增加并不一定会导致计划的更顺利实施。有时，自然消退也是一种行之有效的控制方法。

## 四、控制应注意控制事物的发展趋势

有时控制现状是比较容易的，但控制现状所预示的变化趋势则比较困难。要使控制有效，控制变化趋势则重要得多。一般来说，趋势是多种复杂因素综合作用的结果，是在一段时间内逐渐形成的，并对管理工作成效有着长期的影响。趋势往往容易被现象所掩盖，

它不易被觉察，也不易控制和扭转；而且当趋势已经明朗时，再进行控制就晚了。例如，在美国的汽车市场上，美国汽车的市场份额就是在美国几大汽车厂商的眼皮底下慢慢被日本汽车蚕食的，等到他们回过神来，日本汽车已经在市场上占有了一席之地，不容易被打败了。

所以，有效的控制系统应有预警功能，能在出现某种趋势苗头时，迅速采取措施，跟上趋势或将其消灭在萌芽状态。

### 五、控制工作应注重培养组织成员的自我控制能力

广大员工在生产和业务活动的第一线，是各种计划、决策的最终执行者。所以，员工进行自我控制是提高控制有效性的根本途径。例如，要提高产品质量，仅靠工商部门监督和新闻报道是不够的，重要的是企业改善管理、加强控制；而在企业中，光靠管理者重视和完善控制制度也是不够的，提高产品质量的最终保证是要广大员工加强质量意识，并对产品生产的每个环节严格把关。

自我控制具有很多优点。首先，自我控制有助于发挥员工的主动性、积极性和创造性。自我控制是员工主动控制自己的工作，是自愿的。这样，他们在工作中就会潜心钻研业务和技术，对工作中出现的问题会主动设法去解决。其次,自我控制可以减轻管理人员的负担，减少企业控制费用的支出。再次，自我控制有助于提高控制的及时性和准确性。实际工作人员可以及时、准确地掌握工作情况的第一手材料，因而也能及时、准确地采取措施、纠正偏差。

总之，控制有关管理人员和执行人员的素质，可以通过提高有关人员的工作能力和业务水平，使出现偏差的概率下降；由于有关人员的素质提高了，其自觉控制的能力也将大大增强，在出现偏差时自觉地迅速采取行动，能使损失降到最低。

## 第五节　控 制 技 术

**导入案例 10-5：邯钢的成本控制**

邯钢从 1991 年元月在企业内部建立“模拟市场核算，成本否决”的经营机制。这一经营机制的基本模式是：市场——倒推——否决——全员。

市场——企业主动走向市场，内部实行模拟市场机制，把市场机制引入企业内部经营管理。内部核算的计划价格（原燃材料、辅料、产成品、半成品、耐火材料）一律改为市场价，根据市场上产品售价和采购原料的市场价来计算目标成本和利润。

倒推——将过去从前向后逐道工序核定成本的传统做法改为“倒推”的办法，从产品在市场上被承认能接受的价格开始，一个工序一个工序地剖析其潜在效益，从后向前核定，直到原材料采购。

否决——完不成成本指标，别的工作干得再好，也要否决全部奖金；连续完不成，否决内部升级。

全员——降低成本是企业上至厂长下至每一个职工的事，每一个人要分担成本指标或费用指标，实行全员、全过程的成本管理。

在推行这一机制中，他们着重抓了四个方面的工作。

（1）突出一个“效”字，反复进行测算，确定合理先进、效益最佳化单位产品目标成本。他们本着“亏损产品不亏损、赢利产品多赢利”这一原则，核定出全厂53个主要产品品种、规格的内部成本和内部利润。

（2）落实一个“责”字，层层分解指标，形成责任共同体。为了把成本指标落到实处，在总厂下达成本指标之后，各单位进一步将构成产品成本的各项指标层层分解落实到有关科室、工段、班组和职工个人，层层签订承包协议，并与奖惩挂钩，使责、权、利相统一，使每个单位、每个职工的工作都与市场挂钩，接受市场的考验，真正形成了“市场重担众人担，人人肩上有指标”的责任体系。

（3）把握一个“严”字，严格奖惩，强化对新的经营机制的操作和管理。为了促使模拟市场核算机制的高效运转，防止可能出现“上有政策，下有对策”等弄虚作假的现象，总厂制定并坚持了四个原则。一是“高进高出”。核定的所有产品的成本加税后必须低于市场销售价，其利润起码要等于零。二是经过预测和努力仍然赔钱的产品，在完成国家指令计划后停产整顿，停产期间免发有关单位的全部奖金。三是在全厂实行成本否决制度，凡完不成成本、费用指标的单位，不讲客观，一律免发当月全部奖金；但累计完成后可补发，旨在促进各单位以丰补歉，确保一年成本指标的完成。四是为了防止成本不实和出现不合理的挂账待摊，总厂每月进行一次全厂性的物料总平衡，对各单位的原材料进行盘点、查库和查账，账物不符的要重新计算，完不成的否决全部奖金，并延缓升级时间。

（4）立足一个“优”字，优化机构设置，促进新机制的高效运转。为了保持新的经营机制高效地运转，企业的管理体制和管理职能必须与之相适应。5 年来，根据模拟市场核算的需要，全厂先后新建或充实加强了质量、销售、财务、计划、外贸经营、预决算、审计、公关、备件管理机构，进一步强化和理顺了管理职能，对保证模拟市场核算这一新机制的高效运行发挥了重要作用。

推行这一机制5年来，企业展现出蓬勃生机和活力，产品成本逐年下降、经济效益稳步增长。按同口径计算，1991年到1993年，成本逐年下降6.36%，4.83%，6.13%；1994年可比产品成本下降8.9%，1995年又下降1%，实现利润由1990年的1 991万元增加到1991年的5 020万元、1992年的1.049亿元、1993年的4.5亿元、1994年的7.8亿元。1995年在钢材平均售价比1994年每吨下降292元、钢材平均售价2 070元/吨（不含税）的不利条件下，实现利润7.09亿元，在全省名列榜首，在全国冶金行业也位居前列，综合经济效益指数、人均利润和利税、全员劳动生产率等均居全国同行业前列。

控制技术是指控制过程中所使用的具体控制方法和手段。控制技术是多种多样的，各有其特点和作用。

## 一、人员控制

人员控制主要是从人员的内在着手，希望塑造一位自我控制的组织成员，而其关键在于“承诺”(Commitment)。也就是如何通过组织的信念体系、共有价值与组织文化来提高员工对组织的承诺，从而产生自我控制与自我督促，最后呈现在员工和组织绩效的提升上(见图 10-6)。

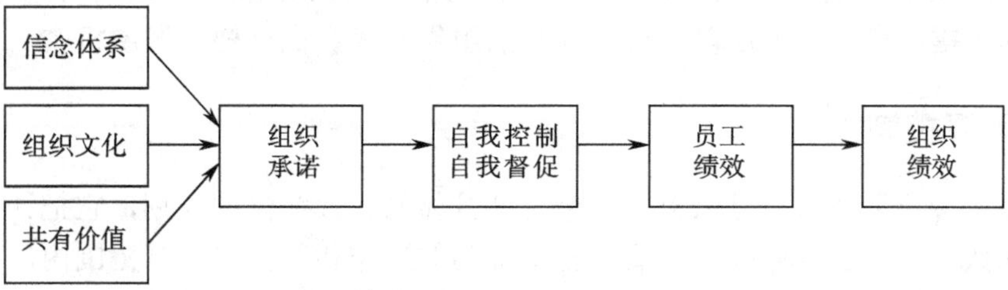


图 10-6 人员控制的基本概念

如果组织成员和管理层具有相同的价值观和信念，那么我们就可确定事情是在管理者的“掌控”当中；纵使组织没有严格的规定，纵使员工不在主管的“监视”之下，纵使员工所面临的是一个模糊决策的状况，管理者也可以放心地认为组织成员不会失控、仍会依照所担当的工作要求，努力地将事情做对和做好。这是因为，组织成员的自我控制替代了外部的组织控制，而这也正是有机控制所希望达到的。一个组织可以采取下列步骤来增加员工对这一组织的承诺。

1. 强调员工第一的价值

将员工放在整个组织价值的第一位，相信员工，并将员工视为公司的重要资产，尊重员工且公平地对待员工，并对每个员工的福利表示相当的关切。

2. 鼓励全面的双向沟通

组织承诺的基础是彼此的互信，而互信则有赖于双向沟通。因此，管理者应表现出愿意倾听的意愿，并建立有效的沟通管道。

3. 建立命运共同体和相同社群的意识

高承诺的组织员工往往具有强盛的命运共同体和相同社群的意识，要达到这样的目标，可以通过强调共同性、鼓励共同工作，并举办一些能导致经常接触的活动来建立共同意识。

4. 提出愿景

通过一些有理想、振奋人心的愿景和使命，来增强组织成员的承诺。让一个人想要献身的愿景，往往也能激发一个人对组织的承诺。

5. 运用价值基础的雇用制度

所谓价值基础雇用制度是指尽量雇用那些和组织具有相同价值观和共同经验的员工，而不再以个人的工作技能作为雇用的标准。那些和组织具有相同价值观和共同经验的求职者，即为和组织相容者，其最终也是对组织具有高度承诺的员工。

6. 运用财务报酬与利润分享

虽然金钱不能买到组织承诺，但是缺乏好的财务报酬，组织承诺也不容易持久。成就感与归属感等内在动机因素并不足够，因为财务报酬到底还是满足基本需要的必要条件。

7. 鼓励员工发展与自我实现

自我实现是马斯洛所认为的最高阶层需要，也是人终其一生都在追求满足的需要。组织若能满足员工达成自我实现的需要，员工一定会有很高的组织承诺。事实上，升迁并不等于自我实现，组织是否提供了机会让员工可以完全发挥其潜力、让他们得到完全的发展，才是真正的关键所在。一个足以让员工献身的组织应该提供这样的发展机会。

## 二、预算控制

预算是一种计划技术，是未来某一个时期具体的、数字化的计划，它把计划分解成以货币或其他数量单位的预算指标，要求各个部门的运作和开支在预算范围内。预算也是一种控制技术，它把预算指标作为控制标准，用来衡量其计划的执行情况。

1. 预算的种类

（1）收支预算包括收入预算和支出预算。收入预算主要是在某个计划期的有关收益及其来源，像企业有销售收入、租金、专利收入及其他投资收益等，可根据具体情况做相应预算。一般来说，企业的主要收入是销售收入，可单独编制预算。支出预算即计划期各种费用支出的预算，如企业生产经营中发生的材料费、人工费、管理费、销售费等。企业可根据会计科目中的某些费用编制单独或综合的预算。一般影响成本的主要费用应编制详细的预算，如材料费、人工费等；而有些费用则只需编制较长时间内的预算，如办公用品费用等。

（2）实物预算是以实物为计量单位的预算。它的范围很广，如产量预算、人工预算、机时预算、原材料消耗预算、燃料消耗预算、库存预算等。

（3）投资预算一般包括建新厂、买房产、购买机器设备等扩大固定资产投资以及其他方面的投资预算，这些费用的数目一般比较大，且短期难于收回，需慎重对待，应用一定的时间进行调查和论证工作，并列出专项预算。

（4）现金预算根据收支预算确定在计划期内的现金的收支情况，让管理者清楚有多少可供调度的现金，够不够一些设想的开支，从中也可以发现是否有多余的现金库存或不合适的开支。由于任何组织的运营都需要一定的现金，如企业需要给职工发工资、购买原材料、缴纳各种税费及临时开支等，所以都比较重视现金预算。

（5）综合预算则是考虑各种因素后的多项内容的预算，它的单位可以是货币，也可以是实物，如资产负债表预算等。

2. 预算的可能危害

预算使管理控制目标明确，让人们清楚地了解所拥有的资源和开支范围，使工作更加有效。但过分依赖预算，也会在一定程度上带来危害，主要表现在以下几个方面：

（1）让预算目标取代组织目标。有些管理者过于热衷使所辖部门的各项工作符合预算的要求，甚至忘记了自己的首要职责是保证组织目标的实现。例如，有时一些部门会因为没有预算拒绝采取某些灵活或特殊的手段去达到目的。同时，预算还会加剧各部门难于协调的局面，故应在预算时加以考虑。

（2）预算过于详细。过于详细的预算，容易抑制人们的创造力，甚至使人们产生不满或放弃积极的努力，还会提供逃避责任的借口；同时，预算太细，带来的预算费用也大，是得不偿失的。

(3) 预算导致效率低下。预算带来一种惯性，有时它会保护既得利益者。因为预算一般是在基期的预算上增减修改制定的。过去的惯例成为预算的基数，这样，不合理的惯例或以前合理但现在已不合理的惯例给一些人带来利益；同时基层预算提供者总是把数据抬高一点，以便让高层领导在审批中削减，这样，又增加了预算的不合理性。总之，不严格的预算可能成为某些无效工作的保护伞，而预算的反复审核又将加大预算编制的工作量。

(4) 预算缺乏灵活性。在计划执行过程中，一些因素发生的变化往往出乎预测，会使一个刚制定的预算很快过时。如果在这种情况下还受预算的约束，可能会造成重大的损失。

*3. 预算的方法*

由于预算的结果常被用来作为控制标准，因此预算方法的选定非常重要。一般预算采用固定预算，而且多为根据基期数据来调整的，其带来一定的危害在上面已有所提及。另外两种方法可以在一定的程度上对上述缺陷加以改善，即弹性预算和零基预算。

(1) 弹性预算又称可变预算。其基本思想是按固定费用（在一定范围内不随产量变化的费用）和变动费用（随产量大小变化而变化的费用）分别编制固定预算和可变预算，以确保预算的灵活性。在编制可变预算时，应根据具体情况研究各种费用的变动程度，以确定各种换算系数，这样更有利于预算的合理性、准确性，减少预算变动的频繁程度。

(2) 零基预算是由美国德州仪器公司首创的，其基本思想是在编制预算时，必须对每项费用都予以重新核查，要以目前的需求和发展趋势作为核查基准。

零基预算要求每个项目的预算费用以零为基数，通过仔细分析各项费用开支的合理性，并在“成本——效益”分析的基础上确定预算。它避免了固定预算中只重视前段时期基期数据的倾向，迫使管理者重新审视每个计划项目及其费用开支，能充分调动人们的积极性和创造性，挣脱某些惯例的束缚，并促使人们精打细算，量力而行。但需要注意的是，零基预算工作量很大，成本比较高，而且在费用估计时还带有一定的主观性。

## 三、比率控制

单个的反映企业经营成果的绝对额数据，如利润、成本等，往往不能说明问题，只有将这些数据彼此联系、相互对照才可以真实、全面地反映实际经营成果。比率分析就是通过将企业资产负债表和损益表的相关项目进行对比，形成一个比率，从中分析和评价企业的经营成果和财务状况。比率分析最常用的有财务比率分析和经营比率分析。

*1. 财务比率*

财务比率分析在于揭示企业的偿债能力和赢利能力等财务状况，主要指标有流动比率、负债比率和赢利比率等。

(1) 流动比率。流动比率是指流动资产与流动负债之比，它反映企业偿还短期债务的能力。一般来说，流动比率越高，企业资产的流动性越大，其偿债能力就越强；反之，偿债能力就弱，面临的经营风险增加。因此，企业资产应具有足够的流动性，但也要注意防止过高的流动性导致财务资源的闲置而造成资金使用效益的降低。

(2) 负债比率。负债比率是指企业总负债与总资产之比，它反映企业所有者提供的资金与外部债权人提供的资金的相对数量。只要企业的全部资金的利润率高于借入资金的利息率，且借入资金不会威胁企业所有权的行使，企业可以通过提高负债比率以获取更高的赢利。但是过高的负债比率也会使企业经营面临财务风险。

（3）赢利比率。赢利比率是指企业利润与销售额或占用的全部资金之比，它反映企业在一定时期从事某种经营活动的赢利程度及其变化情况。销售利润率和资金利润率是其常用的比率。销售利润率是销售净利润与销售总额之间的比例关系，这一比率能反映在一定时期企业的产品获利能力。资金利润率又叫投资回收率，是企业或企业某个部门在特定经营时期实现的净利润与其占用的资金的比值，是反映企业或部门的资金使用效率的重要指标。

将赢利比率按照组织的不同部门和不同时期（按年度或季度）进行比较，或者是与同行业的先进企业进行比较，可以为经营控制提供更多的信息。

2. 经营比率

经营比率是指与资源利用情况相关的比例关系，其分析的目的在于揭示企业经营效率的高低和各种资源是否得到了充分利用，常用的指标有库存周转率、固定资产周转率和销售收入与销售费用比率等。

（1）库存周转率。库存周转率是销售总额与库存平均价值的比例关系，它反映销售收入相比库存数量是否合理，表明投入库存的流动资金的使用情况。

（2）固定资产周转率。固定资产周转率是指销售总额与固定资产之比，它反映单位固定资产能够提供的销售收入，表明企业固定资产的利用程度。

（3）销售收入与销售费用比率。该比率反映单位销售费用能够实现的销售收入，而且在一定程度上反映出企业营销活动的效率。

## 四、审计控制

审计是针对企业的整体运行和经营活动的一项控制技术。审计的形式很多，但用于控制过程的主要有三种：外部审计、内部审计和管理审计。

1. 外部审计

外部审计通常是由一个独立的公共会计事务所来进行的。这种审计的主要目的是测定企业的财务记录是否真实地反映了企业的财务状况，验证这些记录是否准确，测定是否一贯地实施了既定的会计程序。同时，外界也希望从外部审计报告中了解企业的信用情况、经营状况和偿债能力，防止信用危机，维护投资者的利益。

外部审计对于控制过程的作用是间接的，它主要是针对企业的财务记录，不包括计划、政策和作业以及一些非财务部门。

2. 内部审计

内部审计是由企业组织内部的特殊人员负责进行的。同外部审计一样，内部审计也验证企业的财务记录，并测定这些记录是否符合预计的要求。但内部审计的目的是为内部控制提供依据和手段的，它力图测定其他控制的效能。因此，内部审计可以被看作是对其他控制形式的总控制。

有效的内部审计主要起到了以下三方面的作用：第一，内部审计提供了一种测定程序和方法来检查企业在实现其目标、遵循既定政策方面是否成功；第二，内部审计可以对企业政策、计划的可行性和有效性、控制方式等方面提出改进建议和措施；第三，内部审计使高层管理人员对企业的经营管理状况、收支状况和信用状况有一个清晰的了解和全面的认识。现在，利用内部审计作为一种控制手段，在很多企业中已得到了推广和利用。

一般来说，内部审计的主要范围是企业的财务部门，但并不局限于这些部门。近年来，很多企业的内部审计已经进入到企业的非财务部门，接近管理审计的范畴。

3. 管理审计

通常，管理审计是由企业自己负责进行的。管理审计较之于传统的审计，履行更加广泛的职能。管理审计的主要职能就是通过对市场趋势、技术的最新发展、影响企业的政治和社会因素的研究分析，通过对企业的外部环境进行客观的预测，确定企业在行业中的位置，拟订今后的发展规划。管理审计的另一项职能就是为企业的管理人员提供企业内部生产经营各个方面的信息和资料，帮助他们正确地进行经营决策和控制。

管理审计不同于一般的审计。为了更好地服务于企业的管理和控制，它必须同时兼顾企业生产经营的全局和局部两个方面。也就是说，它既要从整个企业的全局出发来考虑、观察和处理问题，又要从企业的各局部出发来考虑、观察和处理问题。

管理审计的一个重要特点就是它是面向未来的。它依据所掌握的资料，对生产经营各个方面可供采用的方案、可能取得的成绩和效益进行科学的预测和比较，以便为企业的管理人员正确地选择最优方案提供客观的依据。

## 五、成本控制

当一个企业的经营设计、产品设计、设备装置、作业设计等已确定并按规范投入各生产要素时，成本管理的中心就是成本的控制，即要使经营活动的各环节、各方面达到或低于目标成本。

1. 制定控制标准，确定目标成本

确定目标成本的方法有计划法、预算法和定额法等。

2. 记录和统计资料，进行成本核算

成本统计所用的原始记录是反映核算期人力、物力、财力等支出的全部原始记录，是进行成本核算和控制的最基本依据。进行成本控制所要进行的成本核算有：可比产品总成本、可比产品单位成本、商品产品成本、主要产品单位成本、可比产品成本降低率等。通过成本核算，可了解实际成本，并为分析改进提供数据资料。

3. 差异分析

将实际成本与目标成本相比较，就会发现差异。差异分析就是通过比较，找到实际成本与目标成本差异的发展趋势，找出控制和降低成本的措施。差异分析的主要内容有直接材料费用分析、直接人工费用分析、管理费用分析、销售费用分析。

4. 采取措施，降低成本

一旦发现实际成本高于目标成本，就应积极采取措施，控制成本的上升趋势。一般来说可采用的方法有价值工程、严格投入管理、防止跑冒滴漏、改进产品设计或生产工艺、精简机构等。

## 六、作业控制

作业控制的概念来源于作业管理，而作业管理（Operation Management）是指将资源转换成组织的产品与服务的管理过程。作业控制是为确保组织能够在合理的成本下生产出较高品质的产品与服务，或说是能以较低的成本生产出所设定品质的产品与服务。简单来说，作业控制的目的是在提高生产效率。

提到作业管理，一定会涉及作业系统。所谓作业系统，是指组织将资源转换成产品或服务的过程。它可分为输入（Input）、转换（Throughput）与产出（Output）等三个部分。输入包括人员、资本、设备、厂房、物料、能源、信息等；转换包括整个转换的作业与动作；产出则主要为商品、服务与其他废物。组织的作业系统如图 10-7 所示。

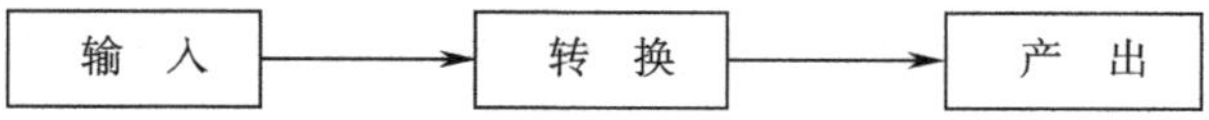


图 10-7 组织的作业系统

作业系统常让人立即联想到工厂，但制造过程只是作业系统的一种，其产出通常为实体产品。事实上，作业系统也可应用到服务组织上，其产出是无形的服务。例如，医院和学校都是典型的服务组织。若分析服务组织中的作业流程，我们就能发现作业系统就是一种转换的过程，其最后的结果可能就是恢复健康的病人和具有教养、知识的学生。

所有组织都存在于社会中，都具有产出的产品或服务，因此，所有组织都有其作业系统。不良的作业管理可能使组织的成本过高、产品或服务的品质低劣、产品无法即时满足顾客的需求。因此，为了确保组织的绩效与生存，管理者必须发展出适当、良好的作业控制。

作业管理是任何组织将输入转化成输出的过程中的管理。由于转换过程是消耗成本最大的环节，因此其效率的高低直接影响收益情况。任何组织都非常重视作业管理，它的好坏也体现了管理效率的水平。

作业控制是为了保证各项作业计划的顺利进行而做的一系列工作。作业计划一般包括生产计划及生产作业计划。企业根据顾客的需求，在一定的生产技术条件下，也就是在一定的生产能力、工艺流程、平面布置等条件下，安排生产作业活动。作业控制一般包括质量控制、进度控制、库存控制等。

1. *质量控制*

微课：
PDCA 循环
管理办法

质量是由产品使用目的所提出的各项适用特性的总称。对产品质量特性，按一定的尺度、技术参数或技术经济指标规定必须达到的水平，这就形成质量标准，它是检验产品是否合格的技术依据。质量控制就是以这些技术依据为衡量标准来检验产品质量的。为了保证产品质量符合规定标准要求和满足用户的使用目的，企业需要在产品设计、试制、生产制造直至使用的全过程中，进行全员参加的、事后检验和预先控制有机结合的、从最终产品的质量到产品赖以形成的工作的质量全方位抓的质量管理活动。

2. *进度控制*

进度控制是根据产品生产或项目建设的进度计划要求，对各阶段活动开始和结束的时间所进行的控制。网络分析的思想告诉我们，进度控制可以从一系列相互关联的活动中挑选那些时间冗余幅度小的关键活动路线加以密切注视，以免某关键活动的一次延误就影响到后续各项活动乃至总体进度按时完成。

3. *库存控制*

库存控制主要是对量大面广的原材料、燃料、配件、在制品、半成品和产成品等存货品种和数量的控制。库存增加，不仅需要占用生产面积，还会造成保管费用上升、资金周转减慢、材料腐烂变质等问题；但库存过少，又容易造成生产过程因停工待料而中断、产成品因储备不足而造成脱销损失等。因此，库存应当保持在适当的水平，以保证生产和销售的需要。

## 七、时间控制

时间就是金钱，时间就是效率。在企业的经营管理过程中，工程的按时完工、贸易中的准时交货、合同的按时执行等都是十分重要的。在这里所说的按时其实就是按计划时间，科学准确地做好时间计划是时间控制的第一步，从某种程度来说，计划首先是时间的安排。较好的安排时间的计划方法有甘特图、滚动计划和网络计划技术等；其中网络计划技术为管理活动的时间合理安排和资源的科学安排起到了很重要的作用。

20 世纪 70 年代，日本丰田汽车公司首先应用的准时生产制（JIT）是一种先进的生产控制和时间控制的方法。其最初的指导思想是：通过生产过程整体优化，改进技术和理顺物流，彻底消除无效劳动和浪费，降低成本，改善质量，以达到用最少的投入实现最大产出的目的。

“设计一个生产系统，能高效地生产 100%优良的产品，并在需要的时间、按需要的数量生产所需要的工件”，这是对 JIT 目标最简单的概括。

推行 JIT 的直观效果是减少浪费，这是一个成功企业与一个不成功企业的分界线。简单地讲，JIT 就是在必要的时间生产必要数量的必要产品，节约一分钱就可能增加一分钱的利润。为了提高劳动生产率，不是要在劳动中再多使力气，而应是尽量减少生产中的各种浪费来提高生产率。这种尽量减少浪费的思想就是 JIT 生产方式的出发点。

准时生产确切地说就是零件、部件或部分装置件都必须准时完成，早一点或晚一点都不行。它追求的目标是零库存，即在需要该零部件时，刚好把它生产出来并送到需要的地点。这种生产方式的核心是追求一种无库存生产系统或使库存达到最小的生产系统。无库存生产又称为零库存生产，在整个生产过程中不需要库存。这种生产方式是不同于传统生产组织方式的一种新兴生产方式。JIT 已经成为一种生产的哲理，在生产管理中得到了普遍的应用。当然，零库存作为一种理想状态是不可能实现的，但零库存管理的真正目的在于，通过降低库存，发现管理中存在的问题，继而通过解决这些问题，提高整个系统运作的效率，使得系统得以改善。这样以库存作为手段，一步一步把工作和管理中的问题解决。而且 JIT 还认为，改进的过程并不是一个静止的过程，而是一个不断循环的过程，是一个要求尽善尽美的过程。准时生产的基本原理是以需定供或者说是“下求上供”，即供方根据需方的要求提供，下一道工序所用物料要求上一道工序按实际需要供给。准时生产的原理虽简单，但内涵却很丰富：在品种配置上，保证品种有效性，拒绝不需要的品种；在数量配置上，保证数量有效性，拒绝多余的数量；在时间配置上，保证所需的时间，拒绝不按时的供应；在质量配置上，保证产品的质量，拒绝次品和废品。

JIT 要求企业生产秩序稳定，全面按科学的方法指导生产；设备、工装精度良好；建立以生产工人为主体的管理体系，保证一线工人百分之百的时间在从事生产。随着市场环境向多样化方向发展和竞争的加剧，JIT 生产方式的应变能力以及对质量、成本、生产周期的有效控制方法已经越来越多地影响着众多的制造企业。

# 本章小结

- 控制
  - 控制概述
    - 定义：控制是监督、检查工作是否按既定的计划、标准和方法进行，发现偏差，分析原因，进行纠正，以保证组织目标实现的过程
    - 作用：限制偏差的累积；适应环境的变化
  - 控制的过程
    - 主要步骤：确定控制标准；衡量实际绩效；比较标准与实际绩效的差异；评估差异结果并采取必要的修正行动
    - 有效控制条件：有明确的控制机构；有合理的控制标准；有准确及时的信息；有操作的经济性；有灵活的措施；有易懂的标准和控制手段；有战略高度；有强调例外的方式；有多重标准；有纠正行动
  - 控制的基本类型
    - 前馈控制、现场控制、反馈控制
    - 外在控制、内在控制
    - 直接控制、间接控制
    - 集中控制、分散控制、分层控制
  - 管理控制的基本原则
    - 控制必须与计划和组织相适应；突出重点，强调例外；具有灵活性、及时性和经济性的特点；注意控制事物的发展趋势；注重培养组织成员的自我控制能力
  - 控制技术
    - 人员控制、预算控制、比率控制、审计控制、成本控制、作业控制、时间控制

# 思考与练习

## 一、复习思考题

1. 前馈控制有什么优点？
2. 控制有哪几个步骤？
3. 控制越多越好吗，为什么？
4. 控制有哪些技术？
5. 比较不同类型控制的优缺点。
6. 一个有效控制系统应具备哪些条件？
7. 预算的主要种类有哪些？运用预算控制时应该防止哪些危害？

## 二、案例分析题

**案例 10–1：美的集团的质量控制**

*1. 始终坚持“质量第一、以质量求效益”的企业发展战略*

在公司总经理制定的质量方针中明确提出，始终如一坚持“质量是企业的生命”这一宗旨。在公司这一方针的指引下，通过质量体系的实施，建立了以总经理对质量全面负责、事业部和品管部负责全面监管与公司品质部负责管理、各科室和车间进行具体实施的三级质量管理组织机构。

*2. 实施企业最高领导者对质量全面负责的工作责任制*

企业每一位员工的工作对产品质量都有着直接或间接的影响。那么，究竟谁要对质量负主要责任，是操作者还是管理者？企业组织中最高领导者对质量工作的领导组织、对质量工作全面负责是至关重要的。自 1994 年以来，公司的最高领导者一直担任质量管理者代表这一重要职务，当质量与数量、质量与速度、质量与生产发生矛盾时，始终坚持质量第一，把质量管理工作的重点落实在对产品质量的改进和提高上，组织企业质量流程重组工作，领导企业内部质量体系审核并亲自主持质量管理的评审工作，以保证美的空调质保体系符合 ISO9001 标准的要求。将品质管理工作提高到公司的决策层，公司品质管理部部长一职直接由总经理兼任。

*3. 建立一套行之有效的综合质量管理体系*

美的空调以建立 ISO14001 环境管理体系为契机，对 ISO9001 质保体系进行了突破性的系统再造，成功地将 ISO9001 质保体系和 ISO14001 环境管理体系进行合并，达到品质、环境管理体系的高度统一。

为将质量环境管理体系的管理工作纳入各部门的日常工作，确保公司质量环境管理体系运行有效，公司建立二级内部体系审查，通过部门一级的自查，进行自我完善，同时组织各部门一级的相互审查。通过自查和互查的结合，达到整体的有效运行。

4. *质量教育是提高员工质量意识的主要途径*

“质量始于教育，终于教育。”质量培训是全面质量管理的一项基础工作，是增强员工质量意识、问题意识、改进意识的有效途径。通过各种形式的质量培训、座谈会、板报、内部质量环境刊物、群众性质量管理活动等，加强市场意识、质量意识、成本意识的灌输，使全体员工的质量意识再提升，营造浓厚的质量气氛，培育健康的质量文化，并挖掘和培养一批基层质量管理骨干，为美的空调品质的飞跃奠定了坚实的基础。

5. *技术创新是美的空调长盛不衰的秘诀*

美的空调积极调整新品开发思路和速度，通过不断地技术创新与管理创新，开发出一系列具有国内领先水平的新产品。美的一方面以领导消费时尚、引领行业发展方向、提升科技水平与品牌形象为目的，致力于开发行业内领先的前沿产品；另一方面以贴近市场、满足百姓消费需求、提高市场占有率为目的，开发多品种、多款式的普及性产品。

6. *提高检测手段，完善实验室质量管理*

要实现“为顾客服务，让顾客满意”，提供社会需要、顾客满意的优质产品，就必须不断地完善和提高检测手段，采取切实有效的措施。公司一方面加大投资，购置国内外先进的检测和试验设备，提高和完善空调实验室的检测能力；另一方面，严格按照 ISO 导则《校对实验室与测试实验室能力的通用要求》和 ISO9001 的要求，在实验室内部建立质量保证体系，制定了实验室质量手册、程序文件、实验作业指导书，并聘请德国专家对实验室人员进行培训，使实验人员对标准的理解程度和实际操作测试能力都达到较高的水平。公司实验室于 1997 年 4 月份通过了德国 TUV 莱茵公司的认证，达到了 ISO 导则和中国的 CCEE 等标准认证，为产品出口进入国际市场提供了条件。

7. *搞好工序质量控制，加强车间现场管理*

工序是产品制造过程中的最基本单元。工序质量搞不好，产品总体质量不会有切实的保证，过程质量也就无法实现。在工序质量控制过程中，由工艺部门对全厂总装工艺过程开展了全面的整理，逐步改变了工艺文件规定与实际生产情况相矛盾的局面，使作业指导书和实际操作相符合，起到了指导实际的作用，使生产线上流程顺畅，工人操作都有章可循。车间现场对各类物品的标识、检验状态、堆放等都做了详细的规定，生产现场各类物品划区标识清楚，场地物品堆放整齐、有条不紊，加速了生产场地的周转，保证了产品的质量。

8. *加强对供应厂商的管理工作*

美的集团不仅注重制造过程的品质和成本控制，并以战略性合作伙伴关系为纽带，将品质和成本控制工作向供应商网络延伸。战略合作伙伴关系的产生是市场竞争的必然结果。随着空调配套产业的进步和提高，行业内部的分工进一步向专业化方向发展，竞争领域已延伸到供应厂商群体。美的集团巩固和加深与广大供应厂商的命运共同体关系，使制造商与供应商能在保证供需双方利益的基础上，寻求合作和发展，共同面对市场，携手参与竞争。美的集团分期、分阶段举办供应厂商质量管理培训班，并取得了预期效果。同时，以 ISO9001 质量保证体系、ISO14001 环境管理体系和 MRPII 制造资源管理系统为重点，不断对外输出美的管理理念和企业文化，实现企业发展的后向一体化。美的集团还在配套供应商中选择一批具有较强市场竞争能力和成长性较好的企业，将其指导思想向供应厂商网络延伸，在其指导和协助下，完成满足美的集团需求的技术改造，培植相对稳定的配套供应基地，为美的集团21世纪的持续稳定发展打下良好的基础。

**问题：**

1. 美的集团是从哪些方面来做好质量控制的？
2. 美的集团的各级管理者对质量管理负什么样的责任？

**案例10-2：严格控制费用的丰田公司**

早在1920年，日本丰田汽车公司的创始人丰田喜一郎到美国参观考察时，发现福特公司的流水线生产方式是以大量堆积存货和占用许多仓库为代价的。对人多空间小的日本来说，这种生产方式太浪费了。当丰田汽车公司成立以后，喜一郎就根据自己对福特式流水线大批量生产的反思，提出了“just in time”的口号，这是“丰田生产方式”的思想萌芽。后来，随着丰田汽车公司规模的不断扩大，新工厂的不断建立，经过许多年的反复研究探索，终于形成了系统、完善、高效率的“丰田生产方式”。丰田生产方式是基于控制费用、降低成本，坚持追求合理化而创造出来的一种生产方式。通过杜绝企业内部的各种浪费，最终达到大大降低生产成本的目的。

贯穿“丰田生产方式”的两大支柱，一是“三及时”，二是“自动化”。

所谓“三及时”，就是“把必要的东西，在必要的时候，能准备好必要的数”的一种状态。为了实现这一目标，丰田公司最大限度地削减过剩设备和中间库，极力节省劳动力，设法降低成本。

如何做到“三及时”呢？常规的生产顺序是前一道工序向后一道工序供应工件。这种做法，一旦由于某种偶然因素导致前一道工序发生问题，必然产生后一工序停工待料的连锁反应。这样，一边是某些零件短缺，一边是仓库里积压用不上的零件，企业生产效率降低，成本上升，效益下降。

为了解决这一问题，丰田采用一种反常规的思维方式，他们倒过来考查生产流：后一道工序在需要的时候去前一道工序领取正好需要的那一部分工件，前一工序只需要生产被领取的那一部分工件就可以了。因此生产计划只下达给最后组装线，指示它什么时间生产多少、生产什么类型的产品。然后，由这最后一道组装向前一道工序传送写有数量、类型、需要时间的“传票卡”，倒转订货从而进行“订货生产”。

“丰田生产方式”的另一支柱是“自动化”。它不是单纯的机器自动化，还包括人的因素在内的自动化，也就是养成良好的工作习惯，不断学习创新，这也是企业的责任。由生产现场教育训练的不断改进与激励，到成立丰田学院，使人员素质越来越高，反应越来越快，动作越来越精确。通过严格的操作规程，丰田最终实现了整个生产流程的自动化，达到了控制费用、降低成本的目的。

经过几十年的发展完善，“丰田生产方式”已经形成了一套严密的理论体系，有极强的可操作性。

丰田公司将“丰田生产方式”贯彻到生产现场中的每一个角落。通过对“三及时”的严格遵守和自动化的准确实现，企业如同具有了自主神经，极大地杜绝了浪费，控制了费用，降低了成本。

为了进一步降低成本、控制费用、杜绝浪费，丰田公司还重视从老设备等各方面、各个环节上挖掘更多的潜力，以致到了被称为“小气鬼”的程度。工人的手套破了一只，只能换一只，另一只什么时候破了什么时候再换。

丰田公司的一位普通职员提出公司的打印纸可以正反两面都用，信封也可以反过来再用，公司欣然采纳，并对这位职员实行重赏。

丰田公司给“工作”下了一个不同寻常的定义：能推动工序前进，创造附加值的动作才是真正的工作。如拿取物品、集中零件及寻找工具等动作，都不能称为真正意义上的工作，应称为无用功。根据这一界定，丰田公司采取大量措施，削减操作中完全不必要的动作，从而控制这种无用的费用。

正是通过永无止境的控制费用，丰田公司才大大地降低了汽车生产成本，一辆 5 000 美元的汽车制造成本只需 2 000 美元，无形中大大提升了利润。伴随着日本经济的低速发展，日本汽车市场也陷于长期衰退之中，然而，丰田汽车却在日益激烈的竞争中继续保持着利润的增长。

**问题：**

1. 丰田公司采取了哪些控制方法进行控制，使得其能在日益激烈的竞争中立于不败之地？

2. “just in time”是一种什么样的生产方式？

3. 你认为公司有的时候达到了被称为“小气鬼”的地步，值得大多数公司借鉴吗？

## 三、管理技能训练

1.大学生模拟公司系列实训——模拟公司的控制制度设计

为模拟公司设计员工管理制度（如员工行为管理制度、员工绩效考核制度等），提交员工管理制度电子稿。

2.企业调研

把班级分为几个小组（一般 5～6 人为一组），然后分别选择几家制造业企业进行质量保证体系的调查，要求运用相关的控制技术和方法进行分析，找出其具体的关键控制点，并形成一份调研报告。

## 四、管理技能自我测试

### 基层工作环境和员工敬业度测评

说明：盖洛普 Q12 测评是基层工作环境和员工敬业度的关键绩效指标考核法，以评测为基础的管理体系。

Q01 我知道公司对我的工作要求

□非常不同意 □不同意 □一般 □比较同意 □完全同意

Q02 我有做好我的工作所需要的材料和设备

□非常不同意 □不同意 □一般 □比较同意 □完全同意

Q03 在工作中我每天都有机会做我最擅长做的事

□非常不同意 □不同意 □一般 □比较同意 □完全同意

Q04 在过去的七天里，我因工作出色受到表扬

□非常不同意 □不同意 □一般 □比较同意 □完全同意

Q05 我觉得我的主管或同事关心我的个人情况

□非常不同意 □不同意 □一般 □比较同意 □完全同意

Q06 工作单位有人鼓励我的发展

□非常不同意 □不同意 □一般 □比较同意 □完全同意

Q07 在工作中，我觉得我的意见受到重视

□非常不同意 □不同意 □一般 □比较同意 □完全同意

Q08 公司的使命/目标使我觉得我的工作很重要

□非常不同意 □不同意 □一般 □比较同意 □完全同意

Q09 我的同事们致力于高质量的工作

□非常不同意 □不同意 □一般 □比较同意 □完全同意

Q10 我在工作单位有一个最要好的朋友

□非常不同意 □不同意 □一般 □比较同意 □完全同意

Q11 在过去的六个月内工作单位有人和我谈及我的进步

□非常不同意 □不同意 □一般 □比较同意 □完全同意

Q12 过去一年里我在工作中有机会学习和成长

□非常不同意 □不同意 □一般 □比较同意 □完全同意

**【结论检测】**

记分：

| | | | | | |
|---|---|---|---|---|---|
| 非常不同意 | 1 分 | 不同意 | 2 分 | 一般 | 3 分 |
| 比较同意 | 4 分 | 完全同意 | 5 分 | | |

平均分释义（基层工作环境和员工敬业度）：

| | |
|---|---|
| 45 分以上 | 优秀 |
| 35～45 分 | 良好 |
| 25～34 分 | 一般 |
| 24 分以下 | 较差 |

对你自己：

12 项题目得分的汇总的评估：

| | |
|---|---|
| 45 分以上 | 工作很愉快 |
| 35～45 分 | 感觉还可以 |
| 25～34 分 | 不在状态中 |
| 24 分以下 | 很不愉快了 |

# 模块六　创新工作

# 第十一章　管 理 创 新

## 知识目标

- 理解管理创新的内涵及特征，掌握管理创新的基本内容及实施过程
- 掌握管理创新的模式及方法，了解管理创新策略与风险防范

## 能力目标

- 能够综合运用创新方法开展管理创新活动

## 素养目标

- 培养接受新观念、新思想的创新精神
- 培养面对各种情景，运用新概念、新方法解决问题的科学素养

## 第一节　管理创新概述

**导入案例 11-1：3M——锐意创新，领先他人**

美国的明尼苏达矿业制造公司（以下简称 3M 公司），几十年来锐意创新，总是以领先于他人的速度不断开拓新的技术领域，推出新产品。

新技术和新产品是人创造出来的，3M 公司的超人之处在于它拥有一套完善的用人机制。其具体做法是：

（1）企业内各部门规模小、人员精。部门企业领导对下属员工的姓名、工作态度、专长特长、学识水平等都了如指掌，以便各取所长、量才使用。

（2）充分给每一个员工施展才能、发明创造的机会，鼓励他们为研制新产品冒险进行试验，允许失败而不挫伤其热情和干劲。

（3）要求研究人员、推销人员和管理人员经常接近客户，邀请他们帮助出主意开发新产品。

（4）奖励改进创新者。公司里的每一个员工在提出一个开发新产品的方案后，便由他组成一个行动小组来进行开发，薪金与晋升和这种产品的进展情况挂钩。优胜者总有一天能独立领导他自己的产品开发小组或部门。

（5）对开发性研究持科学态度，慎重对待，不轻易否定和扼杀项目。如果一个方案在某个部门不被重视，难以实施，提案者可用他 15%的时间证明这个方案的可行性。对于提

出最佳方案的发明者，提供需要的初始资本。公司每次授予的发明奖多达 90 个，5 万美元奖每年多达 90 次。

3M 公司寻找发明家和创新家的简单准则是：不要妨碍他们的工作。

由此案例可见，企业的快速发展就在于它的管理创新。

## 一、管理创新的动力及其内涵

1. 管理创新的动力

随着知识经济时代的来临，越来越多的企业发现，仅有良好的生产效率、足够高的质量、甚至灵活性已不足以保持市场竞争优势，管理创新正日益成为企业生存与发展的不竭源泉和动力。国外的许多创新型企业，如微软、惠普、3M、三星等，以及我国少数领先企业，如海尔、宝钢等，都已经开始转向管理创新的新范式的实践与探索。例如，韩国三星近年来实施 TPI / TPM（全员劳动生产率创新 / 管理），使得自身有了脱胎换骨的变化；宝钢近年来开展了“全员创新”的实践，取得了良好效果。

从世界范围来看，管理创新与经济发展相辅相成，第一次企业管理的突破使美国制造业的劳动生产率提高了两三倍，奠定了美国成为经济强国的基础。20 世纪 50 年代，日本企业创造了“全面质量管理”“价值工程”“精益生产”等管理思想，指导着大批日本企业迅速成长，成为近几十年日本企业在全球市场竞争中一路领先的重要原因。而对于年轻的中国企业而言，卓有成效的管理创新将使中国经济实现从“中国制造”到“中国创造”的跨越。管理的核心是人，管理创新必须以人为本，建立科学、合理、公正的机制，充分调动人的主观能动性。

2. 管理创新的内涵

管理创新是指对企业管理思想、管理方法、管理工具和管理模式的创新，它是企业面对技术和市场的变化所做出的相应改进和调整。或者说，管理创新也是一种管理职能，它和计划、组织、领导、控制一样是管理活动必不可少的一个方面。

管理创新的内涵是：以价值增加为目标，以培育和增强核心能力、提高核心竞争力为中心，以战略为导向，以各创新要素（如技术、组织、市场、战略、管理、文化、制度等）的协同创新为手段，通过有效的创新管理机制、方法和工具，力求做到人人创新、事事创新，时时创新、处处创新。

管理创新是一种赋予资源以新的创造财富的能力的行为，是管理者所能利用的一种特殊的资源。世界各国经济发展的历史证明，管理创新是人类财富之源，是经济发展的巨大动力。企业家需要有目的地寻找管理创新的源泉，抓住一切可以导致管理创新成功的机会。管理创新也是一种思想以及在这种思想指导下的实践。管理创新是指组织管理中新的、更有效的管理方式方法的形成与应用。

## 二、管理创新的特征

1. 管理创新的不确定性

管理创新的不确定性主要表现在市场、技术和战略三个方面。

（1）市场的不确定性。主要是不易预测市场未来需求的变化，外界因素如经济环境、消费者的偏好都会对市场变化产生影响。当出现根本性创新时，市场方向无从确定，也就无法确定需求。

（2）技术的不确定性。主要是如何用技术来体现、表达市场中消费者需要的特征；能否设计并制造出可以满足市场需要的产品和工艺。有不少产品构思，按其设计的产品要么无法制造，要么制造成本太高，因此这种构思和产品都没有什么商业价值。新技术与现行技术系统之间的不一致性也是一个重要的不确定性来源。

（3）战略的不确定性。它主要是针对重大技术创新和重大投资项目而言的。它指一种技术创新的出现使已有投资与技能过时的不确定性，即难以判断它对创新竞争基础和性质的影响程度，以及面临新技术潜在的重大变化时企业如何进行组织适应与投资决策。当重大技术创新出现时，战略不确定性常因严重的战略性决策失误导致产业竞争领先地位的交替。例如，美国钢铁业面临氧气顶吹转炉等重大工艺创新的机会时，没有放弃原来的大量投资，没有引入新的工艺技术；而日本则利用这机会建成了世界上效率最高的钢铁厂。

2. 管理创新的保护性和破坏性

不同的管理创新对企业产生影响的范围、程度和性质是不同的。两个极端的情况是：保护性的和破坏性的。管理创新的保护性表现在会提高企业现有技术能力的价值和应用性。管理创新的破坏性则表现在使企业现有的技能和资产遭到毁坏，新的产品或工艺技术会使企业现有的资源、技能和知识只能低劣地满足市场的需要，或者根本无法满足要求，从而降低现有能力的价值，在极端情况下，会使其完全过时。

3. 管理创新的必然性和偶然性

必然性是由管理的不可复制性产生的。管理的不可复制性本身就必然要求进行管理创新，从泰勒制到丰田生产方式，再到现代流行的 CIMS、虚拟系统、电子商务、网络营销等，可以说任何一种管理的模式、方法都是随着时代的发展和许多科学技术的进步而产生的创新。很多情况下，管理创新是在大量的实验、调研、严谨思考的背景下产生的。然而，另一种管理创新方式对今天的管理人员来说也是丝毫不能忽视的，那就是偶然性。就像牛顿从苹果落地而发现万有引力定律一样，一些偶然的事件可以引发管理创新。

4. 管理创新的被排斥性

管理创新活动常常受到来自各方面的排斥、压力和抵制。习惯于原有生活方式和思维方式的人们往往不欢迎任何改动和变革。形象地说，管理创新恐惧症已成为现代组织——企业、学校、政府的一种通病。在一种特定的社会环境中，对于那些在公司处于最高管理层的人们，存在着无数条理由来使他们希望目前的环境能够延续下去。因为在这种情况下，没有麻烦、没有威胁，也没有紧迫感，一切都显得平平稳稳。不过，这也意味着任何一项新产品的创新就其本质而言，都是一场推进创新的力量和排斥、抵制创新的力量之间的你争我夺。而管理者所面临的挑战就是如何在这些力量中间保持平衡。

5. 管理创新的复杂性

管理创新的过程就像一条链条，只要增加上游的基础研究的投入就可以增加下游的新技术、新产品的产出。但在实际经济活动中，管理创新有许多起因和知识来源，可以在研究、开发、市场化和扩散等任何阶段发生。管理创新是诸多因素之间一系列复杂的、综合的相互渗透而共同作用的结果。管理创新不是一个独立的事件，而是由许多小事组成的一个螺旋式上升的轨迹，是一个复杂的系统过程。

6. 管理创新的时效性

企业的管理创新一般总是从产品的创新开始的。一种新的市场需求总是表现为产品需求，因而，在管理创新初期，企业的创新活动主要是进行产品创新。一旦新产品被市场接受，随之而来的企业将把注意力集中在过程创新上，其目的是降低生产成本、改进品质、提高生产效率。当产品创新和过程创新进行到一定程度时，企业的创新注意力会逐渐转移到市场营销创新上，其目的是提高产品的市场占有率。在这些创新重点的不同时间段上，还会伴随着必要的组织创新。当新产品投放市场一定时间后又会被更新的产品所替代，这种替代也使创新具有时效性。新产品被更新的产品所替代的原因可能有两方面：一是消费者的偏好发生了变化，二是生产产品的技术得到了更新。正是因为管理创新具有时效性，所以在进行管理创新决策时，要考虑一个问题：消费者对创新产品需求的持续时间、该产品被其他产品替代的可能性以及管理创新所处的时期。

7. 管理创新的动态性

事物是发展变化的，不仅组织的外部环境和内部环境在不断发生变化，而且组织的管理创新能力也要不断积累、不断提高，决定管理创新能力的要素也都要进行动态调整。从企业间的竞争来看，随着企业创新的扩散，企业竞争优势将会消失，这就要不断推动新的一轮又一轮的管理创新，以便不断确立企业的竞争优势。因此，管理创新绝不是静止的，而是动态的。不同时期组织的管理创新的内容、方式、水平是不同的。从企业发展的总趋势看，前一时期低水平的管理创新，总要被后一时期高水平的管理创新所替代。管理创新活动的不断开发和创新水平的不断提高，正是推动企业发展的强大动力。

## 第二节　管理创新的基本内容及实施过程

**导入案例 11-2：柯达公司的创新体系**

1979 年，柯达公司的一些创新的倡导者成立了创新办公室（OI），其主要目的是促进公司业务的创新和变革，广泛收集创新意见。到 1987 年，公司在全球已经成立了近 20 个这样的机构，并形成了网络体系，同时收到员工提交的新创意和新构想累计达 3 000 多项。然而在公司的现有业务框架下，不可能吸收这么多的新创意和新点子。为了让更多的创业构想得到实现，公司于 1983 年建立了支持新业务发展的第二个层面：新业务发展部（NOD）。NOD 主要是帮助企业内创业家把头脑中的创业构想转变成创业实践，为创业构想的开发和探索工作提供组织支持。1985 年，柯达公司成立了全资子公司伊斯特曼技术公司（ETI），作为公司创业过程的第三个组织层面。ETI 扮演了一个具有创业孵化器和公司风险投资双重功能的角色，不仅为那些在 NOD 阶段具有发展前景的新项目（企业）提供管理支持，还为其商业化运作提供必要的投资。因此，柯达公司的创业体系就是由 OI、NOD 和 ETI 这三个层面构成的。

实际上，柯达公司的创新体系正是针对其新创业务的三个不同演进阶段的特点而形成的。柯达公司新创业务的演进过程分三个阶段：酝酿阶段、种子阶段和孵育阶段。与新创业务酝酿阶段对应的组织层面是 OI，与种子阶段对应的组织层面是 NOD，与孵育阶段对应的组织层面是 ETI。

1. 酝酿阶段

对于一项需要开发的新创意或发明，OI 对其评判的标准是：

（1）是否能够提高柯达公司的技术、制造或营销能力？

（2）是否与柯达公司现有业务的某些方面具有一种战略性适应？

（3）是否有一定的赢利能力（预计的年收入达到 200 万美元）？

（4）是否可以市场化？

如果公司内部没有人愿意支持这个构想，就意味着它与现有业务不太相关，那么新创意的持有者可以继续向 NOD 提出请求。

2. 种子阶段

这一阶段分四个步骤对新创业务进行管理。

（1）种子预备期：内创业家应主动提交将创业构想进行操作化的可行性分析，并且要说明创意的技术可行性和市场潜力。

（2）种子前期：进行创业机会分析，内创业家获准利用 20%的本职工作时间来完善创业构想，并可获得 2.5 万美元的资助。非正式的创业咨询小组会对其进行创业辅导。

（3）种子中期：NOD 帮助内创业家设计正规的商业计划，组建创业团队，并给予 7.5 万美元的资助。

（4）种子后期：创业团队可以获得 25 万美元来开发产品模型，进行产品市场的检验，重新审定商业计划，并着手挑选经营管理班子。

如果公司看好新项目的前景，则再提供额外的资金支持成立独立的新创企业，进入 ETI 进行孵育。

3. 孵育阶段

（1）新创企业完全独立于柯达公司，在财务、人事等方面与母公司完全脱钩。

（2）柯达公司不再为新创企业的成立保留原先的职位。

（3）ETI 为新创企业提供有偿的资源支持。

（4）由公司内部风险投资基金向新创企业进行为期 4~7 年的分阶段投资。

柯达公司的创新体系主要从组织架构的改革与创新入手,为企业的战略发展营造了良好的创业环境。

## 一、管理创新的基本内容

企业的管理创新主要包括思路创新、目标创新、组织创新、制度创新、模式创新、技术管理创新和技术创新、人才管理创新、环境创新及文化创新等九大方面的内容。

1. 思路创新

思路创新是一切创新的前提，任何人都不要封闭自己的思维。假如思维成定势，就会严重阻碍创新。有些组织提出不换脑筋就换人，就是这个道理。有的公司不断招募新人才，其主要原因之一就是新人能带来新观念、新思维，从而推动不断创新。

如果说思路创新是企业创新的前提，那么观念创新就是思路创新的前提。因此，企业要想在管理思路方面有所创新，首先要实现观念创新。观念创新主要包括：①以人为本，唯人兴业的观念；②瞄准市场，以变应变的观念；③顾客第一，用户至上的观念；④投身竞争，优胜劣汰的观念；⑤战略制胜，追求卓越的观念；⑥以质量求生存，以质量求发展的观念；⑦诚实可信，依法经营的观念；⑧技术先进、管理科学的概念等。

管理思路创新的具体内容十分广泛，可以是某种技术创新（产品、服务、工艺等）管理的构想，也可以是管理措施的改进；可以是生产中环节的物资人事协调，也可以是生产后环节的产品促销管理等；可以是人才开发，也可以是资本运营的管理新思路。总之，管理思路创新可大可小，大到企业发展战略及落实，小到某种产品的营销策划和运作。

2. 目标创新

企业是在一定的经济环境中从事经营活动的，特定的环境要求企业按照特定的方式提供特定的产品。一旦环境发生变化，要求企业的生产方向、经营目标等也要根据新的环境的特点进行相应调整。在新的经济形势下，企业的基本目标为："通过满足社会需要来获取利润"。因而，企业应根据不同时期、不同阶段的特点，不断调整自己的经营目标。例如，以技术创新为某一时期的发展重点，以新产品开发为某一时期的核心，以提升内部管理水平为某一时期的关键等。可以说，企业根据市场环境和消费需求的变化所进行的每一次调整都是一种创新。目标创新是企业发展中一种根本性的、决定全局的管理创新。

3. 组织创新

企业系统的正常运行，既要求具有符合企业及其环境特点的运行制度，又要求具有与之相应的组织形式。因此，企业制度创新必然要求组织形式的变革和发展。

企业系统是由不同的成员担任的不同职务和岗位的结合体，这个结合体包括结构和机构两个方面的内容。机构是指企业在构建组织时，根据一定的标准，将那些类似或为实现同一目标有密切关系的职务或岗位归并到一起，形成不同的管理部门；而结构则与各管理部门之间，特别是与不同层次的管理部门之间的关系有关，不同的机构设置，要求不同的结构形式。由于机构设置和结构的形成要受到企业活动的内容、特点、规模、环境等因素的影响，随着经营活动或经营环境的变化，要求组织的机构和结构也要不断调整。组织创新的目的在于更合理地组织管理人员的努力，提高管理劳动的效率。

4. 制度创新

制度创新是从社会经济角度来分析企业各成员间的正式关系的调整和变革，制度是组织运行方式的原则规定，有了良好的组织结构，还需要有科学的规章，严密的程序作保障。目前，还有相当一部分国有企业管理职责设计比较粗糙，管理环节中缺乏明确的程序，规章制度停留在纸面上，制度不严，无章可循，有章不循，违章不究的现象时有发生。

在建立现代企业制度的过程中，我们既要加强基础性的管理，又要根据经营战略对管理规范和业务流程进行调整和动态更新，使企业在采购、研发、生产、销售、财务以及后勤保障等各个环节都建立起合理的规范和工作流程，把创新渗透于各个环节，作为经常性的主要管理职责以适应市场竞争的要求。我们应借鉴国外企业现代管理规范，探索和形成一整套有中国特色的现代企业科学管理制度。目前，我们可以借鉴 ISO 系列质量保证体系，结合本企业的实际，建立创新管理的制度规范，主要可从产权制度、经营制度和管理制度三方面着手。

产权制度主要是企业生产资料的所有制，是决定企业其他制度的根本性制度，它规定着企业最重要的生产要素的所有者对企业的权利、利益和责任。目前社会存在两大生产资料所有制：私有制和公有制（更准确地说是社会成员共同所有的“共有制”）。这两种所有制在实践中都不是以纯粹的形式存在的。企业产权制度的创新也许应朝向寻求生产资料的社会成员“个人所有”与“共同所有”的最适度组合的方向发展。

经营制度是有关经营权的归属及其行使条件、范围、限制等方面的原则规定。经营制度的创新应不断寻求企业生产资料最有效利用的方式。

管理制度是行使经营权、组织企业日常经营的各种具体规则的总称，包括对材料、设备、人员及资金等各种要素的取得和使用的规定。在管理制度的众多内容中，分配制度是极重要的内容之一。分配制度的创新在于不断地追求和实现报酬与贡献的更高层次上的平衡。

企业制度创新的方向是不断调整和优化企业所有者、经营者、劳动者三者之间的关系，使各个方面的权力和利益得到充分体现，使组织各种成员的作用得到充分发挥。

5. 模式创新

管理模式是管理内容、管理方法、管理手段和形式的有机统一。在市场经济下，企业管理创新的模式有两种：一种是以改进产品和服务为主的市场适应模式；另一种是以创造产品和服务为主的市场创造模式。发达国家常采用市场创造模式，而我国的企业则多采用市场适应模式。因为目前我国的企业大都仍处于经济转轨变型的时期，企业的经营在向市场经营型转变，企业的技术开发和创新能力还较差，所以，我国企业的管理模式创新应围绕如何适应市场来调整管理内容、管理方法、管理手段和形式，并使它们有机地结合起来，在此基础上再向市场创造模式转变。

6. 技术管理创新与技术创新

（1）技术管理创新。在知识经济时代，技术已经成为未来企业竞争的制高点。技术管理创新是企业管理创新的一个重要内容。目前，随着经济全球化的发展，技术创新和技术流动也出现了全球化的趋势。它主要表现在三个方面。一是跨国公司纷纷在境外设立研究开发机构，使技术创新跨国界。例如，我国广东佛山市的科龙集团，从一个名不见经传的乡镇企业发展成为中国著名大型家电企业集团之后，为了最终实现成为世界最大冰箱企业目标，在电器技术最为发达的日本设立了日本科龙株式会社，以获取世界最为先进的信息和技术。二是世界性技术管理的输出。一些大型跨国公司的总部开发研究所对该公司在各国的研究所进行跨国性管理与控制。三是跨国公司在国际市场建立自己控制的子公司，把技术向东道国渗透和转让，从而使技术流动全球化。技术创新和技术流动的全球化，为企业获取新技术带来了机遇，但同时对技术管理也增加了难度。这就要求企业要不断进行技术管理创新，以提高企业的技术创新和技术应用能力，从而推动企业的技术进步。

（2）技术创新。在实际管理中，企业中出现的大量创新活动是与技术有关的，因此，有人甚至把技术创新视为企业创新的同义语。技术水平是反映企业经营实力的一个重要标志。由于一定的技术都是通过一定的物质载体和利用这些载体的方法来体现的，因此，企业的技术创新主要表现在要素创新和产品创新两个方面。

要素创新包括材料创新和手段创新。材料是企业产品生产的基础，也是生产工艺和加工方法的对象，所以材料创新是技术创新的重要内容。手段创新主要是指生产的物质手段的改造和创新，任何产品的生产都需要借助一定的机器设备等物质生产条件才能完成，生产手段的技术状况是企业生产力水平的重要标志。

生产过程中各种要素组合的结果是形成企业向社会贡献的产品。企业是通过生产和提供产品来求得社会承认，证明其存在的价值；也是通过销售产品来补偿生产消耗、取得盈余，实现其社会存在的。

产品创新是企业技术创新的核心内容，它既受制于技术创新的其他方面，又影响其他技术创新效果的发挥。新的产品、产品的新结构往往要求企业利用新的机器设备和新的工艺方法，而新设备、新工艺的运用又为产品的创新提供了更优越的物质条件。例如，沃尔玛公司1985年启用休斯网络系统公司(Hughes Network Systems)六频道人造卫星。老板山姆·沃尔顿（Sam Walton）通过录像带可以同时对所有员工讲话进行培训，每一家分店都与阿肯色州的本顿维尔总部相连，分店的温度、销售业绩、顾客的停留时间、购买行为模式等信息统统汇集到总部。沃尔玛还是世界上第一家试用条形码即通用产品码（UPC）技术的折扣零售商。沃尔玛1980年试用条形码，结果收银员效率提高50%，故所有沃尔玛分店改用条形码系统。

7. 人才管理创新

知识经济时代，企业之间的竞争实质上是人才之间的竞争，人才管理已成为一个企业是否具有创新能力的关键因素。企业只有不断进行人才管理创新，才能留住人才、管好人才、用好人才，充分发挥人才资源优势，推动企业发展。在人才管理上，海尔集团是一个成功的例子。海尔对科研人员采用的是“赛马而不相马”的动态激励机制，鼓励科研人员最大限度地发挥自己的特长，在科研人员内部把外部竞争效应内部化，每个人的收入不是老总说了算而是市场说了算，根据科研人员的成果创造的市场效果决定他们的报酬。同时，借鉴国外高新技术公司的经验，在海尔计算机事业部逐步实行科研人员股份制，极大地激发了科研人员的积极性和创新潜能。正是这种科学的人才管理方法，推动了海尔的不断发展。

8. 环境创新

环境是企业经营的土壤，同时也制约着企业的经营。企业与环境的关系，不是单纯地去适应，而是在适应的同时去改造、去引导甚至去创造。环境创新是指通过企业积极的创新活动去改造环境、去引导环境朝着有利于企业经营的方向变化。例如，通过企业的公关活动，影响社区政府政策的制定；通过企业的技术创新，影响社会技术进步的方向等。

就企业来说，环境创新的主要内容是市场创新。市场创新主要是指通过企业的活动去引导消费，创造需求。成功的企业经营不仅要适应消费者已经意识到的市场需求，而且要去开发和满足消费者自己可能还没有意识到的需求。新产品的开发往往被认为是企业创造市场需求的主要途径。其实，市场创新的更多内容是通过企业的营销活动来进行的，即在产品的材料、结构、性能不变的前提下，或通过市场的物理转移，或通过揭示产品新的使用价值来寻找新用户，或通过广告宣传等促销工作来赋予产品一定的使用价值，影响人们对某种消费行为的社会评价，从而诱发和强化消费者的购买动机，增加产品的销售量。

9. 文化创新

文化创新是指企业文化的创新。管理学上企业文化最普遍的定义是：企业文化是企业在生产经营实践中逐步形成的、为全体员工所共同认可并遵守的、带有本组织特点的使命、愿景、宗旨、精神、价值观和经营理念以及这些理念在生产经营实践、管理制度、员工行为方式、企业对外形象的体现的总和。美国著名管理学家约翰·科特在论述企业文化的力量时提出："企业文化在下一个 10 年内很可能成为决定企业兴衰的关键因素。"美国和日本最优秀的总经理总是不惜耗时费力，大力创造、塑造、维护本企业力量雄厚的企业文化。

## 二、管理创新的实施过程

要有效地组织系统的管理创新活动，就必须研究和揭示管理创新的规律。一般来说，管理创新必然依循一定的步骤、程序和规律。管理创新是对旧事物的否定、对新事物的探索。创新在最终的成果取得之前，可能要经历无数次反复、无数次失败。管理创新必定要突破原先的制度、破坏原先的秩序，在不断的尝试中寻找新的程序、新的方法。成功的管理创新要经历寻找机会、提出构想、迅速行动、坚持不懈这样几个阶段。

1. 寻找机会

管理创新是对原有秩序的破坏。原有秩序内部存在着或出现了某种不协调的现象，这些不协调对系统的发展提供了有利的机会或造成了某种不利的威胁，管理创新活动正是从发现和利用旧秩序内部的这些不协调现象开始的，不协调为管理创新提供了契机。

旧秩序中的不协调既可存在于系统的内部，也可产生于对系统有影响的外部。就系统外部而言，有可能成为创新契机的变化因素主要有技术的变化、人口的变化、宏观经济环境的变化、文化与价值观念的转变等。就系统内部来言，引发管理创新的不协调现象主要有：生产经营中的"瓶颈"，影响了劳动生产率的提高；企业意外的成功和失败等。

企业的管理创新往往是从密切地关注、系统地分析社会经济组织在运行过程中出现的不协调现象开始的。

2. 提出构想

在观察到不协调现象的存在以后，还要透过现象究其原因，并据此分析和预测不协调的未来变化趋势，估计它们可能会给组织带来的积极或消极后果，并在此基础上努力利用机会或将威胁转变为机会，提出多种解决问题、消除不协调、使系统在更高层次实现平衡的管理创新构想。

3. 迅速行动

管理创新成功的秘密还在于迅速行动。提出的构想可能还不完善，但这种并非十全十美的构想必须立即付诸行动才有意义。一味地追求完美，可能会坐失良机，把管理创新的机会白白地送给竞争对手。20 世纪 70 年代，施乐公司为了把产品搞得十全十美，在罗彻斯特建造了一座由工商管理硕士（MBA）占用的 29 层高楼。这些 MBA 们在大楼里对第一件可能开发的产品设计了拥有数百个变量的模型，编写了一份又一份的市场调查报告。然而，当这些人继续不着边际地分析时，当产品研制工作被搞得越来越复杂时，竞争对手已把施乐公司的市场抢走了 50%以上。管理创新的构想只有在不断地尝试中才能逐渐完善，企业只有迅速地行动才能有效地利用"不协调"提供的机会。

4. 坚持不懈

构想经过尝试才能成熟，而尝试是有风险的。管理创新的过程是不断尝试、不断失败、不断提高的过程。因此，创新者在开始行动以后，为取得最终的成功，必须坚定不移地继续下去，绝不能半途而废，否则就会前功尽弃。要在创新中坚持下去，创新者必须有足够的自信心、较强的忍耐力，能正确对待尝试过程中出现的失败。伟大的发明家爱迪生曾经说过：我的成功乃是从一路失败中取得的。这句话对创新者应该有所启发。

## 第三节 管理创新的方法

**导入案例 11-3：国美的连锁经营模式的创新**

国美的模式是："以低价打市场（以包销、勤进快销、薄利多销为支撑）；以管理服务稳市场（三级管理体系、奖惩分明、严密细致的管理制度）；推行全方位本土化策略（管理人员本土化、业务本土化）。"国美之所以胜，就胜在它的观念新、业态新。

1. 业态模式

连锁经营。国美在北京、天津、上海、成都、青岛等拥有70余家商城，年销售能力超过100亿元。国美每个地区、每个门店在经营管理上都保留自己的特色，真正形成连锁模式。

专业特色。经营家用电器的国美，在产品种类、型号规格、价位、性能上连营业员也能如数家珍般道来。从售前的电话咨询，到售中的专业讲解，还有周到细致的售后服务。

超市运作。国美一方面让样机、货品堆积店内，方便顾客筛选；另一方面以自己的资金实力包销某些品牌或型号，让利于消费者，又将资金及时兑付厂家。

2. 组织结构

国美现有的连锁店均采用"正规连锁"或"加盟连锁"的经营形态，它们都由国美总部或分部全资经营，国美电器连锁系统组织结构纵向分为三个层次：

总部：负责统一管理，实行经营方针、经营规划、工作计划、人事、培训、采购、财务、保险、法律事务、店铺的选择、设计及装修、商品配置与陈列等工作的规划、服务、调控和发展等各项管理职能。

地区分部：依照总部制定的各项经营管理制度和规定，负责对该地区的各门店实行二级业务经营及行政管理，并实施对所属门店的监督、指导、服务、沟通等功能，同时接受并服从总部各职能部门的职能管理。

门店：接受并服从总部及地区分部的领导和职能管理，依照总部制定的各项经营管理制度和规定，负责对门店实施日常经营管理。其基本职能是商品销售、进货及存货管理、绩效评估。

由此案例可见，国美的快速发展源于它管理模式的创新。

随着管理创新实践的发展，针对创新过程模式的研究也在不断深入。将管理创新理解为一个过程，有助于形成管理创新的方法。

自从 1939 年美国 A．F．奥斯本提出第一种创新方法——头脑风暴法以来，经各国创造工程学家的共同努力，现在已有上百种创新技术应用于世界各国。在这众多的创新技术中，最有代表的方法有头脑风暴法、形态方格法和综摄法。

## 一、头脑风暴法

头脑风暴法（Brain Storming，简称 BS 法）是美国创造工程学家 A．F．奥斯本于 20 世纪 30 年代末首先提出的，它是决策的一种方法，其思想是邀请有关专家在敞开思路、不受约束的形式下，针对某些问题畅所欲言。奥斯本为实施头脑风暴法提出了四条原则：①对别人的意见不允许反驳，也不要做出结论；②鼓励每个人独立思考，广开思路，不要重复别人的意见；③意见或建议越多越好，允许相互之间的矛盾；④可以补充和发表相同的意见，使某种意见更具说服力。

头脑风暴法的目的在于创造利于一种自由奔放思考的环境，诱发创造性思维的共振和连锁反应，产生更多的创造性思维。一般头脑风暴法的参与者最佳为 5～6 人，多则 10 人为宜；时间为 1～2 小时。头脑风暴法适用于明确简单问题的决策，这种方法的鉴别与评价意见的工作量比较大。

## 二、形态方格法

形态方格法（Morphological Grids，简称 MG 法）是瑞士裔美国人，加利理工学院茨维基博士提出的一种从形态上寻找创新方案的系统方法。

很多发明创造的成果并非都是全新的东西，而只不过是旧东西的新组合。因此，如果能对问题加以系统的分解和组合，就可大大提高创新成功的可能。

*1. 形态方格法的实施步骤*

形态方格法的具体实施步骤为：①搞清所要解决的问题；②确定影响给定问题的创新的重要独立要素（也称变数），列出上述各要素的所有可能形态；③将独立要素及其可能形态排列成矩阵形式（这正是将它称为方格或棋盘格的原因）；④从每一要素中各取出任一可能状态做任意组合，从而产生出解决问题的可能构想；⑤对众多的可能构想加以比较和评价，从中选择出符合评价标准的相对最优的构想。

*2. 应用形态方格法应注意的问题*

（1）因为形态方格法要求对问题进行系统的分析，并借此确定出影响创新的重要独立要素及其可能形态，这就要求有较高的对有关问题的专门知识，如果不是内行就难以做到。所以，无论是选择个人还是小组来编制形态方格，都只能挑选那些对问题堪称行家的人。

（2）通过形态方格的编制，能否得出重要的创造性构想，或者说能否保证重要的创造性构想不致被遗漏，完全取决于要素确定得如何。换言之，确定要素是应用此方法的关键性步骤。

## 三、综摄法

综摄法（Synectics）是由美国麻省理工学院教授戈登提出并经普林斯加以发展而形成

的，它是利用非理性因素，通过召开一种特别会议来激发群体创造力的一种创新技术。

综摄法的基本论点是：第一，创造能力是每个人身上都有的，而不是像通常所认为的那样，只是少数人身上才有的神秘东西。第二，发明创新不是阐明事物间的已知联系，而是要发现事物间的未知联系。因此，对于创新来说，非推理因素和情感因素特别重要，有许多创新发明都是把在逻辑推理上看来完全无关的东西联系起来时产生的。第三，创新成功是需要一些特殊技巧的，而类比和隐喻则是可以提高创造力、诱发新构想的特殊训练方法和组织形式。

基于以上认识，戈登主张：为了打开思路、探索新的构想，要在一段时间内暂时抛开原问题，通过类比探索得到启发。为此，他把综摄法分为两大步骤：

第一步："变陌生为熟悉"。这一步实际上是综摄法的准备阶段，即把问题分解为若干小问题，以便深入理解问题的实质，然后再找出解决哪些小问题才是创新的关键所在。它可具体化为如下几步：①给定问题；②分析；③问题的重新表述；④简单分析和排列。

第二步："变熟悉为陌生"。这是综摄法的核心。在这一阶段中，通过各种类比方法的运用，暂时离开问题，从陌生的角度进行探讨，得到启发后再回到原问题上来，通过强制联想把类比得到的结果应用于解决原问题。它可具体化为如下几步：①远离问题；②强行结合；③方案的认可。

## 第四节　管理创新策略与风险防范

**导入案例 11-4："没有围墙的实验室"**

研究实验室这种研究管理方式的创新极大地推动了 20 世纪的科技进步。研究实验室最早是由美籍德国物理学家史泰因梅茨为通用电气公司设想和建造的。史泰因梅茨本人是一名杰出的理论物理学家，但他在科研管理方面的创新更让后人受益无穷。史泰因梅茨创造性地将科学家原来一直是分散的研究工作组织起来，建立了所谓的"没有围墙的实验室"才使得技术创新真正成为带动人类进步的原动力。从一开始他的目标就很明确：科学研究以技术为导向，即为技术发明而组织科学研究，通过创新使大型股份公司能够不断自我更新。

史泰因梅茨在继承前人思想的基础上，在科研管理方面做了 5 项创新：第一，在公司内部建立一个科研团队，专门从事研发；第二，系统地组织研究工作，明确规定结果、步骤和程序；第三，研究人员以团队方式工作；第四，史泰因梅茨将不同领域的专家召集到同一个团队工作，打破专业界限；第五，从根本上重新确定科学与技术的关系，史泰因梅茨首先规定技术目标，理论研究为技术目标服务，即后来广为人知的"技术驱动论"。史泰因梅茨的创新促使"没有围墙的实验室"的出现，为大型科学和技术研究项目管理做出了重大贡献。

之后，贝尔公司建立起著名的贝尔实验室，杜邦、IBM 紧随其后。这些实验室开发的成果如电话、电视、锦纶、计算机等现在已经成为 20 世纪人类文明和进步的标志。

贝尔实验室曾经是贝尔公司的创新机构，它从1911年设计出第一台电话自动交换机到20世纪80年代设计出光导电缆，其间还发明了晶体管和半导体，还有关于计算机的基础理论和设计制造方法。贝尔实验室取得如此成就不仅是由于它拥有世界一流的科学家，其科研管理方式更是功不可没。贝尔实验室所代表的“以技术为先导”的科研思想和管理方式本身就是20世纪的伟大发明。

一般来说，企业的管理创新策略主要有首创型、改进型和模仿型三种。每一种策略都有自己的特点。同时，企业的管理创新也是一项高风险的活动，必须采取相应的风险防范措施。

## 一、管理创新策略

1. 首创型的管理创新策略

首创型的管理创新是创新度最高的一种创新活动，其基本特征是首创性。例如，率先推出全新的产品、率先开辟新的市场销售渠道、率先采用新的广告媒介、率先改变销售价格等，所有这些行为都是首创型的管理创新。

首创型的管理创新具有十分重要的意义，因为没有首创就不会有改进或模仿。每一项重大的首创型的管理创新，都会先后在不同地区引起一系列相应的改进型的管理创新和模仿型的管理创新活动，从而具有广泛又深远的创新效应。对于企业来说，进行首创型的管理创新可以开辟新的市场领域，提高企业的市场竞争力，获得高额利润；对于处于市场领先地位的企业来说，要想保持自己的市场领先地位，也必须不断地进行首创型的管理创新。

一般来说，首创型的管理创新活动风险较大，成本较高，相应的利润也较高。由于市场需求的复杂性和市场环境的多变性以及生产、技术、市场等方面的不确定性，使首创型的管理创新活动具有较大的不确定性和风险性。另外，要开辟一个全新的市场，企业必须先进行大量的市场开发投资，包括市场调查、产品开发、设备更新、组织变更、人员培训、广告宣传等市场开发费用。当然，如果首创型的管理创新获得成功，企业就会因此而获得巨大的市场利益；如果首创失败，企业就会蒙受一定的损失。

首创型的管理创新是种高成本、高风险和高报酬的创新活动。因此，在采用首创型的管理创新策略时，创新者应根据实际情况，充分考虑各种创新条件的影响，选择适当的创新时机和方式，及时进行创新。

2. 改进型的管理创新策略

改进型的管理创新的目标是对已有的首创型的管理创新进行改造和再创造，在现有首创型的管理创新的基础上，充分利用自己的实力和创新条件，对他人首创型的管理创新进行再创新，从而提高首创型的管理创新的市场适应性，推动新市场的不断发展。这是一种具有中等创新度的创新活动，是介于首创型战略与模仿型战略之间的中间性创新战略。

改良性是改进型的管理创新战略的基本特征。改进者不必率先创新，而只需对首创者所创造的进行改良或改造，因此，改进者所承担的创新成本和风险比较小，而所获创新收益却不一定比首创者少。当然，改进也是一种创造，也具有一定的风险。

首创是重要的，改进也是重要的，如果没有首创，就没有改创的前提和基础。然而，如果没有改进，许多首创就没有其市场发展前景。例如，飞机、汽车、计算机等首创产品，如果没有后来的不断改进和再创新，也就不会有今天这样的市场大发展。

3. 模仿型的管理创新策略

模仿型的管理创新是创新度最低的一种创新活动，其基本特征是模仿性。模仿者不必率先创造全新的新市场，甚至也不必对于首创进行改造。模仿者既可以模仿首创者，也可以模仿改进者，其创新之处表现为自己原有市场的变化和发展。一些缺乏首创能力和改进能力的中小型企业，往往采用模仿策略进行模仿型的管理创新。

一般来说，模仿者所承担的市场风险和市场开发成本都比较小，虽然模仿者不能取得市场领先地位，却可以通过自己某些独占的市场发展条件来获取较大的收益和竞争优势。例如，模仿者可采取率先紧跟首创者的策略，从而取得时间优势；或者采用市场割据策略、低成本战略，从而取得市场上的价格竞争优势。

模仿型的管理创新有利于推动创新的扩散，因而也具有十分重要的意义。任何一个首创或改进者企业，无论它拥有多大的实力，也无法在一个比较短的时期内占领所有的市场。因此，一旦首创或改进获得成功，一大批模仿者出现就成为必然。

模仿型的管理创新模式是大部分发展中国家在一定历史阶段企业管理创新的基本模式，它能获取显著的“后发优势”。例如，在 20 世纪 60～80 年代初，日本、韩国、我国的台湾地区的大多数产业中的企业多以模仿型的管理创新为基本战略。日本的汽车业和电子工业曾是模仿型的管理创新的典范。

总之，在制定管理创新策略时，不同的企业应该选择一个适当的创新度，进行适度创新。所谓适度创新，就是既要适应市场需求的发展状况，又要适应本企业的创新条件。只有这样，创新者才能充分利用和发挥企业的创新优势，尽量减少或避免创新的风险，提高创新的效果，促进企业发展。

## 二、企业管理创新的风险防范

企业管理创新的风险是指企业对外部环境因素估计不足或无法适应或对管理创新程度难以有效控制而造成创新活动失败的可能性。企业管理创新可能带来高收益，同时也存在着高风险。例如，高新技术创新比一般创新更复杂，风险也更大。据美国曼斯菲尔德 1981 年的一项统计，在高技术项目中，只有 60%的研究开发计划在技术上获得成功，其中只有 30%能够推向市场，在推向市场的产品中仅有 12%是有利可图的。因此，企业必须建立有效的风险防范机制。

企业防范风险可以从实现风险投资主体多元化、合作研究开发以及提高企业管理水平等方面入手。

（1）风险投资主体多元化。风险投资是指对管理创新活动的投资，特别是指对高新技术创新的投资。因其风险大，如果仅靠企业自身的实力，一则投入的资金量有限，二则企业自身承担的风险也大。为了降低企业的风险，必须充分利用企业外部的风险投资，形成多元化的风险投资主体，实现风险分散，让更多的人分担风险，以减少每个投资者和经营者所承担的风险，从而在总体水平上增强风险承担能力。

（2）开展合作研究。随着科学技术的发展、市场竞争程度的提高，市场对高技术企业开发的产品的要求不断提高。这样，企业不仅要有高水平的各类研究开发人员，还要具有优良的研究设施和先进的实验设备。但是，单个企业的科研力量总是有限的，因此就要开展适当的合作研究。合作研究是指企业与企业或科研单位之间发挥各自的优势与专长，联合研究开发，共同生产销售。它是提高开发效率、减少技术创新风险的有效途径。其特点是合作的各方共担风险、共享成果，合作的方式可以多种多样。

（3）提高企业管理水平。企业管理创新是一件非常复杂的管理活动，提高企业管理水平也是提高企业抵御创新风险的重要措施。例如，企业可以成立管理创新领导小组，以企业主要领导为组长，各部门负责人为成员，对企业的管理创新战略进行筹划、决策。这样，可以保证企业的管理创新思想得以有效传播，企业的管理创新活动得以有效实施。同时，企业领导者还要善于运用各种管理创新组合策略，充分发掘企业各方面的潜力，减少管理创新的风险，促进企业的产品创新、工艺创新、组织文化创新与战略创新等管理创新活动相互结合。

有效的风险防范机制的建立与运行，是企业降低管理创新风险的重要保证。如果企业没有建立较好的风险防范机制，企业也就难以进行持续的管理创新。

# 本章小结

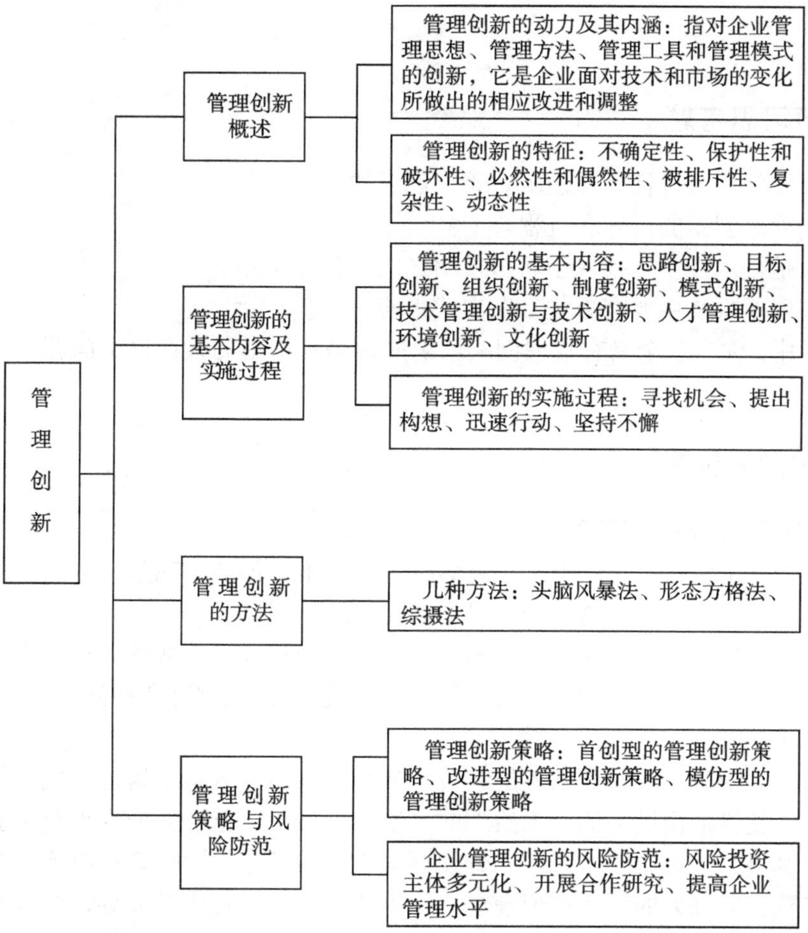
管理创新
管理创新概述
管理创新的动力及其内涵：指对企业管理思想、管理方法、管理工具和管理模式的创新，它是企业面对技术和市场的变化所做出的相应改进和调整
管理创新的特征：不确定性、保护性和破坏性、必然性和偶然性、被排斥性、复杂性、动态性
管理创新的基本内容及实施过程
管理创新的基本内容：思路创新、目标创新、组织创新、制度创新、模式创新、技术管理创新与技术创新、人才管理创新、环境创新、文化创新
管理创新的实施过程：寻找机会、提出构想、迅速行动、坚持不懈
管理创新的方法
几种方法：头脑风暴法、形态方格法、综摄法
管理创新策略与风险防范
管理创新策略：首创型的管理创新策略、改进型的管理创新策略、模仿型的管理创新策略
企业管理创新的风险防范：风险投资主体多元化、开展合作研究、提高企业管理水平

# 思考与练习

## 一、复习思考题

1. 组织为什么要进行管理创新？管理创新的本质是什么？

2. 简述管理创新的内容和过程。

3. 什么是技术创新？技术创新与发明之间有什么关系？

4. 管理创新方法主要有哪些？在实践中应该如何运用？

5. 生活中，你是一个具有管理创新意识的人吗？周围的人在这个问题上是如何评价你的？

## 二、案例分析题

**案例 11–1：益强公司的管理创新**

进入益强公司生产区，8 个大字赫然醒目：实干、创新、高效、服从。公司追求管理创新，并以人为中心，通过这 8 个字得到了完整的体现。

以管理创新为核心，以人本管理为模式，以时间管理为主线的“益强人本时效管理”，通过对员工行为的有效激励和时间资源的最佳配置，实现了单位时间效益最大化和企业整体管理最优化的管理。

管理以人为中心，不断提高人的素质，最终让全员进入自主管理；依法管理企业，强化规章制度，使管理由过去的“人治”向“法治”转变；营造企业内部公平竞争环境；最大限度地挖掘每一个员工的潜能，充分发挥他们的智慧才干；依靠精英治理企业，树立典型，带动多数。益强人的这些管理理念，作为整个管理过程中的先导，释放着巨大的影响力。益强人具有强烈的创新思维意识。在管理上不断吸纳新知识、新观念、新人才，追求新思维，浇灌出一片适合名牌生长的热土，这是益强在短时间内风卷神州的秘诀。

益强公司下属 10 个部室和中心，分布在上海、北京、南京；14 个不同类型的服装加工基地分布在全国 7 个省市；还有 35 个办事处分布在全国 28 个省市。这种跨空间的运作，远不能用一个“靠前指挥”所能涵盖。环境因素对人的思想观念的触动，行为习惯的影响，新知识的接受作用有多大，益强人具有深切的感受。当年，为了实现第一步宣传战略，攻入北京市场，手头拮据的胡总不得不冒险拿着必须退给职工的 200 万元集资款。益强耗巨资到欧美一些大都市去寻师求计，甚至筹划在米兰、巴黎、纽约等世界时装名城开办益强专卖店和设计中心。这一切惊人之举都离不开超时空运作。益强出资 500 万元，由中国服装协会设立“益强中国（国际）服装设计基金”，每年颁发一次益强服装设计最高奖，重奖国内外优秀服装设计师。益强花巨资设计“风险模型”。2001 年，事业一帆风顺的益强请一批专门人才，预测未来发展中可能出现的风险，对每个可能出现的风险用何种方案规避进行研究，制作了一套完整的风险模型。这是跨时空运作的又一举措。

建立益强科技园，这是将来建造麻纺业“航空母舰”的“动力设备”。在知识经济时代，一个现代企业不可能没有一个能与时代同步的科技园。益强人的认识是：没有科技园，就没有明天的益强。

胡总组织中层以上的管理人员学习了《亚洲的瑞士——新加坡启示录》一书，开展了如何振兴益强为主题的研讨活动，从而益强的管理者对如何完善人才激励机制、营造人才公平竞争环境、靠精英管理企业、振兴益强事业有了更进一步的认识。

每年，益强的中层以上管理人员集中学习和研讨现代企业管理经验不下20次。在胡总看来，一个企业的法人，首先应该是一名校长。只有将企业员工和所有管理者都培养成为现代人，才可能建设和管理好现代企业。胡总还将30名中层骨干送到高等院校脱产培训，用一年半的时间学习信息学、计算机理论、营销学、经济法、公共关系学等10多门课程。益强在运作品牌的同时，也在进行人才的运作。他们的思路是抓住少数人、带动多数人。这种带动的关键机制是建立起三塔：知识塔、人才塔和分配塔。三塔梯级对等，激励每一名员工向塔顶攀登——拥有相应梯级的知识，达到相应梯级的人才档次，才有相应等级的利益分配。员工、班长、车间主任、部门经理、总公司负责人之间知识与才干有明显的梯级距离，收入分配也有明显的梯级距离。

不断吸纳新知识是益强人尤其是管理者所表现出的一种需求趋势，在知识、人才、分配三塔中，要使自己保住现有位置并争取向上攀越，首要的决定因素是知识。近几年，益强有20%的中层骨干被一些向塔顶攀登的员工所代替，每个人的危机感与紧迫感如何，可想而知。产品的竞争、企业的竞争、市场的竞争，最终是人才的竞争。只有每个员工的知识、才干、品格等整体素质不断提升，才有企业产品质量与管理水平的不断提升，树品牌与树人并重是益强人的兴业观。

在确定实施名牌战略的同时，益强在企业内部推行了“三名战略”：创名牌产品、争名牌企业、做岗位名人。益强的办事处之所以能由1个迅速发展为35个，能够很快涌现出一批既能独当一面又能开拓一方的办事处负责人，就在于益强在构筑知识、人才、分配三塔激励机制的同时，确立了一个良好的用人理念：德在首，开拓在先。

企业永远缺乏的是人才，事业的发展对人才的需求永远不可能满足，靠人才兴业，靠精英管理企业，已成为益强人的共识。

益强的发展目标是：以南京为基地，以麻纺为根本，实现大品牌、大市场、大麻纺、大集团、大资本格局，铸造称雄世界的麻业“航空母舰”。

大市场如何建立？大集团如何形成？“航空母舰”如何铸造？途径是：不断克隆新的益强。这就要求首先有一个完美的益强本体。益强人目前所要做的就是营造好一个本体。

完美的益强是什么样的呢？益强人建立了这样一个理念系统：市场发展格局——哑铃型，内外同时发展；企业品格——名人、名品、名厂；管理理念——坚持管理创新意识，创新高于一切；管理模式——移植日本OEC模式，用新加坡治国理念管理企业，营造公平竞争环境；名牌理念——名牌兴业、实业报国；用人理念——德在首，开拓在先；科技运作——市场型创新；资本运作——保证对方赚钱，多渠道融资；扩张方式——规避风险，克隆“益强”；分配理念——部分人先富，事业高于金钱。

只有当益强按照这个理念系统全面而正常地运转时，益强人才会考虑向外的兼并与扩张。完美的益强是由一批完美的益强人构筑的，因此，“克隆”好益强人是克隆益强的基础。

完美的益强人是怎样的？《益强人行为准则》有100多项规定。为使每位员工达到这个标准，几年来，公司通过上百次的企业文化活动和几十项具体制度来督促和激励员工向这个标准迈进。目前，公司在全面实行OEC管理后，每个员工通过“日清日高”的自我总结与评价，一天迈向一个新的目标。

“以一带十”是克隆益强人的成功尝试。近几年，益强为使每位员工学有榜样、行有楷模，开展了由优秀党员和“劳模”以一带十的活动，每人负责带好和帮助10名员工，使其赶上或超过自己。在公司几百名党员、劳模的传、帮、带下，一大批员工具备了良好的品格与敬业精神。

**问题：**

1. 克隆益强公司本身就是管理创新吗？
2. 提高公司员工的学习能力对管理创新有什么作用？
3. 你认为益强公司的管理创新还有什么可以改进的地方？

**案例11-2：自主创新——企业发展的不竭动力**

振华港机公司继自主完成的“新一代港口集装箱起重机关键技术研发与应用”项目获得国家科技进步一等奖之后，又拿到全年生产订单28亿美元，其中阿联酋迪拜港签订了2亿美元的合同，迎来了“开门红”。该公司总裁在接受笔者采访时清醒而又理智地回顾了企业发展的历程，深有感触地说：“自主创新是企业发展的原动力。没有自主创新，就没有振华港机的今天。”

的确，振华港机是依靠自主创新发展起来的。它从创办之初的十几个人、100万美元资产起步的“小舢板”，发展到2.5万名员工、4.5亿美元家底的“航空母舰”，成为国有控股、AB股上市，占有本行业世界市场66%的份额，技术从模仿到创新，产品从制造到创造，产品出口到世界50个国家和地区，连续7年订单数居世界集装箱港机榜首，跻身世界著名企业的行列。振华港机用十几年时间走过了世界同行三四十年走过的道路，使我国港口机械由进口国到出口国，创造了重型机械行业的奇迹。海内外同行由衷赞叹：“振华港机开创了中国世纪。”

“自主创新要以企业为主体。处于市场经济竞争漩涡之中的企业既是自主创新的投资者，又是受益者”，管总意味深长地说，“企业要成为自主创新的主体、实体，就要形成自主创新的机制和匹夫有责的风气。”振华港机不断加大对科技的投入，每年将2%的产值投入科研，开发新产品，并注重科学实验，不断改进产品质量和增加技术含量。公司还与上海国际港务集团和高校共同合作，把外高桥码头作为整机新产品的大实验平台，实验成功后再推广新技术、新材料、新工艺，转化为生产力。目前，企业产品国产化率达80%以上。同时，他们鼓励成功，宽容失败，鼓励员工自主创新，重奖科技成果，颁发了4个创新项目科技大奖作为示范，每个项目奖励百万元。这些行之有效的措施充分调动了科技人员和员工自主创造的积极性，促进了企业发展。迄今，企业已经申请专利100余项，其中获得国家和市级55项科技成果奖，尤其是在主产品集装箱机械领域开发了30余个新机型，拥有完全的自主知识产权。

“自主创新要以市场竞争为出发点和归宿，不断研发新产品，满足市场竞争的需求”，管总说道。世界集装箱运输发展突飞猛进，科学技术日新月异，港机生产前景广阔，潜力很大。然而，竞争也很激烈。我们要抓住机遇，应对挑战，以攻克世界领先的高效自动化、节能环保型新一代起重关键技术为目标，组织攻关，研发创新。

为了提高集装箱装卸效率、改变起重机一次只能吊起一个40英尺集装箱的现状，振华港机打破常规，独辟蹊径，改进吊具，加大起重量，试制成功双40英尺箱起重机，使“港口大力士”一次能吊运重达80吨的两个40英尺集装箱，顿时引起轰动，产品走红全球。阿联酋迪拜港订购了10台双40英尺箱的起重机，一举创下了每小时装卸104箱的世界纪录。振华港机除了世界首创双40英尺起重机外，还研制成功了世界领先水平的全自动化双小车集装箱起重机，应用全球卫星定位GPS实现直线行走和箱位管理的集装箱起重机，国际首创采用超级电容绿色环保型的集装箱起重机，首创40英尺、双小车集装箱起重机技术等高科技产品，不断适应世界集装箱起重机市场高效、高技术、高可靠的需要。

“自主创新要以人才为根本，在实践中不断培养和造就创新队伍中领军人物，建立一支科研团队，打造世界知名品牌”，管总话锋一转继续说道。作为企业领导层，要有振兴中华的精神和宏观意识，掌握全球港口集装箱生产发展趋势，了解国际市场对装卸机械的需求，更要有创新理念和思维，展开想象的翅膀在自由王国里翱翔。同样，企业的领导也要有创新思维，破天下陈规，敢为世界先，带领员工自主创新。

经过多年的创业、创新、创造，振华港机涌现出一批艰苦奋斗、自强不息、开拓创新、矢志不渝改变我国港机的落后面貌、争取世界第一的领军人物和一支创新大军，同时建立了完整的创新体系、管理体系和国际一流水平的浦东、张江、江阴、常州、长兴岛5个研发生产基地，拥有13艘6万吨级整机运输船队，组成了一支800人的科研团队，形成了强大的自主创新能力和多项令同行望尘莫及的核心竞争力，打造了世界知名品牌ZPMC，占领世界港机市场超过了“半壁江山”，实现了人才本地化、产品国产化、销售全球化的目标。

**问题：**

1. 本案例的核心理念是什么？
2. 根据案例的描述可以看出“振华港机”在哪些方面与众不同？

## 三、管理技能训练

1. 每10人一组，围绕班级某项工作开一次会，用头脑风暴法找出管理创新构想。各组做好记录，然后进行比较，看谁想得多、想得好，最后列出认为具有可行性的构想（可有多个）。

2. 把全班同学分为若干组，以座谈会的形式调查某一企业的管理创新活动（有条件的应录音、录像），写出访问报告或心得体会，在全班交流。

## 四、管理技能自我测试

### 工作创意自我测试

下面是10个题目，请选择“肯定”或者“否定”。

1. 你在接到任务时，是否会问一大堆关于如何完成任务的问题？

2. 你在完成任务过程中，是否不善于思考，而习惯于找他人帮忙，或者不断来问别人有关完成任务的问题？

3. 在任务完成得不好时，你是否会找出一大堆理由来证明任务太难？

4. 对待多数人认为很难的任务，你是否有勇气和信心主动承担？

5. 当别人说不可能时，你是否就放弃？

6. 你完成任务的方法是否与他人不一样？

7. 在你完成任务时，领导针对任务问一些相关的信息，你是否总能回答上来？

8. 你是否能够立即行动，并且工作质量总能让领导满意？

9. 工作完成得好与不好，你是否很在意？

10. 对于做好了的工作，你能否很有条理地分析成功的原因和不足？

**【结论检测】**

记分：

| | |
|---|---|
| 1. 肯定 0 分，否定 1 分 | 2. 肯定 0 分，否定 1 分 |
| 3. 肯定 0 分，否定 1 分 | 4. 肯定 1 分，否定 0 分 |
| 5. 肯定 0 分，否定 1 分 | 6. 肯定 1 分，否定 0 分 |
| 7. 肯定 1 分，否定 0 分 | 8. 肯定 1 分，否定 0 分 |
| 9. 肯定 1 分，否定 0 分 | 10. 肯定 1 分，否定 0 分 |

评判：

如果受测试者能够得 10 分，就很棒了；如果能够得 7 分以上则过得去；如果低于 7 分，就不尽人意了；如果低于 5 分，受测试者就需要努力改善了。

# 参 考 文 献

[1]罗宾斯，库尔特. 管理学（第 13 版）[M]. 刘刚，程熙鎔，梁晗，等译. 北京：中国人民大学出版社，2017.

[2]王凤彬，李东. 管理学[M]. 5 版. 北京：中国人民大学出版社，2016.

[3]周健临. 管理学教程[M]. 3 版. 上海：上海财经大学出版社，2011.

[4]吴志清，黄忠林. 管理学基础[M]. 2 版. 北京：机械工业出版社，2018.

[5]黄雁芳，宋克勤. 管理学教程案例集[M]. 上海：上海财经大学出版社，2001.

[6]杨文士，张雁. 管理学原理[M]. 北京：中国人民大学出版社，2003.

[7]达夫特，马西克. 管理学原理原理（第 10 版）[M]. 高增安，张璐，马永红，译. 北京：机械工业出版社，2018.

[8]路宏达. 管理学基础[M]. 4 版. 北京：高等教育出版社，2010.

[9]朱永新. 管理心理学[M]. 3 版. 北京：高等教育出版社，2014.

[10]吴照云，等. 管理学[M]. 6 版. 北京：经济管理出版社，2011.

[11]林建煌. 管理学[M]. 上海：复旦大学出版社，2010.

[12]周三多，陈传明，刘子馨，等. 管理学：原理与方法[M]. 7 版. 上海：复旦大学出版社，2018.

[13]倪杰. 管理学原理[M]. 2 版. 北京：清华大学出版社，2011.

[14]周永生. 管理学基础[M]. 北京：清华大学出版社，2006.

[15]张敏，丁传奉. 管理学教程[M]. 北京：北京大学出版社，2006.

[16]芮明杰. 管理学[M]. 3 版. 北京：高等教育出版社，2009.

[17]刘志坚. 管理学：原理与案例[M]. 3 版. 广州：华南理工大学出版社，2012.

[18]韦里克，坎尼斯，孔茨. 管理学：全球化、创新与创业视角（第十四版）[M]. 马春光，译. 北京：经济科学出版社，2015.

[19]陈国海. 组织行为学[M]. 5 版. 北京：清华大学出版社，2018.

[20]罗宾斯，贾奇. 组织行为学（第 16 版）[M]. 孙健敏，王震，李原，译. 北京：中国人民大学出版社，2016.